KB262962

통번역대학원 / 임용고시 / 고등 HSK학습자를 위한

Master
통역대학원
중국어 필수어휘편

장석민 편저

머리말

중국어를 처음 접할 때는 매일 실력이 느는 것을 느낄 수 있지만 일정한 기간이 지나면 정체됨을 느끼게 된다. 우리말을 중국어로 자유롭게 옮기지 못하는 불편함에서 시작되는 이러한 슬럼프는 많은 중국어 문장을 보면서 극복하는 방법도 있겠지만 우리말의 가장 적합한 표현을 찾아가는 것도 좋은 방법이 된다. 문제는 중한번역관련 자료는 많지만 한중번역관련 자료는 많지 않다는 것이다.

필자는 강의의 필요에 의해 5만 페이지 분량의 중한구역과 천여 편의 한국어 사설 번역 과정에서 모을 수 있었던 사용빈도가 높은 구문, 어휘, 성어, 속담, 헐후어 등을 따로 정리하고 최근 감각에 맞는 예문을 첨가해 본서의 개정판을 내게 되었다.

중국어를 모국어로 하지 않는 한국인으로서 가장 어려운 문제는 역시 한중번역이다. 우리가 중국어를 한국어로 번역할 때 대부분 우리가 보고 들어 알고 있는 지식으로 번역하지만 반대의 경우는 우리말 언어 습관에 맞추어 번역을 하거나 확신이 서지 않는 창작을 하기도 한다. 한중번역을 잘 하려면 자신이 확신할 수 있는 구문, 어법, 어휘를 알아야 한다. 이 역시 혼자할 경우 상당한 시일이 걸린다. 필자는 독자들께서 최단시간 내에 고급중국어를 습득할 수 있도록 이 책을 구성했다.

본서는 총 2권으로 한중번역편에는 구문으로 익히는 번역테크닉, 문장으로 익히는 번역테크닉과 부록인 사자성어, 필수어휘편에는 필수어휘와 속담으로 구성되어 있다.

나름대로 장시간 준비하고 만전을 기했으나 지식이 일천하여 오류가 있으리라 생각된다. 선배제현의 아낌없는 질타와 훈계를 부탁 드린다. 끝으로 개정판을 출간할 수 있는 기회를 주신 시사중국어사의 엄호열 회장님과 이희영 차장님 그리고 자료정리와 교정에 애써 주신 진현 선생, 자오쉬 선생, 김성협 선생, 이창재 선생, 권용중 선생, 이지은, 최선미, 김주아, 조순인, 하병준, 김지혜, 임선애, 최한나, 성나영, 야오캉, 양혜금, 박혜미, 최미령, 정금옥, 장서희, 이진현, 이한별 외 통역대학원 준비반 학생들에게 감사의 뜻을 표한다.

번역 학습의 **완전 정복 길라잡이**

● 정형화된 문장의 치환연습

1. 한국어를 보고 중국어 표현을 유추한다.
2. 본인이 생각한 내용과 책 내용을 비교해본다.
3. 예문을 번역하고 원문과 대조한다.
4. 처음부터 본인이 공부한 부분까지 낭독한다.
5. 모든 어휘를 한중으로 번역하는 습관을 기른다.

● 속담

1. 한국어 부분을 가리고 번역한다.
2. 인터넷에서 원문과 관련된 문장을 찾아 번역해본다.
3. 용법에 주의한다. (소 잃고 외양간 고치다 등 褒貶을 달리하는 경우가 있다)
4. 느낌이 오는 속담부터 암기한다.
5. 문장을 보다가 큰 느낌으로 다가오는 성어들은 예문과 함께 정리하여 자기만의 사전을 만든다.

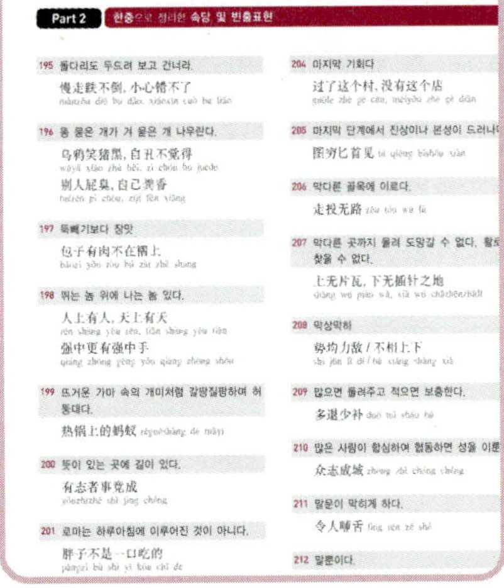

1. 어휘는 항상 한중으로 정리한다.

예 감촉이 좋아요 **手感真好**　　　　　　　님비신드롬 **邻避效应**

　　동질감 **认同感**　　　　　　　　　　모델하우스 **样板间**

　　밸리댄스 **肚皮舞**　　　　　　　　　세대차 **代沟**

　　승차거부 **拒载**　　　　　　　　　　시너지효과 **协同效应**

　　시작이 반이다 **好的开始就是成功的一半**

　　일찍 일어나는 새가 먹이를 찾는다 **早起的鸟儿有虫吃**

　　재기하다 **东山再起**　　　　　　　　컬러링 **彩铃**

　　캐릭터 **漫画像**

2. 확실한 한중번역된 단문을 수집한다. (책과 인터넷 등에서)

예 담배가 몸에 해롭다는 이야기를 듣고 이틀 동안 담배를 안 피웠지만, 작심삼일을 넘기지 못하고 더 심하게 피게 되었다.

　　听说抽烟对人体有害，戒了两天烟，可第三天就没有信心了，便又变本加厉地抽起烟来。

예 나는 오늘 TV에서 범죄용의자의 눈 부위를 모자이크 처리하는 것을 보았다.

　　今天我看电视的时候就发现用马赛克遮盖犯罪嫌疑人的眼睛。

3. 관용어 사자성어, 속담 등을 넣어서 작문하는 연습을 한다.

예 뒷북을 치기 보다는 미리미리 준비하는 게 낫다.

　　放"马后炮"不如打"预防针"。

예 현 상황에서 블로그 실명제를 실시하는 것은 쉽지 않다.

　　在目前情况下，实施博客实名制谈何容易。

예 너는 평상시에 우리 집에 잘 안 오잖아, 오늘 무슨 일이 있는 게 분명해.

　　你平时难得到我家来做客，今天是无事不登三宝殿吧。"

4. 중국어 문장 독해 시 좋은 표현이 나오면 반드시 사용하겠다는 자세로 수집해둔다. 중한번역을 잘못하면 결코 한중번역을 잘할 수 없다.

예 **韩国以往的官商结合体制让某集团 成也萧何败也萧何。**

　　과거 한국의 정경유착 체제는 모 그룹을 성장시키기도 했지만 실패하게도 만들었다.

　　　成也萧何，败也萧何 chéng yě Xiāo Hé, bài yě Xiāo Hé.
　　　성공도 실패도 모두 그 샤오허(인명) 때문이다.

5. 고정 어휘 조합을 항상 정리한다.

예 **爱惜粮食** 식량을 아끼다　　**扮演角色** 역할을 맡다　　**布置兵力** 병력을 배치하다

　　耽误青春 젊음을 낭비하다　　**发挥作用** 작용을 하다　　**辜负信任** 신임을 저버리다

　　接受采访 인터뷰를 받다　　**缩小差距** 차이를 줄이다　　**做出贡献** 공헌을 하다

본인이 번역을 한 후 인터넷 중국 사이트에서 반드시 검색을 해야 한다. 혼자 공부할 때 점검할 수 있는 가장 좋은 방법이다.

이 책의 차례

PART 1

반드시 알아야 할
표현과 어휘

Vocabulary

001 가계부 家庭账簿 *jiātíng zhàngbù*

[예] 建立一本合理有效的**家庭帐簿**,不仅可以帮助你明晰收入和支出,还能帮助你更好地寻找一条开源节流,维持家庭财务良性循环的好方法。 합리적이고 효과적인 가계부를 쓰면 수입과 지출을 분명하게 알 수 있고 지출을 절약할 수 있는 방법을 찾게 된다. 이것은 가계재무의 선순환을 유지하는 좋은 방법이다.

002 가급적 尽可能地 *jìn kěnéng de*

[예] 为了下一代的成长,社会应该**尽可能地**提供资源,创造条件,制定法律,并且尽力保障这些资源被合理和平等地为全社会各阶层人民所共同使用。 다음 세대의 성장을 위하여 사회는 가급적 많은 자원을 제공하고 여건을 만들며 법률을 제정하는 동시에 이러한 자원이 합리적이고 평등하게 사회 각계층의 국민에 의해 공동으로 사용될 수 있도록 최대한 보장해 주어야 한다.

003 가까스로 好容易/好不容易

hǎoróngyì/hǎobu róngyi

[예] 我**好容易**才把那道题做出来。 나는 가까스로 이 문제를 풀었다.

004 가꾸다 栽培 *zāipéi*

[예] 蝴蝶兰喜高湿,如空气湿度小,则叶面容易发生失水状态,因此,**栽培**蝴蝶兰最怕空气干燥和干热风。 호접난은 다습한 환경을 좋아한다. 만약 공기의 습도가 낮으면 탈수현상이 생기므로 호접난을 재배할 때 공기가 건조한 것과 건조한 더운 바람을 최대한 피해야 한다.

005 가내수공업 家庭手工业 *jiātíng shǒugōngyè*

[예] 清代前期,农民的**家庭手工业**得到了长足发展,其中农民**家庭手工业**从副业向主业发展的趋势颇值得注意。 청대 전기에 농민의 가내수공업이 크게 발전하였고 그중 농민의 가내수공업이 부업에서 주업으로 발전해가는 추세는 매우 주목할 만하다.

006 가능성이 크게 증가하다
大大增加了~的可能性
dàdà zēngjiāle ~ de kěnéngxìng

[예] 价值导向的投资策略**大大增加了**证券选择获得成功**的可能性**。 가치주의의 투자전략이 증권선택에서 성공할 가능성을 크게 높였다.

007 가두연설 街头演说 *jiētóu yǎnshuō*

[예] 公明党的代表在**街头演说**中,对首相和内阁成员参拜靖国神社"表示遗憾",主张"对今后日本右倾化和国家主义化的动向要尽责任"。 공명당의 대표가 가두연설에서 수상과 내각임원이 야스쿠니신사를 참배한 것에 대해 유감을 표현했으며 향후 일본의 우경화와 국가주의 동향에 대해 최대한의 책임을 지어야 한다고 주장했다.

008 가드레일 护栏 *hùlán*

[예] 虽然是一起单方责任事故,也没有造成人员伤亡,但肇事者撞翻**护栏**,造成交通拥堵,然后驾车逃逸,情节十分恶劣。 비록 일방적으로 책임을 져야 하는 사고이고 인명피해도 없지만 피고가 가드레일에 부딪혀 교통체증을 유발시켰고 또한 차를 몰고 도주했으므로 죄질이 아주 나쁘다.

009 가로막다 遮住/拦住/占住

zhēzhù/lánzhù/zhànzhù

[예] 垃圾运输车**拦住**了斑马线。 쓰레기 차가 횡단보도를 가로막았다.

010 가맹점 特约商店 *tèyuē shāngdiàn*

[예] **特约商店**接受客户刷卡后,需支付百分之二至三的手续费给银行和信用卡中心。 가맹점은 고객의 카드결재를 받은 뒤 은행과 신용카드회사에 2~3%의 수수료를 지급해야 한다.

011 가명 假名/化名 *jiǎmíng/huàmíng*

[예] 广州番禺区一位年逾古稀的老太太,十年前曾用**假名**在工商银行存了几千块钱,十年之后,老人家因为忘记了存折的密码,到银行取钱时遭到

拒绝。 광저우 판위구의 고희를 넘긴 노부인이 십 년 전에 가명으로 공상은행에 몇 천 위안을 저축했는데 십 년 후 비밀번호를 잊어버려 은행에서 돈을 인출할 때 거절당했다.

012 가뭄 干旱/旱灾 gānhàn/hànzāi

예▶ 仅仅从自然的角度来看，干旱和旱灾是两个不同的科学概念。干旱通常指淡水总量少，不足以满足人的生存和经济发展的气候现象。 단지 자연적인 각도에서 볼 때 가뭄과 가뭄피해는 두 가지 서로 다른 과학적인 개념이다. 가뭄은 통상적으로 담수의 총량이 적어 사람의 생존과 발전을 만족시키지 못하는 기후 현상이다.

013 가미 调味 tiáowèi

예▶ 调味是菜肴最后成熟的技术关键之一。只有不断地操练和摸索，才能慢慢地掌握其规律与方法，并与火候巧妙地结合，烹制出色、香、形俱全的佳肴。 가미는 요리의 마지막 단계에서 하는 성숙한 핵심기술의 하나다. 부단히 연마하고 모색해야만 비로서 서서히 법칙과 방법을 익힐 수 있고 불때와 적절히 결합시켜 색과 향과 모양을 갖춘 요리를 만들 수 있다.

014 가봉 试样子 shì yàngzi

예▶ 去年秋天她做了件黑呢大衣，试样子的时候，要炎樱帮着看了看。 작년 가을에 검은색 나사외투를 맞췄다. 가봉할 때 옌잉에게 좀 봐달라고 했다.

015 가불 预支/借支 yùzhī/jièzhī

예▶ 我从工资里预支了五万元。 나는 임금에서 5만 위안을 가불했다.

016 가쁘다 喘息 chuǎnxī

예▶ 咯吱声停止了，我耳中灌满了那人的心跳声和急促的喘息，夹在隐约传来的纷沓的脚步声中。 빠지직하는 소리가 멈췄다. 내 귓가에는 온통 은연중에 들려오는 수많은 발자국 소리에 섞인 그의 심장 뛰는 소리와 가쁜 숨소리 뿐이었다.

017 가산을 탕진하다 荡尽家产 dàngjìn jiāchǎn

예▶ 临终那天，他痛哭失声，请求妻子和不在跟前的儿子宽恕他的罪过——荡尽家产。 임종날 그는 목 놓아 울며 아내와 곁에 없는 아들에게 그가 가산을 탕진한 것에 대해 용서를 구했다.

018 가상현실 虚拟实境 xūnǐ shíjìng

예▶ 展示数位典藏之影像型虚拟实境技术的发展与整合。 디지털로 소장하고 있는 영상형 가상현실 기술의 발전과 컨버전스를 전시하다.

019 가석방 假释 jiǎshì

예▶ 假释是指被判处有期徒刑或者无期徒刑的犯罪分子，在执行了一定时间的刑罚之后，如果认真遵守监规，接受教育改造，确有悔改表现，不致再危害社会的，司法机关将其附条件地予以提前释放的一种刑罚执行制度。 가석방은 유기징역이나 무기징역을 선고받은 범죄자가 일정기간의 형을 집행받은 후 만약 성실하게 감시를 받아들이고 교육개조를 받으며 분명하게 죄를 뉘우치는 모습을 보여주고 더 이상 사회에 피해를 주지 않을 경우 사법기관이 그를 조건부로 조기에 석방해주는 형벌집행제도이다.

020 가설 假说 jiǎshuō

예▶ 30多年前，英国大气化学研究者洛夫洛克对此问题提出了独特的见解:地球自我调节假说，简称Gaia。 30여년 전 영국의 대기화학연구가인 제임스 러브록은 이 문제에 대해서 '가이아' 라 불리는 지구자체조절가설이라는 독특한 견해를 제시했다.

021 가스중독 煤气中毒 méiqì zhòngdú

예▶ 在现代家庭发生的有害气体中毒事件中，煤气中毒是最常见的一种。 현대가정에서 발생하는 유해기체 중독사건 중에 가장 흔한 것은 가스 중독이다.

022 가스충전소 加气站 jiāqìzhàn

예▶ 由于天然气价格暴涨，北京半数加气站停业。 천연가스 가격폭등으로 베이징의 가스충전소가 영업을 중단했다.

023 가시 돋친 말 带刺儿的话 dàicìr de huà

예▶ 他说话的时候语气温柔, 尽量不说带刺儿的话。 그는 말을 상냥하게 하고 가시 돋친 말을 최대한 하지 않는다.

024 가시광선 可见光 kějiànguāng

예▶ 可见光可提高皮肤的感受性, 影响人的神经活动性。 가시광선은 피부의 감수성을 높여 사람의 신경활동성에 영향을 줄 수 있다.

025 가슴이 파인 옷 低胸上衣 dīxiōng shàngyī

예▶ 她今天身穿短裙和低胸上衣。 그녀는 오늘 미니스커트와 가슴이 파인 옷을 입었다.

026 가시철망 刺线/铁丝网 cìxiàn/tiěsīwǎng

예▶ 两名伊拉克人从巴格达街头的铁丝网前走过。 이라크인 두 명이 바그다드거리의 철조망 앞으로 지나갔다.

027 가십(Gossip) 花絮 huāxù

예▶ 全球首次国宝大熊猫迁徙花絮 전 세계에서 처음으로 국보 판다가 다른 곳으로 옮겨지게 된 가십

028 가위눌리다 梦魇 mèngyǎn

예▶ 夜惊(night terror)与梦魇(nightmare)是睡眠中发生的两种不同现象。 나이트테러와 가위눌림은 잠잘 때 생기는 두 종류의 서로 다른 현상이다.

029 가위바위보 剪刀石头布 jiǎndāo shítou bù

예▶ 这几个十五六岁的男孩女孩泡在浅水区旁若无人地大声嘻闹着, 正在用"剪刀石头布"的游戏决出两名"选手"。 열대여섯 살 먹은 남녀 아이들이 얕은 물속에 몸을 담그고 큰소리로 마음껏 떠들면서 가위바위보로 두 선수를 결정했다.

030 가장 먼저 충격을 당하다 首当其冲 shǒudāng qíchōng

예▶ 人民币升值冲击IT行业、家电行业将首当其冲。 위안화의 평가 절상으로 IT와 가전 업계가 가장 먼저 충격을 받았다.

031 가재도구 家什 jiāshi

예▶ 到家具店买一套进口客厅用家具也要上万元, 还不如淘点古董家什, 既实用又有收藏价值。 가구점에 가서 수입 응접실가구를 구입하려면 만 위안 이상 필요하므로 골동품 가재도구를 사는 것이 실용적이고 소장가치도 있다.

032 가정부 保姆 bǎomǔ

예▶ 上班后亲自带孩子的时间很少, 都交给保姆来照看。 출근 후 직접 아이를 돌볼 시간이 아주 짧으므로 아예 보모에게 맡겼다.

033 가족계획 计划生育 jìhuà shēngyù

예▶ 桂东县开展了计划生育宣传服务活动。 구이둥현에서 가족계획 홍보 활동을 시작했다.

034 가청주파수 声频 shēngpín

예▶ 英特尔公司称, 该公司的袖珍音乐会(Pocket Concert)声频播放机可以播放长达4小时音乐, 比目前存贮数字声频文件(如MP3等)的存贮系统容量大两倍。 인텔에 따르면 인텔의 포켓 콘서트 음성플레이어는 네 시간동안이나 작동되며, 현재의 MP3 등 디지털 음성파일메모리시스템보다 용량이 두 배나 된다고 한다.

035 가출하다 离家出走 líjiā chūzǒu

예▶ 青少年离家出走是一个不容忽视的社会问题, 一定要引起全社会的重视, 加强教育, 避免"悲剧"发生。 청소년의 가출은 가볍게 볼 수 없는 사회문제다. 사회는 이에 관심을 갖고 교육을 강화하여 비극의 발생을 막아야 한다.

036 가택연금 (被)软禁在家 (bèi) ruǎnjìn zài jiā

예▶ 缅甸反对派领导人昂山素季已经**被软禁在家**十八个多月了。 미얀마의 야당당수 아웅산수지가 이미 18여 개월동안 가택연금을 당하였다.

037 각개격파 各个击破/逐个击破
gègèjīpò/zhúgèjīpò

예▶ 在作战时, 我们处理这类问题通常采取**各个击破**的办法。 작전시 우리들이 이러한 문제를 처리할 때 통상적으로 각개격파 방법을 사용한다.

038 각설하다 话说回来 huàshuō huílai

예▶ **话说回来**, 我有话想跟你们说。 각설하고 나는 너에게 할 말이 있다.

039 간석지 海涂 hǎitú

예▶ **海涂**是海水平均高潮线与平均低潮线之间的地带。 간석지는 해수평균만조선과 평균간조선사이에 있는 지대이다.

040 간소하다 简朴 jiǎnpǔ

예▶ 生活很**简朴**。 생활이 간소하다.

041 간소화하다 简化/精简 jiǎnhuà/jīngjiǎn

예▶ 大陆**简化**台湾居民出入境及居留手续。 대륙이 타이완주민의 출입국과 거류절차를 간소화했다.

042 간이서점 书亭 shūtíng

예▶ **书亭**里只能放下一把椅子, 只有一个卖书的老伯伯。 간이 서점에는 겨우 의자 하나만을 놓을 수 있어, 책 파는 어르신만 앉아 있을 뿐이다.

043 간절히 바라다 巴不得 bābùde

예▶ 他们**巴不得**快点将罗马人赶出去。 그들은 로마인을 빨리 몰아내기를 간절히 바랐다.

044 간접흡연 被动吸烟/二手烟
bèidòng xīyān/èrshǒu yān

예▶ **被动吸烟**危害远大于原先估计。最讨厌的就是一进网吧就肯定要抽**二手烟**,出来的时候也是满身烟味。 간접흡연의 피해는 생각했던 것보다 크다. 가장 싫은 것은 피시방에 가기만 하면 간접흡연을 하게 되고 밖에 나오더라도 온 몸에 담배 냄새가 밴다는 것이다.

045 간척지 围海造田 wéihǎi zàotián

예▶ 专家指出,**围海造田**在带来经济效益的同时, 也带来了相应的生态负效应。 전문가에 따르면 간척지는 경제효율을 가져다 주는 반면 그만큼 생태적으로 마이너스 효과 있다고 한다.

046 간첩(스파이) 特务/间谍 tèwu/jiàndié

예▶ 他亲手抓过许多**特务**, 所以他对特务有一定的了解。 그는 많은 스파이를 직접 잡았다, 그래서 스파이에 대해 어느 정도 알고 있다.

047 간통 通奸 tōngjiān

예▶ 各个地方的法律不同, 新加坡法律并没有明文列出**通奸**是一项罪名。 각 지역마다 법이 다르다. 싱가폴 법은 간통을 범죄행위에 포함시키지 않는다.

048 간행물 刊物 kānwù

예▶ 学术性是本**刊物**的内在品性定位, 社会化和大众化则是内容定位。 학술성은 본 간행물의 내재된 성질에 대한 자리매김이고, 사회화와 대중화는 내용에 대한 자리매김이다.

049 갈등/분쟁 纠纷/纠葛/闹矛盾
jiūfēn/jiūgé/nào máodùn

예▶ 国产啤酒总体安全, 炒作风波背后有利益**纠**

葛。국산맥주는 전체적으로 안전하다. 소동을 일으킨 배후에는 이권분쟁이 있다.

050 감가상각(하다) 折旧 zhé jiù

예》资产的计价和折旧是影响企业应纳税所得额的重要项目。 자산의 가격계산과 감가상각은 기업의 납세소득액에 영향을 주는 중요한 항목이다.

051 감가상각 충당금 折旧基金 zhéjiù jījīn

예》折旧基金是按照固定资本损耗程度而逐年提取的货币准备金。 감가상각 충당금은 고정자본의 소모정도에 따라 매년 인출하는 화폐준비금이다.

052 감전 触电 chù diàn

예》电是现代生活中不可或缺的能源, 人们在享受电带来的种种便利时, 如使用不当或稍有不慎就可能发生触电事故。 전기는 현대 생활에서 없어서는 안 되는 에너지이다. 사람들은 전기에 의해 발생되는 여러가지 편리함을 향유할 때 부당하게 사용하거나 신중하지 않으면 감전사고가 발생할 수 있다.

053 갑작스런 변화 突如其来的变化 tūrúqílái de biànhuà

예》许多年轻人面对着这突如其来的变化感到茫然和沮丧。 많은 젊은이들이 갑작스런 변화를 당하고는 어찌할 바를 모르고 풀이 죽는다.

054 갓길운행 走路肩 zǒu lùjiān

예》有一辆车因故在路肩临时停车, 却被违规走路肩的车辆一头撞上, 造成严重的伤亡事故。 차량 한대가 사고로 갓길에 임시정차했는데 오히려 불법으로 갓길운행하는 차량에 부딪혀 심각한 사상사고가 발생했다.

055 강도사건 抢劫案 qiǎngjié'àn

예》从一起抢劫案来分析如何界定入"户"抢劫。 한 강도사건으로 주택침입 강도사건을 어떻게 정의할 지를 분석한다.

056 강세를 보이다 走强 zǒuqiáng

예》人民币继续走强, 实际升值幅度达2.16%。 위안화가 계속 강세를 보여 실제 오름폭이 2.16% 가 되었다.

057 강요하다 强加 qiángjiā

예》不能把自己的意图强加于人。 자신의 의도를 남에게 강요하지 마라.

058 강제 진입하다 强闯 qiángchuǎng

예》暴徒扬言, 如果警察强闯学校, 他们将把学校炸毁。 폭도들은 만약 경찰이 학교에 강제로 진입하면 학교를 폭파시키겠다고 공언했다.

059 같은 수준이 아니다
A与B是不可同日而语的
A yǔ B shì bùkě tóngrìéryǔ de

예》不同的改革模式使俄罗斯与中国不可同日而语。 서로 다른 개혁 모델이 러시아와 중국을 완전히 다른 모습으로 변화시켰다.

060 개각하다 改组内阁 gǎizǔ nèigé

예》日本媒体称小泉可能在七月上院选举后改组内阁。 일본 매스컴은 고이즈미가 7월 상원선거 후 개각을 단행할 가능성이 있다고 했다.

061 개런티 片酬 piànchóu

예》演员片酬漫天要价。 연기자들이 개런티를 아주 높게 부른다.

062 개봉 首映 shǒuyìng

예》请问《色戒》首映多少钱一张票？ '색계'의 개봉 입장권이 얼마지?

063 개선되다 获得改善 huòdé gǎishàn

예 韩国经济逐步**获得改善**。 한국 경제가 점점 개선된다.

064 개인기 个人技巧 gèrén jìqiǎo

예 本书以实用和简明的方式指出了获得职业优势的一些必需的**个人技巧**。 본 서는 실용적이고 간단한 방식으로 '직장에서 살아남기 위해' 필요한 개인기를 소개했다.

065 개인방문 私人访问 sīrén fǎngwèn

예 副总理兼财政部长李显龙昨天到台湾进行**私人访问**。 부총리겸 재무부장인 리센룽이 어제 타이완을 개인적으로 방문했다.

066 개인종목 单项 dānxiàng

예 中国选手包揽第二届残疾人乒乓球世界杯男女**单项**冠军。 중국선수가 제 2회 장애자 탁구 월드컵 개인종목 남녀 우승을 독식했다.

067 개장하다 开张 kāizhāng

예 清华大学出版社网上书店**开张**。 칭화대학출판사가 인터넷점을 개장했다.

068 개찰구 检票口 jiǎnpiàokǒu

예 出**检票口**时，插入票后即可通过，但车票被回收。 개찰구를 나올 때 표를 넣으면 바로 통과된다, 하지만 차표는 회수된다.

069 개헌 修宪 xiūxiàn

예 这一次**修宪**进一步明确了民营经济的发展方针，给民营经济以国民待遇，这无疑是促进民营经济蓬勃发展的催化剂。 이번 개헌은 민영경제의 발전 방침을 더욱 분명히 했고 민영경제에 국민적대우를 해주었다. 이것은 분명히 민영경제를 활발하게 발전시키는 촉진제이다.

070 객관식문제 选择题/选答题 xuǎnzétí/xuǎndátí

예 与2003年试卷相比，2004年三种试卷**选择题**与非选择题的题型分数比例有所变化，变为40%比60%。 2003년도 시험지와 비교할 때 2004년 3종 시험지의 객관식 문제와 비객관식 문제의 유형별 점수 비율이 40% 대 60%로 약간 변하였다.

071 객원교수 特邀教授/客座教授 tèyāo jiàoshòu/kèzuò jiàoshòu

예 伍婉文律师目前为沙巴大学法律系**客座教授**。 우완원변호사는 현제 University Malaysia Sabah 의 법학과 객원교수이다.

072 갱단 帮派组织 bāngpài zǔzhī

예 他们告诉我，**帮派组织**现在基本上已经没了。 지금은 갱단이 거의 사라졌다고 그들이 알려주었다.

073 갱영화 警匪片/警匪电影 jǐngfěipiàn/jǐngfěi diànyǐng

예 **警匪片**在香港影史上占有举足轻重的地位。 갱영화는 홍콩영화사상 중요한 위치를 차지하고 있다.

074 거꾸로 头朝下 tóu cháoxià

예 小王临产了，医生检查后告诉她，这个孩子虽然**头朝下**，但先露是颜面部，生不下来，需要做剖腹产。 샤오왕은 출산을 앞두고 있다. 의사가 검사한 뒤 이 아이는 비록 머리가 위를 향하고 있으나 얼굴 부위가 먼저 드러나 자연분만이 안되니 제왕절개를 해야 한다고 알려주었다.

075 거래세 周转税 zhōuzhuǎnshuì

예 世界各国通常都计征**周转税**，但计征的环节各有不同。 세계 각국이 통상적으로 거래세를 징수하지만 징수하는 단계가 각기 다르다.

076 거만하다 架子大 jiàzi dà

[예]▶ 某些国际巨星, 不仅**架子大**, 怪僻也特别多。
일부 세계적인 스타는 거만할 뿐만 아니라 괴벽도 아주 많다.

077 거부반응 排异反应 páiyì fǎnyìng

[예]▶ 医生目前还不能排除患者对移植器官和组织出现**排异反应**的可能。 의사들은 현재 환자가 장기와 조직 이식에 대해 거부반응을 일으킬 가능성을 배제할 수 없다.

078 거식증 厌食症 yànshízhèng

[예]▶ **厌食症**是精神性的疾病, 主要发生在十至三十岁的年轻女性身上, 但也有约十分之一的患者为男孩或年轻男子。 거식증은 정신적인 질병이며 주로 10~30세 사이의 젊은 여성들에게서 나타나지만 환자의 10%는 남자아이거나 젊은 남자다.

079 거의 알려지지 않은 鲜为人知 xiǎnwéirénzhī

[예]▶ 读者从中也可以了解到中国电影发展历程中一些**鲜为人知**的逸事。 독자는 그 가운데서 중국영화발전과정에서 생긴 일부 알려지지 않은 에피소드를 이해할 수 있다.

080 거절당하다 碰钉子 pèng dīngzi

[예]▶ **碰**软**钉子**/**碰**硬**钉子** 완곡한 거절을 당하다/직접적인 거절을 당하다.

081 거취 去留 qùliú

[예]▶ 黄长烨**去留**将有转机。 황장엽의 거취가 앞으로 새로운 전기를 맞게 될 것이다.

082 거품이 사라지다 泡沫破裂 pàomò pòliè

[예]▶ 在2000年的股市**泡沫破裂**之后, 房地产价格的上扬维系了世界经济的发展。 2000년 증시거품이 사라진 후 부동산 가격의 상승이 세계경제의 발전을 유지하였다.

083 건널목(철도) 道口 dàokǒu

[예]▶ 有一天当他在**道口**等红绿灯时, 那个女孩就出现在他面前, 相爱的两个人终于再聚首。 어느 날 그가 건널목에서 기다리고 있을 때 그 여자가 앞에 나타났다. 사랑하는 두 사람이 드디어 재회했다.

084 건설공사장 建筑工地 jiànzhù gōngdì

[예]▶ 上海近年来已经成为世界上最大的**建筑工地**之一。 상하이는 최근 들어 이미 세계 최대의 건설공사장 중 하나가 되었다.

085 건설을 계획하다 筹建 chóujiàn

[예]▶ 美国华侨将**筹建**二战浩劫纪念馆, 以介绍日本侵华历史。 재미화교가 일본의 침략역사를 알리기 위해 2차 대전재난기념관을 세울 예정이다.

086 건축모형 建筑雏形 jiànzhù chúxíng

[예]▶ 早在19世纪后半叶, 已经出现了近代民族形式**建筑**的**雏形**。 일찍이 19세기 후반기에 근대 민족형식 건축모형이 나타났다.

087 건축업자 建筑商 jiànzhùshāng

[예]▶ 经济不景气时, **建筑商**的品牌仍是选购时的重要因素。 지금과 같은 불경기 때 건축업자의 브랜드는 여전히 구매할 때의 중요한 요소다.

088 건축자재 建材 jiàncái

[예]▶ 绿色**建材**取代传统建材已成定势。 무공해 건축자재가 전통적인 건축자재를 대신하는 것은 이미 대세다.

089 걸스카웃 女童子军 nǚ tóngzǐjūn

[예]▶ 她是美国**女童子军**组织的终生成员。 그녀는 미국 걸스카웃의 평생회원이다.

090 검거하다 检举 jiǎnjǔ

예▷ 我大声喊 "我要检举杀人犯!" 나는 '살인범을 검거할 것이다'라고 크게 외쳤다.

091 검문소 关卡 guānqiǎ

예▷ 其实, 这些森林病虫害是由于我国对外来生物入侵缺乏认识、未设关卡而造成的。 사실 이러한 삼림 병충해는 우리나라가 외래 생물의 침입에 대해 인식이 부족하고 검문소를 설치하지 않아 발생한 것이다.

092 검색인터페이스 检索接口 jiǎnsuǒ jiēkǒu

예▷ 检索接口较简单, 使用者只需输入篇名或作者来查寻文献, 并能马上得到结果。 검색인터페이스는 비교적 간단하다. 사용자가 책이름이나 작가이름으로 문헌을 검색하면 즉시 결과를 알 수 있다.

093 검은 돈 黑钱 hēiqián

예▷ 香港一直致力打击清洗黑钱及恐怖分子融资活动。 홍콩은 줄곧 검은 돈 세탁과 테러리스트의 융자행위를 단속하는 데 주력하고 있다.

094 검정고시 鉴定考试 jiàndìng kǎoshì

예▷ 全国首次 "计算机辅助程序员"(中级)职业资格鉴定考试于2004年7月11日在广东省机械研究所成功举行。 전국 제 1회 컴퓨터보조프로그래머(중급) 직업자격 검정고시가 2004년 7월 11일 광동성 기계 연구소에서 성공적으로 개최되었다.

095 검출되다 被检验出 bèi jiǎnyàn chū

예▷ 法国一头山羊被检验出感染了 "狂牛病", 这是目前全球除了牛之外、首例发现感染 "狂牛病" 的牲畜。 프랑스의 산양 한 마리가 속칭 '광우병'에 감염된 사건이 발생하였다. 이것은 현재 전세계에서 소 외에 처음으로 광우병에 감염된 가축이 발견된 것이다.

096 겉으로 드러난 문제와 근본적인 문제를 동시에 해결하다 标本兼治/采取标本兼治的措施 biāoběn jiānzhì/cǎiqǔ biāoběn jiānzhì de cuòshī

예▷ 王乐泉称, 新疆的民族分裂势力同国际恐怖势力相勾结, 只有采取这些标本兼治的措施才能将他们彻底清除。 왕러취안은 신장의 민족분열세력이 국제테러세력과 연계되어있기 때문에 이렇게 근본적인 조치를 취해야만 그들을 철저하게 제거할 수 있다고 했다.

097 겉치레 말. 허울좋은 말. 입에 발린 말 门面话 ménmianhuà

예▷ 所谓 "执政为民", 不就是一句徒有虚名的门面话么? 이른바 '국민을 위해 정치를 한다'는 말은 겉만 번지르한 허울좋은 말이 아닌가?

098 게양하다 悬挂 xuánguà

예▷ 外交场合悬挂国旗既是一种外交特权, 也是一种外事礼遇。 외교적인 장소에서 국기를 게양하는 것은 외교적인 특권이자 외사상의 예우이다.

099 게으르다 懒惰 lǎnduò

예▷ 最可怕的是懒惰, 它是所有恶习的根源。 가장 무서운 것은 게으름으로 그것은 모든 악습의 근원이다.

100 게임소프트웨어 电子游戏软件 diànzǐ yóuxì ruǎnjiàn

예▷ 随着电子游戏软件的越来越丰富, 我对电子游戏也越来越着迷。 게임소프트웨어가 풍부해지면서 나는 점점 컴퓨터게임에 빠져들었다.

101 겔(gel) 화 胶凝作用 jiāoníng zuòyòng

예▷ 例如河水能携带大量胶体, 在入海口与海水相遇, 由于海水中含有大量电解质, 使河水中的胶体产生胶凝作用, 形成胶体矿物, 滨海地区的鲕状赤铁矿就是这样形成的。 예를 들어, 강물이 대량의 콜로이드를 함유하고 있을 때 바닷물과 만나게 되면 바닷물에 대량의 전

해질이 함유되어 있기 때문에 강물이 겔화를 유발하게 되어 콜로로이드 광물질을 형성하게 된다. 해변지역의 곤이 모양의 붉은 철광석은 이렇게 형성된 것이다.

102　겨울내의 绒衣 róngyī

예〉 天冷了，穿上绒衣吧！ 날씨가 추워졌으니 보온내의를 입자.

103　격하되다 由~降格为~ yóu~jiànggé wéi

예〉 会议由首脑会谈降格为经济会谈。 회의는 영수회담에서 경제회담으로 격하되었다.

104　견습공(공장의) 学徒工 xuétúgōng

예〉 15岁那年，他中学没有毕业就辍学开始打工，先是干书籍装订工，然后又当了印刷学徒工。 15세 되던 해 그는 중학교도 졸업하기 전에 학업을 중단하고 일을 하기 시작했다. 먼저 책을 제본하는 일을 했고, 그런 후 인쇄견습생이 되었다.

105　견인차 火车头 huǒchētóu

예〉 中国经济的发展带动了亚洲其他国家的经济，并成为亚洲经济的火车头。 중국경제의 발전이 아시아 다른 나라의 경제를 이끌었고 아시아의 견인차가 되었다.

106　결과가 완전히 반대로 나타나다
结果适得其反 jiéguǒ shìdé qífǎn

예〉 成才靠自己，盲目追求名校结果可能适得其反。 훌륭한 인재가 되려면 스스로 노력해야 한다. 맹목적으로 유명한 학교만 추구한다면 결과가 반대로 나타날 수도 있다.

107　결구양상치 结球莴苣 jiéqiú wōjù

예〉 结球莴苣对温度适应性较弱，适温为17℃，高于21℃结球不良。 결구양상치는 저온에 대한 적응성이 약하다. 적온은 17도이며, 21도 이상일 경우에 결구불량이 발생한다.

108　결론적으로 말해서 总而言之 zǒngéryánzhī

109　결말 结束 jiéshù

예〉 尽快早日结束吧。 최대한 빨리 결말을 내자.

110　결석계 假条 jiàtiáo

예〉 在现代办公生活中，我们用英语的机会越来越多，用英语发邮件，用英语写记录报告，或者用英语写假条。 현대 직장생활에서 우리들은 영어를 점점 더 많이 사용하게 된다. 영어로 이메일을 보내고 영어로 보고서를 작성하거나 영어로 상사에게 결석계를 제출한다.

111　결손가정 单亲家庭 dānqīn jiātíng

예〉 现代社会中，父母一方带着一个孩子生活的家庭不断增加，这就是所说的单亲家庭。 현대사회에서 부모 중 한 명만이 아이와 생활하는 가정이 계속 늘어나고 있다. 이것이 이른바 결손가정이다.

112　결승티켓 决赛入场券 juésài rùchǎngquàn

예〉 北京男篮全运会预赛取得三连胜提前拿到决赛入场券。 베이징남자팀이 전국대회 예선전에서 3연승으로 일찍이 결승행을 결정지었다.

113　결제(상환) 偿付 chángfù

예〉 事实上，资本充足率和偿付能力一直是国内保险业发展过程中的一大隐忧。 사실상 자본충족률과 상환능력은 줄곧 국내 보험업 발전과정에서 큰 걱정거리였다.

114　결함 缺陷 quēxiàn

예〉 免疫缺陷疾病是一组免疫系统功能不完善引起的疾病，因此，感染更易发生、复发更频繁，且更为严重、持续时间更长。 면역결함질병은 면역체계기능이 불완전해서 생기는 질병이므로 감염되기 쉽고 더욱 빈번하게 재발하고 증세가 더욱 심각하며 지속시간이 길다.

115 결혼신고 结婚登记 jiéhūn dēngjì

[예] 结婚登记, 是婚姻有效的必要手续, 结婚仪式是无法代替的。 결혼신고는 유효한 혼인의 필요한 절차이고 결혼식은 그 무엇으로도 대신할 수 없는 중요한 의식이다.

116 결혼휴가 婚假 hūnjià

[예] 由于现在领取结婚证越来越便捷, 因此国家设立婚假还是考虑到我国传统——婚礼及新婚蜜月而设立的。 현재 결혼증명서를 수령하는 것이 점점 빨라지고 있으므로 국가가 결혼휴가제를 실시하는 것은 우리나라의 전통, 즉 혼례 및 신혼여행을 위한 것이다.

117 겸업스타(가수+영화배우) 影歌双栖红星 yǐng gē shuāngqī hóngxīng

[예] 张国荣十三岁步入演艺界, 后又入娱乐圈, 经过几年奋斗, 成为名躁一时的歌影双栖红星。 장궈룽은 13살 때 처음으로 연예계에 발을 들여놨고 나중에 엔테테인먼트계에 진출하여 몇 년의 노력 끝에 아주 유명한 겸업스타가 되었다.

118 경감하다 减轻 jiǎnqīng

[예] 特别应注意的是睡觉不能太晚, 优质的睡眠可以减轻心理压力, 提高学习效率。 너무 늦게 잠을 자지 않도록 주의해야 한다. 양질의 수면은 심리적인 스트레스를 줄일 수 있고 학습효율을 높일 수 있다.

119 경관보호 景观维护 jǐngguān wéihù

[예] 有的委员还建议及时制定关于道路的景观维护方案, 保证路面的整体质量。 모위원회는 노면의 전체적인 질을 보장하기 위해 시기 적절하게 도로에 관한 경관보호방안을 제정할 것을 건의했다.

120 경매 竞价销售 jìngjià xiāoshòu

[예] 去年3月, 七溪岭林场率先创新经营机制, 建立公开、公平、公正的销售方式, 木材全部实行"竞价销售"。 작년 3월 치시링 산림육성벌채장이 앞장서서 경영체제를 개선하여 공개적이고 공평하며 공정한 판매방식을 구축했고 모든 목재를 경매했다.

121 경매가 拍卖价 pāimàijià

[예] 中国著名画家齐白石的作品日前在北京进行拍卖, 其中"山水册八开"与"山水册十二开"两项作品拍卖价分别创下齐白石作品拍卖的最高纪录。 중국의 유명화가 치바이스의 작품이 며칠 전 베이징에서 경매되었다. 그중 '山水册八开'와 '山水册十二开' 두 작품의 경매가가 치바이스 작품경매 최고가를 기록하였다.

122 경보 竞走 jìngzǒu

[예] 竞走是一项有效的有氧消脂运动。 경보는 효과적인 유산소 지방소모운동이다.

123 경사도 坡度 pōdù

[예] 在等高线地形图中, 坡度是指山坡的倾斜角度。 등고선 지형도에서 경사도는 산비탈의 기울기를 나타낸다.

124 경상비 常年费用 chángnián fèiyòng

[예] 当年她个人捐资2万多元, 负担442名儿童的常年费用, 捐资数额仅次于宋美龄。 그 해 그녀가 2만여 위안을 기부해 442명이 아동 경상비를 부담하였고 기부액이 송메이링에 버금간다.

125 경솔하다 鲁莽(卤莽) lǔmǎng

[예] 马来西亚总理马哈蒂尔 4 日说, 美国总统布什决定攻打伊拉克缺乏足够证据, 是非常鲁莽的。 마하티르 말레이지아 총리는 4일 부시 미국 대통령이 증거가 부족한 상황에서 이라크를 공격하기로 결정한 것은 아주 경솔한 행동이라고 했다.

126 경야(经夜)하다 守灵 shǒu líng

[예] 近来举行正式守灵仪式的家庭已经越来越少了, 一般差不多都只守到十点、十一点, 也就是所谓的半守灵。 최근 들어 정식경야의식을 하는 가정이 점점 줄어들었다. 일반적으로 10시나 11시까지 한다. 이른바 반경야다.

127 경영권 经营许可权 jīngyíng xǔkěquán

예） 此次获得赌场经营许可权的是韩国观光公社，他们正在首尔的乐天酒店、立兹卡尔顿、希尔顿等酒店中选择营业所。 이번에 한국관광공사가 카지노 경영권을 따냈다. 그들은 롯데호텔, 리츠칼튼, 힐튼호텔 중에서 서울 카지노 영업장을 선택하고 있다.

128 경영실적 经营业绩 jīngyíng yèjì

예） 厦门钨业股份有限公司上半年克服原材料供应困难、国家下调部分钨制品出口退税率等两大困难，实现经营业绩大幅度增长。 샤먼텅스텐주식회사는 상반기에 원자재 공급난과 일부 텅스텐제품수출 관세환급률 하향 조정 등 두 가지 곤란한 점을 극복하고 경영실적이 크게 증가하였다.

129 경유(디젤유) 柴油 cháiyóu

예） 由于全球石油资源短缺、燃油价格上涨，柴油轿车的比例在逐年递增，轿车柴油化已成为一种世界趋势。 전 세계 석유자원이 부족하고 연료용 기름가격이 상승했기 때문에 디젤 승용차의 비율이 해마다 늘고 있다. 디젤승용차는 이제 세계적인 추세가 되었다.

130 경의를 표하다 向 ~ 致敬 xiàng ~ zhìjìng

예） 布什总统今天在荷兰向二战中牺牲的美国将士致敬。 부시 대통령은 오늘 네덜란드에서 2차세계대전 중 희생당한 미국의 장사병들에게 경의를 표하였다.

131 경제대공황 经济大萧条 jīngjì dàxiāotiáo

예） 他认为在18个月到2年之间，美国会爆发比1929年更加严重的经济大萧条，而且很可能波及全世界。 그는 앞으로 18개월에서 2년 사이에 미국에서 1929년 대공황보다 더 심각한 경제 대공황이 발생하여 전세계에 영향을 줄 것이라고 했다.

132 경제사범 经济型犯罪 jīngjìxíng fànzuì

예） 职务犯罪从性质上可分为贪污贿赂等经济型犯罪、侵权型犯罪、渎职型犯罪。 직위를 이용한 범죄는 성격상 횡령, 뇌물 등의 경제사범형, 소유권침범형, 독직형범죄로 나눌 수 있다.

133 경제적 신탁통치 经济托管 jīngjì tuōguǎn

예） 由于1997年底韩国全面暴发经济危机，导致国际通货基金(IMF)经济托管，以及1998年金大中政府上台后，对北韩推展"阳光政策"，而使得韩国的国防经费一直滑跌至GDP的2.7~2.8％的水准。 1997년 말 한국에서 경제위기가 발생해 IMF에 경제관리를 맡겼고 1998년 김대중정부가 출범한 후 북한에 대해 햇볕정책을 실시해 한국의 국방비가 GDP의 2.7~2.8％까지 계속 줄어들었다.

134 경종을 울리다 向 ~ 敲响警钟
xiàng ~ qiāoxiǎng jǐngzhōng

예） 全球气候持续变暖向人类敲响了警钟。 지속되는 세계 기후온난화가 사람들에게 경종을 울렸다.

135 경찰순찰차 警车 jǐngchē

예） 警车正要开走，这时，一个七八岁的小女孩来到了警车前。 경찰차가 막 출발하려 할 때, 7~8세 가량의 여자아이가 경찰차 앞으로 다가왔다.

136 경찰의 끄나풀 警方线民 jǐngfāng xiànmín

예） 纽约一名黑帮老大替警方搜集他接班人的罪证，他可能是纽约黑道家族有史以来第一个当警方线民的人。 뉴욕의 한 조직폭력 우두머리가 경찰을 대신하여 자신의 후계자에 대한 증거를 수집하여, 뉴욕 조직폭력 역사상 첫 경찰끄나풀이 되었다.

137 고객충성도 顾客忠诚度 gùkè zhōngchéngdù

예） 目前，在国内互联网业，博客以及社区网站风起云涌，作为积聚人气和增强顾客忠诚度的最有力手段之一，网络社区已成为各大网站的必争之地。 현재 국내 인터넷에서 블로거, 커뮤니티 사이트가 유행하고 있다. 인터넷 커뮤니티는 인기몰이와 고객충성도 증가에 가장 강력한 수단의 하나로서, 이미 모든 사이트들이 반드시 지켜내야 하는 아이템이 되었다.

138 고급상품 高档商品 gāodàng shāngpǐn

예） 在控制高档商品房建设方面，通知特别强调，

各地要根据实际情况, 合理确定高档商品住房和普通商品住房的划分标准。 통지는 고급주택 건설 규제 방면에서, 각 지역은 실제상황에 근거하여 고급주택과 일반주택을 구분하는 합리적인 표준을 만들어야 한다고 강조하였다.

139 고부지간 婆媳之间 pó xí zhījiān

예▶ 婆媳之间的关系, 要变得好, 很难, 要变坏, 很容易。 고부지간은 사이가 좋아지긴 어려우나 나빠지긴 쉽다.

140 고산반응 高山反应 gāoshān fǎnyìng

예▶ 头疼和恶心是急性高山反应的常见症状。 두통과 메스꺼움은 급성고산증에서 흔히 보이는 증상이다.

141 고소장 诉状 sùzhuàng

예▶ 他今天要做的最重要的一件事, 就是赶到法院送诉状。 그는 오늘 법원에 소장을 제출하는 매우 중요한 일을 처리해야 한다.

142 고육책 苦肉计 kǔròujì

예▶ 他的反对者, 包括我, 都怀疑他用苦肉计博得同情票。可惜证据不足, 只好承认他当选。 나를 포함하여 그를 반대하는 사람들 모두 그가 고육책을 써서 동정표를 얻으려 한다고 의심했지만, 안타깝게도 증거가 부족하여 그의 당선을 인정할 수밖에 없었다.

143 고의폐업 恶性关厂 èxìng guānchǎng

예▶ 按照新基准, 台湾厂商未经申报赴大陆投资或进行技术合作, 如被认为对台湾安全不利、导致核心技术流失、在台恶性关厂造成重大劳资纠纷及债务信用严重不良, 台"经济部"将加重罚款金额1至5倍。 새 기준에 따라, 아직 대중국 투자나 기술협력에 대한 신고를 하지 않은 타이완 생산업체는 만약 타이완안보에 불리하다고 생각되거나, 핵심기술 유출 초래, 혹은 타이완에서 고의폐업으로 막대한 노사 분쟁 및 채무신용불량이 발생하면, 타이완 "경제부"는 벌금의 1~5배를 가중처벌 할 것이다.

144 고질병 顽症 wánzhèng

예▶ 我国经济生活中存在的效率低下问题, 实际就是浪费严重, 这是我国经济的顽症。 우리 나라 경제생활에 존재하는 효율저하 문제는 바로 낭비가 심각하다는 것이다. 이것은 우리나라 경제의 고질병이다.

145 고집부리다 赌气 dǔ qì

예▶ 事情该怎么办就怎么, 可别赌气。 일은 정해진 방법대로 처리해야 한다. 고집부리지 마라.

146 고철 废铁 fèitiě

예▶ 那辆面包车已被前挤后压完全变形, 几近一堆废铁。 그 소형승합차는 중간에 끼어 형체가 변해버려서 차 전체가 한 덩어리의 고철처럼 되어버렸다.

147 곤궁하다 穷困 qióngkùn

예▶ 穷困大学生的根源在于国家的教育体制, 也可以说是自费制度。上学自费而又没有配套的政策, 直接导致了穷困大学生问题。 고학생 문제는 자비제도라 불리는 국가교육체제에서 비롯되었다. △△로 학비를 부담하는데 관련정책은 마련되지 않아 고학생 문제가 야기되었다.

148 곤드레 만드레 취하다 烂醉 lànzuì

예▶ 香槟酒精浓度低, 所以会让人欣然微醺, 不会让人烂醉, 露了丑态。 샴페인은 알코올 도수가 낮아 사람들이 기분좋을 정도로만 취하기 때문에, 곤드레 만드레 취해 추한 몰골을 보이지 않게 한다.

149 골다공증 骨质疏松症 gǔzhì shūsōngzhèng

예▶ 骨质疏松症是一个世界范围的、越来越引起人们重视的健康问题。 골다공증은 전세계적으로 사람들이 점점 더 중시하는 건강 문제이다.

150 곰팡이가 슬다 霉变/发霉 méibiàn/fāméi

예▶ 霉变指数级别高说明炎炎夏日, 不仅气温高,

而且雨水多, 空气湿度大, 这时极易发生霉变。
높은 곰팡이 지수는 무더운 여름, 고온다습, 많은 강우량을 의미하고, 이러한 상황에서 곰팡이가 쉽게 생긴다.

[예]　我和她的爱情发霉了。 나와 그녀의 애정은 이미 식어버린지 오래야.

151 공개모집시험 公开招考 gōngkāi zhāokǎo

[예]　我市决定面向社会公开招考健雄职业技术学院副院长。 우리 시는 사회 공개모집시험을 통해 젠슝 직업기술학교 부원장을 뽑기로 결정하였다.

152 공개시장조작 公开市场操作 gōngkāi shìchǎng cāozuò

[예]　2007年以来, 公开市场操作在整个货币政策调控中发挥了重大作用。 2007년 이래, 공개시장조작은 모든 화폐정책 조정에 큰 영향을 끼쳤다.

153 공개하다 公布 gōngbù

[예]　教育部公布去年我国教育事业发展状况。
교육부는 작년 우리나라 교육사업 발전상황을 공개하였다.

154 공격 进攻 jìngōng

[예]　以色列军队25日午夜向巴勒斯坦自治城市加沙发起大规模进攻, 目前已造成至少12名巴勒斯坦人死亡, 50多人受伤。 25일 자정 이스라엘 군대가 팔레스타인 가자지구에 대규모 공격을 하여, 최소 12명의 파키스탄인이 사망하고 50여 명이 부상했다.

155 공공적립금 公积金 gōngjījīn

[예]　如果您确定已在萧山区住房资金管理中心开户缴存公积金, 但按身份证号不能查询到自己的公积金缴存记录。可能是您开户时身份证号码输入有误, 请到萧山分中心公积金管理科核对您的身份证号码, 并及时更正。 만약 당신이 샤오산구 주택자금관리센터에 구좌를 개설하여 공공적립금을 예치했으나 신분증번호에 따라 자신의 공공적립금기록을 찾아볼 수 없다면, 아마도 당신이 구좌를 개설할 때 주민번호를 잘못 입력한 것이니 샤오산 지사 공공

적립금관리과에 오셔서 신분증번호를 대조한 다음 제때에 수정하시기 바랍니다.

156 공금 公款 gōngkuǎn

[예]　有统计显示, 在检察机关查处的贿赂案件中, 80％的行贿者是用公款行贿。 통계에 따르면 검찰이 조사한 뇌물 사건 가운데 뇌물 공여자의 80%가 공금으로 뇌물을 공여했다고 한다.

157 공금유용 挪用公款 nuóyòng gōngkuǎn

[예]　安徽省五河县委原书记张桂义受贿挪用公款将受审。 안후이성 우허현위회회 전 서기 장구이이가 수뢰죄로 재판을 받게 된다.

158 공동구매 团购 tuán gòu

[예]　业内人士表示, 网络团购改变了传统消费的游戏规则。 업계인사는 인터넷 공동구매가 전통적인 소비의 게임의 법칙을 바꾸었다고 밝혔다.

159 공동성명 联合公报 liánhé gōngbào

[예]　中国和俄罗斯发表《中俄联合公报》。 중국과 러시아가 '중러공동성명'을 발표하였다.

160 공로주 空股/人股 kōnggǔ/réngǔ

[예]　所谓空股股权, 是指通常所说的未缴付资本的股权。 이른바 공로주 지분은 통상적으로 자본을 납부하지 않은 지분을 지칭한다.

161 공모하다 合谋 hémóu

[예]　表兄弟合谋绑架杀害女网友受审。 사촌형제가 여자 네티즌 납치살해를 공모하여 재판을 받았다.

162 공범 同谋 tóngmóu

예▶ 毫无疑问, 在法律上不能追究我的责任, 可是在道义上我成了他的同谋！ 의심할 여지없이 법률상 나의 책임을 추궁할 수 없는 것은 분명하나 도의적으로 나는 그의 공범이 되었다.

163 공사장 工地 gōngdì

예▶ 很多农民工都不知道工地食堂需要卫生许可证, 只是认为有一个地方吃饭就行。 많은 건설 현장의 인부들은 공사장 식당에 위생 허가증이 필요한 것을 모르고 단지 식사할 공간만 있으면 된다고 생각한다.

164 공소를 제기하다 提起公诉 tíqǐ gōngsù

예▶ 据统计, 今年10月份市检察机关提起公诉案件4809件7556人, 比去年同期增长36%和45%。 통계에 따르면 금년 10월 지방검찰청의 공소제기건은 4809건 7556명으로 작년 같은 기간에 비해 각각 36%와 45%가 증가했다.

165 공수부대 空降兵 kōngjiàngbīng

예▶ 在普通人看来, 空降兵就是突然从天而降, 并适时扭转战争局面的, 因此有“国家利器”之喻。 일반인들이 보기에 공수부대는 신속하게 낙하함과 동시에 전쟁의 전세를 뒤집는 것이다. 따라서 국가의 유용한 병기라고 불린다.

166 공시가격 公告现值 gōnggào xiànzhí

예▶ 台湾土地增值税税率为40%、50%、60%, 但台湾是按公告现值计税, 而公告现值往往低于真实转让价格, 有的还差距甚大, 故实际税负一般低于名义税负很多。 타이완의 토지공시지가의 세율은 40%, 50%, 60%이지만 타이완은 공시가에 따라 세금을 책정하며, 공시가는 종종 실제 양도가격보다 낮고 때로는 그 차이가 매우 클 때도 있다. 그러므로 실제 세금부담은 일반적으로 명목부담보다 훨씬 낮다.

167 공식방문 正式访问 zhèngshì fǎngwèn

예▶ 4月9日, 中国国务院总理温家宝抵达印度班加罗尔机场, 开始对印度进行正式访问。 4월 9일, 원자바오 중국국무총리는 인도 뱅갈공항에 도착하여, 인도공식방문 일정을 시작하였다.

168 공염불 空话/口头禅 kōnghuà/kǒutóuchán

예▶ 陈水扁质疑“一国两制”, 诬蔑其是“空话、假话” 천수이볜은 '일국양제'에 의문을 제기하며 그것이 '공염불이며 거짓' 이라고 모독했다.

예▶ 初当官的人, 官气不足, 有的开始还很诚惶诚恐, 但混迹官场时间一久, 官气上身, 就有了口头禅。 초임공무원은 공무원으로서의 자질이 부족하고 몇몇은 처음에 아주 두려워하지만, 근무기간이 조금 지나면, 관료티가 몸에 배게 되어 공염불을 하게 된다.

169 공용으로 쓴 비용을 정산하다 报销 bàoxiāo

예▶ 根据国家的政策, 农村合作医疗资金应主要用于农民住院报销, 但在整个房山区, 仅有不到1%的参合农民享受到了住院报销的实惠。 국가정책에 따르면, 농촌 공동의료자금은 대부분 농민의 입원비용으로 쓰여야 하지만, 대부분 산골마을은 공동의료에 참여한 1%도 안 되는 농민들만이 입원비용의 혜택을 누리고 있다고 한다.

170 공익광고 公益广告 gōngyì guǎnggào

예▶ 圈内外的人都知道, 拍公益广告丝毫不比商业广告容易, 耗时、费力, 不但没有收益, 甚至还会倒贴钱进去。 권내외의 사람들은 공익광고를 찍는 것은 상업광고를 찍는 것보다 조금도 쉽지 않고, 시간과 정력을 낭비하며, 수익이 없을뿐더러, 심지어는 오히려 비용이 투자되어야 한다는 것을 모두 알고 있다.

171 공익근무요원 社会役 shèhuìyì

예▶ 相当大比例的适龄青年在新兵营中以各种方式表现出自己难以适应军营生活, 24%的人因此被医务委员会宣布不能胜任服役, 而14%的人最终还是选择了服社会役。 상당히 많은 수의 적령기의 청년들이 신병훈련소에서 각종 방법으로 자신이 군대생활에 적응하기 어렵다는 것을 표현하고, 24%는 이로 인해 의무위원회에 의해 군복무 불가판정을 받고 14%는 최종적으로 공익근무요원을 선택하였다.

172 공작 工作/地下工作 gōngzuò/dìxià gōngzuò

예▶ 何谓“地下工作”? 就是不在正式场合、不公开、不当众的思想工作。 지하공작이란 무엇인가? 바로 비공식적인 장소에서 비공개적으로 몰래 진행하는 공작이다.

173 공작시간　手工课 shǒugōngkè

예▶ **手工课**的学生们学习了日本传统玩具"万花镜"的制作方法，大家共同制作了很多具有纪念意义的作品。 공작시간에 학생들은 일본 전통완구인 만화경의 제작방법을 배웠고 수많은 기념할 만한 작품을 만들었다.

174 공저　合著 hézhù

예▶ 中日韩三国学者**合著**"史书"在中国出版了。 중국, 일본, 한국의 학자가 공저한 '사서'가 중국에서 출판되었다.

175 공정거래법　公平交易法 gōngpíng jiāoyìfǎ

예▶ 是否遵守**公平交易法**，还取决于那些希望它们的产品能按公平交易价销售的厂商。 공정거래법을 준수할지의 여부는 그들의 상품이 공정한 거래가격으로 거래되기를 원하는 업체에 의해 결정된다.

176 공직자　公职人员 gōngzhí rényuán

예▶ 近年来，随着社会经济的快速发展和省内外一些地方公务用车制度改革的逐步深入，国家**公职人员**购车自驾现象日益普遍。 최근 몇 년 동안 경제 사회의 빠른 발전과 성내외의 일부 지방공용차량제도의 개혁이 심화됨에 따라 국가 공직자들이 차량을 구매해 자가 운전하는 현상이 점점 보편화되었다.

177 공통과목　公共课 gōnggòngkè

예▶ 如果现在你想复习的话，可以先看一看过去的**公共课**教材，并买一套历年真题解析看看。 만약 네가 지금 복습하고 싶다면 과거의 공통과목교재를 먼저 보고 수 년간 기출문제해설집 한 세트를 사서 봐라.

178 공포탄　空鸣弹 kōngmíngdàn

예▶ 在我招架他强劲斗气的同时，巨大的气爆声在耳旁响起，我被"**空鸣弹**"震得单膝跪倒。 내가 그의 강력한 투지에 맞설 때 엄청난 폭발음이 귓가에 울려퍼졌고 나는 공포탄에 놀라 무릎을 꿇고 말았다.

179 공휴일　公休假期 gōngxiūjiàqī

예▶ 所有图书馆在下列**公众假期**均全日休息: 元旦、农历年初一至年初三、耶稣受难日、圣诞节及圣诞节翌日。 모든 도서관은 하기 공휴일에 휴관을 한다. 즉 원단, 음력 1월 1일에서 3일까지, 예수수난절, 성탄절 및 성탄절 다음날.

180 과대평가하다　估记过高/高估 gūjì guògāo / gāogū

예▶ 据一项新的研究发现，近九成的妇女**高估**了患乳腺癌的危险。 새로운 연구결과에 따르면 여성의 근 90%가 유선암에 걸릴 위험성을 과대평가했다.

181 과소비　高消费 gāoxiāofèi

예▶ 大学生**高消费**一直倍受关注，尤其是女大学生**高消费**现象更加引人瞩目。 대학생의 과소비가 줄곧 많은 사람들의 관심을 받고 있고 특히 여대생의 과소비 현상이 더욱 주목을 받고 있다.

182 과소평가하다　估计过低/低估 gūjì guòdī / dīgū

예▶ 中国股市的价值也在无形之中被严重**低估**了。 중국 증시의 가치 역시 모르는 사이에 심각하게 과소평가 되었다.

183 과속　车速过快 chēsù guòkuài

예▶ **车速过快**是造成车辆发生交通事故的主要原因之一，尤其下雨天，道路较滑，轮胎的附着力下降。 과속은 교통사고를 발생시키는 주요한 원인 중에 하나, 특히 비오는 날은 도로가 미끄러워 타이어의 밀착력이 줄어든다.

184 과수원　果园 guǒyuán

예▶ 他们一起对园内虫情进行了详细的观察，在观察中惊喜地发现果园内存在多种害虫天敌，**果园**俨然形成了一个生态群落。 그들은 함께 과수원 안의 벌레상황에 대해 자세하게 관찰을 했고 그러던 중 기쁘게도 과수원 안의 많은 종류의 해충천적을 발견했다. 과수원은 분명한 생태계를 이루고 있었다.

185 과실치사 过失杀人 guòshī shārén

예 她已经收集到了不少重要证据, 可以证明高虎完全无罪, 不存在过失杀人问题。 그는 가오후가 완전히 무죄이며 과실치사문제가 존재하지 않는다는 것을 증명할 수 있는 많은 중요한 증거를 수집하였다.

186 과언 言过其实 yánguò qíshí

예 中国经济的快速发展确实对日本经济有影响, 但是说日本经济复苏是中国拉动的恐怕言过其实了。 중국경제의 빠른 발전은 분명히 일본경제에 영향을 끼쳤지만 중국이 일본경제의 회복을 이끌었다는 것은 과언일 것이다.

187 과잉방어 防卫过当 fángwèi guòdàng

예 法院认为他的行为属于防卫过当的故意伤害罪, 同时判其妻子有期徒刑5年。 법원은 그의 행위가 과잉방어에 의한 고의상해죄에 해당한다고 여겨 아내에게 유기징역 5년을 선고했다.

188 과잉보호(부모가 자식에 대한) 溺爱 nì'ài

예 因为他天才很高, 大家都称赞他, 父母更溺爱他, 养成了他狂妄骄傲的性格, 目中无人。 그는 타고난 재능으로 모든 이로부터 칭찬을 받고 부모로부터 과잉보호를 받아 제멋대로이고 거만하며 인하무인인 성격으로 변해버렸다.

189 과학입국 科教兴国 kējiào xīngguó

예 党和国家已看到在未来的竞争中, 我们应首先发展高科技, 因此确立了科教兴国的政策。 당과 국가는 앞으로의 경쟁에서 우리가 과학기술을 우선적으로 발전시켜야 하는 것을 인식하여 과학입국 정책을 확립했다.

190 관계를 끊다 散伙 sànhuǒ

예 他们再次否认了散伙的可能。 그들은 헤어질 가능성을 재차 부인했다.

191 관계자 외 출입금지 闲人免进 xiánrén miǎnjìn

예 门上挂着块牌子, 写着 "正在进行治疗, 闲人免进"。 문에 '치료 중이니 관계자외 출입금지' 라는 글이 써있는 팻말이 걸려 있다.

192 관료티 官架子 guānjiàzi

예 他之所以得到全国人民的信赖, 就是因为他没有官架子。 그가 전국민의 신뢰를 받을 수 있는 것은 그가 관료티를 내지 않기 때문이다.

193 관심을 불러일으키다 引起人们的关注 yǐnqǐ rénmen de guānzhù

예 食品安全已经越来越引起人们的关注。 식품안전은 갈수록 사람들의 관심을 불러일으키고 있다.

194 관제탑 控制塔 kòngzhìtǎ

예 虽然大连空难的原因仍在调查中, 不过根据控制塔的对话纪录, 飞机失事前, 机师曾向地面控制塔表示, 机舱尾部起火, 然后迅即失去联络。 비록 다롄 항공기 사고의 원인은 조사 중이지만 관제탑의 대화기록에 따르면 사고 전 기장이 지상 동체 꼬리부분에 불이 붙었다고 말한 뒤 바로 연락이 끊겼다고 한다.

195 광견병 疯犬病 fēngquǎnbìng

예 狂犬病是犬的主要传染病之一, 又称疯犬病, 恐水症。 광견병은 개에서 발견되는 전염병 중의 하나로 풍견병, 공수증이라고도 불린다.

196 광대뼈 颧骨 quángǔ

예 不管长得多么眉清目秀, 只要整体脸型是方的或者颧骨太高的话不会给人留下很好的印象。 아무리 눈과 눈썹이 예뻐도 얼굴형이 네모지거나 광대뼈가 너무 튀어나오면 사람들에게 좋은 인상을 주지 못한다.

197 광섬유 光学纤维/光导纤维 guāngxué xiānwéi/guāngdǎo xiānwéi

예 光学纤维今天已经广泛应用于光通讯、光纤

传感、传像、激光器等领域,但在六十年代初,国内还很少有人知道什么是光学纤维、纤维光学。 오늘날 광섬유는 이미 광통신, 광섬유센서, 이미지전송, 레이저기 등 영역에 응용되고 있으나 60년대 초 국내에서 광섬유와 섬유광학에 대해 아는 사람은 거의 없었다.

198 광섬유통신 光纤通信 guāngxiān tōngxìn

예▶ 光纤通信不同于有线电通信,后者是利用金属媒体传输信号,光纤通信则是利用透明的光纤传输光波。 광통신은 유선통신과 다르다. 후자는 금속매체를 이용해서 신호를 전송하는 것이고, 광통신은 투명한 광섬유로 광파를 전송하는 것이다.

199 광우병 疯牛病 fēngniúbìng

예▶ 疯牛病最早被认为是牛的一种新神经系统疾病,发现于1984年至1985年。 초기에 광우병은 소에서 발견되는 신경계통 질환의 일종으로 여겨졌으며 1984년에서 1985년 사이에 발견되었다.

200 광케이블 光缆 guānglǎn

예▶ 作为电力通信用的ADSS光缆受到青睐的原因是它加挂在已建成的高压输电线路杆塔上,有效地利用了电力部门的高压杆塔资源,节省了大量工程施工费用。 전력통신용인 ADSS광케이블이 사랑을 받는 이유는 그것을 기존의 고압송전탑 위에 설치해 전력부문의 고압송전탑자원을 효율적으로 이용했고 많은 공사비를 절약했기 때문이다.

201 광합성작용 光合作用 guānghé zuòyòng

예▶ 植物之所以被称为食物链的生产者,是因为它们能够通过光合作用利用无机物生产有机物并且贮存能量。 식물이 먹이사슬의 생산자라고 불리는 이유는 광합성을 통해 무기질을 이용하여 유기질을 생산하고 에너지를 저장하기 때문이다.

202 교두보 桥头堡 qiáotóubǎo

예▶ 广东是白酒业的"桥头堡"。 광둥은 바이주의 교두보이다.

203 교사 教唆 jiàosuō

예▶ 收留、庇护非法入境或非法逗留者,引诱、教唆他人非法进入澳门,最高可被判监禁两年。 불법입국자나 불법체류자를 받아들이거나 비호한 자, 또는 타인을 마카오로 불법진입하도록 유인하거나 교사한 자는 최고 2년 징역에 처해진다.

204 교양과목 基础课 jīchǔkè

예▶ 根据国家留学基金委通知,决定补选部分高校基础课任课教师出国研修。 국가유학기금위원회의 통지에 따라 일부 대학의 교양과목 교수들을 추가로 선발해 해외연수를 시키기로 했다.

205 교착국면에서 벗어나다 摆脱僵局 bǎituō jiāngjú

예▶ 虽然朝野关系尚未摆脱僵局,但这次总质询算是出现了难得的平和场面。 비록 여야관계가 아직 교착국면에서 벗어나지 못했지만 이번 총질문은 보기 힘든 평화로운 장면을 연출했다고 할 수 있다.

206 교착국면을 타파하다 打破僵局 dǎpò jiāngjú

예▶ 美国将就解决朝核问题提出一揽子建议以打破僵局。 미국은 교착국면을 타파하기 위해 북핵문제에 대해 일괄적인 건의를 할 것이다.

207 교착되다 陷入僵局 xiànrù jiāngjú

예▶ 印度与泰国的自由贸易谈判陷入僵局。 인도와 태국의 FTA협상은 교착되었다.

208 교통 통제 交通管制 jiāotōng guǎnzhì

예▶ 春节期间阳明山地区将实施交通管制。 설기간 동안 양밍산 지역은 교통을 통제한다.

209 교훈을 얻다 吸取教训/记取经验 xīqǔ jiàoxun/jìqǔ jīngyàn

예 他强调，"发生在奥斯维辛集中营的暴行永远是德国历史的一部分，战后德国已经从中总结并吸取教训。" 他是 "아우슈비츠 수용소에서 발생한 만행은 영원히 독일역사의 일부분이 될 것이며, 전후 독일은 이미 과거를 총결산하고 교훈으로 삼았다"라고 강조했다.

예 其实，每一次的失败、每一次的挫折，只要我们能记取经验，则愈是历经困难挫折，愈是有助于获得成功。 사실 우리가 모든 실패와 좌절을 교훈으로 삼는다면 곤경과 좌절을 겪을수록 성공하는 데 도움이 될 것이다.

210 구급 急救 jíjiù

예 在野外遇到突发性的病人或伤者时，要根据不同情况采取相应的急救措施(愈快处理效果愈好)，然后想办法尽快送医救治。 야외에서 돌발적인 환자나 부상자를 만나면 상황에 따라 상응하는 구급조치를 취한 후 최대한 빨리 병원으로 보내 치료방법을 강구해야 한다.

211 구급차 救护车 jiùhùchē

예 一辆韩国救护车6日在救送病人途中突遇车祸，导致包括病人在内的车上6人全部死亡。 한국의 구급차 한 대가 6일 환자를 수송하는 도중에 교통사고를 당해 환자를 포함한 6명이 모두 사망했다.

212 구김살 褶子 zhězi

예 裙子上有褶子了。 치마에 구김살이 잡혔다.

213 구두약속 口头许诺 kǒutóu xǔnuò

예 学校在我们没来之前给我们口头许诺了很多待遇，但我们来了之后，根本就没有他们说的那样好，而且还很差。 학교측은 우리가 오기 전에 많은 대우에 대한 구두약속을 했지만 우리가 왔을 때는 학교측과의 말과는 달랐으며 아주 안 좋은 상황이었다.

214 구면 老相识/面熟 lǎoxiāngshí/miànshú

예 您知道我的名字，您觉得我面熟，但不知道我就是叫那个名字的人。 당신은 내 이름을 알고 나와 구면이지만 그 이름이 내 이름이라는 것은 모른다.

215 구명조끼 救生衣 jiùshēngyī

예 飞机上救生衣的颜色有两种；黄色与红色。其中，红色供机组人员使用，黄色供旅客使用。 비행기안의 구명조끼는 노란색과 빨간색 두 종류다. 그 중 빨간색은 승무원용이고 노란색은 승객용이다.

216 구상 设想 shèxiǎng

예 中、日、俄就如何解决半岛核问题提出了各自的主张和设想。 중국, 일본, 러시아가 한반도 핵문제 해결을 위한 각자의 주장과 구상을 내놓았다.

217 구속 拘束 jūshù

예 不受任何拘束。 아무런 구속도 받지 않는다.

218 구제금융 抒困贷款/拯救贷款 shūkùn dàikuǎn/zhěngjiù dàikuǎn

예 上周五，英国政府宣布，由于罗孚汽车(MGRover)未能获得政府拯救贷款，也未能与中国上汽达成出售交易，陷入困境的罗孚汽车将进行财务清算。 지난주 금요일 영국정부는 MGRover가 정부의 구제금융도 받지 못했고 중국 상하이자동차와 판매계약을 체결하지 못해 곤경에 빠져 재무청산을 할 것이라고 발표했다.

219 구치소 拘留所 jūliúsuǒ

예 据有关方面消息，龚建平被送到拘留所以后情绪基本上还算平静，对执法人员的工作基本上还是配合的。 관계측 소식에 따르면 궁젠핑이 구치소로 송치된 후 정서가 기본적으로 안정되었고 사법관의 업무에도 협조적이라고 한다.

220 구하다 拯救 zhěngjiù

예 她一直在寻找的，就是一个可以读懂自己灵魂的人，一段可以拯救自己的，纯净而纯粹的爱情。 그녀가 줄곧 찾고 있는 것은 바로 자신의 영혼을 읽을 수 있고 자신을 구해줄 수 있는 순결하고도 순수한 사랑이다.

221 구호물자 救援物资 jiùyuán wùzī

[예] 地震发生后, 印尼当局和国际社会纷纷派驻救援小组并运送**救援物资**到受灾地区。 지진이 발생한 후 인도네시아 당국과 국제사회는 속속 재해지역에 구조대원과 구호물자를 보냈다.

222 국경일 国庆节 Guóqìng Jié

[예] **国庆节**是中国大陆的三个"黄金周"之一。 국경일은 중국대륙의 3대 황금주간 중 하나이다.

223 국고에 편입시키다 上缴国库 shàngjiǎo guókù

[예] 上海公开拍卖公务礼品所得款项全部**上缴国库**。 상하이는 공무 중 받은 선물을 경매하여 확보된 금액을 전액 국고에 편입시켰다.

224 국립묘지 国家公墓 guójiā gōngmù

[예] 中国虽然一直没有设立**国家公墓**, 但实际上, 八宝山革命公墓的地位已经和**国家公墓**的地位相当。 중국은 아직 국립묘지를 마련하지 않았지만 사실상 바바오산 혁명묘지의 지위는 이미 국립묘지 수준이다.

225 국빈방문 国事访问 guóshì fǎngwèn

[예] 4月26日, 国家主席胡锦涛乘专机抵达马尼拉, 开始对菲律宾共和国进行**国事访问**。 4월 26일 후진타오 국가주석이 필리핀 국빈방문을 위하여 전용기편으로 마닐라에 도착했다.

226 국장 国徽 guóhuī

[예] **国徽**是一个国家的主要象征之一。 국장은 국가의 주요 상징물 중 하나이다.

227 국제결혼 跨国婚姻 kuàguó hūnyīn

[예] 在这个全球化席卷社会生活方方面面的时代, **跨国婚姻**已经成了上海一道非常普通的风景。 글로벌화가 사회생활의 여러 방면을 강타한 시대에 국제결혼은 이미 상하이의 아주 일반적인 풍경이 되었다.

228 국채 国库券 guókùquàn

[예] 弱势的货币通常导致债券利率上升, 但由于亚洲中央银行持有数量巨大的美国**国库券**, 美国**国库券**的收益率未能反映美元的政策。 약세화폐는 통상적으로 채권의 금리를 상승시키지만 아시아중앙은행이 상당량의 미국 국채를 보유하고 있으므로 미국국채의 수익률이 달러정책을 반영할 수 없었다.

229 국토개발 领土整治 lǐngtǔ zhěngzhì

[예] 法国**领土整治**的目的在于帮助落后地区发展经济, 外国企业投资法国落后地区有助于当地增加就业和创造财富。 프랑스 국토개발의 목적은 낙후된 지역의 경제 발전을 돕는 것으로 외국기업이 프랑스의 낙후된 지역에 투자하는 것은 현지 일자리를 늘리고 부를 증대시키는데 도움이 된다.

230 군기해이 军纪废弛 jūnjì fèichí

[예] 这时, 日军由于战线过长, 兵力明显不足, 丧失了制空权, 而且军队内部通讯不畅、**军纪废弛**。 이때, 일본군은 전선이 너무 길고 병력이 부족하여 통제권을 상실했으며 군내부의 통신이 원활하지 못했고 군기가 해이해졌다.

231 군비감축 缩减军费 suōjiǎn jūnfèi

[예] 在阿富汗和伊拉克两场战争尚未结束的情况下, 美政府非但不增加军费预算, 反而提出**缩减军费**预算计划, 同时还严格限制除国防和国土安全以外的各项开支。 아프카니스탄과 이라크 두 곳의 전쟁이 아직 끝나지 않은 상황에서 미국정부는 군비예산을 늘리지 않고 도리어 감축하는 예산 계획을 내놓은 동시에 국방과 국토안전 이외의 여러가지 지출을 철저하게 통제하였다.

232 군사재판 军法审判 jūnfǎ shěnpàn

[예] 从1992年至1996年, 美国有858名军人因为通奸加上其他罪行受到**军法审判**。 1992년에서 1996년까지 858명의 미국 군인이 간통과 기타 범죄로 군사재판을 받았다.

233 군수산업 军事工业 jūnshì gōngyè

예▶ 军事工业历来是国际竞争最激烈的领域之
一。 군수산업은 역대로 국제 경쟁이 가장 치열한 영역 중에 하나다.

234 군수업체 军工企业 jūngōng qǐyè

예▶ 世界经济正在走向全球化时代, 导致国际军
工市场的竞争将进一步加剧, 军工企业要么通过
重组或改制增强活力, 要么退出市场竞争的舞台,
这是世界经济发展进入新阶段的客观要求。 세계경
제가 글로벌화되고 있어 국제군수산업시장의 경쟁이 더욱 심해졌으
며 군수산업은 재편이나 체제개편을 통해 활력을 증강시키거나 시장
경쟁의 무대에서 퇴출해야 한다. 이것은 세계경제가 새로운 단계로
접어드는 필수요건이다.

235 군중심리 羊群心理 yángqún xīnlǐ

예▶ 在投资取向上, 温州人的"羊群心理"很强, 不
少发展商表示, 往往成就一个买家的生意, 就能带
来其好几位亲朋好友一起购买。 투자취향에 있어 원저
우사람들은 군중심리가 아주 강하다. 많은 개발업자들에 따르면 한
판매업자의 사업이 성공하면 친구들이 함께 구매하는 경우가 많다고
한다.

236 굴레 羁绊 jībàn

예▶ 他回家住了几天, 再回到这里, 心里就有了一
种摆脱羁绊束缚的感觉。 그는 집에 돌아가 며칠 머물다가
다시 이곳에 돌아오니 굴레를 벗어난 것 같은 느낌이 들었다.

237 굶다 挨饿 ái è

예▶ 随着美国经济的不景气, 挨饿的美国人正在
增加。 미국경기가 불경기가 되면서 굶는 미국인이 늘어났다.

238 궁색하다 拮据 jiéjū

예▶ 据黄先生介绍, 他们全家九口人的主要经济
来源是他在外打工和妻子做小买卖的收入, 十分
拮据, 至今一家老小还挤在用石棉瓦搭建的小房
子里。 황선생에 따르면 그의 가족 아홉 식구의 주요 수입원은 그

가 외부에서 일하는 것과 아내가 작은 장사를 해서 번 수입이며 아
주 궁색하게 석면슬레이트로 지은 집에서 비좁게 살고 있다고 한다.

239 궁여지책 权宜之计 quányízhījì

예▶ 斯大林和希特勒都知道, 苏德签订互不侵犯
条约, 这是一个权宜之计。 스탈린과 히틀러는 소련과 독
일의 상호 불가침협정 체결은 궁여지책에 불과하다는 것을 알고 있
었다.

240 궁합 命相 mìngxiàng

예▶ 命相不对配不成。 궁합이 안맞아 이루어질 수 없다.

241 귀농 返乡务农 fǎnxiāng wùnóng

예▶ 据县农业部门负责人介绍, 今年全县外出打
工返乡务农的有10000余人, 农民种粮积极性高于
以往任何一年。 현 농업부문의 책임자에 따르면 올해 외지에
서 일하다가 귀농한 사람이 만여 명이고 농작물 재배에 대한 적극성
이 과거 어느 때보다 높다.

242 귀순하다 归顺/投诚/投奔
guīshùn/tóuchéng/tóubèn

예▶ 中国驻悉尼总领事馆一等秘书陈用林先生向
澳大利亚政府提出政治避难请求, 希望投奔自由
世界。 시드니 주재 중국 총영사관 일등비서 천용린선생이 호주정
부에 자유세계로의 귀순을 희망하는 정치적 망명을 청구했다.

243 규정속도 限定速度 xiàndìng sùdù

예▶ 如果船舶的航速超出限定速度, 甚至仍以全
推力前进, 情况又会怎样? 만약 선박의 항속이 규정속도
를 위반하거나 전속력으로 질주하게 되면 상황이 어떻게 될까?

244 규제완화 放宽限制 fàngkuān xiànzhì

예▶ 此前, 关于中国应该放宽对外籍人才限制的
呼声日渐高涨。 중국정부가 외국인재에 대한 제한을 완화해야
한다는 목소리가 높아지고 있다.

245 균형예산 平衡预算 pínghéng yùsuàn

예▶ 国会希望通过平衡预算法案来精简联邦开支, 谨慎地削减不必要的支出。 국회는 균형예산법안을 통해 연방지출을 줄이고 불필요한 지출을 신중하게 감축하기를 희망한다.

246 그 사람만이 최고다 非他莫属 fēitā mòshǔ

예▶ 如果说要在这些电视迷中选一位最铁杆观众的话, 非他莫属。 이러한 TV매니아 가운데 그가 가장 심하다.

247 그때는 그때, 지금은 지금 彼一时此一时 bǐ yīshí cǐ yīshí

예▶ 左丘化大笑道; "此一时彼一时, 现在我们都清楚了, 瞒也不住, 有句说句。" 쬠추화가 크게 웃으며 "그때는 그때고 지금은 지금이다. 이제 우리들은 분명히 알게 되었다. 더 이상 속일 수 없으니 할 말은 하자"라고 말했다.

248 그룹 演唱组合 yǎnchàng zǔhé

예▶ 4名女生组成的演唱组合BigMama的第二张专辑被选为今春最让人期待的唱片。 4인조 여성그룹 BigMama의 두 번째 앨범이 올 봄 가장 기대를 모으는 음반으로 선정됐다.

249 그린에너지 绿色能源 lǜsè néngyuán

예▶ "绿色能源"是指那些燃烧时对大气没有污染的能源。 그린에너지는 연소할 때 대기 오염이 없는 에너지를 가리킨다.

250 그믐 朔日 shuòrì

예▶ 日食一定发生在朔日, 即农历初一, 但不是所有的朔日都会发生日食。 일식은 반드시 그믐 즉 음력 초하루에 발생하지만 모든 그믐에 일식이 발생하는 것은 아니다.

251 극비 绝密 juémì

예▶ 这样的文件属绝密级别, 除了公司高管外, 其他人根本看不到。 이러한 극비문건은 회사의 고위관리 외에 다른 사람은 볼 수 없다.

252 극약처방을 하다 施猛药/投以重药 shī měngyào/tóuyǐzhòngyào

예▶ 中国足球现在是到了该施猛药的时候了！ 중국축구는 지금 극약처방이 필요하다.

253 극언하다. 극단적으로 말하다 极而言之 jíéryánzhī

예▶ 极而言之, 市场不是市场, 而是权力与金钱勾结的赌场。 극단적으로 말해서 시장은 시장의 의미를 잃고 권력과 돈이 결탁한 도박장이 되었다.

254 극적인 변화 戏剧性变化 xìjùxìng biànhuà

예▶ 对这一戏剧性变化, 目前有多种解释。 이러한 극적인 변화에 대해 여러가지 해석이 난무하고 있다.

255 근거없는 소문 捕风捉影的传闻 bǔfēng zhuōyǐng de chuánwén

예▶ 作者朱大可先生是很宽容的, 说; "即使这一捕风捉影的传闻属实, 它也决不能成为媚俗之类的道德化批评的借口"。 작가 주다커선생은 아주 관용적이다. 그는 '가령 이 근거없는 소문이 사실이라 하더라도 그것은 절대로 세속에 아부하는 사람들의 도덕적인 비평의 빌미가 되서는 안 된다'고 말했다.

256 근거지(발판) 立足点/立脚点/桥头堡 lìzúdiǎn/lìjiǎodiǎn/qiáotóubǎo

예▶ 中国经济增长立足点应该更加重视扩大消费, 因为扩大消费它实际上就是能够直接提高人民群众的生活水平, 对于构建和谐社会是有最直接最大意义的。 중국 경제 성장의 발판은 소비확대가 관건이다. 소비를 늘리면 직접 국민의 생활수준을 향상시킬 수 있고 조화로운 사회를 만드는데 가장 직접적이고 큰 의미가 있기 때문이다.

예▶ 一旦这些外国公司在美国取得了立脚点, 它们便开始模仿美国产品, 使它们的产品最终作为

一种本地品牌为公众所接受, 于是美国公司失掉了本地优势。 일단 이러한 외국회사들이 미국에서 입지를 확보하게 되면 미국의 상품을 모방해서 그들의 상품을 최종적으로 소비자가 현지브랜드로 인정하게 만들어 미국회사는 국내 브랜드로서의 메리트를 상실하게 된다.

예) 深圳由于拥有良好的金融基础和毗邻香港的地缘优势, 正逐渐成为港资银行进入中国大陆市场的桥头堡。 선전은 양호한 기업기반과 홍콩에 인접한 지정학적 메리트로 홍콩자본은행이 중국대륙에 진출하는 교두보로 자리매김하고 있다.

257 근로기준법 劳基法 láojīfǎ

예) 本公司订有员工退休办法, 并依照劳基法规定, 以薪资总额2%提拨退休金, 存入指定银行专户保管运用。 본사는 퇴사관련 법규가 마련되어 있고 아울러 근로기준법에 따라 임금 총액의 2%를 퇴직금으로 출연하여 지정된 은행의 특별계좌에 입금시켜 보관운용되고 있다.

258 근로청소년 青工 qīnggōng

예) 经调查发现一个不容忽视的问题, 在地勘单位的后进职工中竟有80%以上是青工。 조사를 통해 탐사회사의 후임 직원들 가운데 80%이상이 근로청소년이라는 심각한 문제를 발견하였다.

259 근수를 속이다 缺斤短两 quējīn duǎnliǎng

예) 听说燎原路的水果比较便宜, 上个星期天我特意到该市场买水果, 却发现缺斤短两现象严重。 랴오위안로의 과일 가격이 비교적 싸다는 말을 듣고 지난 주 일요일 일부러 그 시장에 가서 과일을 구매했는데 도리어 근수를 심하게 속이는 현상을 발견했다.

260 근엄하다 严肃 yánsù

예) 他讲话时表情严肃, 语调非常坚决。 그는 말할 때 표정이 근엄하고 어조가 단호하다.

261 금단현상 脱瘾症 tuōyǐnzhèng

예) 报告说, 医师也应警觉年轻成年人服用一种常用的抗忧郁症药物(即: "paroxetine")后可能产生自杀念头的危险, 此外, 医师也应提防病患有关脱瘾症的危险, 尤其是病患如果突然停止服用这种药物。 보고에 따르면 의사는 젊은 청년이 우울증치료제(paroxetine)를 복용한 뒤 자살 충동이 생기는 리스크가 발생하는 것 외에 환자가 이러한 약물 복용을 갑자기 중단했을 때 금단현상을 겪게 되는 리스크에 주의해야 된다.

262 금리 利率 lìlǜ

예) 中国人民银行发出通知, 我国外币存贷款利率管理体制从2000年9月21日起将进行重大改革。 중국런민은행은 공문을 통해 중국의 외환예대금리관리 제제를 2000년 9월 21일부터 대대적으로 개혁할 것이라고 밝혔다.

263 금리인하 降息/降低利率 jiàng xī/jiàngdī lìlǜ

예) 英格兰中央银行星期四决定降低利率至3.5%, 这是自1955年1月以来的最低水平。 잉글랜드 중앙은행은 지난 목요일 금리를 3.5%인하한다고 발표했다. 이는 1955년 1월 이래 최저수준이다.

264 금융비용 资金成本 zījīn chéngběn

예) 去年全年该公司在存货及应收账目款项上分别达到了15亿及20亿人民币, 由此带来的资金成本压力影响了其经营业绩。 작년 한 해 동안 이 회사는 재고 및 미수금 각각 15억과 20억 위안을 기록했으며 이로 인한 금융비용의 부담이 경영실적에 영향을 주었다.

265 금전출납부 流水账/流水簿 liúshuǐzhàng/liúshuǐbù

예) 把流水账写完了, 如释重负。 금전출납부를 다 쓰고 나니 큰 짐을 던 것처럼 홀가분하다.

266 금주 本周 běnzhōu

예) 本周, 除了周二、周三有短时雷阵雨之外, 多以晴到多云的天气为主, 最高气温不超过31℃, 早晚凉爽、日温差比较大。 금주에 화요일과 수요일에 잠시 천둥을 동반한 비가 내리는 것 외에 대부분 맑거나 구름이 많이 끼는 날씨가 될 것이며 최고기온이 31도를 넘지 않고 아침저녁으로 시원하며 일교차가 비교적 클 것이다.

267 금치산자 无责任能力者 *wú zérèn nénglìzhě*

예 ▶ 公安机关的数据表明, 我国每年**无责任能力者**行凶事件在刑事案件中占有一定比例。 공안기관의 데이터에 따르면 우리나라에서 매년 금치산자의 범행이 형사사건에서 일정한 비율을 차지한다고 한다.

268 금품수수 收受金钱 *shōushòu jīnqián*

예 ▶ 笔者根据统计发现, 绝大多数受贿案件均是**收受金钱**或实物。 통계를 통해 대부분의 수뢰사건이 금품과 현물거래인 것으로 드러났다.

269 급급하다 汲汲 *jíjí*

예 ▶ **汲汲**于个人名利。 사적인 이익과 명예에 급급하다.

270 급소에 명중하다 射中要害 *shèzhòng yàohài*

예 ▶ 看到警察在树后面举枪, 我心里还嘀咕, 如果一枪之后, 没**射中要害**, 5岁的孩子就有生命之忧了! 경찰이 나무 뒤에서 총을 드는 것을 보고 마음 속으로 조마조마 했다. 총알이 급소에 명중하면 5살 된 아이는 생명이 위태롭게 될 것이다.

271 급조한 것 急就章 *jíjiùzhāng*

예 ▶ 改革开放初期的大量立法都是填补空白式的**急就章**。 개혁개방 초기의 대량입법은 공백을 메우기 위해 급조한 것이다.

272 급커브 急弯 *jíwān*

예 ▶ 回家的时候, 想减速转个**急弯**, 可车子又熄火了, 再发动时竟然什么声音都没有, 后来听师傅说, 是电瓶的电用完了。 귀가할 때 감속하여 급커브를 돌려 했는데 또 차량의 엔진이 꺼졌고 다시 시동을 걸었지만 허사였다. 나중에 기술자가 축전지가 다 되었다고 했다.

273 긍지 自豪感 *zìháogǎn*

예 ▶ 二十多年的改革, 最大的损失是什么？ 是丧失了民族**自豪感**和自信心, 什么都是外国的好, 外国的正确。邓小平曾深有感触地说; "外国的月亮其实未必比中国的圆。" 20여 년에 걸친 개혁에서 최대의 손실은 무엇인가? 민족의 긍지과 자신감을 잃었고 무엇이든지 외국 것이 좋고 외국 것이 옳다고 생각하는 것이다. 덩샤오핑도 감개하여 말하기를 '외국의 달이 중국것보다 반드시 더 둥근 것은 아니다' 라고 했다.

274 기가바이트 吉字节 *jízìjié*

예 ▶ 就拿影碟来说, 如果不进行压缩的话, 一部影片要占据650张普通光盘, 而经过压缩, 新型DVD光盘可以储存超过3**吉字节**的信号, 压缩技术的发展为网络电视带来了希望。 VCD는 만약 압축을 하지 않으면 영화 한 편에 CD 650장이 필요하지만 압축을 하면 신형 DVD에 3기가바이트 이상의 신호를 저장할 수 있다. 압축기술 발전은 인터넷TV에 새로운 희망을 가져다 주었다.

275 기각되다 被驳回 *bèi bóhuí*

예 ▶ 原告代理律师马强告诉记者, 童女士在起诉**被驳回**后十分失望, 目前还没有决定是否上诉。 원고의 대리변호사 마창이 기자에게 퉁여사는 기소를 기각당한 후 아주 실망하고 있으며 상소여부는 아직 결정하지 못했다고 말했다.

276 기각하다 驳回 *bóhuí*

예 ▶ **驳回**上诉维持原判。 상소를 기각하고 원심을 확정하다.

277 기구가 방대하다 机构臃肿 *jīgòu yōngzhǒng*

예 ▶ 我国大学学费10年猛涨20倍, 大学**机构臃肿**。 우리 나라 대학 학비는 10년 동안 20배가 급증했고, 대학은 기구가 방대해졌다.

278 기대심리 预期心理 *yùqī xīnlǐ*

예 ▶ 国际间一些外汇专家认为, 外汇交易者对某种货币的**预期心理**, 是决定这种货币短期汇率的最主要的因素。 일부 외환전문가들은 외환거래자들의 화폐에 대한 기대심리가 지금 이러한 화폐의 단기환율의 결정적인 요인이라고 지적했다.

279 기득권 既得利益 jìdé lìyì

[예] 我认为在中国没有左派、右派之分，只有**既得利益**派。 나는 중국에는 좌우파의 구분이 없으며 단지 기득권파만 있다고 생각한다.

280 기득권층 既得利益集团 jìdé lìyì jítuán

[예] 中国共产党是为民族、为人民谋利益的政党，绝无本党私利，所以不允许形成**既得利益集团**，这既是党的宗旨所规定，也是党的先进性和希望之所在。 중국공산당은 민족과 국민의 이익을 추구하는 정당이고 절대로 당의 사리를 챙기지 않으므로 기득권층이 형성되는 것을 허락하지 않는다. 이것은 당의 취지에 따라 결정되는 것이며 당의 선진성과 희망이 담겨있는 것이다.

281 기부 捐赠 juānzèng

[예] 一些企业可能看出，通过"捐赠"来求得广告效应，是一种没有风险或风险很少的公关手段，这种手段操作起来灵活度高，且在一定"失信度"之内，无人太过较真，而效果却是一般广告所难达到的，因而，有不少企业还是钻这样的空子。 일부 기업이 기부를 통하여 홍보효과를 얻은 것은 리스크가 없거나 아주 적은 PR수단으로, 운영상 융동성이 크며 어느 징도 신뢰를 잃기 진에는 아무도 나쁜 소문을 믿으려 하지 않지만 홍보효과는 일반 광고보다 훨씬 크기 때문에 많은 기업이 이런 빈틈을 이용한다.

282 기상이변 天气反常 tiānqì fǎncháng

[예] 全球**天气反常**再敲环保警钟。 전 세계 기상이변이 다시 환경보호에 대한 경종을 울린다.

283 기소되다 被起诉/受到起诉 bèi qǐsù/shòudao qǐsù

[예] 苹果公司**被起诉**歧视前黑人女同性恋雇员。 애플사가 흑인여성동성애자인 피고용자를 차별한 것으로 기소되었다.

284 기술이전 技术转移 jìshù zhuǎnyí

[예] 当前，有不少专门机构和企业正在积极探索有效的中国**技术转移**之路，南京专利园发展有限公司作为南京高科技专利创业园的运作主体，在这个方面作了一些有益的尝试。 지금 많은 전문 기구와 기업이 적극적으로 중국으로의 기술이전의 방법을 모색하고 있고, 난징특허원발전주식회사가 난징하이테크특허창업원의 운영주체로서 이 방면에서 몇 가지 유익한 시도를 하였다.

285 기억이 새롭다 记忆犹新 jìyì yóuxīn

[예] 他们对去年九月十一日纽约世界贸易中心遭到恐怖攻击的恐怖景象**记忆犹新**。 그들은 작년 9월 11일 세계무역센터가 테러를 당한 공포스런 상황에 대해 기억이 새롭다.

286 기업 인수합병 企业购并 qǐyè gòubìng

[예] **企业购并**是否真正成功，很大程度上取决于能否有效地整合双方企业的人力资源。 기업인수합병의 성공여부는 두 기업의 효율적인 인력지원 통합능력에 따라 결정된다.

287 기자회견 记者招待会 jìzhě zhāodàihuì

[예] 今天上午10时，十届全国人大三次会议将举行**记者招待会**。 오늘 오전 10시 10기 전인대 3차회의에서 기자회견을 연다.

288 기조연설 重要演讲/开幕发言 zhòngyào yǎnjiǎng/kāimù fāyán

[예] 2004年11月12日，正在巴西进行国事访问的中国国家主席胡锦涛在巴西国会就中拉关系和中巴关系发表**重要演讲**。 2004년 11월 12일 브라질을 국빈방문 중인 후진타오 중국 국가주석이 브라질 국회에서 중국과 라틴아메리카와 중국과 브라질 관계에 대한 기조연설을 한다.

289 기존의 原有的/现有的/旧有的/已有的 yuányǒude/xiànyǒude/jiùyǒude/yǐyǒude

[예] 湿地被称为"地球之肾"，那么北京的"绿肾"到底怎么样？由于气候因素，特别是人为因素使北京湿地发生了很大变化。湿地面积大大地缩小了，湿地原有质地变坏，**原有的**功能丧失了。 습지는 지구의 신장이라 불린다. 그렇다면 베이징의 녹색신장은 도대체 어

떻게 된 것인가? 기후적인 요인 특히 인위적인 요인이 베이징의 습지를 크게 변화시켰다. 습지면적이 크게 줄어들었고, 습지의 질이 떨어졌으며 기존의 기능이 크게 상실되었다.

[예] 谢长廷强调: "我认为两岸现有的氛围必须改善。一切政策上言语上的相互挑衅都该有个了结"。
셰창팅은 '내 생각에 양안의 기존 분위기는 반드시 개선되어야 하며 모든 정책적·언어적인 도발은 반드시 매듭지어져야 된다'고 강조했다.

290 기종 机型 jīxíng

[예] 据了解, 联通今年推向市场的所谓低端手机, 并非属于落后机型, 而是在款式、功能上配置丰富的一批CDMA手机。 알려진 바에 따르면 롄퉁은 금년에 시장에 중저가핸드폰을 선보인다. 이것은 결코 뒤처진 기종이 아니고 스타일 기능면에서 많은 장치가 되어 있는 CDMA핸드폰이다.

291 기지국 基站 jīzhàn

[예] 手机基站天线辐射是否危害健康? 핸드폰 기지국 안테나 전자파가 건강에 해로울까?

292 기초를 다지다 打好基础 dǎhǎo jīchǔ

[예] 各企业大力进行基础设施的建设和完善, 正是为了后期信息化建设和应用打好基础。 각 기업은 적극적으로 인프라를 구축하거나 개선하고 있는데 이것은 후기 정보화건설과 응용을 위해 기초를 다지기 위한 것이다.

293 기하급수적으로 증가하다 按几何级数增长 àn jǐhé jíshù zēngzhǎng

[예] 人口按几何级数增长在个别时期是可能的。 일정 기간 동안 인구가 기하급수적으로 증가하는 것은 가능하다.

294 기혼 已婚 yǐhūn

[예] 个人情况调查统计结果显示, 73.6％的已婚男性睡眠规律, 86.5％的已婚男性有吃早餐的习惯, 随着文化水平的提高和健康意识的增强, 越年轻的男性会越注重健康的生活方式。 개인의 상황조사 통계결과에 따르면 기혼남성 73.6%의 수면이 규칙적이고 86.5%가 아

침을 먹는 습관이 있으며 문화수준이 향상되고 건강의식이 증강됨에 따라 젊은 남성일수록 건강한 생활방식을 중시하는 것으로 드러났다.

295 긴장된 분위기를 조성하다 制造紧张气氛 zhìzào jǐnzhāng qìfēn

[예] 高考前, 各种声音都在提醒家长, 切忌这样、切忌那样, 以免给孩子制造紧张气氛。 대입시험 전에 사람들은 아이들이 긴장하지 않도록 이렇게 저렇게 하지 말 것을 당부하는 여러 가지 말로 학부모들을 일깨워주고 있다.

296 껄끄럽다(문제 등) 棘手 jíshǒu

[예] 美国和英国报纸发表文章, 分析伊拉克新政府面临的棘手问题。 미국과 영국은 신문에 이라크정부가 직면한 껄끄러운 문제를 분석하는 글을 발표하였다.

297 꾀병 装病 zhuāng bìng

[예] 有一天, 她装病回家, 在那个下午她去见了一个朋友。 어느 날 그녀는 꾀병을 부려 집으로 돌아가 오후에 친구를 만났다.

298 꿍꿍이 文章 wénzhāng

[예] 他一定有什么文章。 그는 분명히 무슨 꿍꿍이가 있어.

299 꿰매다 缝 féng

[예] 他头部被缝了20针。 그는 머리를 20바늘 꿰맸다.

300 끊임이 없다 此起彼伏 cǐqǐ bǐfú

[예] 最近一段时间, 中国各地的官民冲突此起彼伏。 최근 한동안 중국 각 지역의 민관 간의 충돌이 끊이지 않았다.

301 끌어들이다 把 ~ 拖下水 bǎ ~ tuōxià shuǐ

[예] 伊拉克通过各种手段把周边国家拖下了水。 이라크는 각종 수단을 동원하여 주변국들을 끌어들였다.

302 끝나가다 接近尾声 jiējìn wěishēng

예▶ 世界卫生组织说, 世界各地的大部分"非典"疫情已经接近尾声, 唯有中国在对抗"非典"方面, 还面临许多障碍。 WHO에 따르면 세계 각 지역의 사스상황이 종료된 반면, 중국만이 사스 대처에 여러 가지 어려움을 겪고 있다고 한다.

303 끼우다(유리를) 安 ān

예▶ 快安玻璃吧。 빨리 유리를 끼워넣으시오.

304 끼워팔기 搭售/捆绑销售 dāshòu/kǔnbǎng xiāoshòu

예▶ 据业内人士透露, 捆绑促销的食品看起来很超值, 但很多捆绑销售的食品往往是即将过期的。 업계인사는 끼워팔기를 하는 식품이 보기에는 좋아보이나 대부분 기한이 지난 것이라고 밝혔다.

305 나눠먹기 分赃 fēnzāng

예▶ 抢包之后, 两抢匪看到包里5000元现金和一部手机后, 因分赃不均发生口角, 大打出手。 가방을 빼앗은 뒤 강도 둘이 현금 5000위안과 핸드폰을 발견하고 잔물을 나누는 문제로 말씨름이 생겨 크게 싸웠다.

306 나비매듭(리본) 蝴蝶结 húdiéjié

예▶ 今年春夏开始流行于女性服饰上的蝴蝶结, 被称为复古时尚, 因为早在上个世纪五十年代蝴蝶结就大行其道, 奥黛丽·赫本在《罗马假日》中的几个经典形象多与蝴蝶结有关。 올 봄부터 여성의상에 리본이 크게 유행하기 시작했고 복고풍으로 불려왔다. 일찍이 1950년대 리본이 크게 성행하여 오드리헵번의 '로마의 휴일' 중에서 일부 고전적인 이미지가 리본과 관련이 있다.

307 나쁜 선례가 되다 开了一个极坏的先例 kāile yī ge jíhuài de xiānlì

예▶ 美方就依据短期的不准确的数据对中国纺织品设限, 无疑开了一个极坏的先例。 미국 측이 단기적이고 불확실한 데이터를 근거로 중국섬유제품에 제한을 두는 것은 나쁜 선례가 되었다.

308 나이는 못 속인다 岁月不饶人 suìyuè bùráo rén

예▶ 皮尔斯·布鲁斯南正式告别007, 称岁月不饶人。 피어스 브로스넌은 공식적으로 007을 떠나며 나이는 못 속인다고 했다.

309 나포하다 截获 jiéhuò

예▶ 哥伦比亚军队在首都波哥大西南方大约480公里的丛林中截获了准备运往美国的价值1.2亿美元的可卡因。 콜롬비아 군대가 수도 보고타 서남쪽 약 480킬로미터 떨어진 숲에서 미국으로 운반할려고 준비 중인 1억 2천만 달러어치의 코카인을 압수했다.

310 낙찰 中标 zhòngbiāo

예▶ 采购人、采购代理机构在政府采购活动中发生的违法行为, 都有可能对中标、成交结果直接或者间接地产生影响。 구매자, 구매대행기구가 정부의 구매활동에서 자행한 불법행위는 낙찰과 거래성사결과에 직간접적인 영향을 끼친다.

311 난치병 疑难杂症 yínán zázhèng

예▶ 如果将干细胞移植到患者发病部位, 就能生成健康的细胞, 治疗疑难杂症。 만약 줄기세포를 환자의 발병부위에 이식하면 건강한 세포가 생성되어 난치병을 치료할 수 있다.

312 남벌하다 滥砍乱伐 lànkǎn luànfá

예▶ 毁林种植、滥砍乱伐导致森林破坏。 숲을 훼손하여 농작물을 재배하고, 남벌행위를 하는 것은 삼림파괴를 야기시킨다.

313 남우주연 最佳男主角 zuìjiā nánzhǔjué

예▶ 这部电影的主演是西恩·潘, 麦当娜的前夫, 今年奥斯卡最佳男主角, 一个非常出色的演员。 이 영화의 주인공은 마돈나의 전남편이자 금년 아카데미 남우주연수상을 수상한 뛰어난 연기자인 숀펜이다.

314 남획하다 滥捕乱杀 lànbǔ luànshā

예▶ **滥捕乱杀**野生动物对保护生物多样性造成严重破坏。 야생동물을 남획하는 행위는 생물의 다양성보호에 부정적인 영향을 미친다.

315 납골당 骨灰堂 gǔhuītáng

예▶ **骨灰堂**不敌传统观念。在老辈人心里,除了各种传统节日和红白事之外,迁坟也是一件关系到整个家族的大事。 납골당은 전통적인 관념을 무너뜨리지 못했다. 노인들의 마음 속에서는 전통적인 명절과 애경사 외에 묘지이장 역시 가족 전체에 관련된 대사이다.

316 납골의식 骨灰安放仪式 gǔhuī ānfàng yíshì

예▶ 4月10日,人民医院在八宝山革命公墓举行王晶烈士**骨灰安放仪式**。 4월 10일 런민병원은 바바오산 혁명묘지에서 왕징열사의 납골의식을 거행하였다.

317 납기 交货期 jiāohuòqī

예▶ 在国内商界不太看重的**交货期**是国际信用的焦点。如果交货期不及时,失去生意的外商可能要求厂家赔偿巨额损失。 국내 상업계에서 그다지 중시하지 않는 납기는 국제신용의 핵심이다. 만약 납기를 맞추지 못하면 외국기업은 업체에 거액의 손해배상을 요구할 수 있다.

318 납치 绑架 bǎngjià

예▶ 14日在伊拉克被**绑架**的两名日本人于17日上午在巴格达获释。 14일 이라크에서 납치된 일본인 인질 두 명이 17일 바그다드에서 석방되었다.

319 내가 보기에 在我看来 zài wǒ kànlai

예▶ **在我看来**,人民币的升值预期足可以持续两年。 내가 보기에 위안화 평가절상에 대한 기대가 적어도 2년 동안 중국에서 지속될 것이다.

320 내각을 구성하다 组阁 zǔgé

예▶ 阿巴斯已同意在新一届立法委就职后任命一位哈马斯"选择的合适人选"为新自治政府总理,并由其负责**组阁**。 압바스는 새 입법위원이 취임한 후 하마스가 선택한 적합한 인선을 새자치정부 총리로 임명하고 그가 내각구성을 책임지도록 하는데 동의했다.

321 내구성 耐用性能 nàiyòng xìngnéng

예▶ 本次抽查中有2种产品该项指标未达到标准规定要求,直接影响到产品的**耐用性能**。 이번 표본조사에서 두 종류 상품의 수치가 기준치에 이르지 못해 직접적으로 상품의 내구성에 영향을 주었다.

322 내란수괴 叛乱主谋 pànluàn zhǔmóu

예▶ 究竟谁是**叛乱主谋**呢?"莫非是他?" 도대체 누가 이번 반란의 내란수괴인가? 설마 그 사람이란 말인가?

323 내리막길을 걷다 走下坡路 zǒu xiàpōlù

예▶ 李昌镐却先输了两盘,有人据此认为,"围棋王"李昌镐开始**走下坡路**了,"李昌镐时代"也许快要结束了。 이창호가 먼저 두 판을 졌기 때문에 일부 사람들은 이를 근거로 바둑왕 이창호가 내리막길을 걷기 시작했으며 이창호의 시대는 곧 끝날 것이라고 생각했다.

324 내 말은 我的意思是说 wǒ de yìsi shì shuō

예▶ **我的意思是说**美韩出兵朝鲜可能付出的代价太大。 내 말은 미국과 한국이 북한을 공격하면 치러야 할 대가가 아주 크다는 것이다.

325 내시경 内窥镜 nèikuījìng

예▶ 医生虽然不能直视术区,但可根据**内窥镜**传出的图像,进行准确的分离、切开、止血、缝合等各项操作。 의사는 비록 수술부위를 직접 볼 수는 없지만 내시경이 보내오는 화상을 통해 정확한 분리, 절개, 지혈, 봉합 등 여러 가지 수술을 할 수 있다.

326 내정자 候任 hòurèn

예 世界贸易组织候任总干事拉米7月29日向WTO
总理事会宣布，他将任命4位新副总干事。 라미 WTO
사무장이 7월 29일 총이사회에서 앞으로 신임부사무장 4명을 임명
할 것이라고 밝혔다.

327 내통하다 内神通外鬼 nèishén tōng wàiguǐ

예 侦破不法集团与银行人员内神通外鬼诈骗信
用卡案。 불법조직이 은행직원과 내통하여 신용카드를 속여서 빼
앗은 사건을 해결했다.

328 너무 서두르다 操之过急 cāozhī guòjí

예 今后我国还要继续对外开放，但是在汇率制
度、资本账户开放、人民币可兑换这三个重大问题
上需要循序渐进，不可操之过急。 앞으로 우리나라는 지
속적으로 대외개방을 해야 하지만 환율제도, 자본계좌개방, 위안화태
환 등 세 가지 중요한 문제도 순서적으로 처리해야 하며 너무 서둘
러서는 안 된다.

329 네트워크방송 联播 liánbō

예 Blog联播网是我们正在测试运行的一种网络
服务网站。 블로그네트워크방송망은 우리가 시험가동 중인 인터
넷서비스 웹사이트이다.

330 네티즌 网民 wǎngmín

예 中国网民的数量目前已经超过8700万。 중국네
티즌 수가 현재 이미 8700만 명을 넘었다.

331 노동시간을 단축하다 缩减工时
suōjiǎn gōngshí

예 如果把希望取消和暂停此计划的人都加起
来，那么反对缩减工时的人现在在法国就占了一
大半。 이 계획을 취소하거나 잠시 중단하기를 원하는 사람을 모두
합치면 노동시간 단축을 반대하는 프랑스인은 반 이상이 된다.

332 노동쟁의 工潮 gōngcháo

예 深圳星期六发生工潮，一家港资印刷工厂的
上千名工人到布吉镇政府门前示威，抗议资方变
相减少工资。 선전에서 토요일 노동쟁의가 발생하여 홍콩자본
으로 세워진 인쇄공장의 근로자들이 부지전정부앞에서 사측이 변칙
적으로 임금을 삭감한것에 대한 항의 시위를 벌였다.

333 노력 끝에 经过 ~ 的努力 jīngguò ~ de nǔlì

예 就业压力大是我国经济社会发展中将长期面
临的一个突出问题，必须经过长期的坚持不懈的
努力才能解决。 취업이 어려운 것은 우리 경제사회발전 과정
에서 장기적으로 직면한 두드러진 문제다. 반드시 장기적인 부단한
노력을 해야만 비로서 해결할 수 있다.

334 노린내(양고기) 膻味 shānwèi

예 羊肉膻味主要来自羊肉中的挥发性脂肪酸，
若在烹调前设法将其除掉或缓解，便可去除或减
轻羊肉膻味。 양고기의 노린내는 주로 고기 중의 휘발성지방산
에서 발생하며, 삶기 전에 방법을 강구하여 제거하거나 약화시키면
노린내를 없애거나 줄일 수 있다.

335 노즐 喷油嘴 pēnyóuzuǐ

예 春天沙尘天气接连发生踵而至，风沙过后不
要以为使水光冲冲车就万事大吉了，化油器或电
喷油嘴该特别关注特别清理一下。 봄에는 황사 날씨
가 계속 이어진다. 황사가 끝나더라도 물로 차를 씻기만 하면 아무
문제가 없다고 생각해서는 안 되며 특별히 관심을 갖고 카뷰레터 혹
은 노즐을 깨끗하게 해야 한다.

336 노천찻집 茶摊 chátān

예 那时，夏天茶摊摆得多，一家挨一家，竞争激
烈，生意还照样不差。 여름 노천찻집이 즐비하게 펼쳐져 서
로 붙어 있을 정도로 경쟁이 치열하나 장사는 여전히 잘된다.

337 노코멘트 无可奉告 wúkě fènggào

예 谈到最后一个无效进球，他表示尊重裁判的
决定，对于裁判的表现他无可奉告，这件事应该由

裁判委员会去解决。 무효골에 대해서 이야기한 후 그는 심판의 결정을 중시한다고 말하며 심판이 보여준 모습에 대해서 노코멘트했고 이번 일에 대해선 심판위원회가 해결해야 된다고 밝혔다.

338　노트　节　jié

[예] 1节船速等于每小时1海里，也就是每小时行驶1.852千米(公里)。 1 노트는 시간당 1해리인 1.852 킬로미터를 운행하는 것을 의미한다.

339　노하우　生意经　shēngyijīng

[예] 婚前"性格体检"，是科学还是生意经？ 결혼 전 성격테스트는 과학인가 아니면 사업수단인가?

340　논란의 여지가 없는 사실이다 ~是不争的事实　~shì bùzhēng de shìshí

[예] 反病毒永远落后于病毒是不争的事实。 바이러스 퇴치가 바이러스보다 훨씬 뒤쳐지는 것은 논란의 여지가 없는 사실이다.

341　논리가 정연하다　逻辑严密　luóji yánmì

[예] 数学是一门语言精确、知识抽象、逻辑严密的学科。 수학은 언어가 정확하고 추상적이며 논리가 정연한 학문이다.

342　농담반 진담반　半认真半开玩笑 bàn rènzhēn bàn kāi wánxiào

[예] 他的一句半认真半开玩笑的话很值得我们思考。 그가 농담반 진담반 식으로 한말을 우리들이 잘 생각해보아야 한다.

343　높이 살만하다　可贵　kěgui

[예] 保钓热情可贵。 댜오위댜오를 지키겠다는 열정은 높이 살 만하다.

344　뇌물공여　行贿　xínghui

[예] 巴西执政党贪污行贿的指控进入司法程序，打击投资信心。 브라질 정당의 횡령과 뇌물공여의 고발이 사법절차를 거치게 되어 투자자들의 믿음에 타격을 주었다.

345　뇌물수수　受贿　shòuhui

[예] 昨天上午，因涉嫌受贿67.5万元人民币，原广东交通集团副总经理王志仁在广州中院接受审讯。 어제 오후 67만 5천 위안을 수뢰한 혐의로 왕즈런 전 광동교통그룹 부사장이 광저우 중국 법원에서 재판을 받았다.

346　눈금　刻度　kèdù

[예] 我们就这样相处了两个月，我们的关系总是处在零刻度那里，偶尔是正，偶尔是负。 우리는 이렇게 2개월 동안 사귀었다, 우리들의 관계는 때론 플러스, 때론 마이너스로 항상 제로눈금을 유지하였다.

347　눈덩이효과　滚雪球效应　gǔn xuěqiú xiàoyìng

[예] 在北京天安门广场发生的事情瞬间已传到世界各地，邻近国家民主化的成功更会产生滚雪球效应。 베이징 천안문광장에서 발생한 일이 순식간에 세계 각 지역으로 전해져 주변국의 민주화 성공에 눈덩이 효과를 가져다 주었다.

348　눈사태　雪崩　xuěbēng

[예] 通常雪崩从山顶爆发，在它向山下移动时，以极快的速度和巨大的力量将它前面的一切东西卷走，直到广阔的平原上它的力量才消失。 통상적으로 눈사태는 산 정상에서 발생하여 산아래로 이동할 때 아주 빠른 속도와 엄청난 힘으로 넓은 평원에서 힘이 사라질 때까지 전방에 있는 모든 물체를 휩쓸어버린다.

349　눈에 띄는 곳　显眼处　xiǎnyǎnchù

[예] 电子警察"站"在高速公路显眼处。 교통감시카메라는 고속도로의 눈에 띄는 곳에 위치해 있다.

350 눈짓하다 使眼神儿 shǐ yǎnshénr

예▶ 罗大婶一边掩饰着事情的真相, 一边直给老伴使眼神儿。 뤄아주머니가 사건의 진상을 은폐하며 아저씨에게 눈짓을 했다.

351 뉴스브리핑 新闻发布会 xīnwén fābù huì

예▶ 5月10日新唐人支持者与义工在法国驻英使馆前召开新闻发布会, 呼吁法国政府关注新唐人电视台在中国及东亚的卫星播出可能被法国的欧洲卫星公司中断一事。 5월 10일 뉴차이니즈 지지자와 자원봉사자가 영국주재 프랑스 대사관 앞에서 뉴스브리핑을 열어 뉴차이니즈 TV방송국이 중국과 동남아시아 위성에서 방송한 것이 프랑스 위성 회사에 의해 중단된 일에 대하여 프랑스 정부가 관심을 가져줄 것을 촉구했다.

352 늑장공사 胡子工程 húzi gōngchéng

예▶ 有的地方却搞了些 "胡子工程", 多少年过去了, 工程还在半死不活地耗着。 일부 지방에서 늑장공사를 해서 몇 년이 지났는 데도 공정이 아직 지지부진하다.

353 능통하다 精通 jīngtōng

예▶ 他精通3国语言。 그녀는 3개 국어에 능통하다.

354 다각경영 多种经营 duōzhǒng jīngyíng

예▶ 曾经有一段时间, 当地文化界对长影集团搞 "多种经营" 不理解, 认为电影厂不拍电影就是 "不务正业"。 과거 한동안 현지문화계는 창잉그룹의 다각경영에 대해 이해하지 못했고 영화제작소가 영화를 찍지 않는 것은 해야될 일을 안 하는 것으로 생각했다.

355 다국적기업 跨国公司 kuàguó gōngsī

예▶ 随着中国市场竞争加剧和本国企业实力加强, 跨国公司纷纷打出 "本地化" 旗号。 중국시장의 경쟁이 치열해지고 자국기업의 실력이 강화됨에 따라 다국적기업은 속속 현지화의 기치를 내걸고 있다.

356 다단계판매 传销 chuánxiāo

예▶ 短短半年的时间内, 诱骗全国各地2000多名大学生到重庆从事非法传销, 其中不乏名牌大学的学生。 짧은 반 년 동안 전국 각지의 대학생 2000여 명을 속여서 충칭으로 오게 하여 불법으로 다단계판매를 하게 하였고 그중에는 유명대학의 학생도 적지 않다.

357 다모작 复种 fùzhòng

예▶ 复种面积, 指一定时期内在同一块耕地上重复播种作物的面积。 다모작 면적은 일정한 기간 내에 동일한 경작지에서 반복하여 작물을 재배할 수 있는 면적을 가리킨다.

358 다발지역 高发区 gāofāqū

예▶ 据检察日报报道, 近年来, 教育领域已成了职务犯罪的高发区。 〈검찰일보〉의 보도에 따르면 최근 들어 교육영역은 이미 직무형범죄의 다발지역이 되었다고 한다.

359 다이너마이트 达那马特/炸药 dánàmǎtè/zhàyào

예▶ 诺贝尔父子在斯德哥尔摩市郊建立试验室, 首次研制出解决炸药引爆问题的雷汞管。1863年开始生产甘油炸药, 由于液体炸药容易发生爆炸事故, 1866年他制造出固体的安全猛烈炸药 "达那马特"。 노벨 부자는 스톡홀름시에 실험실을 만들어 처음으로 폭약의 기폭문제를 해결한 뇌산수은관을 만들었다. 1863년부터 글리셀린 폭약을 생산하기 시작했는데 액체폭탄은 폭발사고가 발생하기 쉬워 1866년에 고체로 된 안전하고 강력한 폭탄 다이너마이트를 제조했다.

360 다이옥신 二恶英/戴奥锌 èrwùyīng/dài'àoxīn

예▶ 在中国由于不少工业工艺落后, 环境管理尚待完善, 所以二恶英化合物的污染比发达国家更为严重。 중국은 많은 산업기술이 낙후되었고 환경관리가 부실해서 다이옥신화합물 오염이 선진국보다 훨씬 심하다.

361 다자간무역 多边贸易 duōbiān màoyì

예▶ 1947年诞生的关贸总协定(GATT)以及1995年取而代之的世界贸易组织(WTO)被人们通称为**多边贸易**体系。 1947년 탄생한 GATT와 1955년 그것을 대신한 WTO를 통칭해서 다자간 무역으로 부른다.

362 다트 投镖游戏 tóubiāo yóuxì

예▶ 室内唯一的装饰物,是一块已经破旧了的**投镖游戏**的圆靶和一个牌子。 실내의 유일한 장식물은 낡은 다트게임용 둥근 표적 하나와 팻말 하나뿐이다.

363 단말기(컴퓨터) 终端机 zhōngduānjī

예▶ 日前,HewlettPackard公司宣布将大规模生产个人**终端机**bc1000,此举标志着它已经正式进军个人终端市场。 며칠 전 HP회사가 개인단말기 bc1000을 대량으로 생산한다고 밝혔다. 이러한 조치는 그 회사가 이미 개인단말기 시장에 본격적으로 진출했다는 것을 상징한다.

364 단일팀(연합팀) 联队 liánduì

예▶ 昨晚8点,上海**联队**的全体成员都准时出现在了奥林匹克宾馆,本次集结上海**联队**的主要任务就是打好上海国际足球锦标赛。 어제 저녁 8시 상하이 연합팀의 전 임원이 모두 제시간에 올림픽호텔에 모였다. 이번에 상해 연합팀을 집결시킨 주 임무는 상하이국제축구대회를 원만하게 치르는 것이다.

365 단자시장 活期放款市场 huóqī fàngkuǎn shìchǎng

예▶ 政府不允许个人和非金融机构参与票据贴现市场和**活期放款市场**,严格规定债券发行总量、利息支付、每种债券的最低限额以及有效期限等。 정부는 개인과 비금융기구가 어음할인시장이나 단자시장에 참여하는 것을 허락하지 않으며 채권발행총량, 이자지출, 모든 채권의 최저한도와 유효기간을 엄격하게 규정하고 있다.

366 단체의 이익을 개인의 이익보다 중시하다 把集体利益置于个人利益之上 bǎ jítǐ lìyì zhìyú gèrén lìyì zhīshàng

예▶ 中国共产党员要自觉把国家、**集体利益置于个人利益之上**,必要时不惜牺牲个人利益。 중국공산당당원은 자각적으로 국가와 단체의 이익을 개인의 이익 위에 두어야 하며 필요할 때는 개인의 이익희생을 감수해야 한다.

367 단체종목 集体项目 jítǐ xiàngmù

예▶ 足球是个**集体项目**,需要全队将士的共同努力。 축구는 단체종목이므로 모든 팀원이 다 함께 노력해야 한다.

368 단축하다 缩短 suōduǎn

예▶ 台湾当局将对现行的兵役制度进行改革,男性服兵役的役期,从今年7月1日开始将缩短为一年半,预计到2008年将继续**缩短**至一年。 타이완당국은 현행 병역제도를 개혁하여 남성의 복무기간을 금년 7월 1일부터 1년 반으로 줄이며, 2008년에는 1년으로 줄어들 것으로 예측된다.

369 단호하게 거절하다 严词拒绝 yáncí jùjué

예▶ 我知道自己这样说话很没有礼貌,但这种时候还不**严词拒绝**的话,以后更不知道会有多少麻烦。 나는 내가 이렇게 말하는 것이 예의에 어긋난다고 생각하지만 이러한 때 단호하게 거절하지 않으면 나중에 얼마나 많은 불편한 문제가 생길지 모른다.

370 담보대출 抵押放款 dǐyā fàngkuǎn

예▶ 许多人指责台湾银行肯作**抵押放款**而不肯多做信用放款,这就有些像当铺。 많은 사람들이 타이완은행이 전당포처럼 신용대출은 꺼리고 담보대출만 선호한다고 비난했다.

371 담보물 抵押物 dǐyāwù

예▶ 企业视土地使用权为**抵押物**。 기업은 토지사용권을 담보물로 간주한다.

372 당번/당직 值班 zhí bān

예 ▶ 当日上午7时30分许, 平江县邮政局员工上班时, 发现当晚**值班**人员胡桂兵不见踪影, 而金库中的580万元现金不翼而飞。 당일 오전 7시 30분경 핑장현 체신국직원이 출근해서 그날 저녁 당직자였던 후구이빙과 금고에 있던 580만 위안이 사라진 것을 발견했다.

373 당좌대월 透支 tòuzhī

예 ▶ **透支**额度越大, 成本越高, 持卡人所承担的潜在风险也就越大。 당좌대월한도가 많을수록 비용이 많아지며 카드소지자가 부담하는 잠재리스크도 그만큼 커진다.

374 대가 大师 dàshī

예 ▶ 我国著名国学**大师**、书画**大师**, 北京师范大学教授启功先生因病于30日凌晨2时许在北京逝世, 享年93岁。 우리나라의 유명한 국학대가이자 서예대가인 베이징 사범대교수 치궁선생이 지병으로 30일 새벽 2시경 베이징에서 향년 93세로 사망했다.

375 대강은 안다 略知一二 lüèzhī yī èr

예 ▶ 我对这个行业**略知一二**。 나는 이 업종에 대해 대강은 안다.

376 대들보 顶梁柱 dǐngliángzhù

예 ▶ 1885年7月27日清晨, 74岁的湖南人左宗棠停止了最后的呼吸。他一死, 意味着大清王朝最后的**顶梁柱**倒下了。 1985년 7월 27일 새벽, 74세의 후난인 쭤쭝탕이 마지막호흡을 거두었다. 그의 죽음은 청나라 왕조의 마지막 대들보가 무너졌다는 것을 뜻한다.

377 대륙간탄도미사일(ICBM) 洲际导弹 zhōujì dǎodàn

예 ▶ 美国情报人员说, 俄罗斯两个星期前进行了一次**洲际导弹**试射, 成功试射了一枚速度达音速5倍的**洲际导弹**。 미국 정보원에 따르면 러시아가 이 주 전에 대륙간탄도미사일을 시험 발사했고 음속 5배의 대륙간탄도미사일을 성공적으로 발사했다고 한다.

378 대륙붕 大陆架 dàlùjià

예 ▶ 在中日两国就**大陆架**石油开发出现争议的情况下, 韩国也悄悄地加入到争夺黄海大陆架石油资源的竞争行列。 중일 양국이 대륙붕석유개발문제로 분쟁을 겪고 있는 상황에서 한국도 슬며시 황해 대륙붕석유자원 개발 경쟁에 참여하였다.

379 대리모 代理母 dàilǐmǔ

예 ▶ 首尔国立大学教授黄禹锡的研究小组与美国研究小组合作, 成功克隆出了猴子胚胎, 但把克隆胚胎移植到25只**代理母**猴子宫克隆猴子的实验没有成功。 황우석 서울대학 연구팀과 미국의 연구팀이 협력하여 원숭이 배아복제에 성공했으나 복제한 배아를 25마리의 대리모원숭이자궁에 이식하여 원숭이를 복제하는 실험은 성공하지 못했다.

380 대리운전 酒后代驾 jiǔhòu dàijià

예 ▶ 目前, 本市已经有居民获得工商部门批准, 合法提供"**酒后代驾**车"服务, 每次收费50元。 현재 우리 시는 이미 주민이 공상부처의 비준을 받아 합법적으로 대리운전서비스를 제공하고 있으며 1회 비용은 50위안이다.

381 대리점 分销处 fēnxiāochù

예 ▶ 1936年春他们在西单北大街路东设了**分销处**, 又相继在西单、前门、王府井、沙滩开设了四个分店。 1936년 봄 그들은 시단 북대로 동쪽에 대리점을 개설했고 연이어 시단, 첸먼, 왕푸징, 사탄 4곳에 대리점을 개설했다.

382 대변인 发言人 fāyánrén

예 ▶ 中国外交部**发言人**秦刚 8 日表示, 当今世界依然面临恐怖主义的威胁与挑战, 国际社会仍需为反恐进一步加强合作。 친강 중국외교부 대변인은 8일 지금 세계는 여전히 테러의 위협과 도전에 직면해 있고 국제사회는 여전히 반테러를 위해 협력을 강화할 필요가 있다고 밝혔다.

383 대서특필 大写特写/大书特书 dàxiě tèxiě/dàshū tèshū

[예] 他以新闻工作者的身份经历了几个极为复杂的年代。他的事迹确实值得大写特写，这不仅因为他的人品不凡，更由于他所处的时代不平常。 그는 언론인의 신분으로 아주 복잡한 세월을 겪었다. 그의 사적은 확실히 대서특필할 만하다. 그의 인품이 출중할 뿐만 아니라 그가 처했던 시대가 특별하기 때문이다.

384 대조하다 核对 héduì

[예] 核对账目 계정을 대조하다

385 대차대조표 资产负债表 zīchǎn fùzhài biǎo

[예] 根据会计学上复式簿记的记账方法，公司的资产和负债双方在账面上必须平衡，所以资产负债表不是资产和负债的平衡表，资产作为会计上的借方，列在表的左边，负债作为会计上的贷方，列在表的右边，两边的总金额必须相等。 사회학의 복식부기 기장법에 따르면 회사의 자산과 부채는 양쪽 모두 장부에서 균형을 이루어야하므로 대차대조표는 자산과 부채의 균형표가 아니며 자산은 회계상의 대출로 표의 왼쪽에 위치하며 부채는 회계상의 대출로 우측에 위치하고 양쪽의 총 금액은 반드시 같아야 한다.

386 대책마련에 부심하다 苦思对策 kǔsī duìcè

[예] 中国国内出现"三星警戒论"，三星集团苦思对策。 중국 내에서 '삼성경계론'이 나와 삼성그룹이 대책마련에 부심하고 있다.

387 대책을 세우다 拟定对策 nǐdìng duìcè

[예] 根据风险评估的结果，再针对无法接受的风险拟定对策，并考虑选择的对策所需的成本及可带来的效益，让风险值成为公司可以接受的程度，即可避免信息安全的事件造成企业极大的损失。 리스크 평가 결과에 근거해 감당할 수 없는 리스크에 대한 대책을 세우고 아울러 선택한 대책에 필요한 비용과 그로 인해 발생할 수 있는 효율을 감안해 리스크수치로 하여금 회사가 감당할 수 있는 정도가 되게 하면 정보안보사건으로 기업에 큰 손실이 발생하는 것을 막을 수 있다.

388 대체수표 转账支票 zhuǎnzhàng zhīpiào

[예] 刘艺霞又开给她亲爱的丈夫转账支票。转账支票可以一次得到大数目的钱，但有风险。 류이샤는 또다시 사랑하는 남편에게 대체수표를 끊어 주었다. 대체수표는 한 번에 많은 금액의 돈을 확보할 수 있지만 리스크가 있다.

389 대출금의 원금과 이자를 상환하다 偿还贷款本息 chánghuán dàikuǎn běnxī

[예] 贷款本息的偿还方式除现金支付外，借款人可以提取本人住房公积金账户储存余额用于偿还贷款。 대출금의 원금과 이자를 상환하는 방식은 현금지출 외에 대출자가 주택공공적립금계좌에서 잔고를 인출하여 대출금을 상환하는 방법도 있다.

390 대표번호 总机号码 zǒngjī hàomǎ

[예] 北京饭店的总机号码是多少？ 베이징호텔의 대표번호가 어떻게 됩니까?

391 대피(하다)시키다 疏散 shūsàn

[예] 目前，得克萨斯和路易斯安那两州已有超过130万人正在打点行装，准备按照政府的命令紧急疏散。 현재 텍사스와 루지아나, 두 주는 이미 130만 명이 넘는 사람들이 짐을 꾸려 정부의 명령에 따라 대피할 준비를 하고 있다.

392 대학원 研究生院 yánjiūshēngyuàn

[예] 今年恰逢我校研究生院建院二十周年，主席台对面高挂着"清华大学研究生院建院二十周年庆祝大会"的横幅。 올해는 마침 우리학교 대학원 개원 20주년이다. 의장석 맞은 편에 '칭화대학 대학원개원 20주년 경축대회'라는 플래카드가 걸려있다.

393 대학원생 研究生 yánjiūshēng

[예] 静儿研究生毕业后在武汉的一所大学找到了工作，她和姚峻结婚证都领了，我和若辰也开始筹备我们的婚事。 대학원생인 징얼은 졸업 후 무한의 한 대학에서 일자리를 찾았다. 그녀와 야오쥔은 결혼증명서를 수령했고 나와 뤄천도 결혼을 준비 중이다.

394 대형사고 重大事故 zhòngdà shìgù

예 2002年3月15日, 上海市浦东新区上海炼油厂发生一起起重机械**重大事故**, 造成5人死亡, 10人重伤。 2002년 3월 15일 상하이시 푸동신구 상하이 정유공장에서 기중기에 의한 대형사고가 발생해 5명이 사망하고 10명이 중상을 입었다.

395 더하면 더했지 부족하진 않다
有过之而无不及 yǒu guòzhī ér wú bùjí

예 最近门户网站的影响力比大众媒体**有过之而无不及**。 최근 포털사이트의 영향력은 대중매체에 비해 더하면 더했지 부족하진 않다.

396 더 할 나위 없다 再好不过了
zàihǎo búguò le

예 只要天气好, 那就**再好不过了**。 날씨만 좋으면 더할 나위 없다.

397 덕에 拜~之赐 bài ~ zhīcì

예 **拜**欧洲疯牛病猖獗**之赐**, 加拿大的马肉正在欧洲市场大行其道。 유럽에 광우병이 창궐하는 덕에 캐나다의 말고기가 유럽시장에서 널리 팔리고 있다.

398 ~덕이다/~탓이다/~탓이다/~에서 기원되다/~에서 기원되다/~에 해가된다/~에 해가 되지 않는다/~에 유리하다/~에 유해하다/~에 도움이 되지 않는다/~보다 뒤떨어지다/~에 뒤지지 않는다/~에 미련을 갖다/~에 집착하다/~에 손색이 있다/~하기에 편하다 归功于/归咎于/归罪于/来源于/起源于/有损于/无损于/有利于/有害于/无利于/落后于/不亚于/迷恋于/执著于/逊于/便于

guīgōng yú/guījiù yú/guīzuì yú/láiyuán yú/qǐyuán yú/yǒusǔn yú/wúsǔn yú/yǒulì yú/yǒuhài yú/wúlì yú/luòhòu yú/búyà yú/zhízhuó yú/xùnyú/biànyú

예 韩国国奥战胜伊朗**归功于**精神的胜利。 한국의 올림픽팀이 이란을 이긴 것은 정신력 덕이다.

예 中国的宣传单位将精神病患者的病态造成杀人、自杀行为**归咎于**病人的信仰的做法违反了最起码的国际公认的准则和最基本的精神病常识。 중국의 홍보기관이 정신병환자의 병으로 인한 살인과 자살을 환자의 신앙 탓으로 돌리는 것은 가장 기본적이고 국제적으로 공인된 준칙과 정신병상식을 위반하는 것이다.

예 非典副作用不应都**归罪于**激素。韩德民指出, 在非典病人救治过程中使用激素是很普遍的现象。 사스의 부작용을 모두 호르몬 탓으로 돌려선 안 된다. 한더민은 사스환자 치료과정에서 호르몬을 사용하는 것은 보편적인 현상이라고 지적했다.

예 据统计, 2004年中国个人所得税收入将近1800亿元, 65%**来源于**工薪阶层。 통계에 따르면 2004년 중국의 개인소득세 수입은 약 1800억 위안이며 65%가 샐러리맨으로부터 징수된 것이다.

예 篮球运动**起源于**美国。最初是开展于冬季和雨季的室内游戏。 농구는 미국에서 기원했다. 처음에는 겨울과 우기에 실내에서 하는 게임이었다.

예 外交部发言人孙玉玺今天在此间敦促日本有关方面多为发展中日友好关系作努力, 不要做任何**有损于**中国统一大业的事情。 순위시 외교부대변인은 오늘 이곳에서 일본의 관계자가 중일우호관계 발전을 위해 더욱 노력해주고 중국의 통일대업에 훼손되는 일을 하지 말아 줄 것을 촉구했다.

예 自由, 首先从政治哲学上来说, 就是可以从事一切**无损于**他人自由的活动。 자유는 먼저 정치철학적으로 말해서 타인의 자유에 아무런 해가 되지 않는 모든 활동을 할 수 있는 것을 뜻한다.

예 他表示, 人民币汇率的改革**有利于**中国、亚洲乃至世界经济的发展。 그는 위안화 환율개혁은 중국, 아시아 나아가 세계의 경제발전에 유리하다고 했다.

예 随着工业化进程的发展和各种室内装修装饰材料的广泛应用, 空气的污染日益严重, 根据有关国际组织调查统计, 世界上30%的新建和重修的建筑物中发现**有害于**健康的室内空气污染物质。 산업화 절차의 발전과 각종 실내장식자재를 광범위하게 응용함에 따라 공기오염이 점점 심해지고 있다. 관련 국제기구의 조사 통계에 따르면 세계적으로 신축하거나 개보수한 건축물 30%에서 건강에 해로운 실내 공기 오염물질이 발견되었다고 한다.

예 当我们在压力之下时, 我们常趋向于过量饮食, 尤其是一些只会使压力增加的、**无利于**营养的食物。 우리는 스트레스를 받으면 과식을 하게 된다. 특히 스트레스만 증가시키고 영양가는 없는 식품들을 먹게 된다.

[예] 他同时警告说, 中国的社会发展已**落后于**经济发展, 面临着可持续发展的严峻挑战。 그는 또한 중국사회발전은 경제발전보다 뒤처져(낙후되어) 지속가능한발전의 심각한 도전에 직면해있다고 경고했다.

[예] 上海一位证券公司的副总经理也认为, 楼市的风险已经**不亚于**当年的中国股市。 상하이의 한 증권회사 부사장도 부동산 시장의 리스크가 이미 그 당시의 중국증시에 버금간다고 생각했다.

[예] 中国加入WTO可谓观念迷恋, **迷恋于**贸易立国的喜悦, **迷恋于**外国资本对国内改革阻力的冲击力。 중국의 WTO가입은 관념적 집착이라 할 수 있다. 무역입국의 희열에 집착하고 외국자본이 국내 개혁의 방해요소의 영향력에 대한 집착이다.

[예] 艺术本身便是生命的艺术, 一个人如能**执著于**纯粹的艺术冲动, 那便是**执著于**生命, **执著于**那博大精深的人性。 예술 자체는 생명의 예술이다. 한 사람이 순수한 예술적 충동에 집착할 수 있는 것은 생명에 대한 집착이며, 넓고 깊은 인성에 집착하는 것이다.

[예] 随着中国社会和经济的快速发展, 对MPA(公共管理硕士)的需求将不**逊于**MBA(工商管理硕士)。 중국사회와 경제가 빠르게 발전함에 따라 MPA에 대한 수요가 MBA에 뒤지지 않게 되었다.

[예] 8月1日起, 我省警方将对交通安全违法记分等实行违法告知制度, 为**便于**警方送达, 省公安厅昨天发布公告, 要求住址等信息已变更的相关人员和单位, 及时向警方登记备案。 8월 1일부터 우리성 경찰은 앞으로 교통안전위법벌점 등 위법고지제도를 실시하며 경찰의 원활한 파견을 위해 어제 공안청은 주소 등 정보가 이미 변경된 관계자와 부서는 제때 경찰 측에 등록할 것을 요구하는 공고를 발표했다.

399 덤핑 倾销 qīngxiāo

[예] 农历新年伊始, 中国就扛起了反**倾销**大旗。 음력 새해가 시작되자 중국은 반덤핑의 기치를 들었다.

400 덫을 놓다 投下陷阱 tóuxià xiànjǐng

[예] 在经济多次出现困窘的情况下, 2人开始商议如何搞到钱花, 最终想到了利用网上聊天**设下陷阱**。 경제가 여러 번 어려워진 상황에서 두 사람은 쓸 돈을 마련할 방법을 상의했고 결국에는 인터넷 채팅을 이용하여 덫을 놓는 방법을 생각해냈다.

401 데스크탑 台式电脑 táishì diànnǎo

[예] 据报道说, IBM将会把其**台式电脑**质量控制业务从北卡罗莱纳移到日本, 并且加入IBM在日本的笔记本电脑检测中心。 보도에 따르면 IBM은 데스크탑 PC의 품질관리업무를 노스캐롤라이나에서 일본으로 옮기고 IBM의 일본노트북컴퓨터 테스트센터에 가입할 것이라고 한다.

402 데시벨 分贝 fēnbèi

[예] **分贝**是音量的单位, **分贝**在计算上是每增加10**分贝**, 则声音大小约是原来的十倍。 데시벨은 음량의 단위이며 계산상 10데시벨이 증가하면 목소리는 원래보다 10배 커진 것이다.

403 도미노현상 骨牌效应 gǔpái xiàoyìng

[예] 此前, 黎巴嫩亲叙利亚的卡拉米政府2月28日辞职, 美国白宫随即对外宣称, 美国推行的中东民主计划开始出现"多米诺**骨牌效应**"。 이전에 레바논의 친시리아 카라밀정부가 2월 28일 사퇴하자 미국 백악관이 곧바로 미국이 추진하는 중동민주계획이 도미노현상이 일으키고 있다고 대외에 밝혔다.

404 도살장 宰牲所 zǎishēngsuǒ

[예] **宰牲所**和神厨都是为祭祀牺牲之物的场所。 도살장과 신찬을 만드는 곳은 제물을 다루는 장소이다.

405 도시계획 城市规划 chéngshì guīhuà

[예] 目前, **城市规划**和土地利用存在一些矛盾, 从**城市规划**的制定和执行来看, 主要存在以下几个问题。 현재 도시계획과 토지이용에 일부 모순이 존재하는데 도시계획의 수립과 집행상황으로 볼 때 주로 다음과 같은 몇 가지 문제가 존재한다.

406 도시재개발 旧城区改造 jiù chéngqū gǎizào

[예] 据了解, 大连市正在实施的**旧城区改造**方案, 将在两年内解决有关15万人的安居问题。 알려진 바에 따르면 다롄시는 실시 중인 도시재개발 방안에 따라 앞으로 2년 내에 15만 명의 이주문제를 해결할 계획이라고 한다.

407 도외시하다
置~于不顾/A对B置之不理/置之度外
zhì ~ yú bùgù / A duì B zhìzhībùlǐ / zhìzhīdùwài

예▶ 众所周知, 由于中央封锁消息, "非典"闹得人心慌慌, 在人命关天的紧急关头, 张建涛置全市50多万人民生命于不顾, 为了自己的名利, 大肆迫害坚持真善忍的大法弟子, 可见其邪恶程度。 주지하시다시피 중앙정부의 정보 차단으로 사스가 사람들을 당황하게 만들었다. 이렇게 위급한 순간에 장젠타오는 시 전체 50만 명의 목숨을 도외시하고 자신의 명예와 이익을 위해 함부로 진선인을 고수하는 수행자를 박해했으니 얼마나 사악한 지를 알 수 있다.

예▶ 一位前往希腊科尔夫岛渡假的英国17岁少女称, 她在岛上遭到强暴, 但希腊警察却对此置之不理。 그리스 콜프섬에 휴가를 보내던 열일곱 살된 영국 소녀가 섬에서 강간을 당했다고 했으나 그리스 경찰은 이를 도외시 했다.

408 도움을 구하다 向~求助 *xiàng ~ qiúzhù*

예▶ 在13名公民染H5N1禽流感死亡后, 越南政府已正式向世界卫生组织求助, 请求协助解决禽流感疫情。 13명이 H5N1 조류독감에 감염되어 사망한 후에, 베트남 정부는 이미 공식적으로 WHO에 조류독감문제를 해결할 수 있도록 협조해 줄 것을 요구했다.

409 도전시합 擂台赛 *lèitáisài*

예▶ 2月26日, 第六届中日韩三国围棋擂台赛在上海落幕。 2월 26일, 제6회 한중일 3개국 바둑 챌린지쉽대회가 상하이에서 폐막되었다.

410 도전장 挑战书 *tiǎozhànshū*

예▶ 他们的"挑战书"已经送到了陈忠和及他的中国女排面前。 그들의 '도전장'이 이미 천중과 그의 중국 여자 배구팀에게 전해졌다.

411 도착하다 抵达 *dǐdá*

예▶ 2005年9月11日, 中国国家主席胡锦涛抵达墨西哥城, 开始对墨西哥进行国事访问, 以促进中墨两国友好合作关系深入发展。 2005년 9월 11일, 중국 후진타오 국가주석이 중국과 멕시코 양국 간의 우호관계 발전을 촉

412 도크 船坞 *chuánwù*

예▶ 新港区有大小船坞10个, 其中第10号船坞长465米, 宽65米, 深111.25米可修理世界最大的船只——80万吨级的油轮。 신항에는 크고 작은 도크가 10개가 있는데, 그중에 제10호 도크는 길이는 465미터이고, 폭이 65미터, 깊이는 111.25 미터로 80만 톤급의 세계 최대의 유조선을 수리할 수 있다.

413 도킹하다 对接 *duìjiē*

예▶ 他们需要先检查对接的密封性以确保安全, 还得平衡飞船内与空间站内的气压。大约在对接完成3个小时后, 奥尔森等才会打开对接口舱门并进入国际空间站。 그들은 안전 확보를 위해 먼저 도킹의 밀착성을 조사해야 되고, 우주선 안과 우주정거장 내의 기압을 일치시켜야 한다. 도킹 완료 약 3시간 후, 올슨 등이 비로소 도킹 출입구를 열고 국제 우주 정거장을 진입하게 되었다.

414 도태되다 退役 *tuìyì*

예▶ 从有关部门获悉, 使用了多年的传统墙体建筑材料——红砖将要退役, 取而代之的是复合新型墙材。 관계부문에 따르면 오랫동안 사용되어왔던 전통적인 건축자재인 붉은 벽돌이 도태되고 복합형 신소재로 대체될 것이라고 한다.

415 도핑테스트(경기 전/후) A/B瓶尿样检测
A/Bpíng niàoyàng jiǎncè

예▶ A瓶尿样检测呈阳性的结果, 迫使北京国安俱乐部和张帅本人要求B瓶尿样再检测, 然而检测的结果再次让张帅和国安俱乐部失望了。 A형 도핑테스트에서 양성 반응으로 결과가 나와, 베이징 궈안클럽과 장솨이 본인에게 B형 도핑테스트의 2차 테스트를 요구하게 되었지만, 테스트 결과는 또 한번 장솨이와 궈안클럽을 실망시켰다.

416 도화살 桃花运 *táohuāyùn*

예▶ 其实女生正走桃花运的时候, 由于沐浴爱河, 就像一株花, 得惜花人悉心侍候, 神色自然与众不

同。 사실 젊은 여성이 도화살이 끼게 되면 사랑에 빠져 한 떨기 꽃과 같이 꽃을 아끼는 사람으로부터 정성스런 보살핌을 받게 되어 얼굴빛이 남다르게 된다.

417 독선적이다 自以为是 zìyǐwéishì

예▶ 现在大学生应聘的时候往往会表现得过分自信, 自以为是。 요즘 대학생들은 입사지원을 할 때 종종 과도한 자신감을 보이고 독선적이다.

418 독점하다 垄断 lǒngduàn

예▶ 利益集团的垄断经营已成为我国建设市场经济的大碍。 이익집단의 독점 경영은 이미 우리나라 건축시장의 큰 장애가 되었다.

419 독직 渎职 dúzhí

예▶ 7月26日, 最高人民检察院副检察长王振川在新闻发布会上通报查办渎职犯罪活动情况。 7월 26일, 왕전촨 최고인민 검찰청 부검찰청장은 기자회견장에서 독직범죄 조사 상황을 공개했다.

420 독학 自学 zìxué

예▶ 他自学了中国语和日本语。 그는 중국어와 일본어를 독학했다.

421 돈놀이(머니게임) 金融游戏 jīnróngyóuxì

예▶ 随着美元不断贬值, 中国人民多年来辛辛苦苦创造的国民财富正在化为乌有, 国际间的一场小小的金融游戏就可以使我国人民多年的汗水化为乌有。 달러가 계속해서 평가절하됨에 따라, 중국 국민들이 여러 해에 걸쳐 어렵게 축적한 부가 사라지고 있다. 국가간의 미미한 머니게임은 국민들의 수 년간의 피땀어린 돈을 사라지게 할 수 있다.

422 돈세탁 洗钱 xǐ qián

예▶ "洗钱"是指将毒品犯罪、黑社会性质的组织犯罪、恐怖活动犯罪、走私犯罪或者其他犯罪的违

法所得及其产生的收益, 通过各种手段掩饰、隐瞒其来源和性质, 使其在形式上合法化的行为。 '돈세탁'은 마약범죄, 조직범죄, 테러범죄, 밀수범죄나 기타 범죄를 통해 불법으로 취득하거나 발생한 수익을 각종 수단으로 그 출처와 성질을 은폐시켜 형식상 합법적으로 만드는 행위를 일컫는다.

423 돌 一周岁 yī zhōusuì

예▶ 南方网讯5月27日, 深圳证券交易所中小企业板启动满一周岁。 남방인터넷 통신 5월 27일발, 선전증권거래소중소기업보드가 가동된지 만 일주년이 되었다.

424 동갑 同岁 tóngsuì

예▶ 姚明, 我和你同岁, 我也是9月的生日, 我们又长了一岁啦！ 야오밍, 나는 너와 동갑이고 나도 9월 생이다, 우리는 또 한 살 먹었구나!

425 동고동락 有福同享, 有难同当
yǒufú tóngxiǎng, yǒunàn tóngdāng

예▶ 还记得刚上初中, 一群好同学每天视上学为欢, 放学为乐, 同学感情十分之好, 真正的有福同享, 有难同当。 막 중학교에 진학했을 때로 기억되는데 여러 친구들이 매일 즐겁게 등하교를 했고, 친구들과의 관계가 매우 좋아 진정한 의미의 동고동락을 했었다.

426 동시통역 同声翻译/同声传译
tóngshēng fānyì/tóngshēng chuányì

예▶ 在中国召开的国际会议也越来越多, 可以说同声翻译在国内和国际的市场都是巨大的。 중국에서 국제회의가 점점 빈번하게 개최되기 때문에 국내와 국제 사회에서 동시통역 시장은 아주 크다.

427 동안 娃娃脸儿 wáwaliǎnr

예▶ 如果天生就是一副娃娃脸儿, 怎么也不能让人把你和白领女性联系起来, 不要紧, 用化妆创造出你的第二张脸。 본래 날 때부터 동안이어서 아무리 노력해도 사람들이 당신과 화이트 칼라 여성을 연결시키지 못한다 하더라도 걱정하지 마세요. 화장으로 제 2의 얼굴을 만들 수 있습니다.

428 동족상잔 自相残杀 zìxiāng cánshā

예▶ 你根本不明白只要爆发台海战争就意味着无数同胞在演出一幕幕自相残杀的悲剧, 就意味着无数人在流血和丧失生命, 而你就可能是其中被杀的一个。 당신은 타이완해협의 전쟁이 발발하면 수많은 동포가 동족 상잔의 비극을 겪게 될 수 있고 수많은 사람들이 피를 흘리고 생명을 잃게 되며 당신 또한 그중 한 사람이 될 수 있다는 것을 근본적으로 이해하지 못한다.

429 동행지수 同步指数 tóngbù zhǐshù

예▶ 美国经济咨商局公布, 3月份同步指数增长0.2%, 2月份增长0.1%, 1月份则下降0.5%。3月份滞后指数下降0.1%, 2月份增长0.3%, 1月份则增长0.1%。 미국경제자문국에 따르면, 3월에는 동행지수가 0.2% 증가했고, 2월에는 0.1% 증가했으며, 1월에는 0.5% 하락했다. 3월에는 후행지수가 0.1% 하락했고, 2월에는 0.3% 증가했으며, 1월에는 0.1% 증가했다.

430 둘레 周长 zhōucháng

예▶ 周长五米的烟筒 5미터 둘레의 연통

431 뒷수습 收拾残局/进行善后工作
shōushi cánjú/jìnxíng shànhòu gōngzuò

예▶ 随着巴格达之战的临近, 人们更关心的问题是美国将如何收拾残局。 바그다드전쟁이 다가옴에 따라, 사람들은 미국이 앞으로 어떻게 뒷수습을 하느냐에 대해, 더욱 관심을 갖게 되었다.

432 드디어 꿈을 실현했다 终于圆了梦
zhōngyú yuán le mèng

예▶ 手捧北京大学的毕业证书, 我终于圆了名牌大学梦。 베이징대학의 졸업장을 받고서 나는 드디어 명문대학의 꿈을 실현했다.

433 등급 分级 fēnjí

예▶ 如果实行了电影分级制度, 那么中国内地的

"三级片"会是什么样子呢？电影局副局长吴克认为, 在目前中国的国情下, 即使内地实行了分级制, 许多影片仍然是不适合拍摄的, 这些在《电影管理条例》中就有明确规定。 만일 영화등급제를 실행한다면, 중국 국내의 3등급 영화는 어떻게 될까? 우커 영화국부국장은 현재 중국의 상황에서 국내에서 등급제를 실시할지라도 많은 영화는 여전히 촬영하기에 적합하지 않다는 것이 영화관리조례에 명확하게 규정되어 있다고 말했다.

434 디딤돌 踏脚石 tàjiǎoshí

예▶ 面对促销同质化越来越严重的局面, 企业怎样才能在这块沼泽地当中找到一块坚实一点的踏脚石？ 판촉활동이 점점 비슷해지는 상황에서, 기업이 어떻게 해야 이 소택지에서 견실한 디딤돌을 찾을 수 있을까?

435 떠들썩하게 하다 喧腾 xuānténg

예▶ 今日轰动喧腾一时的新闻, 十年之后恐怕已经无人问津。 오늘 떠들썩하게 했던 뉴스에 대해 10년 후에는 아마 아무도 관심을 갖지 않게 될 것이다.

436 떡값 好处费 hǎochùfèi

예▶ 昨天, 著名作家周国平给本报记者发来信件, 表示自己并未像某些传闻中说的, 收了书商好处费, 而是将继续与伪书斗争到底, 并称如获得赔偿, 将捐助贫困学生。 어제 유명작가 저우궈핑은 본 기자에게 본인은 소문처럼 출판사로부터 떡값을 받지 않았으며 이런 허위 사실에 대해 끝까지 맞설 것이라고 말했다. 아울러 배상금을 받게 되면 불우학생들에게 기부할 것이라 밝혔다.

437 뗏목 木筏/木排 mùfá/mùpái

예▶ 趁着木筏离岸不远顺水向下漂, 我急忙往岸上扔东西。 뗏목이 물가에서 멀지 않은 곳에서 아래쪽으로 떠내려갈 때 나는 얼른 물가 쪽으로 물건을 던졌다.

예▶ 1954年大水时, 武汉曾用木排防浪, 保证了解放大堤的安全。木排防浪是一种削减波浪力量的好方法, 不过要在有木料的条件下才能采用。 1954년 홍수 때, 우한에서는 뗏목을 이용해 물살을 막아 제방의 안전을 지켜냈다. 뗏목방파제는 물살의 힘을 약화시키는 좋은 방법이지만 목재가 확보되어야만 가능하다.

438 뜨거운 감자 烫手山芋 tàngshǒu shānyù

[예]▶ 圆明园湖底防渗工程的环评工作忽然间成了**烫手山芋**。 위안밍위안 호수 바닥의 방수공정 환경평가작업이 갑자기 뜨거운 감자가 되었다.

439 라스트스퍼트 最后冲刺 zuìhòu chōngcì

[예]▶ 北京新东方学校国内考试部主任周雷建议, 在**最后冲刺**阶段以做真题为主. 他说, 往年都会有很多同学在最后阶段做大量的模拟题, 但从实际效果看并不太好。 베이징 신동방학교 국내시험부처주임인 저우레이는 라스트스퍼트 단계에서는 기출문제 위주로 공부할 것을 건의했다. 그는 많은 학생들이 지난해 마지막으로 수많은 모의문제를 풀었지만 실질적인 효과가 그리 좋지 못했다고 밝혔다.

440 랩송 绕舌歌／绕舌乐 ràoshégē／ràoshéyuè

[예]▶ 周杰伦说, "我不想批判, 只想表达出自己的情感. 我的音乐主要是一些绕舌的东西, 其实**绕舌歌**是受美国的一些老黑的音乐的影响, 我觉得那是他们的文化。" 저우제룬은 "나는 무언가를 비판하고자 하는 것이 아니라 단지 자신의 느낌을 표현하고 싶을 뿐이다. 나의 음악은 랩 위주이다. 사실 랩은 미국 흑인음악으로부터 영향을 받은 것으로 랩은 그들의 문화라 생각한다."고 말했다.

441 레미콘 混凝土搅拌车 hùnníngtǔ jiǎobànchē

[예]▶ 昨日中午, 长沙市湘府西路与新开铺路交叉的丁字路口, 一辆罐装**混凝土搅拌车**在转弯时失控, 撞进路边一居民家后侧翻在地, 司机被车门夹住无法脱身。 어제 정오, 장사시의 상푸시로와 신카이푸로가 교차하는 삼거리에서 레미콘 차량 한대가 커브시 길가의 한 민가를 충돌해 뒤집혔고 기사는 차문에 끼어서 빠져나올 수 없었다.

442 레이온 人造丝 rénzàosī

[예]▶ 如今在大街小巷, 到处都能看到**人造丝**织物。 오늘날 대로나 골목길 어디서든 레이온섬유제품을 볼 수 있다.

443 레이저빔 激光束 jīguāngshù

[예]▶ 库查雷克11日说, 美军方将使用**激光束**警告闯入首都华盛顿上空禁飞区的飞机。 11일 마이크 쿠차레크가 미군 측에서 수도 워싱턴의 비행금지구역을 침범하는 비행기를 레이저빔으로 경고할 것이라 밝혔다.

444 레크리에이션(유흥) 文娱活动 wényú huódòng

[예]▶ 针对严重急性呼吸道症候群SARS疫情未见有效遏止, 中国大陆东北的门户辽宁省, 以紧急通知的方式, 要求全省各地立即关闭各种文化娱乐场所, 停止各类**文娱活动**。 심각한 급성호흡기질환 SARS가 효과적으로 통제되지 못하는 것에 대하여 중국대륙 동북지역의 문역할을 하는 랴오닝성은 긴급통지를 하는 방식으로 성 전체가 즉시 유흥업소를 모두 철폐하고 유흥행위를 중단시킬 것을 요구하였다.

445 로봇팔 机械臂 jīxièbì

[예]▶ "发现"号航天飞机在发射过程中脱落的少量绝热瓦和绝热泡沫引起了人们的担忧. 目前正向国际空间站进发的"发现"号宇航员27日利用安装在航天飞机末端的可移动**机械臂**对"发现"号进行全面"会诊"。 디스커버리호 우주비행선 발사과정에서 떨어져나간 단열타일과 단열스치로폼은 사람들을 걱정스럽게 했다. 현재 국제우주정거장을 향한 디스커버리호 우주비행사는 27일 비행선 끝부분에 설치된 이동식 로봇팔로 디스커버리호의 전체적인 진단을 하였다.

446 로비하다 进行游说 jìnxíng yóushuì

[예]▶ 台湾当局将派遣代表团前往美国、欧洲和日本, 向这些国家**进行游说**台湾的"公投""不会改变台海两岸的政治现状". 据台湾媒体报道说, 这些代表团由台当局高官和学者组成, 他们计划在到访国家中与当地官员、议员、智囊团和传媒举行会谈。 타이완당국은 미국, 유럽, 일본에 대표단을 파견하여 타이완의 '국민투표' 가 양안의 정치현황을 바꾸지 않을 것이라고 로비할 예정이다. 타이완 언론은 대표단은 타이완당국 고위관리와 학자들로 구성되며 그들은 방문국의 현지 관원과 의원, 참모단, 매스컴과 회담을 갖을 것이라고 보도했다.

447 로케이션 外景拍摄 wàijǐng pāishè

예▶ 在**外景拍摄**当天, 陈倩倩一行人在高速公路
遭遇8级沙尘暴, 并与逆行车辆发生严重碰撞。
로케이션 당일, 천첸첸 일행은 고속도로에서 8급의 황사와 조우했고
맞은편에서 오던 차와 크게 부딪치는 사고가 발생했다.

448 루머 传言 chuányán

예▶ 他告诉记者, 对于网上的**传言**他也很头痛,
"那天我只是去和西城所长商谈今天的事宜, 包括
看场地等等, 谁知就变成了这样的结果"。 그는 인
터넷의 루머에 대해 그도 골치아프다고 기자에게 말했다. "그날 나는
시청소장과 장소물색 등 오늘 업무를 상의한 것뿐인데 누가 이런 결
과가 될 것이라고 생각했겠습니까."

449 리듬체조 艺术体操/韵律体操
yìshù tǐcāo/yùnlù tǐcāo

예▶ 2004年雅典奥运会**艺术体操**热身赛团体决赛
在希腊雅典奥运会体操馆举行。 2004년 아테네 올림
픽 리듬체조 연습경기 단체 결승전이 그리스아테네 올림픽체조경기
장에서 열린다.

예▶ 俄罗斯选手巴尔苏科娃在周日悉尼奥运会**韵
律体操**个人全能决赛中拿下金牌, 曾获世界锦标
赛冠军的俄罗斯选手卡巴伊娃则因在圈操项目失
手, 而与金牌无缘。 러시아 선수 발스코바는 일요일 시드니
올림픽 리듬체조 개인 종합 결승전에서 금메달을 땄다. 월드컵 우승
자였던 카파이바 선수는 후프(hoop) 종목에서 실수하여 금메달을
놓쳤다.

450 리시버 接收机 jiēshōujī

예▶ 目前世界上已有几十家工厂生产GPS**接收机**,
产品也有几百种。 현재 세계 수십 개 공장에서는 수백 종의
GPS리시버 제품을 생산한다.

451 리콜(제조자결함시행제도) 召回/返修
zhàohuí/fǎnxiū

예▶ 10月7日, 克莱斯勒宣布将**召回**约300,000辆汽
车, 原因是这些车存在潜在的换档缺陷, 这一缺陷
将有可能会使驾试者在将档位换至"停车"档时遇

到麻烦。 10월 7일, 크라이슬러는 운전자가 기어를 중립으로 바꿀
때 문제를 일으킬 수 있는 기어 변환의 잠재된 문제 때문에 자동차
30만 대를 리콜할 것이라고 발표했다.

452 리허설 排戏 pái xì

예▶ 我们**排戏**的时候, 每个在场的团员都很认真。
우리가 리허설할 때 무대에 있는 모든 단원들은 매우 진지했다.

453 리히터 里氏 lǐshì

예▶ 据路透社报道, 印尼西部的苏拉威西岛5日
早晨发生强烈地震, 目前没有伤亡的报告。地震
发生在当地时间早晨6点58分, 震级是**里氏**6.2
级, 震中在苏拉威西海底400公里。 로이터 통신에 따
르면 인도네시아 서부 수라비야섬에서 5일 아침 강진이 발생했지만
현재 사상자가 없는 것으로 밝혀졌다. 지진은 현지시간 아침 6시58
분에 발생했고 진도는 리히터 6.2도이며 진앙은 수라비야섬 해저
400km 지점이다.

454 릴레이통역 转译 zhuǎnyì

예▶ 一部英文作品被编译成日文, 再**转译**为中文,
这种经路在晚清的翻译作品中并非罕见。 한 영문
작품은 일본어로 편역하여 다시 중국어로 릴레이통역되었다. 이러한
경로는 청 말기의 번역작품에서 자주 보인다.

455 링/무대 擂台 lèitái

예▶ 如今, 半个赛季过去了, 体彩网媒体**擂台**也逐
渐成长为全国最好的足彩媒体擂台之一, 这与彩
民朋友的支持和各参赛媒体的努力是分不开的。
지금 시즌의 절반이 지나면서 스포츠토토매체의 무대는 점차 전국에
서 가장 좋은 축구토토매체 무대 중 하나로 성장했다. 이것은 복권
팬들의 지지와 각 경기에 참여한 매체가 노력한 결과이다.

456 마그네틱바 磁条(卡) cítiáo(kǎ)

예▶ 国内流通的银行卡绝大多数是**磁条卡**, 如何
预防和控制伪卡欺诈问题日益引起各方关注。
국내에서 유통되는 은행카드의 대부분은 마그네틱바이다. 사기성 문
제를 예방하고 통제하는 방법은 날로 각계각층의 주목을 받고 있다.

457 마네킹 人体模型 réntǐ móxíng

[예] 正在举行的第三届高交会上, 四川大学人机科学及医疗设备工程研究中心主任林大全教授的仿真**人体模型**吸引了众多参观者。 지금 진행 중인 제3회 과학기술교류회에서 쓰촨대학 로봇과학 및 의료설비공정연구센터주임 린다취안교수의 인체모방로봇이 관객들의 주목을 받았다.

458 마수를 뻗치다 向 ~ 伸出魔爪
xiàng ~ shēnchū mózhǎo

[예] 在日本, 在地铁等公共场所**向**女性**伸出魔爪**进行"性骚扰"的人被称为"痴汉"。 일본에서는 지하철 등 공공장소에서 여성에게 성희롱의 마수를 뻗치는 사람을 치한이라고 부른다.

459 마스터플랜 能手计划/应用规划/总体规划
néngshǒu jìhuà/yìngyòng guīhuà/zǒngtǐ guīhuà

[예] 做好"十一五"信息技术推广**应用规划**。 '11차 5개년' 정보기술보급 마스터플랜을 제대로 실행하다.

460 마약 毒品 dúpǐn

[예] 每年的6月26日是联合国确定的国际禁毒日, 以此引起世界各国对**毒品**问题的重视, 号召全球人民共同来解决**毒品**问题。 매년 6월 26일은 유엔이 정한 '세계 약물·남용·불법거래와 투쟁의 날'로 세계 각국의 마약문제에 대한 관심을 불러일으키고 전 세계 국민이 다 함께 마약문제를 해결하도록 호소한다.

461 마약 단속이 어렵다 缉毒之路步履维艰
jīdú zhī lù bùlǚ wéijiān

[예] 2004年, 田纳西的"冰毒稽查队"捣毁了1355个冰毒制造点。然而, 冰毒的泛滥势头并没有得到遏制。面对越来越零散、机动的制贩毒新方式, 美国的**缉毒之路步履维艰**。 2004년 테네시의 '필로폰조사팀'이 필로폰 제조장소 1335곳을 단속했다. 하지만 필로폰의 범람추세는 결코 억제되지 않았다. 마약제조판매방식이 점점 더 분산되고 기동적으로 변하기 때문에 미국의 마약 단속이 어렵다.

462 마약 밀매 贩毒 fàn dú

[예] 公安部禁毒局局长杨凤瑞7月28日公布, 今年后5个月, 全国范围内进行的扫毒行动中, 将重点堵住7条**贩毒**通道。 공안부 마약관리국 국장 양펑루이는 올해 8월부터 5개월간 전국적으로 이루어질 마약소탕작전에서 7개의 마약판매루트를 막을 것이라고 7월 28일 공포했다.

463 마음의 양식 精神食粮 jīngshén shíliáng

[예] 文化是人类的**精神食粮**。 문화는 인류의 마음의 양식이다.

464 마이너스(-) 负号 fùhào

[예] 你忘了在0.0013%前加个**负号**！ 0.0013% 앞에 마이너스를 붙이는 것을 잊었구나!

465 마이너스 성장 负增长 fùzēngzhǎng

[예] 他估计9月份上海的房贷余额将**负增长**20亿元左右。 그는 9월 상하이의 부동산잔고가 20억 위안 정도 마이너스 성장할 것이라고 예측했다.

466 마이크로필름 缩微照片/小型影片
suōwēi zhàopiàn/xiǎoxíng yǐngpiàn

[예] 英国国家图书馆的敦煌佛经都拍了**缩微照片**。 영국국가도서관의 둔황불경은 마이크로필름으로 찍혀져 있다.

467 마주하다 面对着 miànduì zhe

[예] 不想每天8小时都**面对着**电脑。 8시간 내내 컴퓨터를 마주하기는 싫다.

468 마진 利润 lìrùn

[예] 这笔生意没什么**利润**。 이번 장사는 마진이 별로 없다.

469 마케팅 行销 xíngxiāo

[예] 一个好的行销策略要能符合几个条件。 좋은 마케팅전략은 몇 가지 조건에 부합되어야 한다.

470 마하 音速 yīnsù

[예] 美国军方正准备研制一种飞行速度相当于5至7倍音速的轰炸机, 这种轰炸机可以在两小时内从美国本土飞抵1.5万公里以外的目标进行轰炸。 미군 측은 마하 5~7까지 속도를 낼 수 있는 폭격기 개발을 준비 중이다. 이런 폭격기는 2시간 내에 미국 본토로부터 만오천km 밖의 목표를 폭격할 수 있다고 한다.

471 만년설 永久性雪盖 yǒngjiǔxìng xuěgài

[예] 地球上水的总储量约为136亿立方米, 其中97.2%是海水, 仅2.8%为淡水, 而淡水的68.7%又储存在两极冰川与永久性雪盖之中。 지구 수자원 저장량은 136억 m³인데, 그 중 97.2%는 해수이고 2.8%만이 담수이다. 그러나 담수의 68.7%는 남북극 빙하과 만년설로 저장되어 있다.

472 만능인 사람 多面手 duōmiànshǒu

[예] 我们确实应该把小学的老师称作多面手。 初中或高中的老师则不同, 每个老师都有一门专业课(法语, 数学, 历史, 物理等等)。 우리는 초등학교 선생님을 만능이라고 불러야 한다. 중고교 교사들은 이와 달리 자신의 전문과목이 있다(불어, 수학, 역사, 물리 등).

473 ~만에(시간) 历时 lìshí

[예] 从1937年7月7日卢沟桥事变开始, 至1945年8月15日日本天皇宣布无条件投降结束, 历时八年, 故也被称为八年抗战。 1937년 7월 7일부터 발생한 루거우차오사변부터 1945년 8월15일 일본천황의 무조건항복까지 8년이 걸렸기 때문에 8년항쟁이라고도 부른다.

474 말꼬리를 잡다 挑字眼儿 tiāozìyǎnr

[예] 这儿说闲话, 你怎么挑字眼儿。 잡담하는데 어째서 말꼬리를 잡냐.

475 말라리아 疟疾 nüèji

[예] 由于原始森林地貌不能被彻底铲除改变, 在这些地区的疟蚊(按蚊)是难以根治的, 人类避免受疟疾感染, 主要是避免受蚊子的叮咬。 원시밀림의 지모는 철저히 바뀌어서는 안 된다. 이 지역의 말라리아 모기는 완전히 제거할 수 없으므로 인간이 말라리아 감염을 피하려면 모기에 물리지 말아야 한다.

476 말리다 炕 kàng

[예] 把裤子在热炕上炕一炕。 바지를 온돌 위에서 말리세요.

477 말머리 话头 huàtóu

[예] 打断别人的话头。 남의 말을 끊다.

478 말장난을 하다 玩文字游戏 wán wénzì yóuxì

[예] 我们应提醒消费者购买mp3要小心奸商玩文字游戏。 우리는 소비자들이 mp3를 살 때 악덕상인들의 말장난에 주의하도록 일깨워 주어야 한다.

479 말초신경 周围神经 zhōuwéi shénjīng

[예] 周围神经损伤是很常见的创伤性疾患, 在人类的生活、劳动过程中均有可能发生。 말초신경 손상은 흔한 외상성 질환이다. 인간의 생활과 일에서 발생할 수 있다.

480 맞벌이 부부 双职工 shuāngzhígōng

[예] 对双职工父母来说, 最大的忧虑就是没有时间陪伴孩子。 其实, 即使时间短暂, 只要有心, 双职工父母也同样可以寻找到适合自己生活方式的亲子活动。 맞벌이 부부에게 있어 제일 큰 우려는 아이들과 함께 할 시간이 없다는 것이다. 사실 시간이 짧더라도 마음만 있다면 맞벌이 부부들도 똑같이 자신의 생활방식에 맞추어 아이들과의 시간 보내는 방법을 찾아낼 수 있다.

481 맞장구치다 此唱彼和/一唱一和
cǐchàng bǐhè/yíchàng yíhè

예▶ 在这时候, 往往有几缕的蝉声在槛外鸣奏着。闭了目, 静静地听了它们在忽高忽低, 忽断忽续, 此唱彼和, 仿佛是乐团在那里奏着绝清幽的曲子。

이런 때 종종 몇 차례의 매미소리가 난간 밖에서 난다. 눈을 감고 조용히 그들의 높고 낮은, 멈췄다 계속 퍼지고 맞장구치는 노래를 듣다 보면 마치 악단이 그윽한 곡을 연주하는 것처럼 느껴진다.

482 맡기다/임의대로 하게 하다 任由 rènyóu

예▶ 做什么事情都必须要遵守法律法规。笔者认为, 对于这类抛撒代金券的"恶俗促销"行为, 有关部门该出手时就出手, 决不能任由其蔓延。 무슨 일을 하든지 반드시 법규를 준수해야 한다. 필자는 이런 쿠폰을 마구 뿌리는 열악한 판촉행위에 대해 관계부처가 손을 대어 할 때는 반드시 손을 대서 확산되도록 내버려둬서는 절대 안 된다고 생각한다.

483 매너리즘 匠气 jiàngqì

예▶ 可惜,《英雄》真的不行, 张艺谋真的不行了。首先是太有匠气。什么是匠气? 匠气就是刻意模仿, 没有创意。《英雄》一片大部分是武打, 模仿《卧虎藏龙》的武打, 蹩脚模仿的痕迹到处都是。 아쉽게도 '영웅'은 정말 아니다. 장이머우도 정말 아니다. 첫째는 너무 매너리즘에 빠졌다는 것이다. 매너리즘이란 무엇인가? 매너리즘은 모방만 하려 하고 창의적이지 못한 것이다. '영웅'의 대부분은 무협액션만 나오고 게다가 와호장룡식의 액션이다. 시원찮은 모방의 흔적은 어딜 봐도 다 있다.

484 매도세 卖盘 mài pán

예▶ 由于受基金卖盘拖累, 原糖期货收跌了。 펀드 매도세의 영향을 받아 원당의 선물가격이 하락세로 마감했다.

485 매립지 填地 tiándì

예▶ 土地填埋是从传统的堆放和填地处置发展起来的一项处置技术, 它是目前处置固体废弃物的主要方法。 토지매립은 전통적인 퇴적과 매립지처리방식이 발전한 처리기술이다. 그것은 현재 고체폐기물을 처리하는 주요방식이다.

486 매머드 猛犸象 měngmǎxiàng

예▶ 猛犸象全身有厚厚的长毛和绒毛, 门齿向上弯曲, 最后的猛犸象直到3700年前才灭绝。 매머드의 전신은 두꺼운 긴 털과 솜털이 있고 앞니는 위를 향해 휘어져 있다. 마지막 매머드는 3700년 전이 되어서야 멸종되었다고 한다.

487 매수(하다) 贿买 huìmǎi

예▶ 律师贿买证人作伪证。 변호사가 증인을 매수하여 위증하게 하다.

488 매수세 买盘 mǎipán

예▶ 美元在买盘推动下大幅上涨, 美元指数从低点87.35升至87.70附近, 几乎收回前段由于数据不佳引发的跌势。 달러가 매수세 상승으로 대폭 상승해 달러지수는 87.35에서 약 87.70까지 상승했다. 거의 전 단계 수치가 좋지 않은 관계로 발생한 하락세를 상승세로 돌렸다.

489 매스컴의 관심을 받다 成为媒体关注的焦点
chéngwéi méitǐ guānzhù de jiāodiǎn

예▶ 在下星期中国全国人大选举胡锦涛为新任国家主席、选举江泽民为国家中央军委主席后, 江泽民是继续排名在胡锦涛之前或是移到胡锦涛之后, 正成为媒体关注的焦点。 다음 주 열리는 중국전국인민대표대회선거에서 후진타오가 신임 국가주석으로, 장쩌민은 국가중앙군사위원장 주석으로 당선되고 나서 장쩌민이 계속해서 후진타오 앞에 설 지 아니면 뒤로 밀려날 지에 대해 매스컴의 관심이 집중되었다.

490 매일 ~씩 每天以~的速度
měitiān yǐ ~ de sùdù

예▶ 目前全世界色情网站至少有70万个, 而且每天以200至300个的速度在递增。 현재 전 세계 음란사이트의 수는 적어도 70만 개이고, 게다가 매일 200에서 300개씩 늘어나고 있다.

491 매춘 卖淫 mài yín

예▶ 本报讯记者昨日从有关部门获悉, 近日, 我市查获一起涉嫌介绍少女卖淫案件。 본지 기자는 어제

관련기관으로부터 최근 우리 시가 미성년자 매춘 알선사건을 조사하
여 단속했다는 소식을 알게 되었다.

492 매출(액) 营业额 *yíngyè'é*

예▶ 现年52岁的米里亚姆在意大利是位家喻户晓
的人物, 她拥有全意大利最大的侦探社之一, 据说
去年营业额逾一亿美元, 在全球更有超过1400名合
作伙伴。 올해 52세의 밀리암은 이태리에서 잘 알려진 인물이다.
그녀는 이태리 최대의 탐정사무소 중 하나를 소유하고 있는데, 작년
매출액은 1억 달러가 넘었고 세계적으로 1400명이 넘는 협력파트너
들이 있다.

493 맥주병 旱鸭子 *hànyāzi*

예▶ 6月28日, 民警学习水中救护知识。当日, 宁夏
银川金凤区公安分局首批40名"旱鸭子"民警参加
游泳培训, 以掌握水中救生等综合技能。 6월 28일
민경은 수중구조지식을 공부했다. 당일, 닝샤 인촨 진펑구 공안국의
수영을 못하는 경찰 40명이 해상구조 등 종합기능을 습득하기 위해
선발대로 수영교습에 참가하였다.

494 맨투맨 人顶人/人盯人 *réndǐngrén/réndǐngrén*

예▶ 人盯人防守战术 맨투맨 방어전술

495 머큐로크롬 汞溴红 *gǒngxiùhóng*

예▶ 常用的红药水是2% 汞溴红溶液, 因其消毒作
用较弱, 穿透性及抑菌性也差, 只适用于皮肤黏
膜较小创面的消毒。皮肤创伤面积较大及较深的
伤口不宜使用。对红药水过敏者忌用。 흔히 쓰는 빨
간 소독약은 2% 머큐로크롬 용액으로 소독작용이 약하기 때문에 침
투성 및 항균효과도 떨어져 피부점막의 작은 상처를 소독하는 데만
쓸 수 있다. 찰과상 면적이 크거나 깊은 곳에 사용이 적합지 않다. 빨
간 소독약에 알레르기가 있는 사람은 사용하지 않도록 해야 한다.

496 먹이 마르기도 전에 墨汁未干 *mòzhī wèigān*

예▶ 我捧着墨汁未干的对联走出方家大院, 屋外
的鞭炮声已响彻夜空。 내가 먹이 채 마르지도 않은 대련을
들고 팡씨 집 정원을 나설 때 집 밖에서 폭죽소리가 밤하늘에 울려
퍼졌다.

497 먹자골목 美食街 *měishíjiē*

예▶ 北京著名十大特色美食街 베이징의 10대 특색있
는 먹자골목

498 메가폰 传声筒 *chuánshēngtǒng*

예▶ BBC在过去的80年中获得了人们的信任, 正
是因为它不是政府的传声筒, 这一独立性必须保
持下去。 BBC가 지난 80년간 사람들의 신임을 받은 이유는 정부
의 메가폰이 되지 않았기 때문이다. 이러한 독립성은 반드시 유지시
켜 나가야 한다.

499 메시지를 주고받다 进行短信交流
jìnxíng duǎnxìn jiāoliú

예▶ 2004年全球无线上网的用户中, 收发短信的
比例占50%, 收发电子邮件的占35%, 收发图片和
视频信息的占25%, 进行短信交流的占18%。 2004
년 세계 무선인터넷 사용자 중에서 문자메세지를 발송, 수신하는 비
중은 50%, 이메일은 35%, 사진 및 동영상은 25%, 문자메세지를
주고받는 것은 18%를 차지했다.

500 메조소프라노 女中音 *nǚ zhōngyīn*

예▶ 詹妮·图雷尔(Jennie Tourel)是被人遗忘的20世
纪优秀女中音歌唱家。 제니 투렐은 잊혀진 20세기의 뛰어
난 메조소프라노이다.

501 메탄가스 수집지 沼气池 *zhǎoqìchí*

예▶ 今年, 广西要建设沼气池25万座, 其中非贫困
村15万座、贫困村10万座, 在此基础上建设沼气生
态家园8万户。 올해 광시성에서 메탄가스 수집지 25만 개를
건설하기로 했다. 그중 비빈곤지역은 15만 개, 빈곤지역은 10만 개
이다. 이를 토대로 메탄가스 생태가정 8만 가구를 건설했다.

502 면허취소 吊销执照 *diàoxiāo zhízhào*

예▶ 关于吊销执照的原因, 药品管理局只是通知
该公司, 他们的整个生产体系和过程存在缺陷, 不
符合英国的有关标准。 약품관리국은 면허가 취소되는 원인
에 대해 그들의 모든 생산시스템과 과정에 문제가 있어 영국의 관련
기준을 만족시키지 못한다고 이 회사에 통보했다.

503 면회하다 探视 tànshì

예) 红十字国际委员会发言人卡伊什24日表示, 红十字国际委员会工作人员最近再次探视了被美军关押的伊拉克前总统萨达姆。 도로시아 크리밋사스 국제 적십자 위원회 대변인은 24일 국제적십자위원회 임원이 최근 미군에 감금되어 있는 이라크 전 대통령 사담 후세인을 면회했다고 밝혔다.

504 멸종되다 绝种 juézhǒng

예) 恐龙早已绝种了。 공룡은 이미 멸종됐다.

505 명목임금 名义工资 míngyì gōngzī

예) 根据现行有关规章, 中外合资(合作)企业中方高级管理人员实行名义工资和实得工资制度。 현행관련규정에 근거하여 중외합자기업의 중국측 고위관리원은 명목임금과 실질임금제도를 실행하였다.

506 명예훼손죄 诽谤罪 fěibàngzuì

예) 王富说, 他们一直在为以诽谤罪起诉饶颖做准备。 왕푸는 그들이 줄곧 라오잉을 명예훼손죄로 고소할 준비를 하고 있다고 말했다.

507 ~명의로 옮겨놓다 移转~名下
yízhuǎn ~ míngxià

예) 他偷偷将智网公司的软、硬件设备移转至其女儿名下的公司。 그는 즈왕회사의 소프트 · 하드웨어 장비를 자기 딸 명의의 회사로 몰래 옮겨놓았다.

508 모기지론 按揭 ànjiē

예) 美国房屋按揭贷款市场规模高达6.5万亿美元, 比美国国债市场还要大, 目前次级按揭贷款已占12.6%。 미국의 주택 모기지론 대출시장 규모는 6조5천억 달러로 미국의 채권시장보다도 크며 현재 서브프라임 모기지론이 이미 12.6%를 차지하였다.

509 모노드라마 独角戏 dújiǎoxì

예) 自从接入了计算机国际互联网络, 我就心甘情愿地习惯了自己掏腰包做网虫, 然后睁大那双小眼睛, 看自己导演的独角戏。 컴퓨터국제인터넷을 접하면서부터 나는 기꺼이 돈을 내고 눈을 크게 뜨고 내가 찍은 모노드라마를 보았다.

510 모니터하다/감청하다 监听 jiāntīng

예) 一般而言, 只要是被监听方事先知道有可能被监听或者关系到商业利益, 那么老板对雇员的监听是美国联邦法律所认可的。 일반적으로 말해 감청을 당하는 측이 사전에 감청될 수 있다는 사실을 알았거나 상업적인 이익에 관련이 있을 때 사장이 고용원을 감청하는 것은 미국 연방법에서 인정된다.

511 모델하우스 样板间 yàngbǎnjiān

예) 消费者发现自家的装修质量和样板间相差很远, 大呼上当。 소비자들은 자기집의 내장공사의 질이 모델하우스와 크게 차이가 나는 것을 보고 속았다고 주장했다.

512 모뎀 调制解调器 tiáozhì jiětiáoqì

예) 调制解调器一般分为外置式、内置式和PC卡式三种。 모뎀은 외장형과 내장형, PC 카드식 세 종류로 나누어진다.

513 모라토리엄(채무지불유예) 推迟偿还债务
tuīchí chánghuán zhàiwù

예) 国际货币基金组织同意阿根廷推迟偿还债务。 IMF는 아르헨티나의 모라토리엄에 동의했다.

514 모래시계 沙漏 shālòu

예) 房间中央摆了一座跟人同高的沙漏, 沙子全都积在上面落不下来。 방 중간에 사람 키 높이의 모래시계가 놓여져있는데, 모래가 모두 위에 쌓여 떨어지지 않고 있다.

515 모병제 募兵制/征兵制
mùbīngzhì/zhēngbīngzhì

예 台军方从明年起将现行的"征兵制"逐渐改为以"募兵制"为主, 4年内预定募兵45000人。 타이완 군측은 내년부터 현재 실행하고 있는 징병제를 점차 모병제위주로 바꾸어 4년 내에 45000명을 모집할 예정이다.

516 모집 招聘 zhāopìn

예 当企业发展壮大, 或因人才流失产生空缺职位时, 就需要招聘人才。 기업이 발전하여 규모가 확대되거나 혹은 인재유실로 인해 빈자리가 생기면 인재를 모집해야 된다.

517 모집정원 招生名额 zhāoshēng míng'é

예 中国人民大学2004年各省招生名额均有增加。 2004년 중국런민대학의 각 성에 대한 모집정원이 모두 늘어났다.

518 모터보트 汽艇 qìtǐng

예 新加坡海岸警卫队1艘巡逻艇11日晚在该国东北部码头附近海域与一艘汽艇相撞, 汽艇上1名男子失踪。 싱가폴 해안경비대의 패트롤 함정이 11일 저녁 이 나라 동북부 부두 부근 수역에서 모터보트와 충돌하여 모터보트에 타고 있던 남자 한 명이 실종되었다.

519 목격자 目击证人/目击者
mùjīzhèngrén/mùjīzhě

예 你是今天这件事的第一目击证人, 现在你不用害怕, 把张老师当时正在做什么, 和他曾对你说过些什么再重复一遍。 너는 이 사건의 첫 번째 목격자이다. 두려워하지 말고 장선생이 당시 무엇을 했는지와 그가 너에게 했던 말을 다시 한번 이야기 해보거라.

520 목숨을 건지다 捡回一条命
jiǎnhuí yì tiáo mìng

예 小兰挣扎着报了警, 经抢救后捡回一条命。 샤오란은 죽기 살기로 경찰에 신고를 했고 구조되어서 목숨을 건졌다.

521 목을 축이다 饮嗓子/润喉咙
yìn sǎngzi/rùn hóulóng

예 给我倒杯茶来饮嗓子。 목 축이게 차 한 잔 따라주시오.

522 목이 잠기다 声音沙哑 shēngyīn shāyǎ

예 声音沙哑应及时去检查。 목이 잠기면 제때에 검사를 받아야 한다.

523 몸서리 冷噤 lěngjìn

예 打冷噤。 몸서리 치다.

524 몸을 풀다 坐月子 zuò yuèzi

예 坐月子是女人一生中最好的改善体质时机。 如果没有坐好月子, 将为以后的身体健康埋下隐患。 몸을 푸는 것은 여성이 일생 중에 체질개선을 하기에 가장 좋은 시기이다. 만약 몸을 제대로 풀지 못하면 앞으로 건강에 문제가 될 수 있다.

525 몽고반점 青迹 qīngjì

예 据说, 黄种人的婴儿出生时屁股上都有一块青迹。 알려진 바에 따르면 황인종은 영아 출생시 엉덩이에 몽고반점이 있다고 한다.

526 몽유병 梦游症/梦行症
mèngyóuzhèng/mèngxíngzhèng

예 梦游症是一种较常见的睡眠障碍, 据统计发生率约占一般人口的1%～6%, 男多于女, 小儿多于成人, 常有家族史。 몽유병은 일종의 수면장애로 통계에 따르면 일반인의 1%~6%가 이 병을 앓고 있으며, 여자보다 남자, 성인보다 소아기에 많이 나타나며 항상 가족사가 있다.

527 몽타주 蒙太奇 méngtàiqí

예 犯人的蒙太奇 범인의 몽타주

528　묘목 树苗 shùmiáo

예▶ 树苗会扎根吗？ 묘목이 뿌리를 내릴까?

529　무기징역 无期徒刑 wúqī túxíng

예▶ 依据法律, 进行信用卡诈骗活动, 数额特别巨大或者有其他特别严重情节的, 最高可处以无期徒刑, 并没收财产。 법률에 따라 신용카드사기 관련 액수가 크거나 내막이 있는 경우 최고 무기징역에 처하고 재산을 몰수할 수도 있다.

530　무너지다 倒塌 dǎotā

예▶ 世贸中心北楼倒塌烟尘蔽天。 WTC북쪽 건물이 붕괴되어 연기가 하늘을 가렸다.

531　무단결석하다 旷课 kuàngkè

예▶ 一提到上课, 我们会毫无疑问地想到旷课。 수업 이야기만 꺼내면 우리들은 한결같이 무단결석을 생각한다.

532　무대미술 舞台美术设计 wǔtái měishù shèjì

예▶ 1949年, 王文冲开始从事舞台美术设计工作。三十多年来曾为古今中外三十多部戏进行舞台美术设计。 1949년 왕원충은 무대미술작업에 종사하기 시작했다. 30여 년 동안 동서고금의 연극 30여 편의 무대미술작업을 했다.

533　무면허운전 无证驾驶 wúzhèng jiàshǐ

예▶ 无证驾驶和使用假证的处罚有何不同？ 무면허운전을 하는 것과 가짜면허증을 사용하는 것은 처벌이 어떻게 다를까?

534　무반동포 无后坐力炮 wú hòuzuòlì pào

예▶ 西南军区的兵工厂在专家们的帮助下, 迅速新造75毫米口径无后坐力炮36门, 提供给第一批出国作战的4个军试用。 시난군구의 무기공장은 전문가의 도움을 받아 구경 75mm의 무반동포 36대를 만들어 처음으로 출국하여 작전 중인 4개 부대에 시험사용하도록 했다.

535　무법 无法无天 wúfǎ wútiān

예▶ 这个镇充满罪恶, 无法无天, 警方更是软弱无力, 所以从来没有人被拘捕和定罪。 이 도시는 죄악으로 가득 찼고 무법천지이다. 경찰은 더욱이 무기력하여 이제껏 그 누구도 체포되거나 죄를 언도받은 적이 없다.

536　무산되다 告吹 gàochuī

예▶ 瑞典乒乓球老将佩尔森今天在这里表示, 由于颈椎受伤, 他今年加盟中国乒乓球联赛的计划不得不告吹, 而且他的乒乓球运动员生涯也受到威胁。 스웨덴 탁구노장 페르손이 오늘 경추손상으로 그가 올해 중국탁구리그에 참여하려는 계획이 부득불 무산되었고 그의 탁구선수 인생 역시 위협을 받았다고 밝혔다.

537　무스 摩丝 mósī

예▶ 市场上的美发定型用品可大致分为摩丝、者喱膏和喷发胶等几大类。 시장에서 헤어 스타일링 제품은 대체로 무스, 젤, 스프레이 등 몇 종류로 나눈다.

538　무시험입학 免试入学 miǎnshì rùxué

예▶ 成人高考免试入学的手续如何办理？ 성인 대입시험 무시험입학 수속은 어떻게 처리합니까?

539　무용수 舞蹈演员 wǔdǎo yǎnyuán

예▶ 舞蹈演员和运动员一样, 需要大量的能量。但是舞蹈演员不能任意使体重增加, 所以不能摄取和运动员同量的碳水化合物。 무용수는 운동선수와 마찬가지로 많은 에너지가 필요하다. 그러나 무용수는 임의로 체중을 증가시킬 수 없으므로 운동선수와 같은 양의 탄수화물을 섭취할 수 없다.

540　무죄추정의원칙 无罪假设的原则 wúzuì jiǎshè de yuánzé

예▶ 我觉得西方无罪假设的原则执行起来很不高效率, 但我们并没有更好的办法。 내 생각에 서양의 무죄추정 원칙은 집행 효율이 매우 낮지만 우리들은 더 좋은 방법이 없다.

541 무효가 되다 以无效告终 yǐ wúxiào gàozhōng

예▶ 十分人道和富有国际主义色彩的"网上求救"运动以无效告终。 인도적이고 국제주의색채가 강한 '웹상에서의 구출' 운동이 무효로 끝났다.

542 묵념하다 静默 jìngmò

예▶ 两分钟静默, 全为恐怖袭击的无辜遇难者。一个星期前, 先后4起爆炸中, 伦敦城内倒下54人。 2분간 묵념을 한 것은 테러의 무고한 희생자들을 위한 것이다. 일주일 전 연이은 4건의 폭발로 런던 시내에서 54명이 쓰러졌다.

543 문신 纹身/刺青 wénshēn/cìqīng

예▶ 他被称为"刺青王子", 他身上共有338个刺青图案。 그는 문신왕자라고 불린다. 몸에 모두 338개의 문신을 새겼다.

544 물거품이 되다 ~的希望成为泡影 ~de xīwàng chéngwéi pàoyǐng

예▶ 中青女排在上届比赛中惜败巴西屈居亚军, 此役的落败使得她们与巴西会师决赛的希望成为泡影。 중국 여자배구팀이 지난번 경기에서 브라질에 석패하여 준우승을 하였다. 이번 실패로 브라질과 결승에서 만나겠다는 희망이 물거품이 되었다.

545 물고기를 주기보다는 물고기를 잡는 법을 알려 주다 授其鱼不如授其渔 shòu qí yú bùrú shòu qí yú

예▶ "授其'鱼'不如授其'渔'", 与其让京剧在被"救济"中生存, 倒不如找到一些让它自主生存的方法。 물고기를 주기보다는 물고기를 잡는 법을 알려주어야 한다. 경극이 지원금으로 생존하게 하기 보다는 자주적으로 생존하는 방법을 찾도록 해야 한다.

546 물구나무 서다 拿大顶/倒立 nádàdǐng/dàolì

예▶ 有位87岁的"传奇人物", 虽年事已高, 仍每天坚持"拿大顶"(头手倒立无依靠)锻炼。 87세의 '전기적인 인물'은 고령이지만, 매일 물구나무서기 운동을 한다.

547 물러나다 退居 tuìjū

예▶ 退居幕后。 막후로 물러나다.

548 물류 物流 wùliú

예▶ 众所周知, 现代物流作为一种先进的组织方式和管理技术, 已成为世界经济发展的热点之一。 주지하다시피 현대물류는 일종의 선진적인 조직방식과 관리기술로서 이미 세계경제 발전의 핫이슈로 떠올랐다.

549 물리적 충돌 肢体冲突 zhī tǐ chōngtū

예▶ 据美联社报道, 韩国外交部今日向日本发出警告, 称鉴于日本对有争议海域的探测计划, 两国有可能发生"肢体冲突"。 AP통신 보도에 따르면 한국 외교부는 오늘 일본이 분쟁중인 수역에서 탐사 계획이 있기 때문에 양국간 물리적 충돌이 발생할 가능성을 배제할 수 없다고 경고했다고 한다.

550 물마루 洪峰 hóngfēng

예▶ 湖北省西北部连日暴雨, 长江最大的支流汉江出现了二十二年来最大洪峰, 汹涌洪水直奔华中重镇武汉市。 후베이성 서북부 지역에 폭우가 내려 장강 최대 지류인 한강에 물마루가 출현했고 넘실대는 홍수가 화중의 요충지인 우한시로 흘러갔다.

551 물 먹인 고기 注水肉 zhùshuǐròu

예▶ 4月8日, 6家知名超市被国家工商总局检查出销售"注水肉"。 4월 8일 유명 마트 6곳이 국가공상총국의 조사에 의해 물 먹인 고기를 판 것으로 밝혀졌다.

552 물의를 일으키기 쉽다 易遭物议 yì zāo wùyì

예▶ 李信停了一下, 又说; "弟处境不佳, 易遭物议, 请不要对别人说这银子是我出的。" 리신은 잠시 뒤 "동생은 상황이 좋지 않아 물의를 일으키기 쉬우니 다른 사람에게 이 돈은 내가 낸 것이라고 말하지 마세요"라고 말했다.

553 물증 实物证据 shíwù zhèngjù

[예] 根据证据的表现形式不同, 可以将证据分为言词证据和**实物证据**。 증거의 표현형식에 따라 증거를 증언과 물증으로 나눌 수 있다.

554 물질만능 物质至上 wùzhìzhìshàng

[예] 消费主义和**物质至上**已经成为很多国家民众的潜在价值观。 소비주의와 물질만능은 이미 많은 나라 국민들의 잠재적인 가치관이 되었다.

555 미력을 다하다 尽绵薄之力 jìn miánbó zhīlì

[예] 他说, 非常荣幸能通过此次捐赠活动为社会公益事业**尽绵薄之力**。 그는 이번 기부활동을 통해 사회의 공익사업에 미력을 다할 수 있어서 영광스럽다고 말했다.

556 미로 迷宫 mígōng

[예] 到了路易十四时代, 走**迷宫**逐渐成为法国贵族消遣的庭院活动, 凡尔赛宫就曾有一座反映伊索寓言故事的花园**迷宫**。 루이14세 시대에 미로를 걷는 것은 프랑스 귀족이 시간을 보내는 정원활동이 되었고 베르사유궁전에는 이솝우화를 반영한 정원미로가 있었다.

557 미망인 遗孀 yíshuāng

[예] 昨日, 本报记者采访了二战期间原中国航空公司飞行员吴子丹的**遗孀**刘芳。 어제 본지 기자가 2차 세계대전 기간에 전중국항공회사의 조종사였던 우쯔단의 미망인 류팡을 취재했다.

558 미봉책 权宜之计 quányízhījì

[예] 要求垄断企业搞慈善只是**权宜之计**。 독점기업에게 자선활동을 하라고 요구하는 것은 단지 미봉책에 불과하다.

559 미수범 未遂犯 wèisuìfàn

[예] **未遂犯**是刑事立法、刑法理论与刑事司法中的一个难题。 미수범은 형사입법, 형법이론과 형사사법에서 하나의 난제다.

560 미연에 방지하다
防患于未然/防毒患于未然
fánghuàn yú wèirán/fáng dúhuàn yú wèirán

[예] 整天埋首工作, 让你常常腰酸背痛、颈部僵直、手腕酸麻无力, 长此以往这些问题就会为健康带来隐忧, 不过只要平时注意还是可以**防患于未然**的！ 하루종일 머리를 숙이고 일하면 허리와 등이 아프고 목이 경직되며 손목이 저리고 힘이 빠지게 된다. 오랫동안 지속되면 이러한 문제가 건강에 악영향을 끼치지만 평상시에 주의하면 미연에 방지할 수 있다.

561 미이라 木乃伊 mùnǎiyī

[예] 早在3000多年前的埃及, 有一位叫亚曼拉的公主去世之后, 其遗体按照古埃及习俗被制成了**木乃伊**, 葬在尼罗河旁的一座墓室之中。 일찍이 3000여 년 전의 이집트에서 아만라라고 불리는 공주가 사망한 후 그 유해를 고대 그리스의 풍습에 따라 미이라로 만들어 나일강가의 한 묘실 속에 매장했다.

562 미장이 泥水匠/泥工/泥匠/泥瓦匠
níshuǐjiàng/nígōng/níjiàng/níwǎjiàng

[예] 夏天装修对**泥工**的要求比较高, 由于高温天气, 有许多情况需要注意。 여름에는 기온이 높기 때문에 여름에 내장공사를 하는 것은 미장이에게 있어 매우 까다로운 일이다.

563 민간인 平民 píngmín

[예] 美联社在经过为期五个星期的调查后认定, 为期一个月的伊拉克战争(3月20日到4月20日)至少造成3240名无辜**平民**死亡, 其中巴格达地区有1896名**平民**丧生。 AP통신은 5주간의 조사 후 한 달간 치러진 이라크 전쟁에서 적어도 3240명의 무고한 민간인이 사망했고 그 중 바그다드 지역에서 1896명의 민간인이 사망했다는 사실을 확인했다.

564 민감한 신경을 건드리다
牵动了~的敏感神经
qiāndòng le ~ de mǐngǎn shénjīng

예 最近, 汽油价格的上涨, 又**牵动了**人们**的敏感神经**, 有关石油能源与汽车发展的问题引起了业内外的广泛关注。 최근에 가스와 유가상승이 또 사람들의 민감한 신경을 건드렸다. 석유에너지와 자동차개발 관련 문제가 업계 안팎에서 많은 관심을 불러일으켰다.

565 민소매(조끼) 秃袖衫/背心儿 tūxiùshān/bèixīnr

예 你里边穿的**秃袖衫**是不是你爱人打的？ 당신 속에 입은 조끼는 애인이 떠준 것입니까?

566 민족성 民族天性 mínzú tiānxìng

예 当然, 他与她的赤裸对话, 并非源于各自的忠诚, 这或许是法兰西**民族**的**天性**使然。 물론 그와 그녀의 적나라한 대화는 결코 각자의 충성에서 비롯된 것이 아니라 어쩌면 프랑스 민족의 천성때문일 것이다.

567 믿거나 말거나 信不信由你 xìn bu xìn yóu nǐ

예 听力理解对话部分的内容通常取材于人们的日常生活, 除了上述的语言情景和常考题型外, 还有许多"**信不信由你**"的出题规律。 청취이해의 대화부분 내용은 보통 사람들의 일상생활에서 소재를 얻는다. 상술한 언어상황과 일반적인 시험문제 유형 외에 '믿거나 말거나' 식의 출제 규칙도 있다.

568 밀레니엄버그 电脑千年虫
diànnǎo qiānniánchóng

예 中国对有关**电脑千年虫**警告没有足够重视, 最近调查显示, 许多电脑系统仍然有可能发生故障。 중국은 밀레니엄버그 경고에 대해 별로 신경쓰지 않아 많은 컴퓨터 시스템이 고장 날 가능성이 있다는 조사결과가 나왔다.

567 밀물 涨潮 zhǎngcháo

예 一名外地游客在海边玩得太忘情, 竟把**涨潮**看成退潮, 当发现没有退路时才赶紧向警方求救。 한 외지 관광객이 해변에서 정신없이 놀다가 밀물을 썰물로 잘못 보고, 빠져나갈 수가 없게 되었을 때 비로소 서둘러 경찰에 도움을 청하였다.

569 밀반출하다 偷运/私运 tōuyùn/sīyùn

예 棉兰的一个非政府组织说, 有20名儿童被**偷运**出亚齐, 他们将被带到爪哇岛或远至马来西亚等地。 메단의 한 비정부기구는 아동 20명이 아체 밖으로 밀수송되었고 그들은 앞으로 자바나 멀게는 말레이시아 등지로 보내질 것이라고 했다.

예 近日, 海上成品油**私运**猛势抬头, 7月24日、27日和28日, 福州市海警一支队3次出击, 共缴获无任何手续的柴油500多吨, 涉案值折合人民币200多万元。 최근 해상 완제품기름 밀수가 급등세를 보이면서 7월 24일, 27일, 28일 푸저우시 해양경찰의 한 지부대가 세 차례 출동하여 어떤 절차도 거치지 않은 디젤 500여 톤을 압수했으며 관련 금액을 위안화로 환산하면 200여만 위안에 달한다.

570 밀수 走私 zǒusī

예 **走私**行为不仅严重损害国家利益, 而且严重扰乱了正常的社会经济秩序。 밀수 행위는 국익을 훼손할 뿐만 아니라 정상적인 사회경제 질서를 크게 어지럽혔다.

571 밀수품(암거래상품) 水货/走私品
shuǐhuò/zǒusīpǐn

예 随着手机的高速发展, 手机市场也随之也变得兴旺发达起来, 除了正规行货, **水货**这一产业, 也如雨后春笋般纷至而来, 大有欲演欲烈之势。 핸드폰이 빠르게 발전함에 따라 핸드폰 시장 역시 발달하기 시작했다. 정상적인 제품 외에도 암거래산업이 우후죽순처럼 퍼지고 더욱더 심해지는 추세다.

572 밀회 幽会 yōuhuì

예 江西省宜春市公交公司原副总经理彭富拾因贪污和诈骗巨款而外逃缅甸, 后又因无法忍受异国他乡的孤独, 偷偷回国与情妇在昆明**幽会**, 结果落入法网。 장시성 이춘시 버스회사 펑푸스 전 부사장이 거액을 횡령하고 사취한 후 미얀마로 도주했다. 그러나 이국타향에서의 외로움을 견디지 못하고 몰래 귀국한 후 정부와 쿤밍에서 밀회하다 결국 법망에 걸려들었다.

573　밑 빠진 독 无底洞 wúdǐdòng

[예]　由于伊拉克成为美军烧钱的"无底洞"，加上美国政府预算赤字不断膨胀，美国国防部只好忍痛削减先进武器系统更新费用，转而将更多注意力放在满足赴海外地面部队实际需求上。 이라크는 미군의 돈이 새어 나가는 밑 빠진 독이 되었고 게다가 미군의 정부 예산적자가 부단히 늘어나 미국방부는 어쩔 수 없이 고통을 참아가며 첨단무기 업그레이드 비용을 삭감하고 그 대신 해외에 파견한 지상군의 실제 수요를 만족시키는데 더욱더 주의를 기울이고 있다.

574　바가지 쓰다 花冤枉钱 huā yuānwangqián

[예]　我今天花了大把的冤枉钱。 나는 오늘 바가지를 잔뜩 썼다.

575　바꿔 말하면 换句话说 huàn jù huà shuō

[예]　由于目前中国队和韩国队的净胜球都为0，进球数中国队多两个，因此中国队的夺冠概率比韩国队高很多。换句话说，中国队在与朝鲜队的比赛中，在确保战胜对手的前提下，首要考虑的是净胜球，而不是进球数。 현재 중국팀과 한국팀의 골득실은 모두 0이고, 골 수는 중국팀이 두 개 많으므로 중국팀이 우승할 확률은 한국팀보다 높다. 다시 말해 중국팀이 북한팀과의 경기에서 승리한다는 전제하에 가장 먼저 생각해야 할 것은 골 득실이지 골 수가 아니다.

576　바닥을 드러내다 见底 jiàndǐ

[예]　最近几天，全国大部分地区钢价出现反弹，不少人以去年经验估量，认为钢价或已开始见底。 최근 며칠 동안 전국 대부분 지역의 철강가격이 반등하였고 많은 사람들이 작년의 경험에 비추어보아 철강가격이 이미 바닥을 쳤을지 모른다고 판단을 했다.

577　바디랭귀지 肢体语言 zhītǐ yǔyán

[예]　根据多年的幼儿教育经验，我觉得对孩子适时使用肢体语言可以强化口头语言的使用效果。 여러 해에 걸친 유아교육 경험에 비춰볼 때 아이들에게 적시에 바디랭귀지를 사용하면 구두언어의 사용효과를 강화할 수 있다고 생각된다.

578　바라볼 수는 있어도 다가갈 수는 없다 可望而不可即 kěwàng ér bù kějí

[예]　虽然她是个可望而不可即的女人，可是他为了能偷偷地看她一眼，会在她的学校门口徘徊，有时还会在她家门前徘徊很长时间。 그녀는 다가가기 어려운 여인이다. 하지만 그는 몰래 그녀를 한 번 보기 위해 그녀의 학교 앞을 배회할 것이고 어떤 때는 그녀의 집앞에서 오랫동안 배회할 것이다.

579　바리케이드 路障 lùzhàng

[예]　架设了路障。 바리케이드를 설치했다.

580　바리톤 男中音 nán zhōngyīn

[예]　上海音乐学院声乐系系主任廖昌永有"亚洲第一男中音"的美誉，是目前活跃于世界歌剧舞台上的极少数亚裔歌唱家之一。 상하이 음악대학 성악과 주임인 랴오창용은 아시아 최고의 바리톤이라는 칭송을 받고 있으며 현재 세계 오페라 무대에서 활약하는 극소수 아시아계 음악인 중에 한 명이다.

581　바이러스 보균자 病毒携带者 bìngdú xiédàizhě

[예]　乙肝病毒携带者在就业的过程中受到误解，并且招致了不公正的待遇。 B형 간염 바이러스 보균자는 취업과정에서 오해와 불공평한 대우를 받았다.

582　바이어스 마켓 买方市场 mǎifāng shìchǎng

[예]　随着国内汽车产量和品种的迅速增加，我国的轿车消费已经进入买方市场。 국내 자동차 생산량과 브랜드가 빠르게 늘어남에 따라 우리의 승용차 소비는 이미 바이어스 마켓으로 진입했다.

583　바이오리듬 生物节律/生物钟 shēngwùjiélù/shēngwùzhōng

[예]　科学家对人体的智力、体力和情绪三种生物节律研究发现，当人的各种生物钟运行高潮期时，

人的精力最旺盛。 과학자들이 인체의 지력, 체력, 정서 등 세 종류의 바이오리듬 연구를 통해 사람의 각종 바이오리듬이 절정에 이르렀을 때가 정력이 가장 왕성한 시기라는 사실을 발견했다.

584 바자회 义卖会 yìmàihuì

[예] 我们和慈善组织、福利团体合作, 用爱心牌产品参加义卖会。 우리는 자선기구, 복지단체와 협력하여 아이 신표 상품으로 바자회에 참여하였다.

585 바짓단 裤脚 kùjiǎo

[예] 湿了裤脚的清晨 바짓단이 젖어버린 새벽

586 바코드 条形码 tiáoxíngmǎ

[예] 现在, 无论在超级商场还是在杂货店, 当我们把选购的商品送到收款台时, 收款员将每件商品上的条形码用收款机上的扫描仪扫过之后, 收款机即刻就可打印出你的账单。 슈퍼마켓이나 잡화점에서 우리들이 구매한 상품을 계산대로 보내면 수납원은 모든 상품의 바코드를 판독기로 판독을 하고 수납기가 즉시 당신의 계산서를 인쇄한다.

587 박수갈채를 보내다 拍手叫好/拍手称快

pāishǒu jiàohǎo/pāishǒu chēngkuài

[예] 消息传来, 不少中国家长拍手称快, 认为此举将有助于劝止孩子吃洋快餐。 소식이 전해지자 이러한 조치가 아이들이 서양의 패스트푸드를 먹지 않도록 하는데 도움이 된다고 생각하는 중국 학부형들이 박수갈채를 보냈다.

588 박수로 환영하다 鼓掌欢迎 gǔzhǎng huānyíng

[예] 比赛开始前佩顿是第一个被介绍的客队球员, 主场球迷也给予了佩顿一分多钟的起立鼓掌欢迎。 경기가 시작되기 전 페이튼은 선수들 중에서 가장 먼저 소개되었고, 홈경기 팬들은 일 분여 동안 페이튼에게 기립박수를 보냈다.

589 반격하다 反敲 fǎnqiāo

[예] 反敲为胜 반격하여 승리를 거두다

590 반드시 이루어질 것이다 势在必行 shìzài bìxíng

[예] 2006年初启动印度洋海啸预警系统势在必行。 2006년 초 인도양 쓰나미 조기경보 시스템은 반드시 가동될 것이다.

591 반목하다 反目成仇 fǎnmù chéngchóu

[예] 一代歌后梅艳芳病逝后, 她名下一亿遗产的分配问题便成了公众关注的焦点, 在距离葬礼还有数天时, 是非已经漫天飞, 阿梅的经纪人王敏慧和梅妈覃美金为了争遗产而反目成仇。 한 세대를 풍미한 가수의 여왕 메이옌팡이 병사한 후 그의 유산분배 문제가 대중의 관심의 초점이 되었다. 출상일이 며칠 남았을 때 시비가 이미 세상에 알려지게 되었고 메이옌팡의 매니저 왕민후이와 어머니 친메이진이 유산 다툼으로 반목하였다.

592 반박하다 向 ~ 提出反驳意见

xiàng ~ tíchū fǎnbó yìjiàn

[예] 日前, 中国科学院高能物理研究所所长陈和生, 对文章中的一些观点向本报提出了强烈的反驳意见。 며칠 전 중국과학원 고에너지물리연구소 소장 천허성이 글의 일부 관점에 대해 본지에 강력히게 반박했다.

593 반발을 무마시키다 化解反弹 huàjiě fǎntán

[예] 为了化解反弹, 行政院长谢长廷最近与民进党县市长沟通, 官员透露, 反对声浪已见缓和, 民进党中央也不再大动作反弹, 因此事情往"乐观"方向发展。 반발을 무마시키기 위해 행정원장 셰창팅은 최근 민진당 현시장과 대화를 나누었다. 관원은 반대의 목소리는 이미 줄어들었고 민진당중앙 역시 대대적인 항의를 하지 않아 상황이 낙관적인 방향으로 가고있다고 했다.

594 반성문 检讨书 jiǎntǎoshū

[예] 汪老师说, 学生们写的检讨书, 往往能够对自己的学习生活作最深的剖析, 字里行间总透着一种心酸, 一种悔改之意, 对学生很有说服力。 왕선생님은 학생들이 쓴 반성문은 종종 자신의 학습생활에 가장 심도있는 분석을 할 수 있으며 문장 속에 쓰린 마음과 반성하는 내용이 담겨 있어 학생에게 설득력이 크다고 했다.

594 반올림 四舍五入 sìshě wǔrù

[예] 小数点以下**四舍五入**。 소수점 이하는 반올림한다.

595 반의어 反义词 fǎnyìcí

[예] **反义词**就是意义相反或相对的词。恰当地使用**反义词**，常常能增强语言的表达效果。 반의어는 의미가 반대이거나 상대적인 어휘로, 적절하게 사용하면 항상 언어의 표현효과를 늘릴 수 있다.

596 반주 加饭酒 jiāfànjiǔ

[예] 喝**加饭酒**。 반주를 마시다.

597 반창고 创伤胶带/橡皮膏
chuāngshāng jiāodài/xiàngpígāo

[예] 东东赶忙拿了一块**橡皮膏**贴在了手上，刚一出门，他就踩到地上的一块香蕉皮，"扑通"摔了个大跟头，摔得好疼好疼。 동동은 서둘러 반창고를 손에 붙이고 문밖으로 나가자마자 바닥에 있던 바나나 껍집을 밟아 '꽈당' 하고 세게 넘어졌다.

598 발걸음을 멈추고 바라보다 驻足观看
zhùzú guānkàn

[예] 数百幅书画及摄影作品引来无数师生及附近居民**驻足观看**。 수백 폭의 서화와 영상작품들이 수많은 교사와 학생 및 인근 주민들의 발길을 붙잡았다.

599 발급받다 申领 shēnlǐng

[예] 人民解放军军人、人民武装警察在服役前没有领取居民身份证的，退出现役后，在办理户口登记手续的同时**申领**居民身份证。 인민해방군군인과 인민무장경찰 중 퇴역하기 전에 주민신분증을 발급받지 못한 사람은 퇴역 후 호구 등록을 하는 동시에 주민신분증을 발급받는다.

600 발렌타인데이 情人节 Qíngrén Jié

[예] 又到了一年一度的**情人节**了，处在恋爱中或是已有意中人想要表达心中爱恋的人都想送给对方一件别致的礼物。 또 일 년에 한 번 있는 발렌타인데이가 돌아왔다. 연애 중이거나 혹은 이미 마음에 둔 사람이 있어 사랑의 마음을 전하려는 사람은 상대방에게 특별한 선물을 주고 싶어한다.

601 발바닥에 땀나도록 脚后跟打着后脑勺
jiǎohòugen dǎ zhe hòunǎosháo

[예] 最近一段时间，尽管总忙活得差点**脚后跟打着后脑勺**，但公司却还是面临着从未有过的困境。 최근 한동안 회사는 아주 발바닥에 땀나도록 바빴으나 오히려 이제껏 겪어보지 못한 고통을 겪었다.

602 발상지 发祥地 fāxiángdì

[예] 随着历史研究的不断深入，新的考古成果的不断涌现，尤其是近年来呼伦贝尔文物事业的发展和考古资料的积累，已充分证明了今天的呼伦贝尔地区，正是蒙古族的**发祥地**。 역사연구가 심도있게 진행되고 새로운 고고학적인 성과가 계속해서 나타나며 특히 최근 들어 후룬베르 사업의 발전과 고고학자료가 축적됨에 따라 오늘날의 후룬베르가 바로 몽고족의 발상지라는 것이 증명되었다.

603 발암물질 致癌物质 zhì'ái wùzhì

[예] 煎炸食品是人们经常食用而又喜爱的食品，许多家庭都会自制各类油炸、煎炸食品。但由于油温较高，会分解出大量强**致癌物质**。 부침이나 튀김은 우리가 늘 먹으며 좋아하는 음식이고 많은 가정에서도 기름에 튀기거나 부친 음식을 만든다. 하지만 기름의 온도가 높기 때문에 많은 발암물질이 발생할 것이다.

604 발언을 취소하다 收回~言论
shōuhuí ~ yánlùn

[예] 据日本NHK电视台报道，当武部勤提到小泉参拜靖国神社是日本内政时，胡锦涛当即要求他**收回**有关**言论**。 일본 NHK 보도에 따르면 다케베쯔도무가 고이즈미의 야스쿠니참배는 내정문제라고 했을 때 후진타오는 즉각 발언을 취소하라고 요구했다고 한다.

605 발인하다 出殯/发殡 chūbìn/fābìn

예 昨天中午, 村党支部书记范杰英的父亲出殯。
어제 정오 마을 당지부서기 판제잉 부친의 발인을 했다.

606 발탁하다 提拔 tíbá

예 公司机构重组在即, 其中一位副总裁被提拔
为CEO, 这令管理团队中的其他成员倍感不满。
회사의 기구재편이 임박했을 때 그중 부총재가 CEO로 발탁되었다.
이 일은 관리팀의 다른 임원들의 불만을 샀다.

607 밤샘하다 熬夜 áo yè

예 他又熬了一夜。 그는 또 밤샘을 했다.

608 밤의 장막이 드리워지다 夜幕降临
yèmù jiànglín

예 每当夜幕降临, 西安市北院门一条街就成了
游人夜生活的好去处, 民间工艺品、字画、诱人的
清真饭菜, 还有穿行在食客中手拿小提琴的艺人
们, 让你领略别样的古城夜色。 밤의 장막이 드리워지면
시안시 베이위안문의 한 거리는 관광객들이 밤에 자주 가는 곳이 된
나. 빈샹쌍예품 서화 매력적인 회교음식과 바이올린을 손에 들고 손
님사이를 누비는 예술가들이 당신을 새로운 고성의 밤풍경으로 안내
한다.

609 방공호 防空洞 fángkōngdòng

예 台东粮管处目前还保有十二个完整防空洞,
这也是唯一还由政府列管的防空洞, 弥足珍贵。
타이둥식량관리소에는 지금 12개의 완벽한 방공호가 보존되어 있다.
이것은 유일하게 정부가 관리하는 방공호로 진귀한 것이다.

610 방대하다(기구 등이) 臃肿庞大
yōngzhǒng pángdà

예 "小政府、大社会", 我们已经讲了20多年, 为
什么有些地方的政府机构总是小不了, 臃肿庞
大? 우리는 '작은 정부, 큰 사회'를 20년간 주장해 왔는데 어째
서 일부 지방 정부기구는 작아지지 못하고 방대해졌는가?

611 방사능 辐射能 fúshènéng

예 当时普朗克正在从事研究十九世纪物理学一
个悬而未决的难题, 即关于热辐射的辐射能在各
波长上的分布问题。 당시 프랑크는 19세기 물리학이 해결하
지 못한 난제인 각 파장에서 열복사방사능의 분포문제을 연구하고
있었다.

612 방사능분진 放射性尘埃 fàngshèxìngchén'āi

예 在最有利的天气情况下, 一枚5000吨当量的
弹头在袭击后48小时内仍能造成5000人伤亡, 主要
是放射性尘埃造成的。 최적의 날씨 조건에서는 500톤 당
량의 탄두가 기습한 후 48시간 내에 5000명의 사상자를 낼 수 있
는데 이는 주로 방사능 분진에 의한 것이다.

613 방어 防守 fángshǒu

예 NBA今天宣布, 最近获选为年度最佳防守球
员的底特律中锋本·华莱士(Ben Wallace), 领衔
2004-05年度NBA最佳防守阵容。 NBA가 오늘 밝힌 바
에 따르면 최근에 최우수 수비수에 뽑힌 센터 벤 월러스가 2004~2005
년도 NBA최우수 수비진용의 최고가 되었다고 한다.

614 방음(장치) 隔音(设备) géyīn(shèbèi)

예 当时一些开在居民区的"卡拉OK厅"和"迪斯
科舞厅"生意兴隆, 尽管那些娱乐场所里有着厚厚
的墙纸和各种隔音设备, 但阻挡的只是属于"高
频"的歌声, 而低频噪声, 比如歌舞厅内的鼓点震
动声却可穿墙透壁, 直达市民们的客厅、卧房等
处。 당시 주민 거주지역에 개설된 가라오케와 디스코클럽의 사업
이 아주 잘되었다. 비록 그러한 유흥시설 안에는 두터운 벽지가 발라
져 있고 각종 방음시설이 되어있으나 고주파에 속하는 노래소리에만
효과가 있고 저주파소음, 예를 들어 클럽내부에서 울리는 진동소리
는 오히려 벽을 뚫고 직접 시민의 응접실, 침실 등에 전달된다.

615 밭작물 旱作物 hànzuòwù

예 在作物根系吸水层中, 作为有效水分的毛管
水最容易被旱作物吸收, 也是对旱作物生长最有
价值的水分形式。 작물의 뿌리 흡수층 가운데 유효수분인 모
세관 수분이 밭작물에 가장 흡수가 잘되며 밭작물의 성장에 가장 도
움이 되는 수분형태이다.

616 배급사(영화) 发行公司 fāxíng gōngsī

[예] 沈炯来和索尼签约的同时, 还与美国发行公司 "Freestyle" 签订了在美国60个城市的1500多家影院上映的合同。" 심형래는 소니와 계약하는 동시에 미국의 배급사 프리스타일과 미국 60개 도시의 1500개 극장에서 상영하는 계약을 체결하였다.

617 배낭여행 自助游 zìzhùyóu

[예] 据省内各大旅行社的统计显示, 今年团队游的出游人数与往年相比基本持平, 个别线路略有增长, 自助游和自驾车游市场空间越来越广阔。 성내 각 대형여행사의 통계에 따르면 금년 단체여행자수는 예년과 대체로 비슷하며 일부 여행노선이 약간 증가했고 배낭여행과 자가운전여행 시장공간이 점점 커지고 있다고 한다.

618 배달하다 投递/送 tóudì/sòng

[예] 要提高现有投递的服务水平和投递资源的综合利用率, 满足物流配送市场的需求。 기존의 배달 수준과 배달자원의 종합이용률을 높여 물류 배송시장의 수요를 만족시켜야 한다.

619 배당금 花红 huāhóng

[예] 常小兵的酬金包括每月基本薪金港币107700元和住房补贴及董事会按其工作表现而设定的酌情花红和酌情认股权。 창샤오빙의 보수에는 기본월급 107700홍콩달러, 주택보조금, 이사회에서 기본실적에 따라 정한 상황을 참작한 배당금과 스톡옵션이 포함되어 있다.

620 배려 关怀 guānhuái

[예] 给予无微不至的关怀。 섬세한 배려를 하다.

621 배지 徽章 huīzhāng

[예] 孩子的家长记不住列车员的名字, 记住的是胸戴徽章的共产党员。 아이의 학부형은 열차승무원의 이름을 기억하지 못했고, 가슴에 배지를 달고 있는 공산당원이라는 것만 기억했다.

622 배짱이 있다 有肝胆 yǒugāndǎn

[예] 他为人耿直, 肝胆相照, 曾送我一幅对联曰; "于无文字处读书, 与有肝胆人相交。" 我觉得他自己就是个实话实说的 "有肝胆" 人。 그는 사람이 바르고 곧으며 진심을 터놓고 이야기한다. 나에게 '문자가 없는 곳에서 독서를 하고 담력있는 사람과 사귄다' 라는 대련을 한폭 보내왔다. 내 생각에 그는 솔직히 말하는 배짱이 있는 사람이다.

623 배째라 要钱没有要命一条 yào qián méiyǒu yào mìng yītiáo

[예] 于是小护士偷偷对我说; "你别告诉我你身上又没带钱。" 我说 "我就是没带", 我想她是向我讨债, 反正要钱没有要命一条。 그래서 간호사는 몰래 나에게 "지금 수중에 돈이 없다고 말하지 마세요"라고 말했다. 나는 "나는 정말 돈이 없어요"라고 말했다. 그녀가 나에게 빚독촉을 하는 것 같았지만 어쨌든 나는 배째라는 식으로 일관하였다.

624 배차계, 배치 调度 diàodù

[예] 本公司主要致力于电网调度自动化设备及配套产品的开发与生产。 본사는 네트워크 배치 자동화 설비 및 세트상품의 개발과 생산에 주력한다.

625 배필 对象 duìxiàng

[예] 找对象的关键是二人要有共同的语言, 共同的爱好。 배필을 찾는 관건은 공통언어와 취미다.

626 배후를 밝히다 找出幕后操纵者 zhǎo chu mùhòu cāozòngzhě

[예] 我们将不定期突击检查, 主要是找出幕后操纵者、组织者。" 우리는 앞으로 비정기적으로 기습조사를 하여 배후와 결탁한 자를 밝혀낼 것이다.

627 백문이불여일견 百闻不如一见 bǎiwén bùrú yījiàn

[예] 初次登陆虽有相见恨晚的感觉, 但也验证百闻不如一见的正确性。亲身走一趟, 感受自是不同。 처음 상륙했을 때 왜 이제야 보게 되었을까 하는 느낌이 있었지만 백

문이불여일견이라는 말을 실감했다. 직접 가보니 느낌이 달랐다.

628 백병전(육박전) 白刃战/肉博战
báirènzhàn/ròubózhàn

예 二战里面，日军在白刃战前先把子弹退掉然后拼刺刀，是一个怪异而引人注目的战术。 2차 세계대전 때 일본군은 백병전 전에 먼저 총알을 뺀 뒤 칼을 사용했는데 이는 괴이하고도 주목할 만한 전술이다.

예 经过几分钟的激烈冲击后，比赛随后就进入了僵持阶段，双方更多的时间都在中场进行肉博战，而看台的球迷也在人仰马翻中表现了极大的热情。 몇 분 동안의 격렬한 충격 후 경기는 소강상태가 이어졌고 양측은 오랫동안 육박전을 펼쳤으며 스탠드의 팬들 역시 아수라장 속에서 강한 열정을 보여주었다.

629 백신 疫苗 yìmiáo

예 每年9月、10月是进行流感疫苗注射的时节。 매년 9월과 10월은 감기백신을 접종하는 시기이다.

630 백해무익 有百害而无一利 yǒu bǎihài ér wú yìlì

예 吸烟对健康有百害而无一利。 흡연은 건강에 백해무익하다.

631 백핸드 反手 fǎnshǒu

예 6月22日，西班牙选手莫亚在英国伦敦进行的温布尔登网球赛男单首轮比赛中，反手回球。 6월 22일 스페인선수 모야가 영국 런던에서 진행된 윔블던 테니스 남자단식 첫 번째 경기에서 백핸드로 반격했다.

632 백혈구 白细胞/白血球 bái xìbāo/bái xuèqiú

예 白细胞是无色有核的血细胞，在血液中一般呈球形，根据形态差异可分为颗粒和无颗粒两大类。 백혈구는 무색의 핵이 있는 혈액세포이며 혈액 속에서 일반적으로 둥근 모양을 띠며 형태에 따라 과립과 무과립 두 종류로 나누어진다.

예 据台湾一名法医的检验显示，陈水扁在3月19日遭到枪击后，送医院紧急诊治，当时白血球数值

高出正常标准，他在真相调查报告中曾引述这项资料。 타이완의 한 법원의 검사에 따르면 천수이벤은 3월 19일 총격을 당한 후 병원에 보내져 응급치료를 받았다. 당시 백혈구 수치가 기준치를 크게 초과했고 그는 진상보고서에서 이 자료를 인용했다.

633 밸브 阀门/活门 fámén/huómén

예 我国目前阀门行业有10%左右的市场被国外企业占领，中国通用机械工业协会阀门分会的相关人士认为，要改变这种现状，提高阀门质量是关键。 현재의 우리나라 밸브업계는 시장의 10% 정도가 외국 기업에 의해 점령 당하였다. 중국통용기계공업협회 밸브 지부의 관련인사는 현황을 바꾸려면 밸브의 품질을 높이는게 관건이라고 했다.

634 번역 笔头翻译 bǐtóu fānyi

예 本人英语系毕业，现就职于高中。想找一笔头翻译工作。有公司或个人如有需要请与本人联系。 본인은 영어과를 졸업했고 현재 고등학교에 재직 중입니다. 번역일을 찾고 있으니, 번역이 필요한 회사 또는 개인은 연락주시기 바랍니다.

635 번지수 门牌号 ménpáihào

예 IP地址是网络世界的"门牌号"，其作用与电信网中的电话号码类似。 IP주소는 인터넷세계의 번지수이며 그 역할은 전신망에서의 전화번호와 비슷하다.

636 번지점프 蹦极跳 bèngjítiào

예 蹦极跳起源于南太平洋岛瓦努阿图的一种成年仪式。 번지점프는 남태평양 와누아투(섬)의 성인식에서 기원했다.

637 벌떼처럼 一窝蜂似地 yīwōfēngshìde

예 荧屏上，反映婚姻家庭的电视剧一直不断，但最近却一窝蜂似地出现一批"离婚"剧，同类题材扎堆，过于集中，这种现象说明了什么，是什么原因造成的？令人思索。 TV에 결혼생활을 다루는 드라마가 끊이지 않고 있으나 최근에 오히려 여러 이혼극이 벌떼처럼 몰려오고 있다. 같은 소재가 넘쳐나고 있다. 이런 현상이 무엇을 말하는 것이고 어떤 원인에서 발생했는지는 여러가지를 생각하게 만든다.

638 벌채 采伐 cǎifá

예▶ 他是**采伐**工人。 그는 벌목공이다.

639 범람하다 充斥 chōngchì

예▶ 市场上**充斥**着日本商品。 시장에 일본 상품이 범람하고 있다.

640 법망을 피하다 逍遥法外 xiāoyáo fǎwài

예▶ 他是一个**逍遥法外**的谋杀犯。 그는 법망을 피해 유유자적하는 살인범이다.

641 벙커 掩体 yǎntǐ

예▶ 美国哥伦比亚广播公司晚间新闻前天报道，美国称在伊拉克开战之夜击中的巴格达地下**掩体**根本不存在。 미국 CBS의 그제 저녁 뉴스에 따르면 미국이 이라크전을 시작하는 날 밤에 명중시켰다는 바그다드 지하 벙커는 근본적으로 존재하지 않는다고 한다.

642 벙커C유 燃料用重油 ránliào yòng zhòngyóu

예▶ 美国政府一位不愿透露姓名的官员13日说，布什总统当天晚上在同国家安全顾问举行的会议上决定，停止向朝鲜继续运送作为**燃料用重油**。 익명을 요구한 미정부관계자는 13일 부시 대통령이 그날 저녁 국가안보고문과의 회의에서 북한에 벙커C유 공급을 중단하기로 결심했다고 밝혔다.

643 베스트컨디션 最佳状态 zuìjiā zhuàngtài

예▶ 初期老化，是肌肤护理的一大门槛。但是不用紧张，也不需要用强效护肤品，只要改善日常的基础护理，就能让肌肤总是保持**最佳状态**。 초기 노화는 피부관리에 적이다. 그러나 긴장할 필요도 없으며 강력한 피부보호제를 쓸 필요도 없다. 일상적인 피부관리법만 개선하면 최적의 피부상태를 유지할 수 있다.

644 베이스 男低音 nán dīyīn

예▶ 据了解，他在日本每年都要举办一次个人音乐会，迄今共参加过30多部歌剧演出，差不多所有**男低音**的角色他都碰到过了。 알려진 바에 따르면 그는 일본에서 매년 한 차례씩 개인콘서트를 열며 지금까지 모두 30편의 오페라 공연에 참여했고 거의 모든 베이스 역할을 맡았었다.

645 베일을 벗다 揭开面纱 jiēkāi miànshā

예▶ **揭开**了一层神秘的**面纱**。 신비한 베일을 벗었다.

646 베테랑 老手儿/老将/过来人 lǎoshǒur/lǎojiàng/guòláirén

예▶ 要知山上路须问**过来人**。 산길을 알리려면 산을 넘어 본 사람에게 물어야 한다.

647 벤처기업 风险企业 fēngxiǎn qǐyè

예▶ 据韩国媒体报道，韩国政府负责经济事务的副总理李宪宰当天在政府经济部长座谈会上公布了"刺激**风险企业**对策"。 한국의 언론 보도에 따르면 한국 정부에서 경제사무를 담당하는 이헌재 부총리가 당일 정부 재정경제부 좌담회에서 '벤처기업자극정책'을 발표했다고 한다.

649 벤치마킹 定点赶超 dìngdiǎn gǎnchāo

예▶ 其实**定点赶超**在国内外的企业界已经不是什么新鲜的术语，更是被绝大多数的企业时常运用的一种最基本的生存之道和必经之道。 사실 벤치마킹은 국내외 기업계에서 더이상 새로운 전문용어가 아니며 더욱이 절대다수의 기업이 항상 운용하는 가장 기본적인 생존방법이며 반드시 거쳐야하는 길이다.

650 벽보 板报 bǎnbào

예▶ 食堂内**板报**的主要内容是一些关于我们平时吃喝饮用，美容健身，生活趣事等方面的内容。 식당 벽보에는 우리가 평상시에 먹고 마시는 것과 미용, 운동, 일상생활에서 발생한 재미있는 내용이 담겨 있다.

651 변별력 鉴别度 jiànbiédù

예 这份考题**鉴别度**很高。 이 시험문제는 변별력이 높다.

652 변수로 작용하다 成为变数
chéngwéi biànshù

예 韩国政府高官表示; "虽然解决参拜问题不是举行峰会的前提, 但很可能**成为变数**。" 한국의 고위급 정부관계자는 비록 참배문제를 해결하는 것이 정상회담의 전제는 아니지만 변수로 작용할 가능성이 크다고 밝혔다.

653 변장하다 乔装 qiáozhuāng

예 一名上海女子, 日前**乔装**空姐企图在成田机场闯关进入日本, 当场遭海关识破, 并于隔天被强制遣返。 한 상하이 여성이 며칠 전 스튜어디스로 변장하고 나리타 공항에서 일본으로 들어가려고 했으나 그 자리에서 세관에게 발각되어 다음날 강제송환되었다.

654 변호사 수임료 律师费用 lùshī fèiyong

예 **律师费用**的问题等你有了委托意向后面谈, 大概在5000~15000元之间。 변호사 수임료 문제는 위탁의 향이 정해진 후에 상담하며 대략 5000에서 15000 위안 사이다.

655 병따개 起子/开瓶器 qǐzi/kāipíngqì

예 不一会儿, 他就把**起子**借来了。 잠시 뒤 그는 병따개를 빌려왔다.

656 병역을 기피하다 逃避兵役 táobì bīngyì

예 过去很多家庭因为疼惜儿子兵役辛苦, 往往在很小的时候借由旅游名义将儿子送出台湾, **逃避兵役**. 除了求学, 还有利用体检**逃避兵役**的办法。 과거 많은 가정은 아들이 병역 때문에 고생할까봐 종종 아들이 어렸을 때 관광을 이유로 해외에 보내 병역을 기피했다. 유학 외에 신체검사를 통해 병역을 기피하기도 한다.

657 병역을 면제받다 (获得)免服兵役
(huòdé) miǎn fú bīngyì

예 韩国《朝鲜日报》报道, 韩计划于18日在国务会议上修改《兵役法》执行令, 给予在世界杯比赛中成功进入16强的我国国家队球员**免服兵役**待遇。 한국 〈조선일보〉에 따르면 한국은 18일 국회에서 병역법 시행령을 개정해 월드컵 16강에 진출한 우리 대표선수에게 병역면제 혜택을 주기로 했다.

658 보궐선거 补缺选举 bǔquē xuǎnjǔ

예 韩国国会议员**补缺选举**结果1日揭晓, 执政的开放国民党在共6个选区的选举中全面败北, 没有获得一个席位。 한국 국회의원 보궐선거 결과가 1일 발표되었다. 여당인 열린우리당이 6개 선거구에서 모두 패배해 한 석도 확보하지 못했다.

659 보기만 하고 물러서다 望而却步 wàng'érquèbù

예 车贷程序的复杂与繁琐, 常常让消费者"**望而却步**"。 차량구입대출의 절차가 복잡해서 소비자들이 항상 엄두를 못낸다.

660 보디가드 保镖 bǎobiāo

예 智利当地时间20日晚间, 智利总统在首都圣地亚哥为参加亚太经合组织(APEC)第12次领导人非正式会议的21个经济体领导人举行欢迎宴会, 美国总统布什的**保镖**遭到智利安全人员阻拦。 칠레 현지 시간 20일 저녁 칠레 대통령이 수도 센디아고에서 12차 APEC비공식 정상회담에 참여하는 21개 경제체제의 정상을 위한 환영회를 열었고 부시 미국대통령의 보디가드는 칠레 안전요원에 의해 저지 당했다.

661 보석 保释 bǎoshì

예 香港人权民运信息中心说, 中国异见人士获得**保释**的案例并不多见。 홍콩 인권민주화운동 정보 센터에 따르면 중국의 반체제인사들의 보석건이 많지 않다고 한다.

662 보완조치 弥补性措施 míbǔxìng cuòshī

[예] 国务院负责监管和打击人口走私办公室的主任米勒大使说，希望那些被定为第三等的国家把这一等级当作警钟，从而采取**弥补性措施**。 국무원에서 밀입국 퇴치와 감독관리를 담당하는 사무실 주임 밀러대사는 3등국가로 정해진 나라들이 그렇게 등급이 매겨진 것을 경종으로 생각해 보완책을 취해주길 바란다고 말했다.

663 보이스카웃 童子军 tóngzǐjūn

[예] **童子军**是目前世界上影响最为广泛的非赢利性、非政府青少年组织之一，其组织遍及216个国家和地区，成员达2500万人。 보이스카웃은 현재 세계적으로 영향력이 가장 광범위한 비수익성 비정부 청소년 조직 중에 하나이고 216개 국가에 퍼져있으며 회원은 2500만명이다.

664 보일러실 锅炉房 guōlúfáng

[예] EPK公司负责这个建筑的钢筋和土木结构的基础及细部工程设计，特别是其中还有一座**锅炉房**。 EPK회사는 이 건축의 철근과 토목구조의 기초 및 세부 공정 설계, 그 중 특히 보일러실을 책임진다.

665 보증서다 作保 zuòbǎo

[예] 为人**作保**是社会里常有的事，也是许多纠纷祸患的起源。一个人轻易为人**作保**，以后受了连累，不过是自己受损失罢了。 남을 위해 보증을 서는 것은 늘 있는 일이자 많은 분쟁의 원인이기도 하다. 함부로 남의 보증을 선후에 연루되면 자신만 손해를 볼 뿐이다.

666 보증인 作保人 zuò bǎorén

[예] 当年母亲给她最信任的朋友**作保人**，没想到她的朋友还不起钱，甚至恶意躲避，结果拖累了母亲；不仅押掉了酒店，还拍卖掉她们住的房子，一分信任却让她们一夕间一无所有，相当讽刺。 그당시 어머니는 가장 신뢰하는 친구의 보증을 섰는데 뜻밖에 친구가 돈을 갚지 않고 심지어 고의로 회피해서 결과적으로 어머니가 연루되었다. 호텔이 넘어갔고 주택이 경매당했다. 믿음이 그들을 하루아침에 무일푼으로 만들었으니 아주 아이러니컬하다.

667 보트피플 船民 chuánmín

[예] 尽管有同情海地**船民**的呼声，但美国表示，它将不给两百多名挺而走险的海地非法移民任何优惠。 비록 아이티 보트피플을 동정하는 목소리가 있긴 하지만 미국은 앞으로 절대로 이판사판으로 목숨을 거는 200여 명의 아이티 불법이민자들에게 어떠한 혜택도 주지 않기로 했다.

668 보험에 들다 投保 tóubǎo

[예] 如果您的车上经常乘坐不同的人员，最好还是**投保**车上责任险，这样一旦有交通意外发生也可以用以满足事故发生时的医疗费用。 만약 당신의 차에 항상 다른 사람들이 탄다면 승차책임보험에 가입하는 것이 좋다. 이렇게 하면 일단 사고가 발생해도 의료비를 충당할 수 있다.

669 복면하다 蒙面 méng miàn

[예] 持枪**蒙面**大汉 총을 들고 복면을 한 남자

670 복지 福利 fúlì

[예] 微软公司内部网站进行的一项非正式调查显示，3000名微软公司员工中的近四分之三对最近公布的削减**福利**待遇的计划"非常不满意"。 마이크로소프트웨어사의 웹사이트에서 진행한 비공식조사에 따르면 직원 3000명 가운데 3/4이 회사가 발표한 복지대우 삭감 계획에 대해 강한 불만을 갖고 있다고 한다.

671 본 궤도에 올려놓다 将 ~ 导入正轨 jiāng ~ dǎorù zhèngguǐ

[예] 对于涉世未深、缺乏职业规划经验的毕业生来说，无论你是出于怎样的动机选择了第一份工作，但既然已做出了选择，你接下来要做的就是**将**自己的职业生涯**导入正轨**。 세상경험이 적고 직업기획경험이 적은 졸업생은 어떠한 동기에서 첫번째 직업을 선택했든 이미 선택을 했다면 앞으로 해야될 일은 자신의 직장생활을 본 궤도에 올려놓는 것이다.

672 본선 决赛阶段的比赛 juésài jiēduàn de bǐsài

[예] 本届比赛是12日在越南河内国家体育场 ——

美亭体育场揭幕的。共有12支亚洲女足队伍参赛本届比赛，获得前四名的队伍将与中国、日本、韩国和朝鲜队等亚洲传统四强进行**决赛阶段的比赛**。 이번 경기는 12일 베트남 하노이 국립체육관 메이팅체육관에서 개막되었다. 아시아 여자축구팀 12팀이 이번 경기에 참여했으며 4강에 든 팀이 전통의 4강인 중국, 일본, 한국, 북한과 본선경기를 치른다.

673 부가가치 附加值 fùjiāzhí

[예] 新的产业革命把世界推进到一个崭新的设计时代, 从某种意义上说, 设计时代意味着高**附加值**的时代。 새로운 산업혁명은 세계를 새로운 디자인 시대로 발전시켰고 어떤 의미에서 보면 디자인시대는 고부가가치 시대를 의미한다.

674 부검하다 尸检 shījiǎn

[예] 她的父母至今仍沉浸于女儿死去的悲痛中, 而更让二老伤心的是, 女儿的**尸检**报告至今仍未能拿到手。 그녀의 부모는 지금까지 여전히 딸이 사망한 비통함 속에 빠져있는데 아직까지 딸의 부검결과를 받지 못해 더욱 상심하고 있다.

675 부도(지불 거절) 拒付 jùfù

[예] 法庭上, 陈先生表示, 自己**拒付**是因为物业公司是不合法的企业, 没有物业管理的资质等级证书, 其管理人员也无职业资格证书。 법정에서 천선생은 자기가 지불거절을 한 것은 부동산 회사가 합법적인 기업이 아니고 부동산관리 능력등급 증서가 없으며 관리자 역시 직업자격증서가 없기 때문이라고 했다.

676 부도덕 道德沦丧 dàodé lúnsàng

[예] 少数教师的**道德沦丧**, 折射出教育机制的重大缺陷。 일부 교사의 부도덕은 교육체제의 중대결함을 반영한다.

677 부동액 防冻液 fángdòngyè

[예] 一项调查结果显示, 全球50%以上的汽车发动机故障源于冷却系统, 可见合理选择和正确使用**防冻液**对车辆的"健康"至关重要。 한 조사에 따르면 전 세계 자동차엔진고장의 50%이상이 냉각시스템에서 비롯된다고 한다. 이로써 부동액을 합리적으로 선택하고 정확하게 사용하는 것이 차량의 상태에 아주 중요하다는 것을 알 수 있다.

678 부랑자, 노숙자 无家可归者 wújiā kěguīzhě

[예] 在政府把海关人员没收的数千件假冒名牌服装分发出去后, **无家可归者**穿上了时尚的衣服。 정부의 세관직원들이 몰수한 수천 점의 가짜 브랜드 의상을 나눠주어 노숙자들은 최신 유행하는 옷을 입게 되었다.

679 부수입 外快 wàikuài

[예] 她以前从没做过这种工作, 想不到会这么辛苦, 不过想想可以增加社会经验, 又可以挣点**外快**, 辛苦一点也值得。 그녀는 전에 이러한 일을 한 적이 없고 이렇게 힘들 줄도 몰랐지만 사회경험을 쌓고 부수입을 벌 수 있으니 고생해도 괜찮다고 생각했다.

680 부스럼 脓疙瘩 nónggēda

[예] 婴儿即使被哄睡了, 每次翻身时也会因碰着**脓疙瘩**痛醒, 然后就哭个不停。 아이가 잠이 들어도 매번 몸을 뒤집을 때마다 부스럼이 건드려져 아파서 깨고 계속 운다.

681 부의 집중 财富集中 cáifù jízhōng

[예] 以美国为代表的发达国家, **财富集中**现象日益严重, 对于增长迅速的发展中国家来说, 也是如此, 尤其是中国和印度。 미국을 대표로 하는 선진국에서 부의 집중현상이 점점 심각해지고 있고 성장속도가 빠른 개도국도 그러하며 특히 중국과 인도가 심하다.

682 부전승(하다) 不战而胜/轮空 bùzhàn érshèng/lúnkōng

[예] 他在第一场比赛中**轮空**了。 그는 첫번째 경기에서 부전승했다.

683 부정축재 舞弊敛财 *wǔbì liǎncái*

[예] 郭敬亭将他当作傀儡, 以伯南贸易公司名义舞弊敛财。 궈징팅은 그를 꼭두각시로 삼아 보난 무역회사의 명의로 부정축재했다.

684 부지선정 选址 *xuǎnzhǐ*

[예] 众所周知, 选址是关系到零售门店成功关键的重要影响因素之一。 주지하다시피 부지선정은 소매점의 성공여부에 관련된 중요한 요소 중에 하나다.

685 부추기다 敲边鼓 *qiāo biāngǔ*

[예] 科威特外交国务大臣穆罕默德·萨巴赫10日说, 科威特不会在对伊拉克开战的问题上敲边鼓。 모하메드 사바흐 쿠웨이트 외교국무대신은 10일 쿠웨이트는 이라크에 대한 개전문제를 부추기지 않을 것이라고 밝혔다.

686 분리수거 分类回收 *fēnlèi huíshōu*

[예] 近年来, 越来越多的环保人士呼吁, 城市垃圾要实行分类回收。 최근 들어 도시 쓰레기를 분리수거해야 된다고 주장하는 사람이 점점 많아지고 있다.

687 분신하다 自焚 *zìfén*

[예] 自焚是一些人为表达自己强烈的观点, 比如抗议, 原罪等目标而用助燃剂把自己烧死的一种极端方式。 분신은 일부 사람들이 자신의 강렬한 관점을 표현하기 위해 항의나 원죄 등을 목표로 조연제 등을 이용해 자기 몸을 스스로 불사르는 극단적인 방법이다.

688 분업 分工 *fēngōng*

[예] 在第267次双周学术研讨会上, 北京大学中国经济研究中心的卢锋教授提出了产品内分工的概念, 并通过这个概念刻画了当代国际分工基本层面从产品深入到工序的特点。 267차 격주세미나에서 베이징대학 중국경제연구센터의 루펑교수가 제품 분업의 개념을 제시하였고 아울러 이 개념으로 당대 국제분업기본영역이 상품에서 제조공정으로 심화되는 특징을 형상화했다.

689 분해되는 비닐 可降解塑料 *kějiàngjiě sùliào*

[예] 国外对可降解塑料的研究较早, 其中光降解塑料的研究技术最成熟。 해외에서는 분해되는 플라스틱에 대한 연구가 아주 일찍부터 시작되었고 그중 빛에 분해되는 플라스틱에 대한 연구기술이 가장 발달했다.

690 불길이 잡히다 火势得到控制 *huǒshì dédào kòngzhì*

[예] 目前, 桥南市场火势得到控制, 被困的消防队员已救出, 正在医院接受治疗。 현재 차오난 시장의 불길이 잡혔고 갖혀있던 소방대원이 구출되어 병원에서 치료 중이다.

691 불매운동을 벌이다 抵制 *dǐzhì*

[예] 据香港文汇报报道, 继长春某超市停止销售朝日啤酒后, 中国民间的抵制日货行动进一步升级。 홍콩의 원후이바오에 따르면 창춘의 슈퍼마켓에서 아사히맥주 판매를 중단한 후 중국인들 사이에서 일본상품 불매운동이 더욱더 확산되고 있다.

692 불면증 失眠症 *shīmiánzhèng*

[예] 长期的失眠症会严重影响人们的心理和生理健康。 장기적인 불면증은 사람의 심신건강에 큰 영향을 미친다.

693 불법영업 违规营业 *wéiguī yíngyè*

[예] 近日来, 市文化局加大监管力度, 频频出击, 对违规营业的网吧等文化市场经营场所进行坚决查处。 최근 들어 시 문화국은 관리감독을 강화하고 자주 출동하여 불법영업을 하는 피씨방 등 문화관련업소에 대해 철저한 조사를 하고 있다.

694 불법자금조성 非法集资 *fēifǎ jízī*

[예] 两年来, 全省各地发生非法集资犯罪案件50起, 涉案金额25亿元, 受害群众数十万人次, 造成直接经济损失15亿元。 2년 동안 중국 전역에서 50건의 불법자금 조성 사건이 발생했으며 그 규모가 25억 위안에 달한다. 피해자가 연인원 10만 명에 달하며 직접적인 경제손실이 15억 위안에 이른른다.

695 불법 장비 黑材料 hēi cáiliào

예▶ 目前, 俄罗斯正在兴起一股窃听偷窥风, 出于各种目的而对 "黑材料" 产生的巨大需求, 促使这一行业得到迅猛发展。 현재 러시아에서는 도청과 몰래카메라가 유행하고 있다. 이런저런 목적으로 불법 장비에 대한 수요가 커지면서 관련 업종이 크게 발전하고 있다.

696 불시착 迫降 pòjiàng

예▶ 据现场记者报道, 飞机迫降过程中, 机场跑道受到了一定损坏, 暂时无法接受其他飞机的降落。 현장기자의 보도에 따르면 비행기가 불시착하는 과정에서 공항의 활주로가 어느 정도 훼손되어 한동안 다른 비행기가 착륙할 수 없게 되었다고 한다.

697 불황 衰退 shuāituì

예▶ 尽管此次衰退并不严重, 但业界对于今年的市场走势, 几乎没有什么乐观的预测。 비록 이번 불황은 그렇게 심각하지 않지만 금년 시장 추세에 대한 업계의 전망은 매우 낙관적이지 않다.

698 붐이 일다 掀起~的热潮 xiānqǐ ~ de rècháo

예▶ 现在, "韩流" 一词频频出现在中国各媒体, 除了韩语电视剧之外, 韩语音乐、韩语电影也在中国掀起了一股势不可挡的热潮。 지금 '한류' 라는 단어가 중국 언론에서 빈번히 나타나고 있다. 한국드라마 외에 한국음악, 한국영화 역시 중국에서 막을 수 없는 붐이 되었다.

699 브라우저 (网络)浏览器 (wǎngluò)liúlǎnqì

예▶ 在Win98/2000系统中, 通常是通过 "属性" 来完成对IE浏览器的设置的。 Win98/2000 체계에서 보통 '속성' 으로 IE브라우저를 설치한다.

700 브랜드 品牌 pǐnpái

예▶ 品牌是一种感受, 是一种评价, 是一种情结。 브랜드는 일종의 느낌이고 평가이며 잠재의식이다.

701 브랜드를 만들다 打造品牌 dǎzào pǐnpái

예▶ 低成本打造品牌是中国企业的内心渴望。 중국기업은 저비용으로 브랜드를 만들길 원한다.

702 브리핑 简报 jiǎnbào

예▶ 你就可以活用电脑的双萤幕功能来进行简报了。 너는 컴퓨터의 더블스크린 기능을 활용하여 브리핑을 할 수 있다.

703 블랙리스트 黑名单 hēimíngdān

예▶ 北京银行业协会透露, 由北京16家银行联手搭建的房贷黑名单已在羊年年底出台, 首批上榜的 "风险客户" 多达万人。 베이징 은행업협회에 따르면 베이징의 16개 은행이 공동으로 작성한 부동산대출 블랙리스트가 이미 양띠해 연말에 작성되었고, 처음으로 명단에 오른 위험고객이 만 명이나 된다고 한다.

704 블랙박스 黑匣子 hēixiázi

예▶ 据了解, 失事飞机 "黑匣子" 里发射声波信号的电池在海里只能维持30天, 5月11日是空难发生第5天, 尽快将其打捞上来成为空难调查工作的当务之急。 사고여객기의 블랙박스 속에서 음파신호를 보내는 전지는 바다에서 30일밖에 유지되지 않는다고 한다. 5월 11일은 항공기 사고가 발생한지 5일째 되는 날이라 최대한 빨리 블랙박스를 인양하는 것이 이번 조사작업의 급선무이다.

705 블로그 博客 bókè

예▶ 你今天博客了吗? 오늘 블로그를 했습니까?

706 비꼬다 说风凉话 shuō fēngliánghuà

예▶ 这是大家的事, 谁也别站在一边说风凉话。 이것은 모두의 일이니 누구라도 한 쪽에서 비꼬는 말을 해선 안 된다.

707 비난의 목소리가 끊이지 않다
谴责之声不绝于耳 qiǎnzé zhīshēng bùjué yú ěr

예） 日本教育部上星期二审定歪曲侵略历史的初中教科书之后，中韩朝等周边国家的**谴责之声不绝于耳**。 일본 교육부가 지난주 화요일 침략역사를 왜곡한 중학교 교과서를 선정한 후, 중국, 한국, 북한 등 주변국가로부터의 비난의 목소리가 끊이지 않고 있다.

708 비데 电脑便盖/智能便盖
diànnǎo biàngài/zhìnéng biàngài

예） 临床实验证明在日本**电脑便盖**的使用普及率增长的同时女性子宫癌的发病率也减少了。 임상실험 결과 일본에서 비데 보급률이 상승함에 따라 자궁암 발병률이 감소했음이 입증되었다.

709 비밀에 부치다 严予保密 yányǔ bǎomì

예） 我的执业时之所见所闻，凡不应泄漏者，我将**严予保密**。 나는 근무시간에 보고 들은 것을 누설해서는 안 되며 비밀에 부쳐야 한다.

710 비상금 私房钱 sīfángqián

예） 对于婚姻中的人来说，钱只有两种——家用钱和**私房钱**。而**私房钱**因为一个"私"字的帽子，就沾上了小心翼翼、偷偷摸摸的鬼祟气息。 결혼한 사람에게 돈은 집안에서 쓸 돈과 비상금 두 종류뿐이다. 하지만 비상금은 '비상' 이라는 것 때문에 조심스럽고 비밀스러운 짓을 하는 냄새를 풍긴다.

711 비우호적인 인물 不受欢迎的人
bù shòu huānyíng de rén

예） 他是**不受欢迎的人**。 그는 비우호적인 인물이다.

712 비위에 거슬리다 倒胃口 dǎowèikou

예） 我根本不理睬他说的那一套。我才不让他的话**倒**了我的**胃口**呢。 나는 그가 말한 것을 전혀 상관하지 않는다. 나는 그의 말이 신경쓰이지 않는다.

713 비율을 낮추다 压低 ~ 比例 yādī ~ bǐlì

예） 由于从1999年开始，高校招生的规模和学费突发性增长，大大增加了城市青年上大学的机会，从而**压低**了农村子弟在大学生的**比例**。 1999년부터 대학의 모집정원과 학비가 갑자기 늘어나 도시 젊은이들이 대학을 다닐 기회가 크게 늘어났고 그로 인해 대학생 중에서 농촌출신 학생들의 대학생 비율이 크게 낮아졌다.

714 비틀거리다 踉跄/步履踉跄/踉跄而行
liàngqiàng/bùlǚ liàngqiàng/liàngqiàng'érxíng

예） 一名男子醉眼蒙胧，**步履踉跄**，开着车送女同学来到医院。 한 남자가 몽롱한 눈으로 비틀거리며 차를 몰아 여학생을 병원에 데려왔다.

715 빈익빈 부익부 贫者越贫，富者越富
pínzhě yuè pín, fùzhě yuè fù

예） 有人说无论对发达国家还是对发展中国家，"全球化"都是一场利大于弊的双赢游戏 也有人说"全球化"是一场**富者越富，贫者越贫**的零和游戏。 일부 사람들은 선진국이든 개발도상국가이든 글로벌화는 단점보다 이익이 많은 윈윈게임이라고 말하고 일부 사람들은 글로벌화가 빈익빈 부익부의 제로섬게임이라고 말한다.

716 뺑소니 치다 出车祸后逃避
chū chēhuò hòu táobì

예） 无证驾驶**出车祸后逃避**责任怎么处理？ 무면허 뺑소니운전자의 책임은 어떻게 물을까요?

717 사교에 능하다 会应酬 huì yìngchou

예） 他**会应酬**。 그는 사교에 능하다.

718 사교춤 交际舞/交谊舞 jiāojìwǔ/jiāoyìwǔ

예） 如果您留意，会发现露天**交谊舞**已成为百姓生活中的一种时尚。 주의 깊게 본다면 야외에서 사교춤을 추는 것이 사람들의 생활 속에서 유행이 되었다는 것을 알 수 있다.

719 사극 古装(影视)片 gǔzhuāng(yǐngshì)piàn

예 “韩流”近年来一直冲击着中国的影视圈, 韩国的古装影视片很受中国人的欢迎。 최근 '한류' 가 줄곧 중국의 영화와 TV를 강타하고 있고, 한국의 사극은 중국인들의 사랑을 받고 있다.

720 사기를 진작시키다 提振 ~ 士气 tízhèn ~ shìqì

예 台湾空军日前发生T34教练机飞安意外, 为提振官兵士气, 空军总司令李天羽上将特别在昨天前往空军官校飞行指挥部视导。 타이완 공군은 얼마 전 T34훈련 비행기 사고가 발생하여, 장병들의 사기를 진작시키기 위해 공군 총사령인 리텐위 상장(上將)은 특별히 어제 공군 사관학교 비행 지휘부를 찾아 시찰하였다.

721 사라지다(논쟁 등이) ~ 化解于无形 huàjiě yú wúxíng

예 做好风险分析和风险预测, 最终是为了进行风险管理和风险控制, 将可能出现的危险化解于无形, 避免可能带来的损失。 리스크 분석과 예측은 결국 리스크를 관리하고 통제함으로써 나타날 가능성이 있는 리스크를 사라지게 하여 발생할 수 있는 손실을 피하기 위한 것이다.

722 사람들에게 악(좋은)영향을 끼치다
　　　给人们带来负面(正面)影响
　　　gěi rénmen dàilái fùmiàn (zhèngmiàn) yǐngxiǎng

예 网络, 在给人们生活、学习带来便利的同时, 也给人们带来负面影响。 인터넷은 생활과 학습에 편의를 가져다 주는 동시에 사람들에게 악영향을 끼치기도 한다.

723 사람들의 사랑을 받다 备受人们的青睐
　　　bèishòu rénmen de qīnglài

예 笔记本电脑以携带方便, 备受人们的青睐。 노트북 컴퓨터는 휴대하기 편리하여 사람들의 사랑을 받고 있다.

724 사람들의 환영을 받다 备受人们的欢迎
　　　bèishòu rénmendehuānyíng

예 现在在上海, 击剑真的是一个新的休闲运动项目, 而且备受人们的欢迎。 현재 상하이에서는 펜싱이 새로운 레저 스포츠가 되었고 사람들의 환영을 받고 있다.

725 사례금(축의금) 礼金/谢金 lǐjīn/xièjīn

예 一位王姓市民说, 过几天好友新婚, 他要换几张新版人民币作礼金“新纸币, 新气象, 图个好意头嘛。” 왕씨성을 가진 한 시민은 며칠 지나면 친구가 결혼을 하기 때문에 새 위안화로 바꿔 축의금으로 하려고 한다고 말했다. '새 지폐, 새 분위기, 길하라고 그러는 거지요.'

예 十点半钟左右, 陈教授的老伴赶到了医院, 退给了朱国志150元垫付的医疗费后, 老两口坚持再给200元谢金。 10시 30분 경, 천 교수의 부인이 병원으로 달려가 주궈즈에게 150위안의 의료비를 돌려준 후에 두 노부부는 다시 200위안의 사례금을 주었다.

726 사립탐정 私家侦探 sījiā zhēntàn

예 四川成都的私家侦探业务兴起, 婚外恋调查业务成为私家侦探社接受最多的业务。因此, 私家侦探也获得了“情妇杀手”的外号。 쓰촨성 청두에 사립탐정사업 붐이 일었고, 외도 조사 업무가 사립탐정사무실에서 가장 많이 접수하는 업무가 되었다. 그래서 사립탐정은 '정부 킬러'라는 별명을 얻기도 했다.

727 사면 赦免 shèmiǎn

예 美国总统布什在圣诞节前夕首度赦免了一批犯人, 包括私酿威士忌酒的一名田纳西州男子, 和从邮件窃取十多美元的一名邮政员工。 부시 미국대통령은 크리스마스 이브에 위스키를 불법으로 제조한 테네시주의 한 남자와 우편에서 10여 달러를 훔친 우체국 직원 등을 포함한 범인들을 처음으로 사면하였다.

728 사명으로 삼다 以 ~ 为职志 yǐ ~ wéi zhízhì

예 军人要以确保国家与人民的安全为职志。 군인은 국가와 국민의 안전을 확보하는 것을 사명으로 삼아야 한다.

729　사무총장 秘书长 mìshūzhǎng

예▶ 2006年1月5日安南秘书长发表声明, 对以色列总理沙龙的健康状况深表关切。 2006년 1월 5일 코피아난 사무총장은 사론 이스라엘총리의 건강에 깊은 관심을 표명하는 성명을 발표하였다.

730　사복을 채우다 中饱私囊 zhōngbǎo sīnáng

예▶ 他表示已经警告政府官员不得以权谋私, 私吞救灾款中饱私囊。 그는 정부 관리들에게 권력을 이용하여 사리사욕을 꾀하고 재해 구호 자금을 개인적으로 착복하여 사복을 채워서는 안 된다고 경고했다.

731　사살하다 击毙 jībì

예▶ 美国军队在阿富汗南部举行的军事行动中击毙了五名塔利班武装人员, 据报其中有两名中国人。 미국군대는 아프가니스탄 남부에서 실시된 군사작전 중 탈레반 5명을 사살했으며, 그중 중국인이 두 명 포함되었다고 보도하였다.

732　사양산업 夕阳产业 xīyáng chǎnyè

예▶ 长期以来, 流行一种观点, 认为农业是日益衰落的夕阳产业。这一观点事实上在很大程度上误导了中国农业发展, 必须予以摈弃。 오랫동안 농업은 날로 쇠퇴하는 사양산업이라는 관점이 유행하였다. 그러나 이 관점은 사실 중국의 농업 발전을 저해하였기 때문에 반드시 없애야 한다.

733　사업계획서 业务计划书 yèwù jìhuàshū

예▶ 首先在准备和创业投资人洽谈融资事宜之前, 应该准备4份主要文件, 提前递交《业务计划书》, 并争取得到创业投资人外延网络(network)的推荐, 这通常是使本企业的《业务计划书》得到认真考虑的重要一步。 창업 투자자와의 융자 사안 협상을 준비하기 전에 먼저 4개의 주요 문서를 준비하고 〈사업계획서〉를 미리 제출하여 창업투자자 네트워크의 추천을 받아야 한다. 이는 보통 본 기업의 〈사업계획서〉가 진지하게 검토될 수 있도록 하는 중요한 단계이다.

734　사우나 桑那浴 sāngnàyù

예▶ 它可不是一般的桑那浴, 除了有各种具疗效的绿茶汤、人参汤、黄土汤之外, 还有一种叫汗蒸墓的设施。 그것은 일반적인 사우나가 아니다. 각종 치료효과가 있는 녹차탕, 인삼탕, 황토탕 이외에 한증막 시설도 갖추고 있다.

735　사이드카 带边车的摩托车 dài biānchē de mótuōchē

예▶ 1939年, 斯大林想为苏联红军装备机动性很强的车辆, 他想到了一种750cc、带边车的摩托车。 스탈린은 1939년 소련 붉은 군대에 기동성이 강한 차량을 마련하기 위해서 750cc 사이드카를 생각해냈다.

736　사전답사하다 踩点 cǎidiǎn

예▶ 韩国首尔警方12日说, 11日抓获的蔡姓嫌疑人承认自己纵火焚毁了韩国"第一号国宝"崇礼门, 作案前曾两次到崇礼门踩点。 한국경찰은 12일 전날 체포한 용의자 채씨가 한국 국보1호 숭례문을 방화했다고 인정했으며 범행 전 두 차례에 걸쳐 숭례문을 사전답사했다고 밝혔다.

737　사재기 屯积 túnjī

예▶ 屯积明太鱼而不卖。 명태를 사재기하고 팔지 않는다.

738　사직서를 내다 提出辞呈 tíchū cíchéng

예▶ 据韩国媒体报道, 韩国总理高建今天正式提出辞呈, 并拒绝就卢武铉征求改组内阁意见表态。 한국의 언론 보도에 따르면 한국의 고건 총리가 오늘 정식으로 사직서를 제출하고 노무현 대통령의 개각에 대한 의견 요청을 거절하였다고 한다.

739　사진식자기 照排机 zhàopáijī

예▶ 激光照排机是在胶片或相纸上输出高精度、高分辨率图像和文字的打印设备。 레이저 사진식자기는 필름이나 인화지에 정밀도가 뛰어나고 해상도가 높은 그림과 문자를 출력하는 인쇄설비이다.

740 사춘기 青春期 qīngchūnqī

예▶ 内向的孩子在青春期过程中如果不注意调整心理状态, 许多人会更加惧怕与人交往, 严重的会发展成社交恐怖症。 만약 내성적인 아이가 사춘기 시절을 보낼 때 심리 상태 조절에 주의를 기울이지 않으면 사람들과 교제하는 것을 두려워하게 되고, 심할 경우 사교 공포증으로 발전할 수 있다.

741 사칭하다 冒充/冒称
máochōng/máochēng

예▶ 前一阵子, 某市常有骗销团伙冒称高层领导的亲戚, 到一些基层单位推销劣质产品, 一条成本五六元的领带竟卖到80元至100元。 얼마 전, 한 도시에 사기판매단들이 고위층 지도자들의 친척을 사칭하며 몇몇 소규모 사업체에 가서 형편없는 물건을 팔았는데, 원가가 5~6위안밖에 되지 않는 넥타이를 무려 80~100 위안에 팔았다.

742 사회기풍을 변화시키다 转移社会风气
zhuǎnyí shèhuì fēngqì

예▶ 回到上海后, 他与志趣相同的友人合办了一两种文艺杂志, 一方面消溚自己的烦愁, 同时也希望它们在无形之间可以起转移社会风气的作用。 상하이로 돌아간 후, 그는 뜻이 맞는 친구와 함께 한두 가지의 문화 예술 잡지를 창간하여 이들 잡지가 자신의 번뇌를 해소하는 동시에 은연 중에 사회기풍을 변화시키는 역할을 하기를 희망하였다.

743 사회에 진출하다 走入社会 zǒurù shèhuì

예▶ 大学毕业生走入社会后马上就会遇到下一个问题, 那就是与社会打交道的问题。 대학 졸업생들이 사회에 진출하자마자 부딪히는 문제는 바로 사회와 소통하는 문제이다.

744 산술급수적으로 증가하다
按算术级数增加 àn suànshù jíshù zēngjiā

예▶ 在书中, 马尔萨斯指出, 人口按几何级数增加, 食品却只能按算术级数增加, 所以要避免恶性循环, 必须节制生育。 책에서 맬서스는 인구는 기하급수적으로 증가하지만 식량은 오히려 산술급수적으로 증가하므로 악순환을 피하려면 반드시 출산을 제한해야 한다고 지적했다.

745 산업스파이 技术间谍 jìshù jiàndié

예▶ 无论是军事部门, 还是国防和商业公司, 都要千方百计地保护自己的秘密, 各种间谍, 特别是近年来的商业技术间谍, 则想方设法窃取机密。 군사 부처이든 국방과 비즈니스 기업이든 모두 무슨 수를 써서라도 자신의 기밀을 보호하려고 하고, 각종 스파이, 특히 최근의 산업스파이는 기밀을 빼내려고 갖은 궁리를 한다.

746 산업예비군 失业军/产业后备军
shīyèjūn/chǎnyè hòubèijūn

예▶ 目前, 我市共有军转干部1448人, 其中下岗失业军转干部303人。 현재 우리 시에는 군전역간부 1448명이 있는데, 그중 산업예비군 전역간부가 303명이다.

예▶ 大连前些年受到国有企业改革和脱困的影响, 由于大量的产业后备军, 造成了我们整个工资水平比较低。 다롄은 몇 년 동안 국유기업개혁과 위기탈출의 영향을 받았다. 산업예비군 수가 많아서 전체 임금 수준이 낮아졌다.

747 산업재해 工伤 gōngshāng

예▶ 如果劳动保障部门给予工伤认定和工伤等级鉴定, 他就可以按照国家有关规定向雇主索取各项工伤待遇。 만약 노동보장부처가 산업재해 인정과 산업재해 등급 감정을 해 준다면, 그는 국가의 관련 규정에 따라 고용주에게 각종 산업재해보장 대우를 받을 수 있다.

748 산파(조산원) 收生婆/接生婆
shōushēngpó/jiēshēngpó

예▶ 埃及王召了收生婆来, 说, 你们为什么作这事存留男孩的性命呢? 이집트왕은 산파를 불러 너희들은 왜 이렇게 남자아이의 생명을 살려주었느냐고 말했다.

예▶ 今天凌晨零时许, 已怀孕近10个月的产妇突然感到肚子万分疼痛, 为省一些接生费, 丈夫急忙托工友请来两名40岁左右的接生婆到家中为她接生, 并谈好接生顺利就付给她们700元钱。 오늘 새벽 0시쯤, 임신 10개월의 산모가 갑자기 배가 심하게 아파왔다. 출산비를 아끼기 위해 남편은 급히 동료에게 부탁하여 40세 정도의 산파 두 명을 모셔와 집에서 아이를 낳도록 하였고, 아이를 순조롭게 받아주면 그녀들에게 700위안을 주기로 하였다.

749 삶의 질 生活质量 shēnghuó zhìliàng

예 20世纪80年代开始, 老年人生活质量的研究得到了前所未有的发展。 1980년대부터 노인의 삶의 질에 대한 연구가 전에 없던 발전을 이루었다.

750 삼차원공간 三维空间 sānwéi kōngjiān

예 三维空间是点的位置由三个坐标决定的空间。客观存在的现实空间就是三维空间, 具有长、宽、高三种度量。 삼차원공간은 점의 위치를 세 개의 좌표로 결정한 공간이다. 객관적으로 존재하는 현실 공간이 바로 삼차원공간으로 가로, 세로, 높이 등 세 가지 도량이 있다.

751 삼차원 동화상 电脑三维动画 diànnǎo sānwéi dònghuà

예 在国内, 电脑三维动画目前广泛应用于影视广告制作行业。 국내에서 삼차원 동화상은 현재 영상광고제작 산업에 광범위하게 응용되고 있다.

752 상가 商业街 shāngyèjiē

예 既然在我国商业街具有如此大的魅力, 那么我们应该如何着手去建好一条商业街呢? 우리나라에서 상가가 이처럼 큰 매력을 가지고 있다면 우리는 어떻게 상가를 잘 지어야 할까?

753 상고하다 (提出)申诉 (tíchū)shēnsù

예 根据此办法, 学校对学生作出处理或处分决定以及复查决定后, 学生本人仍有异议的, 可在收到学校复查决定书之日起15个工作日内向市教委提出书面申诉申请。 이 방법에 따라, 학교는 학생에 대해 처리, 처분 결정 혹은 재검사 결정을 내린 후, 학생 본인이 이의가 있다면 학교의 재검사 결정서를 받은 날로부터 15일 내에 시교육위원회에 서면으로 상고 신청을 제기할 수 있다.

754 상기되다 涨红 zhànghóng

예 脸涨红了。 얼굴이 상기되어 불그스레하다.

755 상냥하다 温柔 wēnróu

예 她性情很温柔。 그녀는 상냥하다.

756 상소하다 提起上诉 tíqǐ shàngsù

예 在上诉状里, 他们表示, 在一审中, 法院在适用法律上存有明显错误, 特向南昌市中级人民法院提起上诉。 상소장에서 그들은 일심 재판 중 법원이 법률을 적용함에 있어 명확한 잘못이 있기 때문에 남창시 중등 인민법원에 상소를 제기한다고 밝혔다.

757 상속세 遗产税 yíchǎn shuì

예 遗产税最早产生于4000多年前的古埃及, 出于筹措军费的需要, 埃及法老胡夫开征了遗产税。 상속세는 4000여 년 전 고대 이집트에서 시작되었다. 군비를 모으기 위해 이집트 파라오는 상속세를 징수하였다.

758 상술한 바를 종합하면 综上所述 zōngshàng suǒshù

예 综上所述, 我认为她已经严重地损害了我的自尊, 伤害了我的情感。 상술한 바를 종합하면 나는 그녀가 나의 자존심을 크게 건드렸고 감정을 상하게 만들었다고 생각한다.

759 상습범 积犯/累犯/惯犯 jīfàn/lěifàn/guànfàn

예 我们会参考《评估青少年罪犯自新计划成效研究报告》的建议, 改善青少年罪犯的自新和善后服务, 减少青少年成为积犯的机会。 우리는 〈청소년 범죄자의 자력갱생 계획 효과 평가 연구보고서〉의 건의를 참고하여 청소년 범죄자의 자력갱생과 사후 업무 방안을 개선하여 청소년이 상습범이 될 기회를 줄일 것이다.

예 他心里清楚, 如果他再犯下强奸罪, 作为惯犯的他这辈子可能再也别想出狱了。 그는 만약 다시 강간을 저지른다면 상습범이 되어 평생 동안 다시는 감옥에서 나올 수 없다는 것을 잘 알고 있다.

760 상업도시 商业中心城市
shāngyè zhōngxīn chéngshì

예 商业中心城市的形成和发展是城市、社会、经济和科技等领域综合作用的产物，按其相互作用的规模和范围的层次来分，可分为宏观的社会经济影响，中观的空间区位条件和微观的空间模式三个不同的层次。 상업 도시의 출현과 발전은 도시, 사회, 경제 및 과학기술이 종합적으로 작용한 결과이다. 이들의 상호 작용 규모와 범위로 분류해 보면, 거시적 사회 경제 영향, 중간 관점의 공간 위치 조건 및 미시적 공간 모델의 3가지로 나누어 볼 수 있다.

761 상정하다 排入/提报 páirù/tíbào

예 第三次"罢扁案"排入议程。 천수이벤에 대한 세 번째 파면안건이 의사일정에 상정되었다.

예 为提高效率，减少工作量，请提报项目一定要把握"效益好，水平高，潜力大，前景广"的原则。 효율성을 제고하고 업무량을 감소시키기 위해, 상정 프로젝트는 반드시 '효율, 수준, 잠재력, 전망'을 원칙으로 해야 합니다.

762 상한가 涨停(价) zhǎngtíng(jià)

예 利多报告强力推动美玉米收于涨停。 호재가 되는 보고로 미국 옥수수 가격이 상한가로 마감되었다.

763 상황이 급격히 나빠지다 局势急转直下
júshì jízhuǎn zhíxià

예 美国务院在一份声明中说，撤走部分使馆人员是因为海地的局势已经恶化到了不安全的水平。声明同时警告说，由于海地局势急转直下，美驻海地使馆人员的活动范围仅限于首都太子港，使馆为那些在太子港之外的美国人提供紧急服务的能力极为有限，因此，那些到海地不是执行公务的美国人应尽快离开该国。 미 국무원에서는 성명을 통해, 일부 대사관 인원을 철수시킨 이유는 아이티(Haiti) 지역 정세가 불안해졌기 때문이라고 발표했다. 또한 이 성명에서, 아이티 지역 상황이 급격히 악화되어, 주 아이티 대사 직원의 활동 범위가 수도인 포트 프랑스 지역으로 제한되어, 그 외 지역에 거주하는 미국인들에게 긴급 서비스를 제공하는데 한계가 있기 때문에 아이티 지역에서 공무를 수행하지 않는 미국인은 조속히 해당 지역에서 떠날 것을 경고했다.

764 새 구상 新设想 xīn shèxiǎng

예 美国正在研究一个新设想，考虑扩大中东国家成为北约成员。 미국은 현재 중동 국가를 NATO 회원국으로 받아들이는 새 구상을 연구중이다.

765 새롭게 단장하다(건물) 装饰一新
zhuāngshì yīxīn

예 装饰一新的酒店博得了众多客人的喜爱，人们喜欢来到这座古老宫殿般的建筑内，享受愉快，明亮，富有新意的现代装饰艺术，同时观赏卢塞恩美丽的风光。 새로 단장한 호텔이 고객들의 사랑을 받고 있다. 사람들은 고대 궁궐 양식으로 만들어진 건축물에서 유쾌하고 화려하며 창의적인 현대적 인테리어 예술을 즐기고, 루체른(Luzern)의 아름다운 풍경을 감상한다.

766 색다른 맛이 있다 别有一番滋味
biéyǒu yìfān zīwèi

예 非洲人喜欢以它来入药，认为它对消化系统疾病有神奇疗效。若在冲玫瑰茶时，放进一点芙蓉花，茶别有一番滋味。 아프리카 사람들은 이것을 약에 넣으면, 소화 계통 질병에 영험한 치료 효과가 있다고 여긴다. 잠미차를 우려낼 때, 연꽃잎을 함께 넣으면 색다른 맛을 느낄 수 있다.

767 생각 念头 niàntóu

예 他说，虽然自己的研究过程和结果未必非常科学和严密，但至少能在一定程度上反映现在大学生的心理状况。"我平时接触到的一些学生，看着他们心理都很正常，但在问他们面对困难时有没有过自杀念头时，他们都会选择'有'。" 그는 자신의 연구 과정과 결과가 매우 과학적이고 빈틈없는 것은 아니나, 최소한 어느 정도 현재 대학생의 심리 상태를 반영하고 있다고 말했다. "우리가 평소 접하는 학생들을 보면 그들의 심리 상태가 매우 정상적인 것처럼 여겨지지만, 그들에게 어려움에 부딪혔을 때 자살을 생각해본 경험이 있냐고 물으면, 모두 '있다'고 대답할 것이다."

768 생명보험 寿险/人寿保险
shòuxiǎn/rén shòu bǎoxiǎn

예 储蓄型寿险是指被保险人不论在保险期内死

亡, 或生存到保险期满时都可得到保险金的一种保险。 저축형 생명 보험이란, 피보험자가 보험 기간 내에 사망하든 보험 만기일까지 생존해 있든 모두 보험금을 수령할 수 있는 보험의 한 종류이다.

예) 长期性的人寿保险就是很好的一种投资理财工具。 장기적 생명 보험은 좋은 투자 수단이다.

769 생명을 앗아가다　夺走了~ 的生命
duózǒu le ~ de shēngmìng

예) 我母亲活得很短, 只有57岁就被肺癌夺走了生命。 우리 어머니는 57세에 폐암으로 짧은 생을 마감하셨다.

770 생생하다　活生生 huóshēngshēng

예) 这篇小说里的人物都是活生生的, 有血有肉。 이 소설속의 인물들은 생생히 살아있어 매우 생동적이다.

771 생포하다　生擒 shēngqín

예) 当日凌晨, 江苏省南京市一烟酒食杂店发生劫案, 店内64岁的雷大洪老人只身将闯入的歹徒生擒。 그날 새벽, 장수성 난징시의 한 점포에서 절도 사건이 발생했고, 가게에 있던 64세의 레이다홍씨가 혼자 몸으로 침입한 도둑을 생포했다.

772 서광을 보다　看到 ~ 的曙光
kàndào ~ de shǔguāng

예) 我相信我们很快就会看到成功的曙光了。 나는 우리가 머지않아 성공의 서광을 보게 되리라 믿는다.

773 석유시추선　石油钻井平台
shíyóu zuānjǐng píngtái

예) 印度海军官员28日称, 印度最大的海上石油钻井平台大火中丧生的人数已经上升到10人, 另有20人下落不明。 인도 해군 관련자는 28일, 인도의 최대 해상 석유 시추선 대화재 사고로 사망한 사람이 10명에 달하며, 20명이 행방불명이라고 발표했다.

774 선거공약　竞选诺言 jìngxuǎn nuòyán

예) 新英国工党领袖布莱尔6日接受伊丽莎白二世女王任命并负责组建新一届政府, 他随即向民众许诺将兑现其竞选诺言。 새로운 영국 노동당 당수 블레어는 6일 여왕 엘리자베스 2세의 임명을 받고 새로운 내각 정부 조직의 책임을 맡았으며, 국민에게 선거 공약을 실천할 것을 약속했다.

775 선거관리위원　选监人员 xuǎnjiān rényuán

예) 根据 "中选会" 非正式的统计, 各地投开票所选监人员中教师人数粗估至少占全部选监人员的半数以上。 '중앙선거관리위원회'의 비공식 통계에 따르면, 개표소 선거위원 중 교사가 전체 선거위원의 절반 이상을 차지하는 것으로 나타났다.

776 선거비용　选务成本 xuǎnwù chéngběn

예) 台有关方面推估, "三合一" 可以减少选务成本大约8亿到10亿元, 当然合并举行出错的几率与风险也会比较大。 타이완 관련 부문의 예측에 따르면, '삼합일' 방안으로 선거 비용을 약 8억~10억 위안정도 절감할 수 있으나 공동 진행으로 인해 문제와 리스크가 발생할 확률은 커질 것이다.

777 선거인등록　选民登记 xuǎnmín dēngjì

예) 在选举制度中, 选民登记是其重要组成部分, 公民只能通过选民登记这一法定的、必须履行的手续, 才能成为合格的选民, 也才能获得选举和投票的权利。 선거제도에서 선거인 등록은 중요한 구성성분이며 국민은 선거인등록이라는 필수적인 법적 절차를 거쳐야만 비로소 합법적인 유권자가 될 수 있고 선거와 투표의 권한을 획득할 수 있다.

778 선거풍토　选风 xuǎnfēng

예) 国民党台北市长候选人马英九昨日晚间积极拜票, 左打民进党大票仓万华区, 右守自己的基本票源区文山大安。马英九谈市政建设之外, 更呼吁支持者以选票来端正选风。 국민당 소속 타이페이 시장인 마잉지우는 어제 저녁 적극적으로 표심 모으기를 시작하여, 민진당 표밭인 창완화 구역을 공략함과 동시에 자신의 지지 지역인 중산 다안 지역 다지기에 들어갔다. 마잉지우은 시정에 대해 이야기했고, 또한 지지자들에게 투표로 선거 풍토를 바로잡자고 호소했다.

779 선구자 先驱/先辈 xiānqū/xiānbèi

예 独立功臣后代、82岁的金南千接受采访时说 "我们的**先辈**都是普通百姓，但他们在抗日运动史 上留下了光辉的足迹。" 독립 유공자인 82세의 진난첸은 인터뷰에서 "우리의 선구자들은 모두 평범한 백성들이었지만, 그들 은 항일 운동사에 길이 빛날 족적을 남겼다."라고 말했다.

780 선두주자 排头兵 páitóubīng

예 胡锦涛总书记要求广东继续当好**排头兵**，既 是对广东这些年来改革开放和现代化建设取得显 著成就的充分肯定，又是对广东今后的发展寄予 厚望。 후진타오 총서기는 광둥 지역이 앞으로도 계속 선두주자 역 할을 해줄 것을 당부했다. 이는 광둥 지역이 지금까지 개혁과 현대화 건설에 뚜렷한 성과를 보인데 대한 확인이며, 광둥 지역의 향후 발전 에 대한 기대이다.

781 선뜻 慷慨 kāngkǎi

예 他**慷慨**地捐出几百元。 그는 몇 백 위안을 선뜻 기부 했다.

782 선반 车床 chēchuáng

예 该**车床**是在引进国外设计制造技术基础上精 心设计而成的。 이 선반은 해외 설계 제조 기술을 들여와 정 교하게 제작된 것이다.

783 선발대 先遣队 xiānqiǎnduì

예 据报道，白宫的一支**先遣队**将于1月21日抵达 北京，以具体落实布什访华的行程。 백악관 선발대는 1월 21일 베이징에 도착하여 부시 대통령의 구체적 방중 일정을 수 행할 것이라고 한다.

784 선발대원 先遣队员 xiānqiǎn duìyuán

예 49名日本航空自卫队**先遣队员**10日夜搭乘民 用飞机进入了伊拉克西面邻国约旦首都安曼。 일본 항공 자위대 선발대원 49명이 10일 저녁 민항기편으로 이라크 서부 접경 국가인 요르단의 수도 암만에 도착했다.

785 선불카드 预付现金卡 yùfù xiànjīnkǎ

예 因为印度信用卡普及度低，而且人们很担心 互联网上信用卡交易的安全性，许多互联网门户 推出**预付现金卡**和借记卡业务来推动初生的电子 零售市场的发展。 인도에서는 신용카드 보급률이 낮은 데다 사람들이 인터넷상의 신용카드 사용의 안전성을 우려하기 때문에 상 당수의 인터넷 포털 사이트에서는 선불카드와 직불카드 서비스를 실 시하여 초기 전자상거래 시장의 발전을 촉진하고 있다.

786 선수금 预收金 yùshōujīn

예 石巧玲，原中国医学科学院肿瘤医院住院处 主任。1996年1月至1999年12月，石巧玲利用负责办 理患者出院结账工作的职务便利，变造或伪造该 院住院医疗**预收金**退款书达1081张。 스차오링은 원래 중국 의과대학 종양전문병원 입원처 주임이었다. 1996년 1월부터 1999년 12월까지 스차오링이 환자의 퇴원 결제 업무라는 직무상 편 의를 이용하여 위조 및 변조한 입원치료 선수금 환불 기록은 1081개 에 달한다.

787 선수를 치다 着先鞭 zhuó xiānbiān

예 香港 ·些政界人十表示，港人应多了解自己 国家的发展战略，多了解国家的政策路向和执行 过程，这样，香港就会捕捉到无限商机，在任何时 候、任何条件下，香港都可以早**着先鞭**。 홍콩의 일부 정계 인사들은 홍콩 사람들이 자국의 발전 전략과 국가의 정책 노선 및 집행 과정을 보다 많이 이해해야 하며, 그렇게 해야만 홍콩이 무 한한 상업 기회를 잡을 수 있고 언제 어떠한 조건 하에서도 선수를 칠 수 있다고 지적했다.

788 선심 巡边员 xúnbiānyuán

예 每场比赛有两名**巡边员**。通常靠近运动场司 令台、手持红色巡边旗者为第一**巡边员**，另一手持 黄色巡边旗者为第二**巡边员**。 매 경기마다 두 명의 선심 이 있다. 운동장 본부 근처에서 붉은색 선심기를 들고 있는 사람이 제1선심이고, 황색 선심기를 들고 있는 쪽이 제2선심이다.

789 선의의 경쟁 良性竞争 liángxìng jìngzhēng

[예] 同一医院以及不同医院间的竞争是专业服务上的竞争, 通过这种竞争首先形成一种同伴间的监督。透过把医疗过程透明化、公开化, 不但有益于良性竞争, 也有益于建立有效的病人投诉监督制度。 동일 병원간 또는 다른 병원 간의 경쟁은 전문 서비스 영역에서의 경쟁으로, 이러한 경쟁은 보통 동료 간의 감독 형태로 우선 나타난다. 의료 과정의 투명화, 공개화는 선의의 경쟁을 이끌어 낼 수 있을 뿐만 아니라 효과적인 환자 고소, 감독 제도 마련에도 도움이 된다.

790 선진국 대열에 들다 跻身于发达国家之林
jīshēn yú fādá guójiā zhīlín

[예] 日本这个人口密集、资源贫乏的国家之所以能在亚洲率先跻身于发达国家之林, 一个重要原因就是从明治维新起, 一直实行"教育立国"和"科技立国"的方针。 인구가 밀집되어 있고, 자원이 부족한 일본이 아시아에서 가장 먼저 선진국 대열에 들어설 수 있었던 중요한 원인 중 하나는 메이지 시대부터 줄곧 시행해 온 '교육입국'과 '과학 기술입국' 방침이다.

791 선출방식 产生方式 chǎnshēng fāngshì

[예] 各国的总统产生方式都不同。 각국의 대통령 선출 방식이 모두 다르다.

792 선행지수 领先指数 lǐngxiān zhǐshù

[예] 美国经济咨商局(Conference Board)公布, 二月份韩国综合领先指数下降0.5%, 而综合同步指数保持不变。 컨퍼런스 보드(Conference Board) 는 2월 한국의 종합 선행 지수가 0.5% 하락했으며, 종합 동행 지수는 변화가 없다고 발표했다.

793 설득력 说服力 shuōfúlì

[예] 她的话很有说服力。 그녀의 말은 매우 설득력이 있다.

794 섭외담당자 交际员 jiāojìyuán

[예] 他们扶我坐在衣箱上, 然后去找市政府的交际员。找到了两位壮实温和满脸笑容的青年。 그들은 나를 부축해 트렁크에 앉힌 후, 시정부 섭외 담당자를 찾아갔고, 건장하고 온화하며 만면에 웃음을 띤 두 명의 청년을 찾아냈다.

795 섭취 摄取/吸取 shèqǔ/xīqǔ

[예] 科学家们日前研究更发现了怀孕时期的妇女钙质的摄取若是不足, 将有可能导致有害的物质进入血液中, 造成神经系统或心血管问题的产生。 최근 과학자들이 임신 기간의 여성이 칼슘 섭취가 부족할 경우 유해 물질이 혈액으로 침투하여 신경 계통 또는 혈관에 문제를 일으킬 수 있음을 연구를 통해 발견했다.

[예] 朱熹的理学虽有不少佛老思想, 但主要是吸取其中的哲理为儒家的伦理哲学作论证。 주희의 이학에는 불교 사상이 들어 있으나 그 속에서 철학 이론을 취하여 유가 윤리 철학의 논거로 삼고 있다.

796 성명 公报 gōngbào

[예] 联合国机构就非洲艾滋病防治形势发布公报。 유엔기구는 아프리카 에이즈 예방치료상황에 대해 성명을 발표하였다.

797 성업공사 坏帐重整公司
huàizhàng chóngzhěng gōngsī

[예] 台湾财政部正在评估由银行与政府共同出资成立一个坏账重整公司的可行性, 将来由这个公司负责整理回收金融机构的坏帐, 把这些坏账买下来之后, 全面进行清理, 让那些坏账比率太高的金融机构可以获得重生。 타이완 재정부는 은행과 정부가 공동 출자하여 설립한 성업 공사의 타당성을 평가하고 있으며, 향후 이 회사는 금융 기관의 악성 부채를 정리 회수하고, 사들인 부실 채권을 정리하여 악성 부채 비율이 높은 금융 기관이 다시 회생할 수 있도록 할 예정이다.

798 성역 禁区 jìnqū

[예] 饮酒对糖尿病患者来说一直是一个禁区, 可最新科学研究表明; 适度饮酒(每天摄入酒精量少于30克), 可以降低糖尿病并发症发生的危险性, 过度饮酒才会增加糖尿病并发症的发生率。 음주는 당뇨병 환자에게 줄곧 성역이었다. 그러나 최근 과학 연구에 따르면,

적절한 음주(매일 알콜 섭취량 30g이하)는 당뇨병 증상 발병의 위험성을 낮출 수 있으며, 과도한 음주가 당뇨병 증상 발병 확률을 높인다고 한다.

799 성전환수술 变性手术 biànxìng shǒushù

예▶ 昨日, 已经把"做女人"的愿望付诸行动的小安再一次在成都某医院躺上了手术台。"她"将在生殖器官**变性手术**后彻底地变成女人, 此前她已经做过了隆胸和喉结切除手术。 이미 '여자가 되려는' 희망을 행동에 옮긴 샤오안은 어제 청두의 한 병원 수술대에 다시 누웠다. 이제 '그녀'는 생식기 성전환수술 후 완벽하게 여자로 변하게 된다. 그전에 그녀는 이미 유방확대와 성대 절제 수술을 했다.

800 성차별 性别歧视 xìngbié qíshì

예▶ 昨天, 上海市妇联公布的一份调查数据显示, 女大学生如要找到满意的工作, 远要比男大学生付出更多。去年4月至5月, 市妇联在复旦、交大、同济等上海10所高校的1000名应届本科毕业生中开展了一项调查。调查显示, 求职过程中, 55.8%女生认为遭遇了**性别歧视**, 还有63.7%的女生和47.6%的男生认为用人单位存在着"很歧视"或"比较歧视"女生现象。 어제 상하이 시 여성연합회가 발표한 자료에 따르면, 여대생이 만족할 만한 직업을 찾으려면 남학생보다 훨씬 더 많은 노력을 해야하는 것으로 밝혀졌다. 작년 4월에서 5월, 시 여성연합회가 푸단대, 자오퉁대, 퉁지대 등 상하이 10개 대학의 학부 졸업생 1000명을 대상으로 조사한 바에 따르면, 여학생의 55.8%가 구직활동 중 성차별을 경험했다고 답했으며, 여학생의 63.7%, 남학생 47.6%가 회사가 여학생을 '매우' 혹은 '비교적' 차별한다고 응답했다.

801 성착취 性剥削 xìngbōxuē

예▶ 在日本举行的防止和解决全球儿童色情和卖淫问题的大会上, 发言的代表说, **性剥削**儿童是恐怖主义行为, 不能再继续下去。 일본에서 열린 세계아동매춘 예방 및 해결 총회에서 발언한 대표는 아동 성착취는 테러 행위이며 더 이상 지속되어서는 안 된다고 밝혔다.

802 성화봉송대회 火炬接力长跑活动 huǒjù jiēlì chángpǎo huódòng

예▶ 尽管气温高达30多摄氏度, 但吉林大学、吉林建工学院、吉林艺术学院等高校均派出了庞大的阵容参加**火炬接力长跑活动**。 기온이 섭씨 30도를 넘었지만, 지린대, 지린건축공학원, 지린예술학원 등 학교는 많은 학생들이 성화봉송대회에 참가하도록 했다.

803 성희롱 性骚扰 xìngsāorǎo

예▶ 我们生活的周围, 有很多人在遭受着来自不同方向的**性骚扰**。 우리 주변에서 많은 사람들이 여러 가지 성희롱을 당하고 있다.

804 세계일주를 하다 环游世界 huányóu shìjiè

예▶ 在电话里, 他们对记者说, 他们因为想弃学去徒步**环游世界**, 遭到了来自家长和老师几乎一致的反对。 그들은 전화로 학업을 포기하고 도보로 세계 일주를 하려했기 때문에 부모님과 선생님의 반대에 부딪혔다고 기자에게 말했다.

805 세계적으로 在全球范围内 zài quánqiú fànwéi nèi

예▶ 一家印度汽车公司预测, 到2015年, 印度汽车市场私家车的年销量将达到350万辆左右。届时, 印度将成为**在全球范围内**的另一个新兴市场。 인도의 한 자동차 회사는, 2015년이 되면 인도 자동차 시장의 승용차 연 판매량이 350만대 가량으로 늘어날 것이라고 예측했다. 그때가 되면 인도는 또 다른 세계적인 신흥시장이 될 것이다.

806 세관신고서 申报单 shēnbàodān

예▶ 从7月1日起开始实施的旅客出入境填写**申报单**制度, 今年将在全国范围内各机场实施, 而后将向铁路、长途等出入境关口推广实施。 7월 1일부터 실시된 여행객 출입국 세관 신고서 작성 제도는 올해 전국적으로 각 공항에서 실시될 것이며, 이후 철도 등 출입국 세관에서 널리 실시될 것이다.

807 세뇌하다 洗脑 xǐ nǎo

예▶ 给他们**洗脑**。 그들을 세뇌하다.

808 세대차 代沟 dàigōu

[예] 当前, 在父母与孩子之间, 尤其是父母与独生子女之间, 最棘手的是代沟问题。它会影响两代人之间正常的感情沟通。 현재 부모와 자녀 사이, 특히 부모와 외동자녀 사이에서 가장 어려운 문제는 세대차이다. 세대차이는 세대 간 정상적인 감정 소통에 영향을 줄 수 있다.

809 세라믹 耐高温陶瓷 nàigāowēntáocí

[예] 目前, 以色列研究人员开始小规模生产一种新型耐高温陶瓷绝缘材料。这种材料可能会替代目前使用的石棉和其他具有潜在危险的陶瓷纤维。 현재 이스라엘 연구원은 신형 세라믹 절연 재료를 소량 생산하기 시작했다. 이 재료는 아마도 기존의 석면과 잠재적인 위험을 안고 있는 자기 섬유를 대체할 수 있을 것이다.

810 세련 洗练 xǐliàn

[예] 这篇文章非常洗练。 이 글은 매우 세련됐다.

811 세배 拜年 bài nián

[예] 给奶奶拜年。 할머니께 세배를 드리다.

812 세상에 공짜는 없다 天下没有白吃的午餐
tiānxià méiyǒu báichī de wǔcān

[예] 所谓的 "天下没有白吃的午餐", 只是借用午餐来比喻, 本意是说任何一件事都必须花费成本, 或者必须支付代价。 소위 '세상에 공짜 점심은 없다' 라는 말에서 '점심' 이라는 비유를 한 속뜻은 세상에 모든 일은 비용을 지불하거나 대가를 치루어야 한다는 것이다.

813 세탁소 洗衣店 xǐyīdiàn

[예] 平时我是把要洗的东西送往附近一家洗衣店的。 평소 나는 세탁할 것들을 근처 세탁소에 맡긴다.

814 섹스스캔들 性丑闻/绯闻
xìngchǒuwén/fēiwén

[예] 1998年8月, 克林顿向希拉里承认了自己与莱温斯基的关系。两天后, 他因有关其性丑闻的调查而在大陪审团面前作证。 1998년 8월, 클린턴은 힐러리에게 자신과 르윈스키의 관계를 인정했다. 이틀 후, 그는 그 성추문 조사와 관련하여 배심원단 앞에서 증언했다.

[예] Rain与宋慧乔在拍摄《浪漫满屋》时传出绯闻。在被问及对Rain的评价时, 宋慧乔机智地回答: "Rain一直是很好的朋友, 在拍完《浪漫满屋》后也一直有电话联系"。 비와 송혜교는 〈풀하우스〉를 촬영하면서 스캔들이 불거졌다. 비에 대해 어떻게 생각하느냐고 묻자 송혜교는 '비는 좋은 친구이며, 〈풀하우스〉를 찍고 난 후에도 여전히 전화로 연락을 한다' 라고 재치있게 대답했다.

815 센서 传感器 chuángǎnqì

[예] 近年来, 传感器在朝着灵敏、精确、适应性强、小巧和智能化的方向发展。 최근 몇 년 동안 센서는 정확하고, 작고 정교하며 지능화된 방향으로 발전했다.

816 셈에 밝다 铜钱眼里翻跟头
tóngqiányǎn li fān gēntou

[예] 如今, 依然有一些企业不重视质量管理, 热衷这个评 "奖", 那个评 "杯", 可是消费者则认货不认奖。也有少数企业片面强调经济效益, 粗制滥造, 偷工减料, 在 "铜钱眼里翻跟头", 其下场自然更惨。 요즘 여전히 일부 기업이 품질 관리를 등한시하고, '수상' 에만 열을 올리고 있는데, 소비자는 수상여부가 아닌 제품을 인정한다. 또 소수 기업들이 경제적 효과만 강조한 나머지 원자재를 적게 들여 제품을 엉성하게 만드는데, 이렇게 돈에 따라 행동하면 비참한 말로를 맞이하게 된다.

817 소개장 介绍信 jièshàoxìn

[예] 本人曾担任新世界产品公司销售部高级职员四年之久, 自信有充分工作经验, 我的上司表示愿意给我写介绍信。我在化学方面受过良好的教育, 且有丰富的经验, 我深信足以担任贵公司的研究工作。 저는 신세계 제품 회사 판매부에서 4년 정도 임원을 역임하여, 풍부한 업무경험이 있다고 자신합니다. 저의 상사께서 제게 소개장을 주고 싶다고 말씀하셨습니다. 저는 화학 관련 교육을 받았으며 풍부한 경험을 갖고 있어, 귀사의 연구업무를 맡을 수 있다고 확신합니다.

818 소매치기 扒手 pàshǒu

[예] 有时车上一下子就上来七八个**扒手**，几个人把一目标乘客包围后进行扒窃，而乘客有时虽已觉察但又会因为受胁迫而不敢出声。 때로는 차 안에서 단번에 7~8명의 소매치기가 나타나 몇 사람이 목표 승객을 둘러싼 후 소매치기를 하곤 한다. 승객은 소매치기라는 것을 알아도 협박을 당해 감히 소리내지 못한다.

819 소비재 消费品 xiāofèipǐn

[예] 9.11事件以来，**消费品**制造商必须遵循新的可追溯性法规以及食品质量和安全报告。 9.11 사건이후, 소비재 제조상은 반드시 새로운 법규 및 식품 품질 안전 보고를 준비해야 한다.

820 소송에서 이기다 打赢了 ~ 官司
dǎyíng le ~ guānsi

[예] 11月29日，台湾漫画作家几米在上海**打赢了**一场侵权**官司**，华龄出版社因冒用几米之名出版《开心辞典》和《亲子银行》，被上海市第一中级人民法院一审判决立即停止两书的出版、发行，在《新民晚报》上赔礼道歉，并赔偿原告几米6万元人民币。 11월 29일, 타이완의 만화가인 지미는 상하이에서 저작권 침해 소송에서 이겼고, 화링출판사는 지미가 펴낸 《유쾌한 사전》과 《친자 은행》의 이름을 도용한 혐의로, 상하이시 제1중등인민법원의 1심 판결에서, 책 두 권의 출판, 발행 중지처분과 《신민석간》에 사죄의 글을 올리고, 원고 지미에게 6만위안을 배상할 것을 선고 받았다.

821 소식통 消息灵通人士 xiāoxi língtōng rénshì

[예] **消息灵通人士**透露，参加朝核问题第四轮六方会谈的各代表团当天在"建设性的氛围"中对共同文件草案进行了磋商。 제4차 북핵 6자 회담에 참가한 각국 대표단은 당일 '건설적인 분위기' 속에서 공동문서 초안에 대해 협의했다고 소식통은 밝혔다.

822 소유지분 所持股份 suǒchí gǔfèn

[예] 2003年8月，集团公司工会将**所持股份**全部转让给郭小兴等50位自然人，无锡港下属资产管理有限公司**所持股份**全部转让给集团法人——周耀庭。 2003년 8월, 그룹사 노동조합은 소유지분을 전부 궈샤오싱 등 50명의 자연인에게 양도하고, 우시항 산하 자산관리 주식회사의 소유지분은 전부 그룹 법인인 저우야오팅에게 양도한다.

823 소음 噪音 zàoyīn

[예] 婴幼儿的健康成长，需要安静舒适的环境，如果长期受到**噪音**刺激，会变得容易出现激动、缺乏耐受性、睡眠不足、注意力不集中等表现。 영유아의 건강한 성장에는 조용하고 편안한 환경이 필요하다. 만약 장기간 소음으로 인한 자극을 받으면 흥분, 인내력 결핍, 수면부족, 주의력 산만 등의 증상이 나타나기 쉽다.

824 소프라노 女高音 nǚ gāoyīn

[예] 作为世界上最好的**女高音**之一，德博拉·沃伊特也许要创造减肥新纪录。仅几个月的时间，她就减掉了45公斤。 세계에서 가장 훌륭한 소프라노 가운데 한 명인 데보라·보이트가 다이어트 신기록을 세울지도 모른다. 단지 몇 개월 만에 그녀는 45킬로그램을 감량했다.

825 소환하여 심문하다 传讯/传究/传审
chuánxùn/chuánjiū/chuánshěn

[예] 国民党以要求停止内战的罪名**传讯**和监禁领导人。 국민당은 내전 중지를 요구한 죄명으로 지도자를 소환 심문하고 감금했다.

[예] 美国当地时间10月14日晚，联邦调查委员会为比召开了一次紧急会议，与会者一致同意向美联邦航空局签发传票，正式**传审**联邦航空局的有关负责人员。 미국 현지 시간으로 10월 14일 밤 연방 조사위원회가 비상 회의를 소집하였고, 회의 참가자들이 미연방 항공국에 소환장을 발부하는 것에 만장일치로 동의하여, 연방 항공국의 관련 책임자를 공식적으로 소환하여 심문했다.

826 속공 快攻 kuàigōng

[예] 现在的欧洲队不再只是一味地高举高打，她们对于亚洲球队的**快攻**战术研究得很透。 현재 유럽팀은 높이 때리는 공격 하나만 사용하는 것이 아니다. 그녀들은 아시아 팀의 속공 전술에 대해 매우 철저히 연구했다.

827 속뜻 言下之意 yánxiàzhīyì

예▶ 从新闻媒体上, 人们常常可以看到这样的震撼性新闻; 某学子的成绩特别优秀, 个人素质特高, 为许多美国著名大学包括哈佛大学所争夺, 并且被授予全额奖学金, 等等。言下之意, 哈佛大学的全额奖学金只发给特别优秀的学生, 而对于同样被哈佛大学录取的、相对不那么突出的学生, 哈佛大学并不提供奖学金或者全额的奖学金。 언론보도에서 사람들은 항상 이런 충격적인 뉴스를 볼 수 있다. 어떤 학생의 성적은 매우 우수하고 자질도 훌륭하여 하버드대학을 포함한 미국의 여러 유명 대학들이 스카우트를 하고 전액 장학금을 수여한다는 보도이다. 그 속뜻은 하버드대학의 전액 장학금은 특출난 학생에게만 수여되고, 하버드대학에 합격했지만 그리 뛰어나지 않은 학생에게는 장학금이나 전액 장학금을 주지 않는다는 것이다.

828 속죄양 替罪羔羊 tìzuì gāoyáng

예▶ 随着近些年来美国进入后工业化时代, 产业结构不断发生变革, 一些沦落为"夕阳产业"的企业竞争力下降, 工人失业增多, 于是一些人便开始四处寻找替罪羔羊。 최근 몇 년 동안 미국이 공업화 시대에 들어서면서, 산업 구조에 끊임없는 개혁이 발생했고, 일부 '사양 산업'으로 몰락한 기업들의 경쟁력이 떨어져, 노동자의 실업이 증가했다. 그래서 일부 사람들이 주위에서 희생양을 찾기 시작했다.

829 손가락을 걸어 맹세하다 垃钩/打钩钩 lāgōu/dǎgōugōu

예▶ 她的眼睛湿了, 伸出手, 与他打钩钩, 约定着彼此要用心经营。 그녀의 눈가는 촉촉해졌다. 그녀는 그에게 손을 뻗어 서로 열심히 경영해 나아갈 것을 손가락을 걸어 맹세했다.

830 손버릇이 나쁘다 手黑 shǒuhēi

예▶ 位于河北省中部的保定市境内的高阳劳教所, 以其特有的三黑, 手黑、心黑、财黑成为臭名昭著的魔窟。 허베이성 중부의 바오딩시에 위치한 가오양 노동 교화소는 악랄한 수단과 심보, 검은 돈 이 세 가지로 악명 높은 소굴이 되었다.

831 손에 땀을 쥐다 捏一把汗 niē yī bǎ hàn

예▶ 007电影中都有邦德火爆逃亡的场面, 全不用替身, 叫观众看得捏一把汗。 007영화에서 제임스 본드가 불길 속에서 도망치는 장면은 엑스트라를 전혀 쓰지 않아 관중들은 손에 땀을 쥐며 봤다.

832 손익계산서 盈亏清单 yíngkuī qīngdān

예▶ 盈亏清单又称利润表, 是用以反映公司在一定期间利润实现(或发生亏损)的财务报表。 손익 계산서는 이윤표라고도 하는데, 회사가 일정 기간내 이윤을 거둔(혹은 손해가 발생한) 것을 반영하는 재무재표이다.

833 손익분기점 盈亏分界点 yíngkuī fēnjièdiǎn

예▶ 国外有些连锁企业的分店数量若达不到一定规模时, 其销售额就会降至盈亏分界点以下, 使企业发生亏损。 해외의 일부 프랜차이즈 기업의 분점이 일정 규모에 도달하지 못해, 매출액이 손익분기점 이하까지 내려가면 기업에 손해가 발생한다.

834 솔루션 解决方案 jiějué fāng'àn

예▶ 金蝶国际软件集团有限公司是亚太地区领先的企业管理软件及电子商务应用解决方案供应商, 是全球软件市场中成长最快的独立软件厂商之一, 是中国软件产业的领导厂商。 Kingdee 국제 소프트웨어 그룹은 아시아 태평양 지역의 우수한 기업 관리 소프트웨어 및 전자상거래 솔루션 공급업체이며, 전세계 소프트웨어 시장에서 가장 빨리 성장하는 독립 소프트웨어 업체 중 하나이자 중국 소프트웨어 산업의 선두주자이다.

835 송유관 输油管道 shūyóu guǎndào

예▶ 当天清晨, 基尔库克以西60公里的一条从伊北部通往土耳其的重要输油管道遭到破坏。 당일 새벽, 키르쿠크에서 서쪽으로 60킬로미터 떨어져 있으며, 이라크 북부에서 터키로 이르는 주요 송유관이 파괴되었다.

836 송치하다 扭送 niǔsòng

예▶ 将窃贼扭送警察局。 도둑을 경찰서로 송치하다.

837 쇠사슬에 묶어서 감옥에 넣다 **锒铛下狱** *lángdāng xiàyù*

예 ▶ 如今假大使终于**锒铛下狱**, 但他的真实姓名还是无人知晓。 현재 가짜 대사는 결국 쇠사슬에 묶여 감옥에 들어갔지만, 그의 진짜 이름은 아직도 아무도 모른다.

838 쇼윈도우 **橱窗** *chúchuāng*

예 ▶ 几名游客在纽约第五大道欣赏了一家商店**橱窗**内的卡通造型时装展。 여행객 몇 명은 뉴욕 5번가에서 상점의 쇼윈도 안의 만화캐릭터 패션쇼를 감상했다.

839 수강신청 **选课** *xuǎn kè*

예 ▶ 学分制改革实行的关键就是学生可以自由**选课**。 학점제 개혁의 중점은 학생들이 자유롭게 수강신청을 할 수 있다는 것이다.

840 수능시험 **学能测试** *xuénéng cèshì*

예 ▶ 大学招生要对学生进行"**学能测试**", 就是测试学生进一步学习的能力。 대학이 신입생을 선발할 때 학생들은 수능시험을 본다, 즉 학생이 한층 더 깊이 공부할 수 있는지 능력을 측정하는 것이다.

841 수로 **水渠** *shuǐqú*

예 ▶ 一百米长的**水渠** 100미터 길이의 수로

842 수료 **学完/念完** *xuéwán/niànwán*

예 ▶ 在周老师的帮助下, 崔莹1个小时上普通孩子9节课的内容, 一个月**学完**了一年的课程。 저우 선생님의 도움으로, 추이잉은 한 시간에 일반 학생들의 아홉 시간 분량 수업 내용을 공부하여, 한 달 만에 일 년 과정을 수료하였다.

예 ▶ 她说, 自己此生最大的遗憾, 就是太小就在舞台上表演, 没接着把书**念完**。 그녀는 자기 평생 가장 큰 아쉬움은 바로 너무 어릴 때 무대에서 공연을 시작하여 공부를 마치지 못한 것이라고 했다.

843 수료증 **结业证书** *jiéyè zhèngshū*

예 ▶ 经过2年多的刻苦钻研, 有数十名师团干部通过考试, 成绩合格, 拿到了由浙江大学颁发的研究生**结业证书**。 2년여간 각고의 연구로 수십 명의 사단 간부가 시험을 통과, 합격하여 저장대학이 수여하는 연구생 수료증을 받았다.

844 수마 **洪魔** *hóngmó*

예 ▶ 灾情令人揪心。但与超历史纪录的雨情汛情相比, **洪魔**带来的损失已经减到最低程度; 到目前为止, 我省大江大河重点堤防没有溃口, 大中型水库没有垮坝, 没有出现一宗群死群伤事件。 재난은 사람의 마음을 아프게 한다. 하지만 비와 홍수에 관한 역사에 기록을 비교해 보면 수마가 가져온 손실은 이미 크게 줄어들었다. 지금까지 우리 성의 주요 하천의 제방은 무너지지 않았고, 대형 및 중형 댐 역시 무너지지 않았으며 단체 사상자가 발생하는 일도 일어나지 않았다.

845 수매 **收购** *shōugòu*

예 ▶ 大米**收购** 쌀 수매

846 수색영장 **搜查票** *sōuchápiào*

예 ▶ 我国将搜查、扣押视为一整个程序, 即以搜查为手段, 扣押为目的, 所以只有**搜查票**而无扣押票。 중국은 수색과 구금을 하나의 전체 과정으로 보고 있다. 즉 수색을 수단으로 하고 구금을 목적으로 한다. 그러므로 수색영장만 있고 구속영장은 없다.

847 수색작업 **搜寻工作** *sōuxún gōngzuò*

예 ▶ **搜寻工作**仍在紧张进行, 但客机的德国籍机长和其他两名人员的尸体仍未找到。 수색작업이 여전히 긴박하게 진행되고 있지만 여객기의 독일인 기장과 다른 두 명의 시체는 아직 발견되지 않았다.

848 수습기간(직장) **试用期** *shìyòngqī*

예 ▶ **试用期**是求职者获得一份工作最初的不稳定阶段, 也是用人单位对求职者的一个试用考察过程。 수습기간은 구직자가 직장을 구한 후 초기의 불안정한 단계이며 회사가 구직자에게 일을 시켜보고 관찰하는 기간이다.

849　수업료 听课费 tīngkèfèi

예▶　一个人听一天课要付出1万元, 这是目前国内开出的最高听课费, 对中国人的心理接受能力来说, 这是一个天价。 1인당 하루 수업료를 1만 위안 지불해야 한다. 이는 현재 국내 최고의 수업비로 중국인의 심리적인 수용능력으로 볼 때 천문학적인 가격이다.

850　수익자부담 谁受益, 谁负担
shéi shòuyì, shéi fùdān

예▶　农村教育投资的绝大部分收益被城市取得, 从 "谁受益, 谁负担" 的原则出发, 中央和各级城市财政理所应当地进行转移支付, 负担农村教育投资的主要部分。 농촌교육 투자의 대부분의 수익은 도시가 얻는다. '수익자부담' 의 원칙에서 출발하여, 중앙정부와 각급 도시 재정부처는 당연히 이전 지불하여 농촌 교육 투자의 주요 부분을 부담해야 한다.

851　수절하다 居孀守寡 jūshuāng shǒuguǎ

예▶　她丈夫已经死了三年, 她居孀守寡。 남편이 죽은지 이미 3년이 되었는데, 그녀는 수절하고 있다.

852　수주하다 赢得合同 yíngdé hétóng

예▶　我们公司赢得价值6200万美元的合同。 우리 회사는 6200만 달러의 계약을 수주하였다.

853　수직상승세 直线上升趋势
zhíxiàn shàngshēng qūshì

예▶　近日, 本市法院和检察院公布的最新调查结果显示, 少女暴力犯罪正呈直线上升趋势, 施暴手段有时比男孩子还残忍。 최근 본 시의 법원과 검찰이 발표한 최신 조사 결과에 따르면 여학생의 폭력 범죄가 수직상승세를 보이고 있고, 폭력 수단이 남학생보다 더 잔인할 때도 있는 것으로 나타났다.

854　수출주도형 出口导向型
chūkǒu dǎoxiàngxíng

예▶　目前中国的对外贸易总额已经占GDP的70％, 而出口的一半以上由外商投资企业控制, 形成了一种外商控制下的出口导向型经济。 현재 중국의 대외무역 총액은 이미 GDP의 70%를 차지하고 있으며, 수출의 절반 이상이 외국 투자기업에 의해 이루어져 외국기업의 통제에 있는 수출주도형 경제를 형성하였다.

855　수화 手语 shǒuyǔ

예▶　手语是聋人与外部世界交流, 交际的重要的语言工具。 수화는 농아인이 외부세계와 교류하고 교제하는 중요한 언어수단이다.

856　순순히 내놓다 拱手交出/拱手交给
gǒngshǒu jiāochū/gǒngshǒu jiāogěi

예▶　多少年来, 千千万万成功和不成功的企业孜孜追求的无不是卓越的质量, 他们或因质量优秀为王, 或因质量之伤, 而败者为寇, 拱手交出市场。 여러 해 동안 수많은 성공한 기업과 실패한 기업들이 추구했던 것은 바로 좋은 품질이다. 그들은 우수한 품질로 일등이 되기도 하고 품질 문제로 인해 패자가 되어 시장을 순순히 내놓아야 하기도 했다.

857　순회공연 巡回演出 xúnhuí yǎnchū

예▶　由张艺谋执导的芭蕾舞剧《大红灯笼高高挂》开始在美国各地巡回演出, 但是对于改编自同名电影的这出戏是否成功人们有不同的看法。 장이모 감독이 연출한 발레극 〈홍등〉이 미국 각지에서 순회공연을 시작하였다. 하지만 같은 이름의 영화를 각색한 이 발레극이 성공을 거둘지에 대해서는 사람들마다 의견이 다르다.

858　술상무 陪酒员 péijiǔyuán

예▶　李某酒量颇大, 性格豪爽, 被某单位领导赏识, 聘为了该单位的专业陪酒员。 이모씨는 주량이 상당하고, 성격이 호탕해서 한 기업체 사장의 눈에 들어 전문 술상무로 고용되었다.

859　숫처녀 童女/处女 tóngnǚ/chǔnǚ

예▶　在中国古代, "处女" 一词只强调女子之未婚

身份, 并无明显的童贞含义, 先秦时鲁国的漆室女可谓古代处女的原型人物。 중국고대에는 '숫처녀'라는 말은 아직 결혼하지 않은 여자임을 강조할 뿐이고 명확한 정조의 의미는 내포하지 않았다. 선진시기 노나라의 치실녀(漆室女)는 고대 숫처녀의 전형적인 인물이라 할 수 있다.

860 숫총각 童男 tóngnán

예▶ 本来, 婚姻只要是基于爱情即为合理, 至于夫妻双方是童男还是处女, 完全与婚姻的本质无关。 원래 결혼은 애정을 기반으로 하기만 한다면 된다. 부부가 숫총각이든 숫처녀이든 이는 결혼의 본질과 아무런 관련이 없다.

861 쉽지 않다 谈何容易 tánhé róngyì

예▶ 对有烟瘾的皮特而言, 戒烟谈何容易? 담배에 중독된 피터에게 있어서 금연이 그리 쉬운 일인가?

862 스산하다 肃杀 sùshā

예▶ 秋气肃杀。 가을 날씨가 스산하다.

863 스스로 무덤을 파다 自掘坟墓 zìjué fénmù

예▶ 香港大公报近日发表广东省社会科学院港澳台研究中心范海泉的文章称, 陈水扁发动"公投"是自掘坟墓。 홍콩〈다궁바오〉는 최근 광둥성 사회과학원 홍콩, 마카오, 타이완 연구센터의 판하이취안의 글을 발표하며 천수이벤이 '국민투표'를 하려는 것은 스스로 무덤을 파는 일이라고 밝혔다.

864 스카우트하다 挖角儿 wājuér

예▶ 行业的迅猛发展加剧了零售专业人才的短缺, 物以稀为贵, 高薪"挖角儿"风起, 如何获取并留住零售精英呢? 산업의 빠른 발전으로 영업 전문인재 부족 문제가 심화되었다. 물건이 적으면 귀해지는 법, 높은 임금을 이용한 "스카우트"가 붐을 일으키는 가운데 어떻게 하면 마케팅의 귀재를 뽑고 잡아둘 수 있을까?

865 스캐너 扫描器 sǎomiáoqì

예▶ 英国当局打算在车站使用毫米波扫描器在人群中找出身怀炸弹的恐怖分子。 영국 정부당국은 정류장에 밀리파 스캐너를 이용하여 군중 속에서 몸에 폭탄을 숨기고 있는 테러리스트를 찾아낼 계획이다.

866 스커드미사일 飞毛脚导弹/飞毛腿导弹 fēimáojiǎo dǎodàn / fēimáotuǐ dǎodàn

예▶ 在1991年的海湾战争中, 多次成功地拦截伊拉克的飞毛脚导弹, 因而声名大振。 1991년의 걸프전쟁에서 스커드미사일은 이라크를 여러 차례 성공적으로 막아서 큰 명성을 떨쳤다.

867 스케치 速写 sùxiě

예▶ 刚刚开始练习速写的人, 着重自己看中的芝麻小事, 甚至会放大所画的东西, 而与周围的事物比例难以调和。 막 스케치 연습을 시작한 사람은 자신의 눈에 들어온 사소한 것에 초점을 맞추고, 그릴 대상을 확대시켜 주위의 사물과 비율이 맞지 않게 그린다.

868 스쿠버 다이빙 水肺潜水 shuǐfèi qiánshuǐ

예▶ 经常进行水肺潜水就需要进行相应的训练并获得水肺潜水执照。 스쿠버 다이빙을 하려면 관련 훈련을 거치고 스쿠버 다이빙 자격증을 획득해야 한다.

869 스킨 다이빙 浮潜 fúqián

예▶ 欲取得PADI浮潜执照, 每个人则需另外支付400元。 PADI스킨 다이빙 자격증을 얻고 싶으면 1인당 400위안을 더 지불해야 한다.

870 스테로이드제 兴奋剂 xīngfènjì

예▶ 为保护运动员的身心健康, 促进竞技体育的健康发展, 国际社会长期致力于反兴奋剂斗争, 取得了卓有成效的进展。 운동선수들의 심신건강을 보호하고, 경기 스포츠의 건강한 발전을 촉진하기 위하여 국제사회가 오랫동안 스테로이드제 사용을 반대해서 탁월한 진전을 얻었다.

871 스튜디오 播音室 bōyīnshì

예〉 过去, 他发表讲话总是在国家宫先期录音, 然后把录音带拿到新闻广播部的**播音室**来播放。 과거 그의 발언과 담화는 언제나 국가궁에서 먼저 녹음된 후 테이프를 뉴스방송부의 스튜디오로 가져가 방송되었다.

872 스트레칭 舒展运动 shūzhǎn yùndòng

예〉 清晨, 当你一觉醒来, 就尽可能地向各个方面作一次身体**舒展运动**, 这对全身的肌肉和关节很有裨益。 새벽에 잠에서 깨자마자 여러 방향으로 최대한 스트레칭을 하면 전신의 근육과 관절에 매우 좋다.

873 스트리밍 流媒体 liúméitǐ

예〉 建立自己的**流媒体**服务器。 자신의 스트리밍서버를 구축하다.

874 스티로폼 泡沫塑料 pàomò sùliào

예〉 他并不是单枪匹马建造起这座特别的**泡沫塑料**房屋的, 他是与设在美国阿拉巴马州的热能节约住宅建筑公司进行合作, 共同完成了这一杰作。 그는 결코 혼자서 이 특별한 스티로폼집을 지은 것이 아니다. 그는 미국 알라바마주에 있는 열에너지 절약 주택건축 회사와 협력하여 함께 이 걸작을 완성하였다.

875 스파이크슈즈 跑鞋 pǎoxié

예〉 据竞报报道, 去年10月, 刘翔已正式委托市希望办, 将该双**跑鞋**进行拍卖, 所得款项将捐赠给希望工程。 징바오의 보도에 따르면 작년 10월 류샹은 이미 공식적으로 희망공정사무처에 이 스파이크슈즈의 경매를 위임하였고, 경매로 얻은 금액을 희망공정에 기부할 것이라고 한다.

876 스펙트럼 光谱 guāngpǔ

예〉 瑞典皇家科学院的公报中说, 格劳伯奠定了量子光学的理论基础, 据此, **光谱**中粒子的运动就可以被描述。而霍尔和汉施对精密**光谱**学的研究, 使得人们可以精确地测得原子和分子的光学颜色, 还可以把对光频率的测量精确到15位数。 스웨덴 황실과학원의 코뮈니케에 따르면, 글라우버는 양자광학의 이론적 기초를 정립하여 이를 근거로 스펙트럼에서의 입자 운동을 묘사할 수 있게 되었다고 한다. 또한 존홀과 핸쉬의 정밀 스펙트럼학에 대한 연구로 사람들은 원자와 분자의 광학 색깔을 정확하게 측정하고 빛의 주파수를 15자리 수까지 정확하게 측량할 수 있게 되었다.

877 스포츠음료 运动饮料 yùndòng yǐnliào

예〉 所谓**运动饮料**, 是功能饮料的一个种类。它是根据人体运动的生理特征, 通过针对性补充营养成分, 达到保持甚至提高运动能力以及加速消除运动后疲劳感等效果的饮料。 소위 스포츠 음료라 하는 것은 기능성 음료의 한 종류로 인체 운동의 생리적인 특징에 따라 맞춤형식으로 영양을 보충하여 운동능력을 유지하거나 높이며 운동 후 피로감을 빠르게 없애는 등의 효과가 있는 음료이다.

878 스포트뉴스 插播 chābō

예〉 今年, 美国霍华德大学拥有的WHUR电台(调频96.3MHz)开始广播高保真数字无线电节目了。在节目中, 它每个小时都会**插播**几次广告, 提醒听众他们收听的是数字广播。 올해 미국 하워드 대학이 소유하고 있는 WHUR(주파수96.3MHz) 방송국은 하이파이(hi-fi) 디지털 무선 프로그램을 방송하기 시작하였다. 프로그램 방송 중 매 시간마다 몇 차례 광고를 끼워 방송하여 청중들이 청취하고 있는 것이 디지털 방송이라는 사실을 인식시키고 있다.

879 스프레이 发胶 fàjiāo

예〉 **发胶**因能起到固定和美化发型的作用而受人们的青睐, 但若不合理使用, 或缺乏自我保健意识, 也会给健康带来危害。 스프레이는 두발을 고정시키고 아름답게 만들어 주기 때문에 많은 사람들이 좋아한다. 하지만 합리적으로 사용하지 않거나 스스로 보건 의식이 결여되어 있다면 건강에 피해를 가져올 수 있다.

880 슬로우모션 慢动作 màn dòngzuò

예〉 目前, 中央电视台以及大多数地方电视台在体育比赛的公共信号制作中, 都应用了超级**慢动作**, 它能够更好地回放体育比赛中精彩的瞬间。 현재 중국 CCTV와 대다수 지역의 TV방송국은 스포츠 경기의 공동

신호를 제작할 때 수퍼 슬로우모션을 응용해서 스포츠 경기의 흥미로운 순간을 더욱 잘 방송할 수 있다.

881 승부욕 好胜心 hàoshèngxīn

[예] 他们都有着超级强烈的**好胜心**, 也许正是这种超乎寻常的胜利欲望, 似乎才导致了他对克劳琛的冲动之举。 그들은 모두 강한 승부욕을 가지고 있다. 아마도 이와 같은 승리에 대한 남다른 열망 때문에 클라우전을 도발시키는 행동을 한 듯하다.

882 승전보 捷报 jiébào

[예] 5月3日, 再继中国3对女双组合携手晋级四强后, 男双四分之一决赛再传**捷报**。 5월 3일 중국의 여자 복식 세 팀이 함께 4강에 진출한 후 이어서 남자 복식팀도 4강전에서 승전보를 전했다.

883 승차거부 拒载 jùzài

[예] 一对母女在西土城路八号院内被人扎伤, 邻居欲把伤者送往医院, 出租车纷纷**拒载**, 最终一辆平板车充当"救护车"将伤者送往北医三院。 한 모녀가 시투청로 8호 뜰 안에서 찔려 부상을 당해 이웃이 피해자를 병원으로 데려가려고 하였지만 택시가 모두 승차거부를 하여 결국 리어카를 '구급차'로 삼아 베이징대 제3의원으로 데려갔다.

884 시가전 巷战 xiàngzhàn

[예] 在现代军事家眼中, **巷战**是最艰苦、也是伤亡最大的作战方式。 현대 군사 전문가가 보기에는 시가전이 가장 힘들고 사상자도 가장 많이 발생하는 작전 방식이다.

885 시너지효과 协同效应 xiétóng xiàoyìng

[예] 努力创造国际业务和国内主营业务之间的**协同效应**, 只有国际业务能给国内业务带来积极的效果, 这样的国际化才有意义。 국제 업무와 국내 주영 업 업무간의 시너지 효과를 창출하기 위해 노력해야 한다. 국제 업무가 국내 업무에 긍정적인 효과를 가져다 주어야 국제화가 비로소 그 의미를 갖는 것이다.

886 시럽 糖浆 tángjiāng

[예] 目前小儿止咳祛痰**糖浆**种类很多, 应用也很普遍, 如果使用不当会给孩子带来不良反应或中毒。 현재 어린이들의 기침을 멈추게 하고 가래를 없애는 시럽은 보편적으로 이용되고 있다. 만약 적절히 사용하지 않는다면 부작용이나 중독을 일으킬 수 있다.

887 시말서 服辩 fúbiàn

[예] 人家对我在博客上拿她说事表示严重愤慨, 我只好深刻检讨, 写下**服辩**, 把博文隐去了事。 사람들은 내가 블로그에서 그녀에 대해 꾸며 말한 것에 대해 매우 분개했다. 나는 어쩔 수 없이 깊이 반성하고 시말서를 쓴 후 블로그 본문을 삭제함으로써 사태를 진정시켰다.

888 시뮬레이터 模拟装置 mónǐ zhuāngzhì

[예] (AMS)阿莱尼亚·马可尼公司已经为英国海军提供了长期的训练和**模拟装置**的开发与支持, 这次签订的合同将进一步加强双方的合作关系。 AMS사는 이미 영국 해군에게 장기적인 훈련, 시뮬레이터의 개발과 지원을 제공하였는데, 이번에 서명한 계약서는 양측의 협력 관계를 더욱 더 강화할 것이다.

889 시범경기 表演项目 biǎoyǎn xiàngmù

[예] 综合性运动会上, 除了正式比赛项目, 还有一些非正式比赛项目, 习惯上称其为**表演项目**。 所谓表演项目, 就是不计成绩, 只用于表演。 종합적인 운동회에서 정식 경기 종목 이외에, 비정식 경기 종목이 있는데 습관적으로 이를 시범경기라고 부른다. 시범경기란 성적을 매기지 않고 단지 보여주기만 한다.

890 시사회 首映式 shǒuyìngshì

[예] 在这个特别的**首映式**上, 主演前田亚季和原作者高桥真先生都参加了, 大家一起欣赏了完成的作品。 이 특별한 시사회에 주연인 마에다 아키와 원작자인 다카하시신 선생이 모두 참석하여 모두가 함께 완성된 작품을 감상하였다.

891 시상식 颁奖仪式 bānjiǎng yíshì

예 ▶ 瑞典国王卡尔十六世·古斯塔夫以及瑞典政要和各界名人当天下午聚集在斯德哥尔摩市音乐厅, 出席诺贝尔基金会为今年的11位诺贝尔奖获得者举行的颁奖仪式。 칼 구스타프 16세 스웨덴 국왕과 스웨덴 정계인사 및 각계 인사들은 당일 오후 노벨재단이 스톡홀롬시 음악홀에서 개최하는 올해의 노벨상 수상자 11명에 대한 수상식에 참석했다.

892 시설 设施 shèshī

예 ▶ 我们都要爱护公共设施。 우리는 모두 공공 시설을 아끼고 보호해야 한다.

893 시세가 하락할 조짐을 보이다 行情看落 hángqíng kànluò

예 ▶ 行情看落的股票 시세가 하락할 조짐을 보이는 주식

예 ▶ 在发达国家, 自行车行情看涨, 在中国则行情看落。 선진국에서는 자전거의 시세가 오름세를 보이고 있는 반면 중국에서는 하락세를 보이고 있다.

894 시소게임 拉锯战 lājùzhàn

예 ▶ 打/进行拉锯战 시소게임을 하다.

예 ▶ 和他的拉锯战中, 我从来都不是胜利者。 그와의 시소게임에서 나는 한번도 승리한 적이 없다.

895 시아주버니 大伯子 dàbǎizi

예 ▶ 二十几年来, 张淑芳和丈夫一直悉心照顾着智力有问题的大伯子。去年, 丈夫突然因患脑血栓而半身不遂, 这让生活的重担一下子都压在了75岁的张淑芳肩上。但尽管如此, 张淑芳仍乐观坚强地面对着生活。 20여 년 동안, 장수팡과 남편은 줄곧 지체장애가 있는 시아주버니를 세심하게 돌봐왔다. 작년 남편이 갑자기 뇌혈전을 앓아 반신불수가 되어 삶의 무거운 짐이 순식간에 모두 75세인 장수팡의 어깨 위에 놓여졌다. 하지만 장수팡은 여전히 낙관적이고 꿋꿋하게 삶과 맞서고 있다.

896 시위진압경찰 防暴警察 fángbào jǐngchá

예 ▶ 河南省郑州市附近一个村庄星期天凌晨发生了防暴警察镇压村民的流血事件。 일요일 새벽 허난성 정저우시 부근의 한 농촌마을에서 시위진압경찰이 마을사람들을 진압하는 유혈사건이 발생하였다.

897 식구 家口/家中人口 jiākǒu/jiāzhōng rénkǒu

예 ▶ 据了解, 这些学生的家长都是在武汉市打工, 要么做小生意, 一个家庭每月的收入不足1500元, 加之家中人口多, 还要供一个高中生读书, 其经济就显得更加拮据了。 소식에 따르면, 이들 학생의 학부모는 모두 우한시에서 육체노동을 하거나 장사를 한다. 가구당 평균 월소득이 1500위안도 되지 않고 식구까지 많은 데다, 아이 하나를 고등학교에 보내자니, 가정 형편이 더욱 어려워졌다.

898 식도락가 美食家 měishíjiā

예 ▶ 82岁的林苟步先生是上海滩著名的美食家。 82세의 린허부 선생은 상하이탄의 유명한 식도락가이다.

899 식목일 植树节 zhíshù jié

예 ▶ 在3月12日植树节到来之际, 人们纷纷走向田野山岗, 履行公民的植树义务。 3월 12일 식목일이 될 즈음 사람들은 산으로 들로 나가 국민의 나무심기 의무를 다한다.

900 식수원 饮水来源 yǐnshuǐ láiyuán

예 ▶ 场镇居民告诉记者, 他们的饮水来源是当地的自来水厂, "质量还不错"。 창전 주민은 기자에게 그들의 식수원은 현지의 상수도 공장에서 나오므로 '수질이 좋다'고 말했다.

901 식언하다 食言/失约/负约/违约 shíyán/shīyuē/fùyuē/wéiyuē

예 ▶ 笔者心中生疑, 按照张宝全平常风风火火的性格, 不可能自己给自己"掌嘴", 超级征名秀可是火起来了, 食言可就坏大事了, 是不是有什么"难言之隐"呢？ 필자의 마음속에 의구심이 생겼다. 장바오취안의 평소 괄괄한 성격으로 볼 때 스스로 "따귀를 때리는"짓은 할 리가 없다. 인기가 높은 차오지정밍쇼는 한마디의 말실수로 일을 그르치고 말았다. 어떤 "말 못할 사정"이 있는 것인가?

예▶ 第七届上海国际电影节上备受关注的韩国影片《丑闻》昨日与媒体**失约**。 제7회 상하이 국제영화제에서 주목을 받은 한국 영화〈스캔들〉이 어제 언론과의 약속을 어겼다.

예▶ 我知道他还在为上次我**负约**生气, 但我决口不提那件事, 他也不好问, 怨气都藏在自己的心中。 나는 그가 아직도 지난번 내가 약속을 어긴 일로 인해 화가 나 있다는 것을 알고 있지만 나는 절대 그 일을 언급하지 않았고 그도 묻기 어려워 원망을 자신의 마음속에 담아두었다.

예▶ 尽管如此, 在侵权责任和**违约**责任竞合的时候, 究竟选择侵权赔偿请求权, 还是选择**违约**赔偿请求权, 这对受害人的利益有很大的影响。 이럼에도 불구하고, 권리 침해 책임과 위약 책임이 동시에 발생했을 때는 결국 권리침해 배상 청구권을 선택하든 아니면 위약 배상 청구권을 선택하든 이는 피해자의 이익에 큰 영향을 미친다.

901 식이요법 食饵疗法 shí'ěr liáofǎ

예▶ 由于本病的病因是多方面的, 故应采取**食饵疗法**, 药物疗法及改善卫生条件等综合措施治疗。 이 병의 발병 원인은 여러가지이기 때문에 식이요법, 약물요법 및 위생조건 개선 등 종합적인 조치를 써서 치료해야 한다.

902 식중독 食物中毒 shíwù zhòngdú

예▶ 一日三餐是每个人每天都必不可少的, 但是如果不注意饮食卫生, 误食了过期变质的食品就会引起**食物中毒**。 하루 세 끼 식사는 모든 사람들이 매일 걸러서는 안 되는 것이다. 하지만 만약 음식 위생에 주의하지 않아 유통기한이 지난 변질된 식품을 잘못 먹으면 식중독을 일으킬 수 있다.

903 식후 饭后 fàn hòu

예▶ **饭后**立即饮茶, 会冲淡胃液, 影响食物消化。 식사 후 바로 차를 마시면 위액을 희석시켜 음식물의 소화에 영향을 준다.

904 신경가스 神经毒气 shénjīng dúqì

예▶ 美国国务院发言人表示, 伊拉克正试图进口大批量的阿托品药品, 这种药可以用来减轻**神经毒气**对人所造成的影响。 미국 국무부 대변인은 이라크가 대량의 아트로핀 약품을 정식으로 수입하려고 한다고 밝혔다. 이 약은 신경가스가 사람에게 미치는 영향을 줄여주는데 사용된다.

905 신문팔이 售报员 shòubàoyuán

예▶ 一位**售报员**告诉记者, 《汕头特区晚报》改版后, 内容更新更有料更及时, 非常受读者欢迎, 有时一天光他一人就售出了40多份晚报。 한 신문팔이가 기자에게〈산터우특구석간신문〉이 개정된 후 내용은 더 새롭고 풍부하며 신속하게 발행되어 독자의 환영을 받고 있어 어떤 때는 그 혼자서 40여 부의 석간신문을 팔 때도 있다고 말했다.

906 신속대응군 快速反应部队 kuàisù fǎnyìng bùduì

예▶ 在一般人眼里, **快速反应部队**是一支神秘的部队, 他们神通广大, 反应迅速、神出鬼没、战无不胜。其实, 快反部队都是由陆海空三军部队组成, 只不过队员是经过严格挑选、严格训练的。 일반인들의 눈에는 신속대응군은 신비한 부대이다. 그들은 재주가 뛰어나고 반응속도가 빠르며 신출귀몰하여 백전백승이다. 사실 신속대응군은 육해공군으로 구성되고 대원은 엄격한 선발과 훈련을 통해 이루어질 뿐이다.

907 신입사원 新进人员/新职员 xīnjìn rényuán / xīn zhíyuán

예▶ 日前从省人事厅获悉, 到目前为止, 全省事业单位**新进人员**基本实行了公开招聘。 얼마전 성(省)의 인사청(人事廳)에 따르면, 지금까지 성(省)전체 사업체의 신입사원은 기본적으로 공개채용의 방식으로 채용하고 있다고 한다.

908 실린더 气缸 qìgāng

예▶ **气缸**作为一种液压气动元件, 在机械工程、自动化控制领域被工程师们广泛应用。 실린더는 액체압축 공기로 작동하는 부품으로 기계공정, 자동화 컨트롤 부분에서 엔지니어들이 널리 응용하고 있다.

909 실망하다 大跌眼镜/失望 dà diē yǎnjìng / shīwàng

예▶ 连战来大陆进行访问, 让许多美国的台湾问题专家都**大跌眼镜**。 렌잔이 대륙(중국본토)을 방문하여 수많은 미국의 타이완 문제 전문가들을 실망시켰다.

910　실무방문　工作访问 gōngzuò fǎngwèn

[예]　美国总统乔治·沃克·布什结束了对中国两天的**工作访问**，22日下午乘专机离京回国。　조지부시 미국 대통령은 중국에 대한 이틀간의 실무방문을 끝내고 22일 오후 전용기를 타고 베이징을 떠나 귀국하였다.

911　실적　业绩 yèjì

[예]　沟通是**业绩**管理的核心，也是企业最容易忽略的地方。　커뮤니케이션은 실적관리의 핵심이지만, 기업이 가장 쉽게 간과하는 부분이기도 하다.

912　실증하다　证实 zhèngshí

[예]　科学上的假设得到了**证实**。　과학적 가설이 실제로 증명되었다.

913　실질임금　实际工资 shíjì gōngzī

[예]　英国《金融时报》中文网站今日刊载调查得出的数据表明，美国的**实际工资**正以14年来最快的速度下降。　영국의 〈파이낸셜타임즈〉 인터넷 중문판은 오늘 조사결과 나온 데이터를 게재하였는데, 미국의 실질임금이 14년 이래 가장 빠른 속도로 하락하고 있다고 한다.

914　심리적 저항선　心理防线 xīnlǐ fángxiàn

[예]　昨日纽约原油价格冲至六十五美元一桶大关，这个价格显然击穿了世界油市的**心理防线**。　어제 뉴욕 원유 거래가격이 배럴당 65달러 선까지 치솟아 세계 석유시장의 심리적인 저항선을 무너뜨려버렸다.

915　심포지움　学术讨论会/专题讨论 xuéshù tǎolùnhuì / zhuāntí tǎolùn

[예]　10月21日上午，"青藏高原综合科学考察研究**学术讨论会**"在北京人民大会堂隆重举行。　10월 21일 오전, "칭장고원 종합과학 조사연구 심포지움"이 베이징 인민대회당에서 성대하게 거행된다.

[예]　此次研讨会持续近三个小时，一直在热烈活跃的气氛中进行。这是经管学院在第22次教育工作讨论会期间召开的第一次全院性专题研讨，此后还将陆续召开系列的分**专题讨论**。　이번 세미나는 거의 3시간 동안 계속되었고, 줄곧 열띤 분위기 속에서 진행되었다. 이는 경영대학 제22회 교육업무토론회 기간 동안 개최된 단과 대학 전체의 첫 번째 전문 세미나로, 이후 계속해서 관련 심포지움이 열릴 것이다.

916　십자말풀이　填字谜/横字谜/填字游戏 tiánzìmí / héngzìmí / tiánzìyóuxì

[예]　每章结尾都有多项选择题、讨论题和纵横**填字谜**。　매 장의 끝 부분에 여러 객관식문제, 토론문제, 크로스워드 퍼즐이 있다.

917　쌍무관계　双边关系 shuāngbiān guānxi

[예]　秘鲁总统托莱多30日下午在总统府与正在此间访问的摩洛哥国王穆罕默德六世举行会谈。双方发表联合声明称，两国将通过政治外交合作、贸易发展、旅游投资和文化交流等方式，共同致力于建设战略联盟**双边关系**。　톨레도 페루 대통령은 30일 오후 총통부에서 이곳을 방문하고 있는 모로코 국왕 모하메드 6세와 회담을 열었다. 쌍방은 공동 성명을 발표하여, 양국은 정치와 외교 협력, 무역 발전, 관광 투자 및 문화 교류를 통해 전략적인 상호동맹 관계를 만들기 위해 함께 노력하기로 하였다.

918　썰물　退潮 tuìcháo

[예]　香港的潮汐属于不正规半日潮。在一个月大部份时间内，每日有两个涨潮和两个**退潮**。每当新月或满月的时候，潮差特别大，这个时期叫做大潮。　홍콩의 조석은 불규칙한 반일조에 속한다. 한 달 동안 대부분 매일 두 차례의 밀물과 두 차례의 썰물이 있다. 매번 초승달이나 보름이 될 때, 조석 간만의 차이가 제일 커 이때를 한사리(대조)라고 부른다.

919　쐐기를 박다　打下楔子 dǎxià xiēzi

[예]　老实说吧，我见过各种各样的女人，除了给我启蒙的那一个，只有你，在我心中**打下楔子**。　솔직히 말해서, 나는 별의별 여자를 다 만나봤지만, 나를 계몽시킨 그 사람을 제외하고는 당신만이 내 마음속에 쐐기를 박았다.

[예]　朝韩关系趋热为韩美关系**打下楔子**。　남북관계

가 열기를 띄면서 한미관계에 쐐기를 박았다.

예 这为"宽带+机顶盒+电视机"的IPTV进入农村**打下**一个坚实的**楔子**。 이는 '광대역+셋톱박스+TV'인 IPTV가 농촌에 들어오는데 튼튼한 쐐기를 박아주었다.

920 쓰레기 발생량을 줄이다
减少废物的产生量
jiǎnshǎo fèiwù de chǎnshēngliàng

예 要减少矿业固体废物污染环境，一个根本的原则是贯彻固体废物减量化的原则，**减少废物的产生量**和贮存量。 광업 고체 폐기물로 인한 환경오염을 줄이기 위한 한 가지 근본적인 원칙은 고체 폐기물의 양을 줄이는 원칙을 관철하여 폐기물이 발생량과 저장량을 줄이는 것이다.

921 쓰레기를 함부로 버리다
将垃圾任意倾倒/乱扔垃圾
jiāng lājī rènyì qīngdào/luànrēng lājī

예 建筑垃圾的合理堆放填埋是关系到城市环境的大问题，如果**将垃圾任意倾倒**不仅会污染环境，任其发展还会形成垃圾包围城市的严重后果。 건축 폐기물의 합리적인 처리와 매립은 도시 환경이라는 큰 문제와 관련이 있다. 만약 쓰레기를 함부로 버리면 환경을 오염시킬 수 있을 뿐만 아니라 그것을 방치해 둔다면 도시가 쓰레기에 둘러싸이는 심각한 결과를 낳을 수 있다.

예 本次调查列举的六类不文明行为中, 57％的公众最反感"**乱扔垃圾**, 随地吐痰"。 이번 조사에서 열거된 6가지 비문명적인(교양없는) 행위 중 57%의 대중들이 '쓰레기를 함부로 버리고 아무 곳에나 가래를 뱉는 행위'에 가장 큰 반감을 갖고 있는 것으로 나타났다.

922 쓰레기 매립지 垃圾掩埋场 lājī yǎnmáichǎng

예 在各种垃圾进行分类回收后，仍有数量可观的混合垃圾倾倒在**垃圾掩埋场**。 각종 쓰레기를 분류하여 수거한 후에도 여전히 엄청난 양의 섞인 쓰레기가 쓰레기 매립지에 쏟아졌다.

923 아날로그 模拟 mónǐ

예 数字电路与**模拟**电路 디지털 회로와 아날로그 회로

924 아라비안나이트 天方夜谭 Tiānfāng yè tán

예 人体植入RFID芯片已经不是**天方夜谭**, 在人体植入RFID芯片将面临怎样的法律和道德问题？隐私能得到保障吗？ 인체에 전자태그(RFID)칩을 삽입하는 것은 더는 황당한 이야기가 아니다. 전자태그를 인체에 삽입하는 문제는 어떤 법률적 도덕적 문제를 야기할까? 개인의 사생활은 보호받을 수 있을까?

925 아래에서 위로 从下而上 cóngxià érshàng

예 作为领导在规划和决策时，一定要**从下而上**地听取大家意见，尽早入手做好学科发展规划。 지도자는 계획과 결정에 있어서 위에서 아래까지 여러 사람의 의견을 수렴한 뒤, 최대한 빨리 과학적인 발전 계획을 수립해야 한다.

926 아무리 생각해도 모르겠다
百思不得其解/让人不解的是
bǎisī bùdé qíjiě/ràng rén bùjiě de shì

예 我也不知道今天为什么踢得这样差，其实大家都还是尽全力了，但就是找不着"感觉"，对于原因却**百思不得其解**。 오늘 왜 이렇게 공이 안 차지는지 나도 잘 모르겠다. 모두들 전력을 다했지만 감을 찾지 못했던 것 같다. 정말 아무리 생각해도 그 원인을 알 수가 없다.

927 아미노산 氨基酸 ānjīsuān

예 **氨基酸**是构成蛋白质的基本单位。 아미노산은 단백질을 구성하는 기본단위이다.

928 아이러니 反讽 fǎnfěng

예 在我的记忆中, 80年代是一个纯真的年代，那时看不见坏人，到处是阳光灿烂。而那个时代的爱情没有网络感情的那种复杂化，没有一夜情那样的简单化，所以这部电影也是对现在年轻人的那种快餐式爱情的一种**反讽**。 내 기억에 따르면 80년대는 순진무구한 시대였다. 나쁜 사람은 찾아 볼 수가 없는 햇볕 따스한 시기였다. 당시의 애정은 인터넷상의 감정처럼 복잡하지도 않았고, 하룻밤 사랑처럼 간단하지도 않았다. 그래서 이 영화는 현대 젊은이들의 패스트푸드식 사랑에 있어서는 하나의 아이러니라고 할 수 있다.

929 아줌마부대(부동산 투기) 大妈炒房队
dàmā chǎofángduì

[예] 在韩国出现"天价房"，这里有一个著名的"大妈炒房队"。 한국에 천정부지의 가격을 형성하는 주택이 출현하였다. 그리고 그곳에는 부동산 투기를 하는 아줌마 부대가 있다.

930 아킬레스건 阿基里斯腱 Ājīlǐsī Jiàn

[예] 穿高跟鞋会抬高人体后跟且使足部长期呈跙曲的状态，造成阿基里斯腱及后跟软组织所承受的张力减少，进而导致血液循环不佳。 하이힐을 신으면 키는 커지지만 발 기형 현상이 나타나 아킬레스건 및 연조직이 감당할 수 있는 장력이 감소하여 혈액순환이 악화된다.

931 악화가 양화를 구축하다
劣币驱逐良币 lièbì qūzhú liángbì

[예] 一旦市场既失去法律制约，又失去道德制约，那么"劣币驱逐良币"规律就将在一切领域发生。 시장이 법적 제약과 도덕적 제약을 상실하게 되면 '악화가 양화를 구축한다' 는 논리가 전 영역에 걸쳐 나타나게 된다.

932 안전검사 安全检测 ānquán jiǎncè

[예] 采用自动安全检测的一个问题涉及到只能通过受过训练后才能发现的文件方面的安全漏洞。 자동 안전 검사의 문제점 중 하나는 파일의 보안 헛점이다. 이는 충분한 훈련을 쌓아야만 발견할 수 있기 때문이다.

933 안전사고 工安事故 gōng'ān shìgù

[예] 每次发生铁路工安事故，交通部总是口口声声表示将严惩相关人员，并检讨改进，但民众到现在还看不到具体成效。 매번 안전사고가 발생할 때마다 교통부는 관련 인사를 엄중 처벌하고 상황을 개선하겠다고 누차 말했지만 시민들은 아직까지 구체적인 성과를 볼 수가 없었다.

934 알 권리 知情权 zhīqíngquán

[예] "知情权"是指人们知悉、获取官方信息的自由与权利。 알 권리란 정부의 정보를 알고 획득할 수 있는 자유와 권리를 의미한다.

935 알면서 모르는 체 하다 揣着明白装糊涂
chuāizhe míngbai zhuāng hútu

[예] 有时候我们是揣着胡涂装明白，有时候我们是揣着明白装糊涂。 우리는 모르면서 아는 척할 때도 있고 알면서도 모르는 척할 때도 있다.

936 알츠하이머 阿尔茨海默氏症
Ā'ěrcíhǎimòshì Zhèng

[예] 近日，美国罗切斯特大学医学中心的科学家发现了一种导致阿尔茨海默氏症(老年痴呆症)血管神经功能障碍的基因。 최근 미국 로체스터 대학 의료 센터의 한 과학자는 알츠하이머병 혈관신경 기능 장애를 유발하는 유전자를 발견했다.

937 암송 背诵 bèisòng

[예] 在人们通常看来，能够背诵圆周率至小数点后多少位，在某种程度上是一个人记忆力好坏的标志。 일반적인 관점으로 볼 때 원주율 소수점 몇 자리까지 암기할 수 있느냐는 개인의 기억력을 측정하는 기준이기도 하다.

938 암시장 黑市 hēishì

[예] 附近一门面经营主告诉记者，手机黑市白天还不算人多的，晚上7时至10时最热闹，来此交易的人多达二三百人。 휴대전화 암거래 시장은 낮에는 사람이 적지만 저녁 일곱 시에서 열 시 사이에 2,300명의 손님이 와서 가장 북적대는 시간대라고 근처 가게 주인이 기자에게 말했다.

939 암표 黄牛票 huángniúpiào

[예] 那次你没有去卖黄牛票？ 그 때 당신 암표팔러 가지 않았나?

940 암흑 黑暗 hēi'àn

[예] 黑暗世界 암흑천지

941 양심을 품다 包藏祸心 bāocáng huòxīn

[예] 你是说他包藏祸心，有意谋害夫人的？ 네 말은 그가 양심을 품고 부인에게 해를 끼칠 의사가 있다는 것인가?

942 앞서거니 뒤서거니하다 脚前脚后 jiǎoqián jiǎohòu

[예] 20世纪90年代初，我们几个人脚前脚后地结了婚，又脚前脚后地有了孩子。 1990년대 초 우리 몇 명은 앞서거니 뒤서거니 결혼을 했고 아이가 생겼다.

943 앞서다 领先 lǐngxiān

[예] 前半场足球赛二比一，韩国队领先。 축구 시합 전반전은 2대 1로 한국팀이 앞서고 있다.

944 앞장서다 身先士卒 shēnxiān shìzú

[예] IBM采取这一措施的部分原因是，向其客户表明它正在身先士卒地采用它在大力推广的医疗自动化技术。 IBM이 이런 조치를 취한 것은 자사가 적극 추진 중인 의료 자동화 기술을 솔선수범하여 채택했다는 것을 고객에게 증명하기 위함이다.

945 애니메이션 电脑动画 diànnǎo dònghuà

[예] 美国是最早发展电脑动画的地方，在上个世纪七十年代末便利用电脑模拟人物活动。 미국은 최초로 컴퓨터 애니메이션을 개발한 곳이다. 1970년대 말 컴퓨터를 이용하여 인물의 움직임을 시뮬레이션하였다.

946 애프터서비스 售后服务 shòuhòu fúwù

[예] 微软为用户提供优质全面的售后服务，不论用户有什么问题，都将得到本公司客户服务部周到详细的帮助。 마이크로 소프트 사는 사용자를 위해 전면적이고 우수한 애프터서비스를 제공하고 있다. 어떤 문제가 있든지 간에 본사 고객센터의 상세하고 꼼꼼한 도움을 받을 수 있다.

947 액션영화 动作片 dòngzuòpiàn

[예] 唐季礼说他的电影注重的是原创，因为要立足世界，就必须要有自己的东西。但现在这么多动作片，要找到一些从来没有人拍过的场景故事，是非常难的。 자신의 영화는 개성을 중요하게 여긴다고 탕지리는 말했다. 세계에 우뚝 서기 위해서는 자신의 것이 필요하다는 이야기다. 물론 액션영화 편수가 많기 때문에 아무도 찍지 않은 장면을 찍기란 정말 어렵다고 한다.

948 액취 狐臭 húchòu

[예] 只需一瓶，根除狐臭，永不复发。 한 병 사용으로 액취 완전 제거. 영원히 재발하지 않음.

949 앨범(노래) 专辑 zhuānjí

[예] 个人首张专辑下载试听。 개인 첫 앨범 다운로드 및 미리 듣기.

950 앨범(사진) 相本儿 xiàngběnr

[예] 到了卧房，他从柜子里搬出厚厚的三大本相本儿，每一本都重得不得了。 침실에 도착한 뒤 그는 서랍에서 두꺼운 사진첩 세 권을 꺼냈다. 한 권 한 권 모두 무거웠다.

951 앨토 女低音 nǚ dīyīn

[예] 我国著名女低音歌唱家有哪几位？ 우리 나라에서 저명한 여성 알토는 누구누구인가요?

952 야간열차 夜车 yèchē

[예] 这时的夜车就象是个有着狭长走廊的收容所，没有温情。 당시의 야간 열차는 좁고 긴 복도가 있는 수용소처럼 온정이 없었다.

953 야광 夜间反光 yèjiān fǎnguāng

[예] 据悉，由于夜间光线暗、视线差、作业危险系数较高，所以夜间清扫队将穿戴夜间反光背心。 야간에는 빛이 약하여 시야가 좁고 작업 위험도가 높아서 야간 청소 부원들은 앞으로 야광 조끼를 착용하기로 했다.

954 야반도주 半夜逃走 bànyè táozǒu

예 在华投资的韩国企业是否正在以"半夜逃走"的方式撤离中国？ 중국에 투자한 한국 기업들이 야반도주하는 방식으로 중국을 떠나고 있나요?

955 약세를 보이다 走低 zǒudī

예 今年以来国内钢铁出口大增而价格不断走低。 올해 들어 국내 철강 수출은 크게 늘었지만 가격은 약세를 면치 못했다.

956 약속을 어기다
破约/失信/自食自言/背信弃义/言而无信
pòyuē/shīxìn/zìshí zìyán/bèixìn qìyì/yán'érwúxìn

예 中国人民银行营业管理部主任韩平7日表示，在实现信息共享的同时，央行还将尝试建立专门针对失信人群的"黑名单"制度，第一时间在全银行系统内公布。 중국런민은행 영업관리부 주임인 한핑은 7일, 정보 공유 실현과 함께 중앙은행은 신용을 잃은 사람들에 대한 블랙리스트 제도를 시도하여 은행 시스템을 통해 가장 먼저 공개하겠다고 밝혔다.

예 你这个背信弃义的卑鄙小人，今天我没死的话，我就和你们没完没了。 신의를 저버리는 비열한 인간아, 오늘 내가 죽지 않는다면 너희들과 끝장을 볼 것이다.

예 要改正孩子言而无信的缺点，首先家长的言行要一致。 거짓말을 하는 아이의 결점을 고치기 위해서 부모는 먼저 자신의 언행을 일치시켜야 한다.

957 약속을 하다 做出承诺 zuòchū chéngnuò

예 不轻易做出承诺，一旦明确做出承诺，一定不惜代价，全力以赴去争取实。 약속은 함부로 해서는 안 되지만 일단 약속을 하게 되면 대가를 치르더라도 최선을 다해 지켜야 한다.

958 양면협공 两面夹攻 liǎngmiàn jiāgōng

예 面对黑手机和洋品牌两面夹攻，国产手机终于坐不住了。 불법 휴대전화와 해외 브랜드의 양면 협공에 국산 휴대전화는 결국 버티지 못했다.

959 양생 护养 hùyǎng

예 不同的气候环境要求对肌肤的不同护养。 계절에 따른 피부 보호가 필요하다.

960 양서(외국서적) 外文书 wàiwénshū

예 当时，有关社会学的著作中文版很少，多数是外文书。 당시 사회학 관련 중문 서적은 매우 적었고 대부분은 외국서적이었다.

961 양식 表格 biǎogé

예 下面列出了有关的业务表格样式，您可以直接从网上下载您所需要的表格。 아래 관련 업무 서류 양식이 있습니다. 인터넷 상에서 필요한 양식을 다운로드 받으시기 바랍니다.

962 어두운 그림자를 드리우다
给 ~ 蒙上阴影 gěi ~ méngshàng yīnyǐng

예 黎巴嫩在四五天里接连发生两起爆炸事件，给当地人民的正常生活蒙上了浓重的阴影。 레바논은 4,5일 동안 두 건의 폭발 사건이 연속 발생하여 현지 주민의 정상적인 일상생활에 검은 그림자를 드리웠다.

963 억지를 부리다 强词夺理 qiǎngcí duólǐ

예 父母的强词夺理，还会弱化家教效果。 부모가 억지를 부리면 가정 교육의 효과가 떨어지게 된다.

964 언급을 회피하다 避而不谈/只字未提
bì'ér bùtán/zhīzì wèití

예 遗憾的是，开发商在与一无所知的消费者签订合同之前对于这些瑕疵避而不谈，显然构成了售房欺诈。 아쉬운 점은 건축업자가 아무 것도 모르는 소비자와 계약을 하기 전에 이런 하자를 알려주지 않는다는 것이다. 이는 부동산 판매 사기가 된다.

예 正在科罗拉多州拉票的布什总统对伊遗失炸药的事件只字未提。 콜로라도에서 유세를 하고 있는 부시 대통령은 이라크의 폭탄분실 사건에 대해서 한 마디도 언급하지 않았다.

965 언더그라운드뮤직 地下音乐 dìxià yīnyuè

예 本站大力支持各地地下音乐发展, 尤其是浙江省杭州市的地下音乐发展。 본 사이트는 각지 언더그라운드 뮤직의 발전, 특히 저장 성 항저우 시의 언더그라운드 음악을 적극 지원합니다.

966 언론자유 新闻自由 xīnwén zìyóu

예 美国长期以来自诩为"新闻自由"的典范, 并经常指责其他国家特别是发展中国家缺乏"新闻自由"。 미국은 오랫동안 언론자유의 본보기가 되는 나라라고 자처해왔고 다른 나라 특히 개발도상국이 언론자유가 부족하다고 늘 비난했다.

967 언제 어디서나 无论何时何地 wúlùn héshí hédì

예 无论何时何地何事, 我都能压住心头的情绪, 展露无所谓的淡淡的笑容。 언제 어디서든지 어떤 일이든지 나는 감정을 억누르고 아무렇지도 않게 미소를 지을 수 있다.

968 얼음조각 冰雕 bīngdiāo

예 虽然最近天气回暖, 让人一时感觉不到冬天的脚步, 不过欧洲的荷兰已抢先推出规模盛大的冰雕展。 요즘 날씨가 따뜻해져서 겨울이 다가옴을 느끼지 못하지만 유럽의 네델란드는 벌써 성대한 규모의 얼음 조각전을 시작했다.

969 엄청난 힘을 쓰다 费了九牛二虎之力 fèile jiǔ niú èr hǔ zhīlì

예 这条鲤鱼中的"巨无霸"是渔民张富淳费了九牛二虎之力才从河里钓起来的。 이 잉어가운데 가장 큰 것은 어부 장푸춘이 엄청난 힘을 써서 낚아 올린 것이다.

970 업데이트 更新 gēngxīn

예 为了不断更新网页内容, 你必须不断地重复制作HTML文档。 웹페이지의 내용을 지속적으로 업데이트하기 위해서 당신은 계속해서 HTML 파일을 중복 작성해야 한다.

971 업무상과실 失职罪 shīzhí zuì

예 3月4日, 武汉市汉阳区人民法院以"环境监管失职罪"判处武汉市洪山区环保局副局长王华楚有期徒刑6个月, 缓刑1年。 3월 4일 무한시 한양구 인민법원은 환경 감독 업무상 과실죄를 적용하여 무한시 홍산구 환경보호국 부국장 왕화추에게 유기징역 6개월에 집행유예 1년을 언도하였다.

972 없어서는 안 된다 不可或缺 bùkě huòquē

예 资本和人才是企业成功不可或缺的因素。 자본과 인재는 기업이 성공하는데 있어서 없어서는 안 되는 요소이다.

973 에너지소모량 能源耗用量 néngyuán hàoyòngliàng

예 夏天时适当调节空调系统的温度, 使室内温度保持摄氏25.5度, 以减少能源耗用量。 여름 에너지 소모량을 줄이기 위해 에어컨의 온도를 적당하게 조절하여 실내 온도를 섭씨 25.5℃로 맞추자.

974 에너지소모량이 많다 能耗高 nénghàogāo

예 海水提钾, 成本和能耗高, 难以工业化。 바닷물에서 칼륨을 채취하는 것은 원가와 에너지 소모량의 많아 산업화하기 힘들다.

975 에너지절약 节能 jiénéng

예 因为我国建筑物的保温节能性能较差, 所以空调运行效率较低。 우리 나라 건물의 보온 에너지 절약 기능이 좋지 않아서 에어컨 가동 효율이 상대적으로 떨어진다.

976 에스오에스(SOS) 求救信号 qiújiù xìnhào

예 哥伦比亚民航官员称坠毁客机失事前曾发过求救信号。 콜롬비아 민항 관리는 추락한 여객기는 사고가 나기 전에 SOS 신호를 보냈다고 밝혔다.

977 에어포스원 空军一号 Kōngjūn Yī Hào

예 美国"空军一号"专机12日再次出现故障, 迫使

布什总统在从墨西哥回程时, 改乘较小的波音757型座机。 미국의 에어포스원은 12일 다시 고장이 발생하여 부시 미 대통령은 멕시코에서 돌아올 때 소형 보잉 757기로 갈아탔다.

978 에지볼(편법을 쓰다) 擦边球 cābiānqiú

예▶ 据统计, 全市现在至少有200多家宠物诊所, 可真正取得"动物诊疗许可证"的只有17家, 很多人都是在打"擦边球"。 통계에 따르면 현재 시 전체에 적어도 200여 개 동물병원이 있다. 하지만 '동물 진료 허가증'을 취득한 병원은 열일곱 개 뿐이다. 대부분이 모두 편법 운영을 하고 있는 것이다.

979 에필로그 收场白 shōuchǎngbái

예▶ 易卜生的最后一部剧作《当我们死而复苏时》于1899年出版时, 他把该剧称之为"一部戏剧的收场白"。 입센의 마지막 극작품 '우리가 죽음에서 회생했을 때'가 1899년 출판되었을 때 그는 이 작품을 '희극의 에필로그' 라고 불렀다.

980 엑스트라 临时演员 línshí yǎnyuán

예▶ 他们是经验丰富的临时演员, 且常梦想将来成为巨星。 그는 경험이 풍부한 단역배우로 항상 미래에 빅스타가 되는 것을 꿈꾼다.

981 엘니뇨 厄尔尼诺 È'ěrnínuò

예▶ 在1997和1998年, "厄尔尼诺"和"拉莉娜"两种气候现象对地球造成了不少天然灾害, 而且对海洋的食物链(oceanic food chain) 亦造成了前所未有的影响。 1997년과 1998년 엘리뇨와 라니냐 두 종류의 기후현상으로 지구에 많은 자연재해가 발생했고 해양의 먹이사슬에도 전례없는 큰 영향을 끼쳤다.

982 엘엔지(LNG) 液化天然气 yèhuà tiānránqì

예▶ 随着国民经济的发展, 液化天然气(LNG)作为一种新能源, 已广泛地用于工业、汽车等各个领域, 具有良好的发展前景。 국민경제가 발전함에 따라 LNG는 새로운 에너지로 이미 공업, 자동차 등 여러 영역에서 광범위하게 사용되고 있으며 발전전망이 좋다.

983 엘피지(LPG) 液化石油气 yèhuà shíyóuqì

예▶ 下半年以来, 受国际形势影响, 国际原油市场价格的急剧上涨, 引发了液化石油气等石油产品价格的飚升。 하반기 이래 국제정세의 영향으로 인한 국제원유 시장가격의 급격한 상승은 LPG 등 석유제품 가격 폭등을 야기했다.

984 여과(필터링) 过滤 guòlǜ

예▶ 目前最主要的对抗垃圾邮件的技术是邮件过滤技术。 현재 스팸메일에 대응하는 가장 대표적인 기술은 필터링이다.

985 여러 번 당부하다 千叮咛万吩咐
qiān dīngníng wàn fēnfu

예▶ 有时千叮咛万吩咐你却忘了, 这些没有吩咐的事你却记得做。 어떤 때는 여러 번 당부한 일도 잊어버리더니 아무 당부도 하지 않은 일들은 오히려 기억하고 있네.

986 여러분이 아시는 바대로
众所周知 zhòngsuǒ zhōuzhī

예▶ 众所周知, 中国不仅人口众多, 还是一个多民族国家。 여러분이 아시는 바대로 중국은 인구가 많을 뿐 아니라 다민족 국가이기도 합니다.

987 여러 사람이 주시하는 가운데
在众目睽睽之下 zài zhòngmùkuíkuí zhīxià

예▶ 她痛苦地拿着擦汗的毛巾捂住眼睛, 在众目睽睽之下失声痛哭。 그녀는 고통스럽게 땀을 닦는 수건으로 눈을 가리고 여러 사람이 주시하는 가운데 목놓아 울었다.

988 여론조사 民意测验 mínyì cèyàn

예▶ 民意测验的目的是要了解社会成员对现实问题的真实看法, 但是, 在现实情境中, 人们出于种种考虑, 有时不愿意表露自己的真实情感。 여론조사의 목적은 현실문제에 대한 사회구성원의 진실된 견해를 이해하는 것이지만 현실에서 사람은 여러가지 목적 때문에 때로는 자신의 진실된 감정을 표현하지 않는다.

989 여소야대 朝小野大 cháoxiǎo yědà

[예] 4月15日晚6时, 充满变数和悬念的韩国第17届国会议员选举落下帷幕。选举结果, 在总数为299个议席中, 执政党开放国民党议席过半, 并从过去的少数党, 一跃成为国会第一大党, 扭转了昔日国会"朝小野大"的格局。 4월 15일 저녁 6시 변수가 많고 아슬아슬했던 한국 제17대 국회의원선거가 막을 내렸다. 선거결과 총 299개 의석 가운데 여당인 열린우리당이 과반수를 차지하였고 과거의 소수당에서 일약 최대당이 되어 과거 국회의 여소야대의 국면을 바꿔놓았다.

990 여신한도 授信额度 shòuxìn édù

[예] 董事会同意向银行申请不超过1.5亿元的授信额度。 이사회는 은행에 1억 5천 위안 이하의 여신한도를 신청하기로 했다.

991 여우주연 最佳女主角 zuìjiā nǚzhǔjué

[예] 获得最佳女主角提名的梅婷则用一句话概括了她的感受: "从常理来讲, 每个人都有25％的希望, 不过我是付出了100％的精力, 所以得不得奖都很在意, 但能入围也知足了。" 여우주연상에 지명된 메이팅은 한마디로 소감을 말했다. "이치적으로 볼 때 모든 사람은 25%의 희망이 있지만 나는 100%의 정력을 쏟았다. 그래서 수상여부가 신경이 쓰이긴 하지만 지명된 것만으로도 족하다."

992 여유식량 额外粮食 éwài liángshi

[예] 南方城镇的缺水问题则更为严重。报告还称, 为数约350万营养不良的伊拉克儿童、孕妇及需要哺乳婴儿的母亲, 明年需要额外粮食配给, 有关开支估计达5100万美元。 남방 도시의 물부족 문제가 아주 심각하다. 보고에 따르면 영양실조에 걸린 이라크 아동과 임산부 그리고 젖을 먹여야 하는 출산모 350만 명은 내년에 대략 5100만 달러어치의 여유식량배급이 필요하다고 한다.

993 여파 余波 yúbō

[예] 中海油宣布退出竞购美国尤尼科石油公司尘埃落定一个月以来, 虽然并购硝烟逐渐散去, 震荡余波却始终未了。 중국해양석유총공사가 미국 유니칼 석유회

994 역도 举重 jǔzhòng

[예] 现代举重运动始于18世纪的欧洲, 英国伦敦的马戏团常有举重表演。19世纪初, 英国成立举重俱乐部。 현대 역도는 18세기 유럽에서 시작되어 영국런던의 곡마단에서 역도공연을 했었고 19세기 초에는 영국에서 역도 클럽을 창설하였다.

995 역사에 역행하다
开历史的倒车 kāi lìshǐ de dàochē

[예] 中国外交部发言人孔泉今天就日本国会众议院日前通过了有关二战结束60周年的决议指出, 日本国会二战60周年决议开历史的倒车。 쿵취안 중국외교부 대변인은 오늘 일본 국회 중의원에서 며칠 전 2차 세계대전 종전 60주년에 관한 결의를 통과시킨 것에 대해 역사에 역행하는 것이라고 지적했다.

996 역할을 맡다 扮演角色 bànyǎn juésè

[예] 我想, 女人希望男人能扮演四种不同的角色—英雄, 朋友, 玩伴及情人。 내 생각에 여성은 남성이 영웅, 친구, 놀이파트너, 애인의 네 가지 서로 다른 역할을 해주기를 원하는 것 같다.

997 역효과 反效应 fǎnxiàoyìng

[예] 爱面子的正反效应 체면을 중시하는 것의 순작용과 역작용

998 연동운동 蠕动 rúdòng

[예] 适度的运动有助于肠胃道的蠕动, 对预防便秘的发生也有显著的功效。 적당한 운동은 장과 위의 연동운동에 도움이 되며 변비예방에 탁월한 효과가 있다.

999 연락이 끊어지다 失去联系 shīqù liánxì

[예]▶ 由于印尼海啸突袭地点包括泰国布吉等旅游热点, 香港旅行团近千人失去联系, 国际影星李连杰也包括在失去联络的人名单中。 인도네시아의 쓰나미가 태국의 푸켓 등 인기관광지를 강타했기 때문에 홍콩관광단의 1000여 명과 연락이 끊겼는데, 국제적인 영화스타 리롄제도 연락이 끊긴 관광객 명단에 포함되어 있다.

1000 연명으로 요구하다 连署要求 liánshǔ yāoqiú

[예]▶ 国会里, 42名议员组成了"撤离伊拉克干部会议", 鼓吹撤军。56万平民加上122名议员, 连署要求白宫回答有关"唐宁街备忘录"中所谓布什预谋发动伊战的问题。 국회에서 42명이 '이라크 철수 간부회의' 를 구성하여 철군을 주장하고 있다. 민간인 56만 명과 국회의원 122명이 '다우닝가 비망록' 가운데 이른바 부시가 이라크전쟁을 사전 모의 했다는 것에 관한 문제에 대해 백악관이 답변할 것을 연명으로 요구하고 있다.

1001 연비 燃油功效 rányóu gōngxiào

[예]▶ 公司近期推出一款新版Escape越野车, 该车配置一个使用电池的混合汽油动力引擎, 从而在低速行驶时提高了燃油功效。 회사에서 최근에 새로운 스타일의 에스케이프 지프차를 선보였다. 이 차는 밧데리를 사용하는 하이브리드엔진을 장착하여 저속 운행시의 연비를 높였다.

1002 연장전 加时赛 jiāshísài

[예]▶ 由于在首回合交锋中双方互交白卷, 因此比赛不得不进行加时赛, 结果在加时赛结束后南昌八一队以3:2险胜对手。 첫 번째 경기에서 쌍방이 비겼기 때문에 연장전을 치를 수 밖에 없었고 결과적으로 난창바이팀이 3대 2로 상대팀에 신승을 거두었다.

1003 연체 拖欠 tuōqiàn

[예]▶ 香港明报今天报道, 30多名深圳科健足球队员遭拖欠薪资长达1年, 总额高达五百万元人民币, 球员日前被迫上访, 要求深圳劳动局协助。 오늘 홍콩 밍바오에 따르면 30여 명의 션전 커젠 축구선수들의 임금 500만 위안이 1년 동안이나 체불되어 어쩔 수 없이 션전 노동국에 협조를 요구하는 진정을 했다고 한다.

1004 연탄 蜂窝煤 fēngwōméi

[예]▶ 一位工作人员告诉记者, 由于近期蜂窝煤用量需求增大, 厂里的压煤机几乎昼夜不停, 即使这样, 等待运送蜂窝煤的三轮车也一直没断过。 한 근로자가 기자에게 최근 연탄의 수요가 증가하여 공장 연탄압축기가 거의 밤낮으로 가동하고 있지만 연탄을 기다리는 삼륜차는 끊이지 않고 있다고 말했다.

1005 열쇠고리 钥匙扣 yàoshikòu

[예]▶ 小小的钥匙扣也可以做得如此精致漂亮, 在你每一天开门关门的瞬间, 看到这么精美的钥匙扣, 心情都会好很多吧。 작은 열쇠고리 역시 이렇게 정교하고 아름답게 만들 수 있다. 네가 매일 문을 여는 순간 이렇게 멋진 열쇠고리를 보면 기분이 아주 좋을 거야.

1006 염두에 두다 放在心里 fàngzài xīnli

[예]▶ 当这段感情失败后, 他会把这段记忆放在心里, 把这个女人放在心底。 이번 사랑에 실패한 후 그는 그 추억과 여인을 마음 속에 새겼다.

1007 영구차 灵车 língchē

[예]▶ 梅艳芳的白色灵车出发前往火葬场。 메이옌팡의 백색 영구차가 화장터로 출발하였다.

1008 영사기 放映机 fàngyìngjī

[예]▶ 现在, 日本研究人员让我们的梦想即将成真, 他们开发出了以天空为屏幕的新型放映机。虽然这种放映机目前只能放映简单的图像, 但它毕竟在空气电影方面迈出了一大步。 일본 연구원들이 우리들의 꿈을 곧 실현하게 된다. 그들은 하늘을 스크린으로 하는 신형 영사기를 개발했다. 비록 이 영사기는 현재 간단한 화상밖에 방영할 수 없지만 공기영화방면에 큰 걸음을 내딛은 것이다.

1009 영안실 太平间 tàipíngjiān

[예]▶ 加拿大萨里市一家疗养院中的一名87岁老太因为睡觉睡得太香甜, 竟然阴差阳错地被工作人员当作"死人"拖到了医院太平间中。 캐나다 쌔리시

의 한 요양원에서 87세된 할머니가 너무 곤히 자는 것을 직원이 실수로 시체로 알고 병원의 영안실로 옮겼다.

1010 영전하다 升迁/高升 shēngqiān/gāoshēng

예▶ 莎士比亚曾说：“没有野心,世界不会变好,更不会进步。”因此,当你有一天有升迁的野心时,这标志着你已经进步了。 셱스피어는 “야심이 없으면 세상은 좋아지지 않으며 진보하지도 않는다”라고 했다. 따라서 여러분이 영전의 야심이 있다면 그것은 이미 진보했다는 것을 의미한다.

1011 영화제 电影节 diànyǐng jié

예▶ 威尼斯电影节,是世界上第一个国际电影节,被誉为“国际电影节之父”。 베니스 영화제는 세계 제일의 국제 영화제로 ‘국제영화제의 아버지’로 불린다.

1012 예민 敏锐/敏感 mǐnruì / mǐngǎn

예▶ 神经敏锐/听觉很敏感 신경이 예민하다/청각이 예민하다.

1013 예방하다 预防 yùfáng

예▶ 在中国部分省区发生禽流感疫情后,各地纷纷未雨绸缪,采取有力措施预防禽流感疫情发生。 중국의 일부 성에서 조류독감이 발생한 후 각 지역에서는 사전에 조류독감 발생을 예방하는 강력한 조치를 취했다.

1014 예산을 편성하다 编排预算 biānpái yùsuàn

예▶ 2007企业在行销预算编排上已慢慢由传统行销媒体转移到网络行销工具上。 2007년 기업의 마케팅 예산편성은 서서히 전통적인 마케팅 매스컴에서 웹 마케팅 툴로 옮겨가고 있다.

1015 예상했던 대로 一如所料 yīrúsuǒliào

예▶ 一如所料,中国终于在2005年开始进行人民币汇率机制改革。 예상했던 대로 중국은 2005년에 위안화 환율체제 개혁을 시작했다.

1016 예인하다 拖曳 tuōyè

예▶ 拖曳汽车时使用紧急制动是很危险的。 자동차를 예인할 때 긴급제동을 하는 것은 위험하다.

1017 오랫동안 수리하지 않았다 年久失修 niánjiǔ shīxiū

예▶ 据新华社报道,被洪水冲跨的大桥建于上个世纪30年代末,年久失修,此前已经历过数次洪水冲击。 신화사 보도에 따르면 홍수에 휩쓸려간 대교는 1930년 말에 건설되었고 오랫동안 보수를 하지 않아서 이전에 이미 여러 차례 홍수의 타격을 입었다고 한다.

1018 오리발 脚蹼 jiǎopǔ

예▶ 蹼泳比赛最重要的器材就是脚蹼,它们的形状大体一致,重量大约7斤左右。 오리발 수영대회에서 가장 중요한 장비는 오리발이다. 오리발의 모양은 대체로 비슷하며 무게는 대략 7킬로그램 정도이다.

1019 오빠부대 追星族 zhuīxīngzú

예▶ 现在的明星是越来越多,追星族也越来越多。没办法,为了赶上潮流,我也加入到了追星的队伍当中。 지금 스타가 점점 많아지고 오빠부대도 점점 많아진다. 나도 유행을 따르기 위해 어쩔 수 없이 오빠부대에 참여하였다.

1020 오염되다 遭到污染 zāodào wūrǎn

예▶ 大量的垃圾被倒入白龙江,江水遭到污染。 대량의 쓰레기가 바이롱강에 버려져 강물이 오염되었다.

1021 오염물 배출기준 污染物排放标准 wūrǎnwù páifàng biāozhǔn

예▶ 自12月30日起,车辆只有通过国家第三阶段污染物排放标准审核才能在北京市场销售。 12월 30일부터 자동차는 국가 3단계 오염물 배출기준심사를 통과하여야만 베이징시에서 판매될 수 있다.

1022 오인하다 误将 ~ 认为 ~ wùjiāng ~ rènwéi ~

[예] 经媒体曝光后, 消费者由于不懂"食品添加剂"和"非食品添加剂", 误将"非食品添加剂"认为是"食品添加剂"。 언론에서 폭로한 후 소비자들은 '식품첨가제'와 '비식품첨가제'를 구별하지 못해 '비식품첨가제'를 '식품첨가제'로 오인했다.

1023 오존층을 파괴하다 破坏臭氧层
pòhuài chòuyǎngcéng

[예] 在对流层顶部飞行的民航和军用飞机排出的氧化氮气体, 也是破坏臭氧层的催化剂。 대류층 상부에서 비행하는 민항기와 군용비행기가 배출하는 산화질소기체 역시 오존층을 파괴하는 촉진제이다.

1024 오찬을 함께하다 共进午餐 gòngjìn wǔcān

[예] 据美联社报道, 金正日与郑东泳进行了交谈并共进午餐。金正日表示, 他希望能够与那些他曾见过的、随同郑东泳来访的官员见面。 AP통신 보도에 따르면 김정일과 정동영은 대담을 하고 오찬을 함께했다고 한다. 김정일은 그가 전에 만났전 정동영을 수행한 관원들과 만나기를 희망했다고 밝혔다.

1025 오프라인 离线 líxiàn

[예] 由于高额的上网费, 使许多网友常常不能尽兴地浏览网上丰富的内容。从某种意义上讲, 这大大地降低了我们上网的意义。在这种情况下, 拥有一个优秀的离线浏览软件就十分必要。 인터넷 사용비가 비싸기 때문에 많은 네티즌들은 항상 웹상의 풍부한 내용을 마음껏 볼 수 없다. 어떤 의미에서 이것은 인터넷 사용의 의미를 크게 퇴색시켰다. 이러한 상황에서 우수한 오프라인 브라우저 소프트웨어를 보유할 필요가 있다.

1026 오픈게임 热身赛 rèshēn sài

[예] 8月10日, 中国女篮抵达雅典, 并与希腊女篮进行了一场热身赛。最终, 中国女篮以65比77负于对手。 8월 10일 중국 여자농구팀이 아테네에 도착하여 아테네 여자농구팀과 오픈게임을 하였고 결국 중국팀이 65대 77로 상대팀에 졌다.

1027 오피스텔 商住两用房/办公综合楼
shāngzhù liǎngyòngfáng / bàngōng zōnghélóu

[예] 前一阵子, 商住两用房很是"火"了一阵。然而, 对于那种自由职业或居家办公者, 选择这种商住两用房就要慎重了。 이전에 한동안 오피스텔이 아주 인기가 있었다. 하지만 프리랜서나 재택근무자들이 이러한 오피스텔을 선택할 때는 신중해야 된다.

1028 오해를 풀다 消除误解 xiāochú wùjiě

[예] 中国海军应加强对外交流以消除误解。 중국해군은 오해를 풀기 위해 대외교류를 강화해야 한다.

1029 옥외 户外 hùwài

[예] 户外活动存在一定的危险性及不确定因素, 领队有权拒绝或劝退不符合条件的队员。 옥외활동은 일정한 리스크와 불확실한 요인이 있다. 인솔자는 조건에 맞지 않는 대원을 거절하거나 물러나게 할 수 있다.

1030 옥외광고 户外广告 hùwài guǎnggào

[예] 户外广告是广告媒体的重要形式, 也是最早的广告形式之一, 是人们生活周围最为常见的广告形式。 옥외광고는 광고매체의 중요한 형식이자 최초의 광고형태 중에 하나다. 또한 사람들의 생활주변에서 가장 흔히 볼 수 있는 광고형태이다.

1031 온갖 수단을 동원하다 使出浑身解数
shǐ chū húnshēn xiè shù

[예] "电视剧们"使出浑身解数拼命"拉拢"了非球迷。 TV드라마들이 온갖 수단을 동원하여 비 축구팬들을 끌어들였다.

1032 온난전선 暖锋 nuǎnfēng

[예] 在我国暖锋常出现于气旋中心的东侧, 而且多与冷锋成对出现, 暖锋过境时一般除伴有阴雨外, 气压也降低, 气温将升高。 우리나라에서 온난전선은 항상 선풍 중심의 동측에 나타난다. 아울러 대부분 한랭전선과 짝을 이루어 나타난다. 온난전선이 통과할 때 일반적으로 장마가 수반되고 또한 기압이 낮아지며 기온은 상승한다.

1033 온라인 在线 zàixiàn

[예] 我中心提供的在线短文翻译是国内使用率最普及的在线翻译。 우리 센터에서 제공하는 온라인 단문번역은 국내에서 사용률이 가장 높은 온라인 번역이다.

1034 온상이 되다 为~提供了温床 wèi ~ tígōng le wēnchuáng

[예] 新帝国主义论再现的原因是冷战结束后的美国起主导作用的世界格局为新帝国主义论的产生提供了温床。 신제국주의론이 재현된 원인은 냉전이 종식된 후 미국이 주도하는 세계구도가 신제국주의 탄생에 온상이 되었기 때문이다.

1035 온수기 热水器 rèshuǐqì

[예] 热水器是日常生活的必需品，但在消费者需求高涨，热水器迅猛发展的同时，安全问题也变得日益突出。 온수기는 일상생활의 필수품이지만 소비자 수요가 급증하고 온수기가 빠르게 발전하는 것과 동시에 안전문제 역시 점점 두드러지게 되었다.

1036 온실 속의 화초 温室里的花朵 wēnshìlǐ de huāduǒ

[예] 不要把孩子养成"温室里的花朵"。 아이를 온실 속의 화초로 키우지 마라.

1037 옭매듭 死结 sǐjié

[예] 究竟我们能打开多少人生的死结？ 우리가 인생을 옭매듭을 도대체 얼마나 풀 수 있을까?

1038 완전무장 全副武装 quánfù wǔzhuāng

[예] 如果司法偏离了公正原则，法律正义得不到维护，那么，即使对司法人员给予全副武装的保护，也不会产生真正的司法权威。 만약 사법이 공정의 원칙을 벗어나고 법률정의가 보호받지 못한다면 가령 사법관을 완전무장으로 보호한다 하더라도 진정한 사법의 권위가 생기지 못할 것이다.

1039 완충기 减震器 jiǎnzhènqì

[예] 我公司是专业生产各种汽车减震器的企业，多年以来，我们一直致力于汽车减震器的研制和生产。 우리회사는 전문적으로 각종 자동차 완충기를 생산하는 기업이다. 여러 해 동안 우리는 줄곧 자동차 완충기의 연구 생산을 위해 노력해왔다.

1040 완치되다 痊愈 quányù

[예] 根据目前的流行病学调查结果，痊愈的病人一般没有传染性，也没有发生重复感染非典的。 현재 유행병학의 조사결과에 따르면 완치된 환자는 일반적으로 전염성이 없고 사스에 중복감염되지 않는다.

1041 외식 外出用餐 wàichū yòngcān

[예] 每逢周末，我们全家就会带上宝宝外出用餐。 주말이 되면 우리 식구는 모두 아기를 데리고 외식을 한다.

1042 외장하드 外置储存装置 wàizhì chǔcún zhuāngzhi

[예] 现在我们集中讨论如何使用外置储存装置进行备份。 지금 우리는 외장하드장치를 사용하여 백업하는 방법에 대해 집중적으로 토론하고 있다.

1043 요강 简章 jiǎnzhāng

[예] 本简章以中文英文日文韩文等文字印刷，如有不一致，以中文版本为准。 본 요강은 중국어, 영어, 일어, 한국어 등 문자로 인쇄되어 있으며 내용이 일치하지 않을 경우 중국어로 된 것을 기준으로 한다.

1044 요람 摇篮 yáolán

[예] 摇篮到坟墓 요람에서 무덤까지

1045 요리의 대가 烹饪大师 pēngrèn dàshī

[예] 李耀云是当前国内最负盛名的烹饪大师之一。 리야오윈은 지금 국내에서 가장 유명한 요리의 대가 중에 하나다.

1046 요식업　餐饮业　cānyǐnyè

[예] 目前, 中国餐饮业的经营环境正处于激烈的变革之中。 현재 중국요식업의 경영환경은 커다란 변혁이 일어나고 있다.

1047 요약　概括　gàikuò

[예] 上面的内容可概括为如下几点。 위의 내용을 다음과 같은 몇 가지로 요약할 수 있다.

1048 요오드결핍　碘缺乏　diǎn quēfá

[예] 碘缺乏病是由于自然环境缺碘而对人体所造成的损害, 可表现出各种疾病形成。 요오드결핍증은 자연환경에 요오드가 부족해 인체에 피해를 주는 것으로 각종 질병으로 나타난다.

1049 요컨대　简而言之　jiǎn'éryánzhī

[예] 简而言之, 一年来, 中国的外交既为国内发展建设服务, 同时也为维护世界和平、促进共同发展贡献了我们的力量。 요컨데 일 년 동안 중국의 외교는 국내 발전건설과 동시에 세계평화를 지키고 공동발전을 촉진하는데 역량을 쏟았다.

1050 욕을 먹다　挨骂　ái mà

[예] 自从新老板来后, 挨骂便成了常事, 倒好像有一日没挨骂, 便觉的惶惶不可终日一般。 새 사장이 온 뒤 욕을 먹는 것은 일상적인 일이 되었다. 오히려 하루라도 욕을 먹지 않으면 하루종일 불안하다.

1051 용서하다　饶恕　ráoshù

[예] 鲁迅死前遗言"不饶恕人, 也不求人饶恕。" 루쉰은 죽기 전에 '남을 화나게 하지 말고 용서를 구하지도 말라' 라는 유언을 남겼다.

1052 용의자　嫌疑犯　xiányífàn

[예] 对于嫌疑犯, 警察还会用金属探测器进行贴身搜查。 경찰은 용의자를 금속탐지기로 밀착조사할 것이다.

1053 우뭇가사리　石花菜　shíhuācài

[예] 石花菜生长在大海的砂石之间, 有二三寸高, 形状如珊瑚, 有红、白两种颜色。 우뭇가사리는 바다의 돌틈에서 자라며 두세치 크기의 산호모양이며 붉은색과 흰색 두 종류가 있다.

1054 우울증에 걸리다, 답답하다 得了抑郁症/抑郁不平
déle yìyùzhèng/yìyù bùpíng

[예] 我们不知道身边的人得了抑郁症, 这并不奇怪, 因为很多时候, 我们甚至不知道自己什么时候也不知不觉变得抑郁起来。 우리는 주변 사람들이 우울증에 걸린 것을 모른다. 이것은 결코 이상한 것이 아니다. 왜냐하면 우리 자신도 대부분 언제 우울해질지 모르기 때문이다.

[예] 这首诗相当深刻地抒发了他死前不久的抑郁不平的心情。 이 시는 그가 죽기 얼마전 답답한 심정을 심각하게 토로한 것이다.

1055 우편번호　邮政编码　yóuzhèng biānmǎ

[예] 输入邮政编码或长途电话区号可以查询相应的地名。 우편번호나 장거리전화 지역 번호를 입력하면 상응하는 지명을 조회할 수 있다.

1056 운명공동체　命运共同体　mìngyùn gòngtóngtǐ

[예] "一根筷子折就断, 十根筷子断就难。"单个中小企业虽有点弱不禁风, 但是, 一个凝聚力强的中小企业命运共同体是坚不可摧的。 젓가락 하나는 부러뜨리기 쉽지만 열 개는 어렵다. 개별적인 중소기업은 약하지만 응집력이 강한 중소기업 운명공동체는 절대로 무너지지 않는다.

1057 운신하기 어렵다 步履维艰/步履艰难
bùlǚ wéijiān/bùlǚ jiānnán

[예] 筹建初期, 由于经济体制和工作机制上的原因, 开发区的发展步履艰难。 건설계획초기에 경제체제와 업무체제 때문에 개발단지의 발전이 어려웠다.

1058 운영체계 操作系统 cāozuò xìtǒng

예▶ 电脑是由硬件和软件组成的, 缺了任何一样都无法运行。我们对电脑进行操作, 都是利用**操作系统**来完成。 컴퓨터는 하드웨어와 소프트웨어로 구성되어 있으며 어느 하나만 부족해도 가동이 안 된다. 우리가 컴퓨터를 조작하는 것은 모두 운영체계로 완성된다.

1059 웃음거리가 되다 丢人现眼/丢人现世 diūrén xiànyǎn/diūrén xiànshì

예▶ 我是新手上路, 不怕**丢人现眼**发几张图, 望请高手们多多指教哦！ 저는 풋내기 입니다. 웃음거리가 될 각오를 하고 그림 몇 장을 보냅니다. 고수분들의 많은 지도 바랍니다.

1060 원시림 原始森林 yuánshǐ sēnlín

예▶ **原始森林**里, 各种植物荟萃云集, 有经济价值的植物就有500多种, 其他还有麝香鹿茸、灵芝等名贵药材。 원시림에서는 각종 식물이 모여있고, 경제적가치가 있는 식물은 500여 종이며, 그 밖에 사항, 녹용, 영지 등 귀한 약재도 있다.

1061 원심력 离心力/远心力 líxīnlì/yuǎnxīnlì

예▶ 车拐弯时, 运动方向会不断发生改变, 这时车本身的惯性就会对车产生一种向外的作用力, 也就是**离心力**。 차량이 커브를 돌 때 운동방향이 계속해서 변한다. 이때 차량 자체의 관성이 차량에 바깥으로 향하는 작용력이 발생하는데 이것이 원심력이다.

1062 원천봉쇄하다 从源头拦截 cóng yuántóu lánjié

예▶ 应防范高考可能出现的腐败问题, 对作弊短信、作弊传呼**从源头**上实施"**拦截**"。 대입시험에서 나타날 수 있는 부패문제를 막고 부정메시지, 부정호출을 원천봉쇄해야 한다.

1063 원통하다, 억울하다 冤枉 yuānwang

예▶ 这事儿太**冤枉**了。 이 일은 너무 억울하다.

1064 원한 冤气 yuānqì

예▶ 这样拖下去也不是办法, 照这种情况下去, **冤气**越积越多, 甚至到了我们也无法控制的地步。 이렇게 질질 끄는 것도 좋은 방법이 아니다. 이렇게 가다가는 원한이 점점 더 쌓이게 되고 심지어 우리가 통제할 수 없는 상황에까지 이르게 된다.

1065 원흉 罪魁祸首 zuìkuí huòshǒu

예▶ 晚餐不当是疾病的"**罪魁祸首**"。 부적절한 저녁 식사는 질병의 원흉이다.

1066 월권행위 越俎代庖 yuèzǔ dàipáo

예▶ 地方政府**越俎代庖**让慈善变了味。 지방정부가 월권행위를 하여 자선의 본래 의미가 퇴색되었다.

1067 월동 过冬 guò dōng

예▶ 提起**过冬**, 人们首先想到的都是多买几件时髦的厚衣服, 多摄取些营养抗寒。 월동에 대해 언급하면 사람들이 가장 먼저 생각하는 것은 유행하는 두터운 옷 몇 벌 더 사고 추위에 견디기 위해 영양을 충분히 섭취하는 것이다.

1068 웨딩케이크 结婚蛋糕 jiéhūn dàngāo

예▶ **结婚蛋糕**在婚礼上可谓是众人瞩目的焦点之一, 不论你选择的是哪种, 在式样和装饰上都是为了点缀你的婚礼。 웨딩케이크는 결혼식에서 많은 사람이 주목하는 것 중에 하나다. 당신이 어느 것을 선택하든지 케이크의 스타일과 장식은 결혼식을 꾸며주기 위한 것이다.

1069 웹브라우저 网络浏览器 wǎngluò liúlǎnqì

예▶ 现有的**网络浏览器**缺乏网页自动翻译功能, 虽然市场上已有独立的翻译系统, 但与浏览器的结合并不紧密, 由于信息获取途径和处理机制的限制, 使其在翻译处理的速度与效果等方面存在着先天不足。 기존의 웹브라우저는 웹자동번역기능이 부족하다. 비록 시장에서 이미 독립된 번역시스템이 있지만 브라우저와의 결합이 원만하지 않고, 정보 확보 루트와 처리메커니즘의 한계로 번역처리속도와 효과에 근본적인 문제가 있다.

1070 위기의식 风险意识/危机意识
fēngxiǎn yìshí/wēijī yìshí

예▶ 美国的一般年轻人将10％至20％的收入用来买保险。而相比之下, 我国的年轻人几乎没有**风险意识**。 미국의 일반 젊은이들은 10%~20%의 수입을 보험가입하는 데 사용하지만 중국의 젊은이들은 위기의식이 거의 없다.

1071 위신이 땅에 떨어지다 威信扫地
wēixìn sǎodì

예▶ 全国大部分的乡镇政府负债, 而且包袱越来越大, 到现在为止, 许多乡镇政府难以维持, 从而使乡镇政府的**威信扫地**, 进而引发了党的威信危机。 전국 대부분의 향진정부는 부채가 있고 점점 더 늘어나고 있다. 지금까지 많은 향진 정부의 재정이 유지되지 않아 향진정부의 위신이 땅에 떨어졌고 당의 위신위기가 불거졌다.

1072 위장폐업 恶性关厂 èxìng guānchǎng

예▶ **恶性关厂**所引发的劳资争议, 已成为台湾近几年来最严重的劳工问题。 위장폐업으로 야기된 노사분쟁은 최근 몇 년 동안 타이완에서 가장 심각한 근로관련 문제이다.

1073 위탁가공 来料加工 láiliào jiāgōng

예▶ 外商投资企业以**来料加工**, 进料加工贸易方式进口的货物, 实行全额保税, 产品全部出口后, 免征关税和进口环节的增值税、消费税。 외국이 투자한 기업은 위탁가공을 할 수 있고 원료를 수입하여 가공무역을 하는 방식으로 수입된 물품에 대해서는 전액을 보세로 하며 모든 상품을 수출한 이후에 관세, 수입단계에서의 부과가치세(VAT), 소비세를 감면받는다.

1074 윈드서핑 帆板 fānbǎn

예▶ 1970年1月, 马里布帆船俱乐部举行了**帆板**冬季邀请赛, 这是世界上第一次**帆板**比赛。 1970년 1월 마리 요트클럽은 세계 최초의 요트경기인 동계요트초청경기를 개최하였다.

1075 윗몸 일으키기 引身向上 yǐnshēn xiàngshàng

예▶ 他每天在单杠上做**引身**直体**向上**运动。 그는 매일 철봉을 잡고 윗몸 일으키기 운동을 한다.

1076 유괴하다 拐骗 guǎipiàn

예▶ 琼海市某中学初三女生, 15岁的"丽丽"与母亲争吵几句后, 赌气离家出走, 想到广东闯世界, 不料被一男子**拐骗**。 충하이시 모 중학교 3학년 여학생인 15세의 리리가 어머니와 몇 마디 말다툼을 한 뒤 홧김에 집을 나가 광동에 가서 유랑생활을 하려고 했으나 한 남자에게 납치당했다.

1077 유권자 选民 xuǎnmín

예▶ 一位**选民**说, 这是她二十年来所见到的总统选举投票人数最多的一次。 한 유권자는 그녀가 20년 동안 보아온 대통령 선거 중에서 이번이 투표자수가 가장 많다고 말했다.

1078 유기징역 有期徒刑 yǒuqī túxíng

예▶ 从12月22日起, 贩卖盗版盘超过5000张者, 将面临被人民法院判处3至7年**有期徒刑**的惩罚。 12월 22일부터 불법CD판매 수량이 5000장이 넘는 자는 앞으로 인민법원에 의해 3년에서 7년의 유기징역에 처해진다.

1079 유기하다 遗弃 yíqì

예▶ **遗弃**罪, 是指对于老年、年幼、患病或者其他没有独立生活能力的人, 负有扶养义务而拒绝扶养, 情节恶劣的行为。 유기죄란 노인, 어린이, 환자 및 기타 독립생활을 할 수 없는 사람에 대해 부양의 의무가 있으면서도 부양을 거부하는 범죄경위가 매우 나쁜 행위를 지칭한다.

1080 유력한 후보 热门人选 rèmén rénxuǎn

예▶ 他是小泉之后下一届首相的**热门人选**。 그는 고이즈미 이후 유력한 차기 수상 후보이다.

1081 유료도로 收费公路 shōufèi gōnglù

예 ▶ 收费公路(包括桥梁、隧道等)是指经有权部门批准、向过往车辆收取车辆通行费的公路。 유료도로(다리, 터널 등 포함)는 해당기관의 비준을 받아 왕래하는 차량에 차량 통행료를 징수하는 도로를 지칭한다.

1082 유료TV 收费电视 shōufèi diànshì

예 ▶ 实际上, 央视并非国内第一家收费电视频道。本月初, 国内第一家付费数字电视频道在上海正式开播。 사실 CCTV는 결코 국내 최초의 유료TV가 아니다. 이번 달 초 국내 최초의 디지털TV 채널이 상하이에서 공식적으로 방송을 시작했다.

1083 유망산업 朝阳产业 zhāoyáng chǎnyè

예 ▶ 医药产业已成为世界贸易增长最快的5类产业之一, 具有良好的发展前景, 是永不衰落的朝阳产业。 의약산업은 세계무역성장이 가장 빠른 5대 산업 중에 하나이며 발전전망이 아주 좋고 영원히 침체되지 않는 유망산업이다.

1084 유비쿼터스 无处不在/泛在
wúchù bùzài/fànzài

예 ▶ 2004年以来, 无处不在的模式已走出了日本, 在全球迅速发展起来。最活跃的地方是韩国, 它已制定出无处不在的韩国(u-Korea)发展战略。 2004년 이래 유비쿼터스의 모델이 이미 일본을 벗어나 전세계적으로 빠르게 발전하고 있다. 가장 활발한 곳은 한국이다. 한국은 이미 u-Korea 발전전략을 정했다.

예 ▶ IT产业未来明确的发展方向是泛在化。在整合计算、网络、内容感知和自动控制技术的努力中, 可以看出韩国正在迈向泛在社会。 IT산업의 미래의 명확한 발전방향은 유비쿼터스화이다. 계산, 네트워크, 컨텐츠감지와 자동제어기술의 노력으로부터 한국이 유비쿼터스 사회로 가고 있다는 것을 알 수 있다.

1085 유에프오(UFO) 不明飞行物
bùmíngfēixíngwù

예 ▶ 自40年代末起, 不明飞行物目击事件急剧增多, 引起了科学界的争论。 40년대부터 유에프오를 목격한 사건이 급격히 늘어나 과학계의 논쟁을 불러일으켰다.

1086 유연휘발유 含铅汽油 hán qiān qìyóu

예 ▶ 从8月1日开始, 西班牙全国禁止销售97号含铅汽油, 并且以掺有催动剂和钾盐的无铅新97号汽油取而代之。 8월 1일부터 스페인 전국에서 97번 유연휘발유가 판매 금지되며 동력보조제와 칼리암염이 섞여있는 무연 신 97번 휘발유로 대체된다.

1087 유예기간 缓冲期 huǎnchōngqī

예 ▶ 政策执行不是"一刀切", 留有一定的"缓冲期"。 정책집행은 한번에 모든 것을 해결할 수 없고 어느 정도 유예기간을 두어야 한다.

1088 유용하다 挪用 nuóyòng

예 ▶ 审计报告指出, 2000年3月至2002年底, 湖北省人口和计划生育委员会挪用计生专项资金1694.41万元。 회계심사 보고에 따르면 2000년 3월에서 2002년 말까지 후베이성 인구 및 가족계획위원회가 가족계획전용자금 1694만 4100위안을 유용했다고 한다.

1089 유인하다 引诱 yǐnyòu

예 ▶ 美国国家失踪儿童和童工中心的最新报告令人惊异地表明, 网上儿童经常性地遭遇性引诱。 미국의 국가 실종아동 및 미성년근로자센터의 최신 보고에 따르면 인터넷 상에서 아동이 자주 성적인 유인을 당한다고 한다.

1090 유전공학 基因工程 jīyīn gōngchéng

예 ▶ 科学界预言, 21世纪是一个基因工程世纪。 과학자들은 21세기는 유전공학의 세기라고 예언했다.

1091 유전자 基因 jīyīn

예 ▶ 1909年丹麦约翰逊首先提出了基因这一概念。 1909년 덴마크의 존슨이 유전자라는 개념을 최초로 제시했다.

1092 유조차 油罐车 yóuguànchē

[예] 昨天早晨6时左右，一辆载着20多吨汽油的东风油罐车行驶到有"死亡谷"之称的八达岭高速进京方向51公里处，由于刹车失灵撞向专为刹车失灵而设计的紧急避险区，整个驾驶室及罐体前部悬在空中，驾驶室5人半空迅速逃生。 어제 오전 6시쯤 휘발유 20여 톤을 적재한 둥펑 유조차가 죽음의 계곡이라 불리는 바다링고속도로 베이징 방향 51킬로미터 지점까지 운행했을 때, 브레이크 고장시를 대비해 만든 비상피난구역에 충돌해 운전실과 유조 탱크 앞부분이 허공에 뜨게 되었고 운전실에 있던 5명은 매달린 상태에서 신속히 탈출하였다.

1093 유찰 流标 liúbiāo

[예] 9月15日，深圳市三块拍卖土地因竞拍人数未达规定或无人叫价而流标，这是深圳市房产交易中心成立以来首次出现流标。 9월 15일 선전시 경매부지 세 곳이 경매참가자 수가 규정미달이거나 호가하는 사람이 없어 유찰되었다. 이런 일은 선전시 주택거래센터가 창설된 이래 처음이다.

1094 유통기한 保存期限 bǎocún qīxiàn

[예] 不知道何时起，在买东西的时候会注意包装上的保存期限。 언제부터인지는 모르지만 물건을 살 때 포장에 있는 유통기간을 신경쓰게 되었다.

1095 유통단계를 줄이다 减少流通环节
jiǎnshǎo liútōng huánjié

[예] 随着市场竞争的加剧，减少流通环节，直接面向终端已成为新的营销模式。 시장경쟁이 심화됨에 따라 유통단계를 줄여 직접 최종소비자를 겨냥하는 것이 새로운 마케팅 모델이 되었다.

1096 유혈진압 血腥镇压 xuèxīng zhènyā

[예] 据美联社报道，玻利维亚反对派代表周三向国会议员呼吁，应对前总统桑切斯进行司法调查，原因是桑切斯涉嫌血腥镇压了示威运动。 AP통신 보도에 따르면 수요일 볼리비아 반대파 대표는 산체스 전 대통령이 시위를 유혈진압한 혐의가 있으므로 그에 대한 사법조사를 해야 한다고 국회의원들에게 호소했다고 한다.

1097 유흥업소 娱乐场所 yúlè chǎngsuǒ

[예] 为提高明山区娱乐场所业主守法经营意识，加大打击娱乐场所"黄、赌、毒"违法犯罪活动的力度，遏制"黄、赌、毒"活动在明山地区蔓延势头，8月17日下午，明山分局召开全区娱乐场所业主大会。 밍산 단지 유흥업소 업주들의 준법경영의식을 향상시키고, 유흥장소의 음란, 도박, 마약 등 불법범죄활동 단속을 강화하며 음란, 도박, 마약활동이 밍산 단지에서 확산되는 추세를 억제하기 위해 8월 17일 오후 밍산 지국에서 전 단지 유흥업소 업주 종회를 개최하였다.

1098 육상경기 田径赛 tiánjìngsài

[예] 晚上8点10分，第一届亚洲大学生田径赛正式拉开了序幕。 저녁 8시 10분 공식적으로 제1회 유니버시아드 육상경기의 막이 올랐다.

1099 육중하다 笨重 bènzhòng

[예] 你还带着笨重的相机纪录生活吗？ 너는 아직도 육중한 카메라로 생활상을 기록하니?

1100 윤곽이 잡히다 有头有绪 yǒutóu yǒuxù

[예] 公寓把老人的生活、娱乐安排得有头有绪，使老人开心过好每一天。 아파트는 노인의 생활, 오락을 질서 있게 안배하여 노인이 즐겁게 하루 하루를 보낼 수 있게 한다.

1101 윤락업 色情业 sèqíngyè

[예] 据称，美国的色情业年度收入已经高达100亿美元以上，成为世界上最赚钱的行业之一。 알려진 바에 따르면 미국의 윤락업의 연 수입은 이미 100억 달러를 넘어서 세계에서 가장 돈을 잘 버는 업종 중에 하나가 되었다.

1102 융단폭격 地毯式轰炸 dìtǎnshì hōngzhà

[예] 广大的互联网用户对这种"地毯式轰炸"的广告普遍持反感的态度。 많은 인터넷 가입자는 이러한 융단 폭격식 광고에 대해 보편적으로 반감의 태도를 보인다.

1103 은폐하다(진상을) 隐瞒 ~ 的真相
yǐnmán ~ de zhēnxiàng

예) 据报道, 美国一位百万富翁, 日前出资在美国各大媒体刊登广告, 揭露美国政府隐瞒911恐怖袭击的真相。 보도에 따르면 미국의 한 백만장자가 며칠 전 직접 비용을 출자해 미국정부가 911테러 사건의 진상을 은폐한 것을 폭로하는 광고를 미국의 각 대형 매스컴에 게재하였다고 한다.

1104 은행강도 银行抢劫 yínháng qiǎngjié

예) 美警方通过对比银行监控录像后认为, 邻近地区最近发生的另外3起银行抢劫案的作案者也是这名女子。 미국 경찰 측은 은행 폐쇄회로 영상을 대조한 후 인근 지역에서 최근에 발생한 다른 세 건의 은행강도사건의 범인도 이 여자인 것으로 파악했다.

1105 을씨년스럽다 阴沉 yīnchén

예) 天气有些阴沉, 路人在匆匆奔忙, 或回家, 或逃雨, 或在欣赏下个雨季的来临。 날씨가 을씨년스러워지자 행인들은 바쁘게 걸음을 재촉하고 있다. 집으로 돌아가거나 비를 피하거나 혹은 우기가 온 것을 즐기고 있다.

1106 음주운전 酒后驾驶 jiǔhòu jiàshǐ

예) 如果酒精含量超过法定标准, 就不能发动汽车, 从而避免酒后驾驶。 만약 혈중알콜농도가 기준치를 초과하면 음주운전을 피하기 위해 자동차의 시동을 걸어선 안 된다.

1107 음주측정 酒精浓度测试
jiǔjīng nóngdù cèshì

예) 张律师表示, 如果当时这名男子接受酒精浓度测试, 根据测试结果, 他可能会承担一定的行政责任。 만약 당시에 남자가 음주측정을 받았다면 측정결과에 따라 그는 어느 정도의 행정책임을 져야 한다고 한다고 장변호사가 말했다.

1108 응석받이로 키우다 纵养 zòngyǎng

예) 倾听孩子的诉说, 充分尊重孩子说话的权利, 这不是纵养孩子的行为, 也不能视作是听任孩子的狡辩, 这是一种家教艺术。 아이들의 하소연을 경청하고 아이들의 말할 권리를 충분히 존중하는 것은 아이를 응석받이로 키우거나 아이들이 궤변을 하도록 내버려 두는 것이 아닌 일종의 가정교육의 예술이라고 할 수 있다.

1109 응시하다 报考 bàokǎo

예) 报考公务员必须具备一定的资格条件, 即国家和主考机关规定的成为公务员不可缺少的起码条件。 공무원시험에 응시하려면 국가와 시험주관 기관이 정한 공무원이 되는 데 반드시 필요한 최소한도의 자격조건을 갖춰야 한다.

1110 응원하다 助威/为 ~ 喊加油
zhùwēi/ wèi ~ hǎn jiāyóu

예) 我为你呐喊, 我为你助威! 내가 너를 응원할게!

예) 每个人都在为自己的队喊加油。 모든 사람이 자기팀을 응원한다.

1111 응징하다 予以惩处 yǔyǐ chéngchù

예) 扰乱社会秩序者依法予以惩处。 사회질서를 교란한 자는 법에 따라 응징을 한다.

1112 응찰 投标 tóubiāo

예) 招标与投标 입찰과 응찰

1113 의미심장하다 语重心长 yǔzhòng xīncháng

예) 他这些语重心长的话, 深深地打动了我的心。 그의 이러한 의미심장한 말은 나의 마음을 크게 감동시켰다.

1114 의식이 희박하다 意识淡薄 yìshí dànbó

예) 造成"二次事故"的主要原因是驾驶员交通安全意识淡薄。 이차사고가 발생한 주 원인은 운전자의 희박한 교통안전 의식이다.

1115 의심을 사라지게 하다 驱散 ~ 疑云
qūsàn ~ yíyún

예▶ 今年最后一次国有土地使用权招标拍卖场面之热烈出乎人们意料, 驱散了笼罩在广州房地产市场上的"泡沫"疑云。올해 마지막 국유지 사용권 입찰경매 장면은 뜻밖에 열기가 대단했고 광저우 부동산시장에 거품이 드리워졌다는 의심을 사라지게 했다.

1116 이견 分歧 fēnqí

예▶ 参加朝核问题六方会谈的韩国代表团团长、外交通商部次官补宋民淳14日表示, 目前六方会谈中最核心的分歧在于弃核范围以及轻水反应堆问题。14일 북핵문제 6자회담에 참가한 송민순 한국대표단 단장이자 외교통상부차관이 현재 6자회담의 가장 핵심적인 이견은 핵 포기 범위와 경수로 문제라고 밝혔다.

1117 이견을 조정하다 缩小分歧 suōxiǎo fēnqí

예▶ 参加第四轮六方会谈的朝鲜和美国代表团5日上午举行了双边磋商, 但双方未能在和平利用核能等问题上缩小分歧。제4차 6자회담에 참가한 북한과 미국대표단은 5일 오전 쌍무협상을 거행했으나 쌍방은 핵 에너지를 평화롭게 이용하는 문제에서 이견을 조정하지 못했다.

1118 이기다 赢得 yíngdé ↔ 输给 shūgěi

예▶ 伊朗内务部称, 艾哈迈迪内贾德赢得了62.1%的选票, 持相对温和态度的拉夫桑贾尼则赢得了35.5%的选票。이란 내무부에 따르면 아흐마디네자드는 62.1%의 표를 얻었고 상대적으로 온건한 라프산자니는 35.5%의 표를 얻었다고 한다.

1119 이니셜 头文字 tóuwénzì

예▶ 《头文字D》是最近风靡大众和网络的电影。《이니셜D》는 최근에 대중과 인터넷을 풍미한 영화이다.

1120 이동타깃 移动靶 yídòng bǎ

예▶ 在奥运会射击男子10米移动靶决赛中, 韩国选手获得金牌。올림픽사격 남자 10미터 이동타깃 결승에서 한국선수가 금메달을 땄다.

1121 이동통신 서비스 업체 移动运营商
yídòng yùnyíngshāng

예▶ 可以准确地实现内容提供商与移动运营商之间的各种协作。컨텐츠 제공 업자와 이동통신 서비스 업체간의 각종 협력을 정확하게 실현할 수 있다.

1122 이러한 방법은 분명히 문제가 있다
这种做法显然是错误的 / 显然是不合理的
zhè zhǒng zuòfǎ xiǎnrán shì cuòwù de/
xiǎnrán shì bù hélǐ de

예▶ 如果厂家只限定时间解决显然是不合理的。만약 공장에서 단지 시간만 정해놓고 해결하려 한다면 분명히 문제가 있다.

1123 이모티콘 表情符号 biǎoqíng fúhào

예▶ "表情符号"是一些小的图案, 用以表达一种情感或情绪。이모티콘은 감정이나 정서를 표현하는 작은 도안들이다.

1124 이미지에 먹칠을 하다 给 ~ 的形象抹黑
gěi ~ de xíngxiàng mǒhēi

예▶ 咱不能给党的形象抹黑。우리는 당의 이미지에 먹칠해서는 안 된다.

1125 이벤트 活动 huódòng

예▶ 今年植树节前后, 南京将举办多场大型义务植树活动。올 식목일을 전후해서 난징에서는 여러 종류의 대규모 식수이벤트를 벌인다.

1126 이변이 발생하다 爆出冷门
bàochū lěngmén

[예] 爆出了开赛以来最大的冷门。 경기시작 이래 최대의 이변이 발생했다.

1127 이야기가 원점으로 돌아가다 话归原题
huàguī yuántí

[예] 话归原题,房地产数据库的建立有赖这样一些先决条件。 이야기를 원점으로 돌리면, 부동산 데이터 베이스의 구축은 이러한 선결조건에 달려 있다.

1128 이야기를 모두 털어놓다 和盘托出
hépán tuōchū

[예] 警方的这一举动感动了疑犯, 他未等民警讯问, 就将自己17年前杀人潜逃的犯罪事实和盘托出。 경찰의 행동은 용의자를 감동시켰다. 용의자는 경찰의 심문이 있기도 전에 자신이 열일곱 살 때 저지른 살인 사건을 모두 털어 놓았다.

1129 이에 힌트를 얻어 受此启发 shòucǐ qǐfā

[예] 汽车安全气囊是受此启发才发明的。 자동차 에어백은 이에 힌트를 얻어 발명한 것이다.

1130 이유 같지 않은 이유 似是而非的理由
sìshì érfēi de lǐyóu

[예] 他们找出几个似是而非的理由来, 要证明他们这样作并不是犯罪。 그들은 몇 가지 이유 같지 않은 이유를 찾아서 그들이 이렇게 하는 것이 결코 범죄가 아니라는 것을 증명하려고 한다.

1131 이점이 많다 利大于弊 lì dàyú bì

[예] 中国加入联合国反腐败公约利大于弊。 중국이 유엔 반부패공약에 가입하는 것은 이점이 많다.

1132 이중장부 花账 huāzhàng

[예] 公司记花账。 회사가 이중장부를 작성하다.

1133 이직하다 跳槽 tiào cáo

[예] 现在, 工人辞工和跳槽已成了珠三角地区老板们的一大心病。 현재 근로자들이 사직하고 이직하는 것은 이미 주강 삼각주 지역 사장들의 큰 걱정거리가 되었다.

1134 이치가 맞지 않음을 알 수 있다 由此可见, ~不能自圆其说
yóucǐ kějiàn, ~ bù néng zìyuán qíshuō

[예] 由此可见, 这样的语义解释仍不能自圆其说。 이러한 의미해석은 이치가 맞지 않다는 것을 알 수 있다.

1135 이탈하다 脱离/离开 tuōlí/líkāi

[예] 完全脱离危险。 위험에서 완전히 벗어나다.

1136 이탤릭체 斜体 xiétǐ

[예] 中文斜体字实在是很难阅读。 중국어 이탤릭체는 정말로 읽기 어렵다.

1137 익명의 不愿透露姓名的
bù yuàn tòulù xìngmíng de

[예] 南昌铁路局一位不愿透露姓名的领导捐款5000元。 난창 철도국의 한 간부가 익명으로 5000위안을 기부하였다.

1138 인간관계 人际关系 rénjì guānxi

[예] 人际关系对每个人的情绪、生活、工作有很大的影响。 인간관계는 사람들의 정서, 생활, 일에 많은 영향을 끼친다.

1139 인간띠 人墙 rénqiáng

[예] 众多外劳在日本法务省前筑起人墙呼吁政府尊重外国人人权。 수많은 외국인 근로자들이 일본 법무성 앞에서 인간띠를 만들어 외국인 인권을 존중해 줄 것을 정부에 호소했다.

1140 인간방패 人体盾牌 réntǐ dùnpái

[예] 支持者组成了数道**人体盾牌**防线。 지지자들이 몇 개의 인간방패 방어선을 만들었다.

1141 인간생지옥 人间地狱 rénjiān dìyù

[예] 旅游天堂变**人间地狱**。 관광의 천국이 인간생지옥으로 바뀌었다.

1142 인공부화 人工孵化 réngōng fūhuà

[예] 研究了**人工孵化**装置。 인공부화 장치를 연구하였다.

1143 인공수정 人工授精 réngōng shòujīng

[예] 并非所有的不孕症均可以做**人工授精**。 모든 불임증 환자가 인공수정을 받을 수 있는 것은 아니다.

1144 인공재배 家种 jiāzhòng

[예] 野菜不能替代**家种**蔬菜。 산나물이 인공재배한 채소를 대신할 수 없다.

1145 인기가 있다 人气旺 rénqì wàng

[예] 梁羽生的作品中**人气最旺**的是哪个？ 량위성의 작품 중 어느 것이 가장 인기가 있는가?

1146 인라인스케이트 直排轮鞋 zhípáilúnxié

[예] **直排轮鞋**有一个重要的特点, 就是依照其活动的不同而有不同的设计。 인라인 스케이트는 중요한 특징이 있다. 바로 서로 다른 움직임에 따라 서로 다른 디자인을 채택한다는 것이다.

1147 인세 版权税 bǎnquánshuì

[예] 他希望从苹果公司获得**版权税**。 그는 애플사로부터 인세를 받기 원한다.

1148 인슐린 胰岛素 yídǎosù

[예] **胰岛素**是一种激素, 由胰脏分泌。 인슐린은 호르몬의 한 종류로 췌장에서 분비된다.

1149 인신매매범 人贩子 rénfànzi

[예] 他变成了一个灭绝人性的**人贩子**。 그는 인간성을 완전히 상실한 인신매매범으로 변하였다.

1150 인양하다 打捞 dǎlāo

[예] 除了已经**打捞**上来的190具遇难者遗体外, 目前仍有数百人失踪。 이미 인양한 190구의 조난자 유해 외에 현재 수백 명의 실종자가 있다.

1151 인연을 맺다 ~与~结下不解之缘
~yǔ~jiéxià bùjiězhīyuán

[예] 他**与**汉语**结下不解之缘**。 그는 중국어와 떼려야 뗄 수 없는 인연을 맺었다.

1152 인적교류 人员交流
rényuán jiāoliú

[예] 中韩两国今天签订关于加强**人员交流**与合作的备忘录。 중한 양국은 오늘 인적교류와 협력을 강화하는 각서를 체결하였다.

1153 인증받다 获得 ~ 认证
huòdé ~ rènzhèng

[예] 中国大陆有94家企业**获得**了SA8000**认证**。 중국대륙에는 SA8000인증을 받은 기업이 94개 있다.

1154 인테리어 装修住房
zhuāngxiū zhùfáng

[예] **装修住房**要付押金这种收费是否合理。 인테리어를 할 때 보증금을 받는 것이 합리적인가.

1155 인트라넷 企业内联网 qǐyè nèiliánwǎng

예 ▶ 我们已经试着将此系统引入我们**企业内联网**。 우리돌은 이미 이러한 시스템을 인트라넷에 시험 도입하고 있다.

1156 일당독주 一党独大 yìdǎng dúdà

예 ▶ 美国的民主制度只能变成**一党独大**。 미국의 민주제도는 일당독주 형태가 될 뿐이다.

1157 일동 全体 quántǐ

예 ▶ 我校工会代表**全体**教师慰问奥运场馆建设者。 우리학교 노조는 교사 일동을 대표하여 올림픽 스타디움 건설 근로자들의 노고를 치하합니다.

1158 일란성쌍둥이 一胎双生子 yìtāi shuāngshēngzǐ

예 ▶ 他的妻子生了**一胎双生子**。 그의 아내는 일란성 쌍둥이를 낳았다.

1159 일면톱기사/헤드라인 头版头条 tóubǎn tóutiáo

예 ▶ 《中国青年报》2月9日**头版头条**讨论幸福指数话题。 〈중국칭녠바오〉는 2월 9일 일면톱기사에서 행복지수에 관한 화제를 토론했다.

1160 일반적으로 一般来说 yībān láishuō

예 ▶ **一般来说**，这种药物6岁以后，都可以服用。 일반적으로 이 약은 6세 이상이면 누구나 복용할 수 있다.

1161 일방적이다 一边倒 yībiāndǎo

예 ▶ 今天的比赛呈现**一边倒**势。 오늘 경기는 일방적으로 진행되고 있다.

1162 일손부족 劳工短缺 láogōng duǎnquē

예 ▶ 在快速经济成长之际，为解决**劳工短缺**问题出台了外籍劳工政策。 경제가 빠르게 성장할 때 일손부족 문제를 해결하기 위해 외국인 근로자 정책을 내놓았다.

1163 일일사(114) 114查号台 yāoyāosì cháhàotái

예 ▶ 记者通过**114查号台**查到深圳银联的电话号码。 기자는 114 전화번호 안내을 통하여 선전은행연합회의 전화번호를 알아냈다.

1164 일자리 工作岗位 gōngzuò gǎngwèi

예 ▶ 珍惜你的**工作岗位**。 당신의 일자리를 소중하게 여기시오.

1165 임대기간 租贷期 zūdàiqī

예 ▶ 租户在为时十二个月的租金冻结期结束后的余下**租贷期**需缴付续约时所订定的租金。 임차인은 12개월의 임대료 동결기간이 끝난 뒤 나머지 임대기간 동안에 기간 연장시 정한 임대료를 납부해야 된다.

1166 임야지대 林区 línqū

예 ▶ 山火已经烧毁了150万公顷的**林区**。 산불로 이미 150만 헥타아르의 임야가 불탔다.

1167 임용 聘用 pìnyòng

예 ▶ 签订**聘用**合同的期限，不得超过国家规定的退离休时间。 임용계약 체결 기한은 국가가 규정한 퇴직과 퇴직휴양시간을 초과해서는 안 된다.

1168 임종을 지키다 送终 sòngzhōng

예 ▶ 我们为你**送终**。 우리가 당신의 임종을 지키겠습니다.

1169 입각하다 出于 ~ 考虑 chūyú ~ kǎolǜ

예▶ 出于安全因素考虑达喀尔赛被取消。 안전요인을 고려하여 다카르 랠리가 취소되었다.

1170 입관하다 收殓/入殓 shōuliàn/rùliàn

예▶ 独眼小偷盗窃后逃跑撞上火车身亡无人收殓。 외눈박이 도둑이 절도 후 달아나다 기차에 부딪혀 사망했는데 아무도 시체를 수습하지 않았다.

1171 입면도 立面图 lìmiàntú

예▶ 一个建筑立面图供大家参考。 여러분이 참고하도록 건축물의 단면도를 제공합니다.

1172 입상하다 获奖 huòjiǎng

예▶ 中央电视台将给获奖选手颁奖。 CCTV는 입상한 선수에게 시상할 것이다.

1173 입씨름하다 口角 kǒujiǎo

예▶ 超市内购物的老人与店员发生了口角。 슈퍼마켓에서 물건을 사던 노인과 점원이 입씨름을 하였다.

1174 입안하다 拟定 nǐdìng

예▶ 拟定城市建设计划。 도시건설계획을 입안하다.

1175 입양하다 收养 shōuyǎng

예▶ 欢迎访问中国收养中心。 중국입양센터 방문을 환영합니다.

1176 입장수입 票房收入 piàofáng shōurù

예▶ 《泰坦尼克号》成为电影史上第一部票房收入超10亿美元的电影。 '타이타닉'은 영화역사상 처음으로 입장수입이 10억 달러를 넘긴 영화이다.

1177 입찰 招标 zhāobiāo

예▶ 发布国内建设项目招标公告。 국내 건설사업 입찰공고를 발표하다.

1178 입찰보증금 押标金 yābiāojīn

예▶ 厂商应缴纳押标金。 업체는 입찰 보증금을 내야 한다.

1179 잉크를 넣다 灌墨水 guàn mòshuǐ

예▶ 喷墨打印机如何灌墨水？ 잉크젯 프린터기는 잉크를 어떻게 넣죠?

1180 자구책 自救之路/自救策略 zìjiùzhīlù/zìjiù cèlüè

예▶ 幽默对解脱心理困境是极有助益的自救策略之一。 유머는 심리적인 어려움을 벗어나는데 도움이 되는 자구책 중 하나다.

1181 자궁외임신 宫外孕 gōngwàiyùn

예▶ 宫外孕是最常见的妇科急腹症之一。 자궁외 임신은 가장 흔한 산부인과 급성복통증상 중에 하나다.

1182 자기 띠에 속한 해 本命年 běn mìngnián

예▶ 人逢本命年对红颜色特别钟爱。 사람이 자기 띠에 속한 해를 맞게 되면 붉은 색을 특히 좋아하게 된다.

1183 자기자본 自身资本/股本金 zìshēn zīběn/gǔběnjīn

예▶ 非常重视对自身资本充足率的管理。 자기자본의 충족률관리를 매우 중시하다.

1184 자동소변기 免冲水小便器 miǎnchōngshuǐ xiǎobiànqì

예▶ 免冲洗小便器具有先进的技术水平。 자동소변기는 선진적인 기술수준을 갖추고 있다.

1185 자동 응답기 电话打录机 / 自动语音电话
dìanhuà dǎlùjī / zìdòng yǔyīn diànhuà

[예] 我市车用乙醇汽油技术咨询服务热线自动语音电话已于12月10日开通。 우리 시는 차량용 에틸알코올 기술 자문 핫라인 자동응답전화룰 12월 10일 이미 개통하였다.

1186 자동차 운전 교습소 驾驶学校 jiàshǐ xuéxiào

[예] 由于驾驶学校自有学生开班以来, 对学生的培训工作一直十分重视, 强调重培养、强训练、保安全的原则, 树立了良好的口碑。 자동차 운전 교습소는 학생이 생겨 개강한 이래 줄곧 학생을 잘 길러내는 데 관심을 갖고 '양성을 중시하고 훈련을 강하게 하며 안전을 지킨다' 는 원칙을 강조하여 많은 칭송을 받았다.

1187 자백하다 招供/自供/招认/供认 ↔ 逼供/诱供
zhāogòng / zìgòng / zhāorèn / gòngrèn ↔ bīgòng / yòugòng

[예] 据他们供认; 同伙犯人因他本人已经招认了, 就不再替他辩解。 그들의 자백에 따르면 공범이 이미 자백했기 때문에 더 이상 그를 위해 변론하지 않겠다고 했다.

[예] 经过不当长久拘留或拘禁后的招认不得作为让据。 부당한 장기구류나 구금 후의 자백은 증거로 삼을 수 없다.

[예] 这位球员却在"自供"中出人意料地表示; 自己对服用禁药并不感到后悔。 이 운동선수는 자백할 때 뜻밖에 자신이 금지약물을 복용한 것에 대해 결코 후회하지 않는다고 밝혔다.

1188 자살골 乌龙球 wūlóngqiú

[예] 由于埃斯科巴在对美国队的世界杯第一轮比赛中攻入一个乌龙球, 这场比赛最终比分为2比1, 此前被广泛看好的哥伦比亚也因此未能进入第二轮。 에스코바가 미국팀과의 월드컵 첫 경기에서 자살골을 넣어 최종 경기결과 2대1이 되어 줄곧 유력했던 콜롬비아가 2차전에 진출할 수 없게 되었다.

1189 자서전 自传 zìzhuàn

[예] 就自传而言, 每个人想表现的个人特质并不相同, 但最重要的是客观地强调自己的优点, 尽量不提缺点。 자서전에서 모든 사람이 표현하고자 하는 개인의 특징은 다르지만 가장 중요한 것은 자신의 장점을 객관적으로 강조하고 최대한 단점을 언급하지 않는 것이다.

1190 자원고갈 资源耗竭 zīyuán hàojié

[예] 现在, 我们要从资源耗竭型增长转向资源节约型增长, 从过去简单发挥中国劳动力价格便宜的优势转向创造优势, 从体制创新转向技术创新。 지금 우리는 자원고갈형 성장에서 자원절약형 성장으로, 과거 단순하게 중국의 값싼 노동력의 이점을 발휘하는 것에서 창조의 이점을 발휘하는 것으로 바뀌어야 하고, 체제 혁신에서 기술 혁신으로 탈바꿈해야 한다.

1191 자원봉사자 自愿服务者 zìyuàn fúwùzhě

[예] 为了加强社区自愿服务者活动的管理, 完善志愿者管理机制。 지역사회 자원봉사자 활동에 대한 관리룰 강화하기 위해 지원자 관리체제를 개선한다.

1192 자의든 타의든 不管是自愿也好, 被迫也好
bùguǎn shì zìyuàn yě hǎo, bèipò yě hǎo

[예] 不管他们是自愿也好、被迫也好, 他们的帮凶身份和作为是掩饰不了的。 그들은 자의든 타의든 악당으로서의 신분과 행위는 감출 수 없다.

1193 자일리톨 木糖醇 mùtángchún

[예] 木糖醇是从木糖这种植物中提取的, 是无毒的, 即使添加过量, 也对人体无害, 但食用过多可能会导致拉稀。 자일리톨은 자작나무에서 채취한 물질로 독이 없다. 과도한 양을 첨가한다고 해도 인체에는 무해하지만 너무 많은 양을 섭취하면 설사를 할 수 있다.

1194 자제하다 节制 jiézhì

[예] 如果为了一时的快乐而强行透支身体的话, 就好比一锅美味的佳肴被烧焦了, 浪费了能源、时间不说, 还一口没吃上。所以, 乙肝病人过节更要注意节制。 만약 일시적인 즐거움을 위해 신체를 혹사시킨다면 그것은 마치 맛있는 음식이 타버린 것과 같아 자원과 시간을 낭비한

것은 말할 것도 없고 한 입도 먹을 수 없다. 그래서 B형 간염에 걸
린 사람은 명절 때 절제해야 된다.

1195 자처하다 以~自许 / 以~自居 / 自诩~
yǐ ~ zìxǔ / yǐ ~ zìjū / zìxǔ ~

[예] 由于这个小孩一直以天才自许, 因此同班同学
都不喜欢他。 이 아이가 줄곧 천재라고 자처하기 때문에 같은
반 친구들이 모두 그를 좋아하지 않는다.

[예] 他一向以经验丰富者自居。 그는 줄곧 경험이 풍부
한 사람으로 자처한다.

[예] 《艺伎》的女主角, 章子怡自诩代表亚洲演员
才能。 '게이샤의 추억' 의 여주인공 장쯔이는 아시아 연기자의 재
능을 대표한다고 자처한다.

1196 자체 本身 běnshēn

[예] 首先应该对问题本身有一个全面的、透彻的了
解。 먼저 문제 자체에 대해 전면적이고 철저하게 이해해야 한다.

1197 자체조사 自查工作 zìchá gōngzuò

[예] 记者在北京的一所学校采访时看到, 该校达
标评估自查工作正在紧锣密鼓进行。 기자는 베이징
의 한 학교에서 취재할 때 이 학교의 기준달성에 대한 자체조사가 대
대적으로 진행되고 있다는 것을 알았다.

1198 자초지종도 묻지 않고 不管三七二十一
bù guǎn sān qī èrshíyī

[예] 不管三七二十一, 我一顿拳头打得他满地爬。
다짜고짜로 나는 그를 기어다닐 만큼 때려주었다.

1199 자폐증 内倾 nèiqīng
(孤独症, 封闭症, 自闭症)

[예] 如果一个人的兴趣和注意一般指向内部, 指
向自己的思想和感觉, 他的行为由主观的、个人
的、内部的东西所决定, 那么这个人就属于内倾
的。 만약 한 사람의 흥미와 주의가 대체로 내부를 지향하고 자기
의 사상과 감각을 지향하며 그의 행위가 주관적, 개인적, 내부적인
것에 의해 결정된다면 그 사람은 자폐증 환자이다.

1200 자폭테러사건 自杀性爆炸事件
zìshāxìng bàozhà shìjiàn

[예] 巴勒斯坦伊斯兰抵抗运动哈马斯已宣布对这
两起自杀性爆炸事件负责。 팔레스타인 이슬람저항운동단
체 하마스는 이미 이 두 번의 자폭테러 사건에 대해 책임지기로 했다.

1201 작업현장 工地 gōngdì

[예] 自5月1日起, 环保部门要征收施工工地扬尘
排污费。 환경보호 부처는 5월 1일부터 시공현장의 분진 오염물
배출 비용을 징수하기로 했다.

1202 잡역부 勤务员 qínwùyuán

[예] 他这人没什么特殊的, 就是一个普普通通、平
平凡凡、任劳任怨的勤务员。 이 사람은 특별하지 않다.
보통의 평범한, 고생을 마다하지 않는 잡역부이다.

1203 장렬히 전사하다 为~而英勇捐躯
wèi~ér yīngyǒng juānqū

[예] 为国家的利益而英勇捐躯的伟大的烈士们永
垂不朽！ 국익을 위해 장렬히 전사한 위대한 열사들은 영원불멸
할 것이다.

1204 장르 体裁 tǐcái

[예] 虽然其中还有齐奏和重奏等体裁, 但人们的
传统习惯视这些体裁为合奏或独奏。 그중에 합주(많
은 인원이 참여하는)와 중주 등 장르가 있지만 사람들의 전통적인 습
관은 이러한 것들을 합주(적은 인원이 참여하는)와 독주로 본다.

1205 장사진을 치다 排长蛇阵 pái chángshézhèn

[예] 人们为购买新币排起长蛇阵。 사람들은 신권을 구
매하기 위해 장사진을 쳤다.

1206 장애가 되다 为~设置了新的障碍
wèi ~ shèzhì le xīn de zhàng'ài

[예] 他的这些分裂言论, 与李登辉的"两国论"一
脉相承, 为(给)两岸关系设置了新的障碍。 그의 이

러한 분열발언은 리덩후이의 '양국론'과 일맥상통한 것으로 양안관
계에 새로운 장애가 된다.

1207 장애자 (视力、听力、智力)残疾人 cánjírén

예 您的爱心, 会帮助残疾人获得坚强和勇气, 摆
脱命运安排的醒龊。 당신의 사랑하는 마음은 장애자들로 하
여금 완강함과 용기를 얻어 운명이 내린 어려움을 극복하는데 도움
이 될 것이다.

1208 장의사 殡仪馆 bìnyíguǎn

예 殡仪馆疏忽将活人名字贴在遗体告别室。
장의사가 실수로 산 사람의 이름을 유해고별실에 붙였다.

1209 재계거물 财界巨头 cáijiè jùtóu

예 虽然美国、日本、欧洲等发达国家都有一些恢
复经济景气的征兆, 但国内财界巨头们对经济是
否会恢复景气表示忧虑的呼声却越来越高。 미국,
일본, 유럽 등 선진국에 경기회복의 조짐이 나타났지만 국내 재계거
물들이 경기회복 여부에 대해 우려하는 목소리는 도리어 점점 높아
지고 있다.

1210 재고 库存 kùcún

예 这家商店借春节出清库存。 이 상점은 설을 이용하
여 재고정리를 한다.

1211 재래식 传统的 chuántǒng de

예 其实很多年轻人内心非常重视中国传统节
日, 并且也越来越希望有时间按照传统的方式度
过这些承载特殊文化含义的节日。 사실 많은 젊은이
들이 마음 속으로 중국의 전통명절을 아주 중시하며 시간이 되면 전
통적인 방식에 따라 이러한 특별한 문화적인 의미를 담고 있는 명절
을 쇠고 싶어한다.

1212 재래식무기 常规武器 chángguī wǔqì

예 布什政府一心想要消除小型核武器和常规武
器之间的差异, 降低核武器的使用门槛。 부시정부는
핵무기의 사용기준을 낮추기 위해 소형핵무기와 재래식무기간의 차
이를 없애려고 하고 있다.

1213 재발 复发 fùfā

예 其它的研究试验则是研究防止口腔癌复发或
转移至身体其它部位的方法。 다른 연구 테스트는 구강
암의 재발 혹은 신체의 다른 부위로의 전이를 막는 방법을 연구하는
것이다.

1214 재배하다 种植 zhòngzhí

예 甘蔗种植技术要点 사탕수수 재배 기술 요점

1215 재생고무 再生橡皮 zàishēng xiàngpí

예 目前, 很多室外篮球场用再生橡皮来铺盖球
场。 현재 많은 실외 농구장들은 재생고무로 운동장을 깔았다.

1216 재수생 重考生 chóngkǎoshēng

예 重考生为求短时间内得到相当于一般生三年
习得的教材内容, 无怪乎选择花大钱走人补习班,
以金钱换取时间。 재수생은 단시간 내에 일반학생이 3년간
배운 내용을 배우기 위해 많은 돈을 들여가며 학원에 다닌다. 돈으로
시간과 맞바꾼다.

1217 재처리 再提炼/核再处理设施 (핵 재처리 시설) zài tíliàn/hé zàichǔlǐ shèshī

예 美国专家说, 再提炼核燃料棒, 可使朝鲜在几
个月内多制造几枚核弹。 미국 전문가에 따르면 핵연료봉
을 재처리하면 북한은 몇 개월 내에 핵탄두 몇 개를 더 만들 수 있
다고 한다.

예 该协议明文禁止建立核再处理设施和提炼浓
缩铀的设施。 이 협의는 핵 재처리 시설과 농축 우라늄 제련 시
설 건립을 금지한다고 명문화하고 있다.

1218 재취업 重新就业 chóngxīn jiùyè

예 工作基金主任说, 这个项目能帮助人们为重
新就业做好准备, 并让他们获得自尊。 업무기금 주임
은 이 사업이 사람들의 재취업 준비를 돕고 그들이 자존심을 가질 수
있게 한다고 말했다.

1219 재택근무 在家上班 zài jiā shàngbān

(예) 随着电脑和电子通讯工具的日益普及和更加先进，"在家上班"之风正在美国悄然兴起。 컴퓨터와 전자통신수단이 보급되고 선진화됨에 따라 재택근무의 풍조가 미국에서 슬며시 일어나고 있다.

1220 재테크 理财 lǐcái

(예) 当今世上，许多年轻人对理财予以关注，专心致志学习理财方法。 지금 많은 젊은이들이 재테크에 관심을 가지고 재테크 방법을 열심히 배우고 있다.

1221 재학 在校 zàixiào

(예) 相亲大会引来在校女大学生。 맞선 모임이 재학 중인 여대생을 많이 끌어모았다.

1222 재활용 再使用 zài shǐyòng

(예) 学校的教材循环再使用能推广得开吗？ 학교의 교재를 순환재활용하는 방법이 보급될 수 있을까요?

1223 잿더미로 변하다 化为灰烬 huàwéi huījìn

(예) 2003年1月19日，一场大火将500多年历史的武当山遇真宫化为灰烬。 2003년 1월 19일 큰 불로 500년 역사의 우당산 위전궁이 잿더미로 변했다.

1224 저승사자 勾魂使者 gōuhún shǐzhě

(예) 一部电影里的勾魂使者糊里糊涂地把气数未尽的主人公带到阴间，把该死的家伙留在医院里。那位勾魂使者知道犯了大错，答应帮助主人公回到阳间。 한 편의 영화 속에서 저승사자가 멍청하게도 운명이 다 끝나지 않은 주인공을 저승으로 데리고 가고 죽어야 될 녀석을 병원에 남겨놓았다. 그 저승사자는 큰 잘못을 저지른 것을 알고 나서 주인공이 이승으로 돌아가도록 도와주겠다고 약속했다.

1225 저인망 拖网 tuōwǎng

(예) 拖网作业中的调整技术是捕捞生产技术中的关键。 저인망 작업에서 조정기술은 어로작업의 관건이다.

1226 저인망어선 拖网渔轮 tuōwǎng yúlún

(예) 在这个海域内禁止中国拖网渔轮捕鱼。同时，日本拖网渔轮也不得进入这个海域内捕鱼。 이 수역은 중국의 저인망어선의 어로행위를 금지하며 일본 저인망어선도 이 수역에 들어와선 안 된다.

1227 적개심 敌忾 díkài

(예) 就老百姓而言，敌忾虽在，攻击行动已经不会再发生，没有再发起攻击的必要，甚且没有足够的人力了。 국민들은 아직 적개심이 남아있지만 다시 공격행동은 하지 않을 것이고 다시 공격할 필요가 없을 뿐더러, 심지어 충분한 인력도 없다.

1228 적극 검토하다 正面研究 zhèngmiàn yánjiū

(예) 政府应该对减少电影配额制进行正面研究。 정부는 스크린쿼터제 축소에 대해 적극 검토를 해야 한다.

1229 적당할 때 그만두다 适可而止 shìkě'érzhǐ

(예) 喝酒应该讲究适可而止。 술은 적당할 때 그만 마셔야 한다.

1230 적대적 인수합병 恶意购并 èyì gòubìng

(예) 韩国企业担心，一旦遭到恶意购并，不仅仅是企业易主而已，宝贵的技术也会流出韩国。 한국기업은 일단 적대적 인수합병을 당하면 기업의 주인이 바뀐다는 것뿐만 아니라 소중한 기술이 유출될 것을 우려한다.

1231 적발하다 揭发检举 ~ 的犯罪
jiēfā jiǎnjǔ ~ de fànzuì

(예) 立功的具体情节是指犯罪嫌疑人(被告人)揭发检举其他犯罪嫌疑人的犯罪性质、情节轻重、抓捕难度等。 공을 세운 구체적인 경위는 범죄용의자(피고)가 다른 범죄용의자의 범죄의 성질, 경위의 경중, 체포난이도에 대해 제보(적발)한 것이다.

1232 적십자회 红十字会 Hóngshízì Huì

예▶ 在战争年代，红十字会的救护主要是战场救护，抢救伤病员。 전쟁시대에 적십자회의 구호는 주로 전쟁구호, 부상자구호였다.

1233 적외선 야간투시경 红外线夜视器
hóngwàixiàn yèshìqì

예▶ 这支特工部队利用红外线夜视器，在黑暗里打灭恐怖袭击分子。 이 특수부대는 적외선 야간투시경을 이용하여 어둠 속에서 테러리스트를 퇴치했다.

1234 적자를 흑자로 돌리다 化亏为盈/转亏为盈
huàkuī wéiyíng/zhuǎnkuī wéiyíng

예▶ 国有企业若是有了正派的、懂行的、干事的能人当道掌权，企业就会兴旺发达、长盛不衰，即使有了亏损的现象出现，也会转危为安，化亏为盈。 만약 국유기업에 올바르게 행동하고 업무파악을 제대로 하며, 일처리를 잘하는 능력있는 사람이 기업의 운영권을 갖게 되면, 기업은 왕성하게 발전하여 오랫동안 침체되지 않고 가령 적자가 발생한다 해도 위기를 해결하고 적자를 흑자로 돌릴 수 있게 된다.

1235 적자생존 适者生存/优胜劣汰
shìzhě shēngcún/yōushèng liètài

예▶ 在达尔文的进化论思想里有一个关于生物在自然选择环境下"适者生存"的认识，这种观点通常又被理解为"优胜劣汰"，而且常常被用于解释人类社会的现象。 다윈의 진화론 사상에는 생물이 자연선택 환경에서 적자생존한다는 것에 관한 인식이 있고, 이러한 관점은 강한 것은 살아남고 약한 것은 도태되는 것으로 해석되며 인류사회의 현상을 해석하는데 자주 사용된다.

1236 적재량 装载量 zhuāngzàiliàng

예▶ 驱逐舰的导弹装载量，虽说跟巡洋舰相比，数量少一些，但是，新型驱逐舰装载量正不断提高，快赶上巡洋舰了。 구축함의 미사일 적재량이 비록 순양함에 비해 약간 적지만 신형 구축함의 적재량은 부단히 향상되고 있어 곧 순양함을 따라잡게 될 것이다.

1237 적출수술 摘除手术 zhāichú shǒushù

예▶ 据了解，眼肿瘤摘除手术是一种高风险手术，牵扯到人的视神经、三叉神经、动眼神经。 알려진 바에 따르면 안구 종양 적출 수술은 위험성이 아주 높고 시신경, 삼차신경, 동안신경까지 연관이 된다.

1238 적혈구 红血球/红细胞
hóngxuèqiú/hóngxìbāo

예▶ 控制颜面皮肤新陈代谢的因子是一类由红血球细胞分泌出来的蛋白质。 안면피부의 신진대사를 통제하는 인자는 적혈구 세포에서 분비된 단백질의 일종이다.

1239 전가하다(책임을)
推诿/借辞推诿/推诿塞责/转嫁到 ~ 头上
tuīwěi/jiècí tuīwěi/tuīwěi sèzé/zhuǎnjià dào ~ tóushàng

예▶ 错，不在听老板的，错在盲从和推诿。 잘못은 사장의 말을 들은 데에 있는 것이 아니라 맹종과 책임전가에 있다.

예▶ 各层学生干部均应切实负责办理，不可借辞推诿。 각 학생 간부는 확실하게 책임지고 처리해야지 책임을 전가해서는 안 된다.

예▶ 清军各路将领及地方大员的推诿塞责、畏缩避战，是导致清军战斗力低下的重要原因。 청나라 군대의 각급 장성 및 지방 고관들이 책임을 전가하고, 위축되어 전쟁을 피한 것이 청나라 군대의 전투력이 떨어지게 된 주요 원인이다.

예▶ 经营者不应将亏损转嫁到消费者头上。 경영자는 적자를 소비자에게 전가해서는 안된다.

1240 전격방문 闪电访问 shǎndiàn fǎngwèn

예▶ 日本首相小泉纯一郎今天将赴美进行闪电访问。 고이즈미 일본수상이 오늘 미국을 전격방문한다.

1241 전격작전 突击行动 tūjī xíngdòng

예▶ 警方会继续加强执法并采取突击行动。 경찰은 계속해서 법 집행을 강화하고 전격작전을 취할 것이다.

1242 전과 前科 qiánkē

예▶ 其实, 这并不是富士施乐第一次卷入"走私"的风波, 上一次前科则是在两年半之前。 사실 후지제록스는 처음으로 밀수 소동에 말려든 것이 아니다. 2년 반 전에도 전과가 있다.

1243 전국일주 环游全国 huányóu quánguó

예▶ 我也想骑车环游全国, 请给我一些建议。 저도 자전거로 전국일주를 하고 싶으니 좋은 생각을 알려주세요.

1244 전국적으로 在全国范围内 zài quánguó fànwéi nèi

예▶ 中国警方在全国范围内展开被称为"一百天大会战"镇压法轮功恐怖行动。 중국 경찰은 전국적으로 '백일대회전'이라 불리는 파룬궁 테러진압 작전을 펼친다.

1245 전근하다 调 diào

예▶ 他调到北京分社去了。 그는 베이징지사로 전근 갔다.

1246 전담기구 专责机构 zhuānzé jīgòu

예▶ 如果政府要实现宪法的价值和功能, 就必须建立合宜的宪法监督专责机构。 만약 정부가 헌법의 가치와 기능을 실현하려면 적절한 헌법감독 전담기구를 만들어야 한다.

1247 전락하다 堕落 duòluò

예▶ 真的如此高贵身份的那位大家闺秀一转眼堕落为娼妓? 真是天有不测风云, 人有旦夕祸福。 이렇게 고귀한 신분의 대가집 규수가 순식간에 창기로 전락하다니 사람의 앞일은 정말 알 수 없어.

1248 전립선 摄护腺/前列腺 shèhùxiàn/qiánlièxiàn

예▶ 摄护腺(又名前列腺), 是男性才有的器官, 位于直肠前方及膀胱下端。 전립선은 남성에게만 있는 장기로 직장 앞과 방광 아래쪽에 위치해 있다.

1249 전매하다 公卖 gōngmài

예▶ 省府提拨部分公卖收入支持中央政府支出。 성정부는 전매 수입 일부를 출연하여 중앙정부의 지출을 지원한다.

1250 전몰장사병 阵亡将士 zhènwáng jiàngshì

예▶ 大部分阵亡将士的家属对阿灵顿公墓的环境和服务表示满意。 전몰장사병의 가족 대부분은 앨링턴 국립묘지의 환경과 서비스에 만족을 나타냈다.

1251 전문화 专业化 zhuānyèhuà

예▶ 著名经济学家就企业的专业化战略问题阐述了自己的观点。 유명한 경제학자가 기업의 전문화 전략문제에 대해 자기의 관점을 밝혔다.

1252 전복되다 打翻 dǎfān

예▶ 渔船被风浪打翻。 어선이 풍랑에 전복되었다.

1253 전성기 鼎盛期 dǐngshèngqī

예▶ 黄正民不仅获得了第26届青龙电影节最佳男主角奖, 而且还成为三星Anycall手机的形象代言人, 迎来鼎盛期。 황정민은 26회 청룡영화제 남우주연상을 수상했고 삼성Anycall 광고모델이 되어 그야말로 전성기를 맞았다.

1254 전세기 包机 bāojī

예▶ 至此, 2006年两岸春节包机所有航班执飞完毕, 受到广大台胞欢迎的第三度两岸包机画上句号。 이때에 이르러 2006년 양안 설 전세기의 모든 항공편의 운항이 중단되었고 수많은 타이완동포의 환영을 받은 3차 양안 전세기 운항이 마침표를 찍게 되었다.

1255 전수자 传人 chuánrén

예▶ 日前, 乔丹的衣钵传人——科比·布莱恩特得了81分, 树立了新的里程碑。 며칠 전 마이클 조던의 전수자 고비 브라이언트가 81점을 넣어 새로운 이정표를 세웠다.

1256 전용기 专机 zhuānjī

예 11月19日晚, 应国家主席胡锦涛的邀请, 美国总统布什乘专机抵达北京, 开始对中国的访问。 11월 19일 저녁 후진타오 국가주석의 초청을 받아 부시 미국대통령이 전용기 편으로 베이징에 도착하여 중국방문 일정을 시작하였다.

1257 전용차선 专用车道 zhuānyòng chēdào

예 奥运会期间北京将开辟200余公里奥运专用车道。 베이징은 올림픽 기간 동안 200여 킬로미터의 전용차선을 만들 것이다.

1258 전율하다, 몸서리치다 打冷噤 dǎ lěngjìn

예 屋子外的雪早就停了, 只是一阵紧似一阵的寒风让人直打冷噤。 집 밖의 눈이 일찌감치 그쳤지만, 계속되는 찬바람이 나를 몸서리치게 만들었다.

1259 전인교육 素质教育 sùzhì jiàoyù

예 教师的学科结构不合理, 导致素质教育名存实亡。 교사의 교과목 구조가 불합리하여 전인교육이 유명무실하게 되었다.

1260 전자모기향 电热驱蚊器 / 电子蚊香 diànrè qūwénqì／diànzǐ wénxiāng

예 由于具有上述多种优点, 这种电热驱蚊器已得到较广泛的应用。 상술한 여러가지 장점으로 인해 이 전자모기향은 이미 광범위하게 사용되고 있다.

1261 전자파 电磁波 diàncíbō

예 研究表明车内打手机电磁波辐射更严重。 연구에 따르면 차내에서 핸드폰을 사용하면 전자파가 더욱 많이 발생한다고 한다.

1262 전자화폐 电子货币 diànzǐ huòbì

예 现在是电子商务的时代, 而电子货币成为电子商务中最重要的交易媒介之一。 현재는 전자상거래 시대이며 전자화폐는 전자 상거래시 중요한 거래 수단 중 하나이다.

1263 전철을 밟다 重蹈~的覆辙 chóngdǎo ~ de fùzhé

예 奶业不应重蹈生猪生产的覆辙。 우유업계는 양돈업의 전철을 밟아서는 안 된다.

1264 전통의 강호 传统强队 chuántǒng qiángduì

예 除了几支黑马型的新兴球队外, 几支"传统强队"都已过鼎盛时期。 일부 다크호스형의 신흥축구팀 외에 전통의 강호들은 모두 전성기가 지났다.

1265 전투경찰 防暴警察 fángbào jǐngchá

예 上千名防暴警察使用警棍强行驱散群众, 最后并使用催泪弹和橡胶子弹。 천여 명의 전투경찰이 경찰봉을 이용하여 군중을 강제 해산시켰고 마지막에는 최루탄과 고무탄을 사용하였다.

1266 전화카드 电话卡 diànhuàkǎ

예 全国漫游电话卡 전국 로밍 전화카드

1267 전환사채 可转换(公司)债券 kězhuǎnhuàn(gōngsī) zhàiquàn

예 可转换公司债券具有股票和债券的双重属性, 对投资者来说是"有保证本金的股票"。 전환사채는 주식과 채권의 두 가지 특징을 가지고 있어 투자자에게는 원금을 보장해주는 주식이라고 할 수 있다.

1268 전환점 转折点 zhuǎnzhédiǎn

예 斯大林格勒之战不但是苏德战争的转折点, 甚至也不但是这次世界反法西斯战争的转折点, 而且是整个人类历史的转折点。 스타린그라드 전쟁은 소련과 독일 전쟁의 전환점이었을 뿐만 아니라 심지어 이번 세계 반파쇼 전쟁의 전환점이자 전 인류역사의 전환점이다.

1269 절대비밀, 기밀을 누설해서는 안된다 天机不可泄露 tiānjī bùkě xièlù

예　由于进入新世纪之后, 我国企业与世界一流公司进一步展开了你死我活的激烈竞争. 因此三星、LG、现代汽车公司等各企业领导人更加强调天机不可泄露。 새로운 세기에 접어들면서 우리나라 기업과 세계 일류기업이 너 죽고 나 살기 식의 치열한 경쟁을 벌였다. 그래서 삼성, LG, 현대 자동차 등 각 기업의 리더들은 기밀을 누설해서는 안 된다는 점을 더욱 강조했다.

1270 절대빈곤　绝对贫困　juéduì pínkùn

예　在界定贫困概念时, 最普遍的做法是将贫困区分为绝对贫困和相对贫困, 但在具体解说时则有种种歧义, 需要我们给予更加细致的辨析。 빈곤의 개념을 구분할 때 가정 보편적인 방법은 빈곤을 절대빈곤과 상대빈곤으로 나누는 것이다. 하지만 구체적으로 설명할 때 종종 다른 의미가 생기므로 우리가 더욱 세밀한 분석과 식별이 필요하다.

1271 절도　盗窃　dàoqiè

예　军事经验丰富的空军将级军官, 因多次错失升级的机会而感到不忿, 密谋盗窃国防部一枚核弹与恐怖分子做交易来挑战国家政府。 군사경험이 풍부한 공군 장성급 장교가 여러 차례 승진할 기회를 놓쳐 불만을 품고 국방부의 핵폭탄 하나를 훔쳐내어 테러리스트와 거래하여 국가와 정부에 도전할 음모를 꾸몄다.

1272 절찬리에 방영 중　热播　rèbō

예　2004年, 《大长今》分别在台湾地区和日本热播, 都创下了韩剧在当地的收视纪录。 2004년 《대장금》이 타이완과 일본에서 절찬리에 방영되어 모두 한국드라마의 현지 최고 시청기록을 세웠다.

1273 점자　盲字/点字/盲文/凸字
mángzì/diǎnzì/mángwén/tūzì

예　不仅世界各国分别建立了本国文字的盲字体系, 而且有的国家根据需要制出他们的盲文符号和点字速记符号。 세계 각국이 자국문자의 점자체계를 구축했고 일부 국가는 수요에 따라 자국의 점자 부호와 점자 속기부호를 만들었다.

1274 점잖다　正规　zhèngguī

예　这张照片很不正规, 请原凉, 以后有机会再寄一张正规一点的。 이 사진은 점찮지 못하니 양해바랍니다. 다음에 기회가 되면 좀 점잖은 것으로 다시 보내드리겠습니다.

1275 접목하다　嫁接　jiàjiē

예　智能技术"嫁接"于家电产品后, 人们发现家电产品会"思考"、"分析"和"记忆", 并制定出"行动"方案供人选择。 인공지능기술이 가전제품에 접목된 후 사람들은 가전제품이 사고하고 분석하며 기억하는 동시에 사람들이 선택할 수 있는 행동방안을 만들어 낸다는 것을 발견했다.

1276 접이식 사다리　折叠梯　zhédiétī

예　蔡某10日晚8时45分左右爬上崇礼门西侧斜体墙, 利用准备好的折叠梯潜入楼内。 채씨는 10일 오후 8시45분께 숭례문 서쪽 비탈로 올라가 접이식 사다리를 이용해 건물 안으로 침입했다.

1277 접착제　胶结剂　jiāojiéjì

예　用户必须对胶结剂和污染物之特性有所了解, 以判断胶结剂适用之污染物。 접착제가 오염물에 적합한지 판단하기 위해 고객은 반드시 접착제와 오염물의 특성에 대해 이해해야 한다.

1278 정경유착　政商勾结 / 官商勾结
zhèngshāng gōujié / guānshāng gōujié

예　韩国最有影响的《朝鲜日报》刊登了一幅讽刺政商勾结题为"根深蒂固"的漫画。 한국에서 가장 영향력있는 《조선일보》가 정경유착을 풍자하는 '뿌리깊은' 이라는 제목의 만화를 게재하였다.

1279 정관수술　结扎手术　jiézā shǒushù

예　有的人怕做了结扎手术后影响性生活, 因而不愿意做。这是对结扎手术不了解而产生的误解。 일부 사람들은 정관수술 후 성생활이 영향을 받을까봐 수술하기를 꺼린다. 이것은 정관수술에 대한 이해가 부족하여 생긴 오해다.

1280 정기선 班船 bānchuán

[예] 各线路班船间隔, 大多缩短为15至20分钟。
각 노선의 정기선 간격은 대부분 15분에서 20분 사이로 단축되었다.

1281 정당방위 正当防卫 zhèngdàng fángwèi

[예] 所谓正当防卫是指为了使国家、公共利益、本人或者他人的人身、财产和其他权利免受正在进行的不法侵害, 而采取的制止不法侵害的行为, 对不法侵害人造成损害的, 属于正当防卫, 不负刑事责任。 이른바 정당방위는 국가, 공익, 자신 혹은 타인의 신체, 재산과 기타 권리가 불법침해를 당하지 않도록 불법침해 행위를 저지하는 조치를 취하는 것으로 불법침해한 자가 끼친 손해에 대해서는 정당방위가 적용되어 형사상의 책임을 지지 않는다.

1282 정도경영 正派经营 zhèngpài jīngyíng

[예] 许多专家都强调, 要做大做强企业, 首先要坚持正派经营和高尚的操守, 任何不符合伦理道德的行为如贿赂等, 都将置企业于险境。 많은 전문가들은 모두 크고 강한 기업을 만드려면 먼저 정도경영과 고상한 절개를 지켜야하며, 뇌물 등 윤리도덕에 어긋나는 행위는 기업을 위험한 상황에 빠뜨릴 수 있다고 강조한다.

1283 정례회의 例行会议/例会 lìxíng huìyì/lìhuì

[예] 如果对提出的修改补充方面的意见有分歧, 而且认为是需要解决的问题, 则可以依据本条第二款的规定, 通知举行董事会非例行会议。 만약 제시된 개정보충 사항에 대해 이견이 있고 해결되어야 할 문제가 있다고 생각되면, 본 조항 제2항의 규정에 따라 이사회에 비정례회의를 거행하도록 통지할 수 있다.

[예] 央行货币政策委员会例会肯定人民币汇率改革效果。 중앙은행 화폐정책위원회 정례회의는 위안화의 환율개혁 효과를 인정하였다.

1284 정리해고 整顿解雇 zhěngdùn jiěgù

[예] 相当多的企业被清算、合并, 并以荣誉退休和整顿解雇等方式对雇员结构进行调整。 상당히 많은 기업이 청산되고 합병되었으며 명예퇴직과 정리해고 등의 방식으로 직원에 대한 구조조정을 단행하였다.

1285 정면충돌 迎头相撞 yíngtóu xiāngzhuàng

[예] 印度一婚车与油灌车迎头相撞至少18人遇难。 인도에서 결혼 축하 차량과 유조차가 정면충돌해 최소 18명이 조난되었다.

1286 정밀기계 精机 jīngjī

[예] 随着竞争更加激烈, 各厂商都需要具备精机设备。 경쟁이 더욱 치열해져 각 공장은 모두 정밀기계설비를 구비해야 한다.

1287 정보통신 信息通信 xìnxī tōngxin

[예] 此次研讨会以"中国信息通信技术扶贫能力建设"为主题。 이번 세미나는 '중국 정보통신 기술지원능력 건설'을 주제로 한다.

1288 정부 거듭나기 政府再造 zhèngfǔ zàizào

[예] 政府再造的趋势, 象征着传统的行政体系无法应对新的环境挑战。 정부 거듭나기 추세는 전통적인 행정체계가 새로운 환경도전에 대응할 수 없음을 상징한다.

1289 정부소유주식 官股 guāngǔ

[예] 目前, 清理"官股"工作已初见成效。 현재 정부소유주식을 정리하는 작업이 이미 어느 정도 효과를 보았다.

1290 정부출자은행 国家控股银行 guójiā kònggǔ yínháng

[예] 大部分的投资者对国家控股银行的债券表示信心。 대부분의 투자자들은 정부출자은행의 채권을 신뢰한다.

1291 정신을 가다듬다 振刷精神 zhènshuā jīngshén

[예] 我们应一致振刷精神, 勉力担负我们之担负。 우리들은 정신을 가다듬어 적극적으로 우리가 지어야 될 책임을 지어야 한다.

1292 정예부대 坚甲利兵 jiānjiǎ lìbīng

예) 只要战争危险还存在, 就必须有坚甲利兵, 不断强化国防力量。 전쟁의 위험이 아직 존재한다면 반드시 정예부대가 있어야 하고 국방력을 부단히 강화해야 한다.

1293 정전기 静电 jìngdiàn

예) 该机器具有静电消除自动检测功能。 이 기계는 정전기를 없애는 자동검측기능이 있다.

1294 정지궤도 地球同步轨道 dìqiú tóngbù guǐdào

예) 地球同步轨道是运行周期与地球自转周期相同的顺行轨道。 정지궤도는 운행주기가 지구자전주기와 같은 순행궤도이다.

1295 정착 定居 dìngjū

예) 日前有消息传出李连杰即将带着妻子利智与女儿, 搬离洛杉矶豪宅, 举家迁至上海定居。 며칠 전 리롄제가 곧 아내 리즈와 딸을 데리고 로스엔젤레스의 호화주택을 떠나 온 식구가 상하이로 이주해 정착할 것이라는 소문이 퍼졌다.

1296 정착금 安家费 ānjiāfèi

예) 留学博士东莞创业可获30万“安家费”。 유학을 한 박사가 둥관에서 창업을 하면 30만 위안의 정착금을 받는다.

1297 정체되다 堵塞 dǔsè

예) 公路上汽车堵塞了150公里。 도로에 자동차가 150킬로미터나 정체되어 있다.

1298 정치공작 政治工作 zhèngzhì gōngzuò

예) 古往今来, 政坛上发生了许多政治工作, 暗箭伤人。 예로부터 지금까지 정계에서는 많은 정치공작이 발생하여 중상모략으로 사람을 다치게 했다.

1299 정치쇼 政治表演/政治秀 zhèngzhì biǎoyǎn/zhèngzhìxiù

예) 印度洋海啸过后的“世纪大救援”已成为各国较量“软实力”的舞台和政治秀场。 인도양에서 쓰나미가 지나간 후의 ‘세기의 대원조’는 각국이 소프트파워를 과시하는 무대이자 정치쇼의 장이 되었다.

1300 정치적 망명 政治避难 zhèngzhì bìnàn

예) 除巴西外, 中美洲国家巴拿马也是政治避难的天堂, 它已经接纳了多位下台的拉美国家总统和政治人士。 브라질 외에 중미의 파나마도 정치적 망명의 천국으로, 이미 여러 명의 하야한 라틴아메리카의 대통령과 정치인사들을 받아 주었다.

1301 정치적인 분위기가 짙다 政治空气浓厚 zhèngzhì kōngqì nónghòu

예) 这是因为北京久处政治文化中心, 加之上层文化对市民社会的影响, 因而政治空气浓厚, 市民文化素养较高, 北京人素以关心时事政治和热心议政而闻名全国。 베이징은 오랫동안 정치문화의 중심이었고, 게다가 시민사회에 대한 상층문화의 영향으로 정치적인 분위기가 농후해짐에 따라 시민문화의 소양이 비교적 높아졌고, 평소에 시사정치문제에 대한 관심이 높아 열심히 정치를 논하는 것으로 전국에서 유명하다.

1302 정통한 소식통에 따르면 据消息灵通人士透露 jù xiāoxi língtōng rénshì tòulù

예) 据消息灵通人士透露, 18日上午9点, 六方代表团将在钓鱼台国宾馆再次举行团长会。 정통한 소식에 따르면, 18일 오전 9시, 6자회담 대표단은 댜오위타이 국빈관에서 단장회의를 재개할 것이라고 한다.

1303 정하다 订定 ~ 会议日程 dìngdìng ~ huìyì rìchéng

예) 韩中两国工商界人士经过会议订定下一届会议日程。 한중 양국의 상공계 인사들이 회의를 거쳐 차기 회의일정을 정하였다.

1304 정화하다 治理污染 zhìlǐ wūrǎn

예 一直以来, 治理污染所需要的资金巨大, 只有
投入没有产出, 所以被中国的企业界认定为"赔
本"买卖。 정화에는 막대한 자금이 필요했고, 투자하는 만큼의
성과를 얻지 못해왔기 때문에, 중국의 기업계는 이를 '밑지는 장사'
라고 생각한다.

1305 정확한 소식통 消息灵通人士
xiāoxi língtōng rénshì

예 有某证券专业媒体的消息灵通人士透露, 本
周末或下周初首家新股的招股说明书将会亮相。
모 증권 전문미디어의 정확한 소식통에 따르면 이번 주 혹은 다음 주
초에 새 주식의 주식공모 설명서가 나온다고 한다.

1306 젖몸살나다 患乳疮 huàn rǔchuāng

예 母亲生我以后患了乳疮, 嗷嗷待哺的我就由
年仅45岁的祖母带着, 用奶糕和面糊把我养大。
어머니께서는 출산 이후에 젖몸살을 앓으셔서, 울면서 젖을 보채던
나는 45세의 할머니께 이끌려 밀크케익과 밀가루풀로 길러졌다.

1307 제3의 길 第三条道路 dì sān tiáo dàolù

예 美国总统克林顿引用"第三条道路"的理论,
英国首相布莱尔、德国总理施罗德等都是"第三条
道路"的信奉者。 클린턴 미국대통령은 '제3의 길'의 이론을
인용했고 블레어 영국수상, 쉬레더 독일총리 등도 모두 제3의 길의
신봉자이다.

1308 제곱 方 fāng

예 2的3次方是8。 2의 세제곱은 8이다.

1309 제도를 폐지하다 废除~制度 fèichú ~ zhìdù

예 第一学期随时招生择优录取制度背离了想要
使选拔方式多样化的最初宗旨, 使高中和大学一
年内始终被升学指导和入学考试管理工作所困
扰, 高中的学习气氛也变得黯淡, 由于类似的副作
用很多, 因此决定废除该制度, 只实行第二学期随
时招生制度。 1학기 우수학생 수시모집제도는 선발방식 다양화

라는 최초 취지와는 달리 고등학교와 대학교가 1년 내내 진학지도와
입시관리 때문에 어려움을 겪게 되었고, 고등학교의 학습분위기가
어두워지고 유사한 부작용이 많아 그 제도를 폐지하고 2학기 수시모
집제도만 시행하기로 결정하였다.

1310 제도적 장치 制度设计 zhìdù shèjì

예 所有这些传统的与前沿的产业发展, 都需要
著作权集体管理做坚强的制度设计、内容后盾。
이러한 모든 전통산업, 혹은 첨단 산업발전은 저작권총체적관리에
있어 제도적 장치와 컨텐츠가 뒷받침되어야 한다.

1311 제도화 法制化 fǎzhìhuà

예 该制度的颁布实施必将有力地推进公务员管
理的法制化进程。 이 제도를 반포실시하면 공무원 관리의 제
도화를 강력하게 추진할 수 있게 된다.

1312 제로섬게임 零和游戏 línghé yóuxì

예 《华盛顿邮报》的文章说得好, 国家之间的竞
争不同于企业之间的竞争, "丰田"对"福特"抢占
市场竞争很残酷, 但国家之间的竞争并非你有我
无、你死我活的"零和游戏"。 워싱턴포스트지에 따르면,
국가간의 경쟁은 기업 간의 경쟁과 다르다. '도요타'와 '포드'의 시
장경쟁은 매우 잔혹하지만 국가 간의 경쟁은 너 죽고 나 살기식의
'제로섬게임'이 아니다.

1313 제본하다, 장정하다 装订 zhuāndìng

예 他们把10本毕业论文装订好了。 그들은 졸업논
문 10부를 제본하였다.

1314 제삼자 局外人/墙外汉 júwàirén/qiángwàihàn

예 我是一个局外人, 只能用局外人的方式孤孤
单单存活于这个世界。 나는 제3자이므로, 제3자의 방식에
따라 외로이 이 세상을 살아갈 수밖에 없다.

예 其实人往往就是因为在成功的光环下不愿意
以一种客观的心态来自省, 才不能以一种墙外人
的眼光去更好地评判自己、剖析自己。 사실 인간은 종
종 성공의 후광 속에서 객관적인 마음자세로 반성하기를 원하지 않
기 때문에 제3자의 관점에서 자신을 평가하고 분석하는 것은 쉽지
않다.

1315 제약받다　受约束 shòu yuēshù

예▶ 2003年, 朝鲜退出《不扩散核武器条约(NPT)》之后不**受**条约的**约束**, 擅自开发了核武器。 2003년, 북한이 핵확산금지조약(NPT)을 탈퇴한 후 조약의 구속을 받지 않고 함부로 핵무기를 개발했다.

1316 제우스　宙斯 Zhòusī

예▶ **宙斯**是希腊众神之神, 为表示崇拜而兴建的**宙斯**神像是当时世上最大的室内雕像。 제우스는 그리스 신 중의 신으로, 숭배를 나타내기 위해 만든 제우스 상이 당시 최대의 실내조각상이었다.

1317 제일인자　第一手 dì yī shǒu

예▶ 少林神僧空性是当今武林中无与伦比的龙爪擒拿手的**第一手**。 소림신승 쿵싱은 당시 무림에서 비할 데가 없는 용발톱권법의 일인자였다.

1318 제자리 걸음하다　原地踏步 yuándì tàbù

예▶ 虽然绝大多数企业家认为日本经济已经进入**原地踏步**阶段, 但他们对前景并不悲观。 대다수 기업가가 일본 경제가 이미 제자리걸음 단계에 들어섰다고 여겼음에도 불구하고, 그들은 미래의 전망에 대해 그다지 비관적이지 않았다.

1319 제철과일　时令水果 shílìng shuǐguǒ

예▶ 西瓜、樱桃等**时令水果**上市量开始攀升, 水果市场呈现一片"夏令风情"。 수박, 앵두 등 제철과일의 출시량이 급증하여, 과일시장에 온통 여름철 분위기가 물씬 풍겼다.

1320 제한적으로　有选择地 yǒuxuǎnzé de

예▶ 这样就能**有选择地**从对话框中提取数据。 이렇게 하면 대화상자에서 정보를 제한적으로 입수할 수 있다.

1321 조건부휴전　有条件停火 yǒu tiáojiàn tínghuǒ

예▶ 他说, "基地"组织**有条件停火**的目的就是为了不让大量的美元白白被浪费或者进入美国政客和战争贩子的腰包。 그는 알카에다 조직이 조건부 휴전을 한 목적은 많은 달러가 쓸데없이 낭비되거나 미국정치나 전쟁장사꾼의 허리춤에 들어가지 않도록 하기 위한 것이다 라고 말했다.

1322 조달하다(마련하다)　筹集 chóují

예▶ 新年伊始, 辽宁省政府决定**筹集**5000万元救助资金。 새해가 시작되자 랴오닝성정부는 5000만 위안의 구제금을 마련하기로 했다.

1323 조류독감　禽流感 qínliúgǎn

예▶ 保加利亚紧急调拨"达菲(Tamiflu)"应对**禽流感**暴发。 불가리아는 조류독감에 대응하기 위해 'Tamiflu'를 서둘러 조달했다.

1324 조만간　在不久的将来/早晚
zài bùjiǔ de jiānglái/zǎowǎn

예▶ 检察厅一直摸不清这起丑闻的底细。但你等着瞧吧, 我们特别小组继续追查, 这件丑闻**早晚**会真相大白。 검찰청은 줄곧 이 스캔들의 내막을 몰랐다. 하지만 두고 봐라. 우리 특별 조사팀이 끝까지 조사하면 이 스캔들의 진상이 조만간 밝혀질 것이다.

1325 조산원(산파)　收生婆/接生婆
shōushēngpó/jiēshēngpó

예▶ **收生婆**还没有到, 她却已经生产了。 조산원이 오기 전에 그녀는 이미 아기를 낳았다.

1326 조인하다(체결하다)　签订 qiāndìng

예▶ **签订**购房合同时一定要慎重对待, 因为您的权利和义务都体现在内了。 주택 구매계약을 체결할 때 반드시 신중해야 한다. 왜냐하면 당신의 권리와 의무가 그 안에 포함되어 있기 때문이다.

1327 조정경기　赛艇 sàitǐng

예▶ **赛艇**运动多在江河湖泊等大自然水域中进行。 조정경기는 대부분 강과 호수 등 대자연의 수역에서 진행된다.

1328 조직적으로 有组织的 yǒu zǔzhī de

예 恐怖分子的**有组织的**犯罪活动日益猖獗，各国迫切希望加强合作，预防和打击与此相关的非法行为。 테러리스트들의 조직적인 범죄활동이 점점 창궐하여 각국이 테러와 관련된 불법행위를 예방하고 퇴치하기 위한 협력 강화를 절실하게 희망하고 있다.

1329 조판하다 排版 páibǎn

예 我们的技术人员有强大的技术力量以及丰富的经验，能够为本地化企业和跨国公司提供多语言的桌面**排版**服务。 우리의 기술자들은 강한 기술력과 풍부한 경험이 있어 현지 기업과 다국적 기업을 위해 여러가지 언어의 데스크 조판서비스를 제공할 수 있다.

1330 족발 蹄子 tízi

예 日本人不吃猪**蹄子**。 일본사람은 족발을 먹지 않는다.

1331 존 디펜스(Zone defense) 区域联防/地域防御 qūyù liánfáng/dìyù fángyù

예 采用**地域防御**时，强调在指定的时间内守住和控制特定的地形。 존 디펜스를 할 때 지정된 시간 내에 특정한 지형을 지키고 통제하는 것이 중요하다.

1332 종(Species) 物种 wùzhǒng

예 由于栖息地的丧失、外来**物种**入侵、自然资源的不合理利用、气候变化等原因，世界上的生物多样性正以惊人速度遭受损失。 서식지역의 상실, 외래종의 침입, 자연자원의 불합리한 이용, 기후 변화 등의 원인으로 세계 생물 다양성이 놀랄 만한 속도로 훼손되고 있다.

1333 종군기자 随军记者 suíjūn jìzhě

예 美国用**随军记者**打心理战。 미국은 종군기자를 이용하여 심리전을 펼친다.

1334 종균 菌种 jūnzhǒng

예 微生物**菌种**资源是国家重要的生物资源，在科学研究和经济发展中发挥着重要作用。 미생물 종균자원은 국가의 중요한 생물자원이고 과학연구와 경제발전에 중요한 역할을 하고 있다.

1335 종의 기원 物种起源 wùzhǒng qǐyuán

예 由英国博物学家达尔文所著《**物种起源**》一书奠定科学基础，以后为生物学上的成就加以论证和发展。 영국의 박물학자 다윈의 〈종의 기원〉은 과학의 기초를 다졌고 이후 생물학의 성취를 위해 논증되고 발전되었다.

1336 종합재무제표 综合财务报表 zōnghé cáiwù bàobiǎo

예 **综合财务报表**包括本公司及其附属公司的账目。 종합재무제표는 본사 및 그 산하회사의 회계를 포함하고 있다.

1337 좌우명 座右铭 zuòyòumíng

예 教师**座右铭**集锦 교사의 좌우명 모음

1338 죄는 미워해도 사람은 미워할 수 없다 憎其罪不憎其人 zēng qí zuì bù zēng qírén

예 小泉还套用了中国先哲孔子的一句古话"**憎其罪不憎其人**"。 고이즈미는 "죄는 미워해도 사람은 미워할 수 없다"라는 중국의 선현 공자의 말을 인용했다.

1339 죄명을 덮어씌우다 罗织 ~ 的罪名 luózhī ~ de zuìmíng

예 岳飞遭到秦桧的陷害。秦桧给岳飞**罗织**莫须有**的罪名**，冤送他不归之路。 웨페이는 친후이에게 모함을 당했다. 친후이는 웨페이에게 있지도 않은 죄를 덮어 씌워 그를 죽게 만들었다.

1340 주관식문제 问答题 wèndátí

예 中国近代史**问答题**精选 중국근대사 주관식문제 정선

1341 주력상품 拳头产品 quántou chǎnpǐn

예 ▶ 大蒜和洋葱成为河南蔬菜出口**拳头产品**。
허난에서 마늘과 양파는 채소수출 주력상품이다.

1342 주름이 생기다(옷) 起皱 qǐzhòu

예 ▶ 大衣为何在蒸汽整理中缩拢**起皱**？ 외투가 어째서 증기정리하는데 줄어서 주름이 생겼을까?

1343 주문자상표부착생산(OEM) 贴牌生产 tiēpái shēngchǎn

예 ▶ 食品"**贴牌**"**生产**让人欢喜让人忧。 식료품의 주문자상표부착생산은 기쁨과 슬픔이 교차하게 만든다.

1344 주식청약 认股 rèngǔ

예 ▶ **认股**权证结算价计算方法 주식청약권증서의 결산가 계산법

1345 주심 裁判员 cáipànyuán

예 ▶ **裁判员**没有扎实的基本功, 临场就吹不出高水平。 주심은 튼튼한 기본이 갖추어지지 않으면 현장에서 높은 수준을 발휘할 수 없다.

1346 주의를 끌다 醒目 xǐngmù

예 ▶ **醒目**的标题 주의를 끄는 표제

1347 주장 队长 duìzhǎng

예 ▶ 谁才应该是上海申花队的**队长**？ 누가 상하이 선화팀의 주장이어야 하지?

1348 주정하다 酗酒 xù jiǔ

예 ▶ 他一喝酒就**酗酒**闹事。 그는 술만 마시면 주정하고 일을 저지른다.

1349 주치의 主治医生 zhǔzhì yīshēng

예 ▶ 胡锦涛**主治医生**张大宁给韩国前总统金大中诊疗。 후진타오의 주치의가 김대중 한국전대통령을 진료했다.

1350 주파수 周率/频率 zhōulǜ/pínlǜ

예 ▶ 电磁波及其**频率** 전자파 및 그 주파수

1351 주행(자동차)시험 路试 lùshì

예 ▶ 如果我们不紧张, 是可以避免出错的, 通过**路试**应该没有问题。 만약 우리가 긴장하지 않으면, 실수를 피할 수 있고, 주행시험 통과도 문제없다.

1352 준공 竣工 jùngōng

예 ▶ 18日, 在哈尔滨市太阳岛公园入口处兴建的全国最大的雪门已全面**竣工**。 18일 하얼빈시 타이양다오 공원 입구에 세운 전국 최대의 설문이 준공되었다.

1353 준법정신 守法精神 shǒufǎ jīngshén

예 ▶ **守法精神**是什么? 就是一种道德自律精神。 준법정신이란 무엇인가? 바로 일종의 도덕 자율정신이다.

1354 준설선 挖泥船 wāníchuán

예 ▶ **挖泥船**主要用于疏通航道, 在世界各个繁忙的港口, 多种形状的**挖泥船**清挖着水道与河川, 以便其他船舶顺利通过。 준설선은 주로 항로를 소통시키는 목적으로 이용되며, 세계의 각 복잡한 항구에서 여러 형태의 준설선이 선박을 순조롭게 통과시키기 위해 수로와 하천을 준설하고 있다.

1355 줄다리기 拔河 báhé

예 ▶ 女子**拔河**比赛, 好刺激的喔, 别当旁观者了, 进来吧！ 여자 줄다리기는 아주 재미있다. 구경만 하지말고 같이 하자!

1356 줄어들다 有减无增 yǒujiǎn wúzēng

[예] 据美国东西方中心负责中国能源预测的专家称, 自上世纪中期以来, 亚太地区的原油生产平平, 未来10年仍是有减无增。 미국 동서양센터의 중국에너지 예측전문가는 지난 세기 중반 이래 아시아 태평양 지역의 원유 생산이 늘지 않아 앞으로 10년 동안 생산이 줄어들 것으로 예측했다.

1357 줄타기 走绳/走索子 zǒu shéng/zǒu suǒzi

[예] 今年32岁的阿迪力, 有24年高空走绳的经历。 금년 32세의 아디리는 24년간의 고공 줄타기 경력이 있다.

1358 줌(Zoom) 렌즈 变焦镜头 biànjiāo jìngtóu

[예] 通过改变变焦镜头中的各镜片的相对位置来改变镜头的焦距。 줌렌즈 속의 각 렌즈의 상대적인 위치를 바꾸어 렌즈의 초점거리를 조정한다.

1359 중계 转播 zhuǎnbō

[예] 转播足球比赛的实况。 축구경기를 실황 중계하다.

1360 중도우파 中间偏右 zhōngjiān piānyòu

[예] 波兰中间偏右政党似乎赢得大选。 폴란드의 중도우파 정당이 대선에서 승리한 것 같다.

1361 중산층 小康人家 xiǎokāng rénjiā

[예] 该县前不久的调查结果表明; 全县2万优抚对象率先成为小康人家。 이 현의 최근 조사결과에 따르면 현 전체 2만 명의 우대대상(군인가족, 상이군인)이 먼저 중산층이 된 것으로 드러났다.

1362 중상을 입히다 将 ~ 打成重伤
jiāng ~ dǎchéng zhòngshāng

[예] 日前, 广州白云区法院认定一名将被劳教人员打成重伤的干警犯了虐待被监管人罪, 对他判了两年刑。 며칠 전 광저우 바이윈구 법원은 한 노동개조 수감자에 의해 중상을 입은 경찰간부가 피감호인을 학대한 죄를 인정하여 2년형을 선고하였다.

1363 중앙분리대 隔离墩 gélídūn

[예] 北京满载公交车撞上隔离墩, 造成35人入院救治。 베이징의 만원버스가 중앙분리대에 부딪혀 35명이 입원치료받게 되었다.

1364 중유 重油 zhòngyóu

[예] 阿里巴巴重油市场是全球最大的重油市场。 알리바바 중유시장은 전세계 최대의 중유시장이다.

1365 중재하다 斡旋/调解 wòxuán/tiáojiě

[예] 中国政府决定再次派遣官员赴伊进行斡旋。 중국정부는 재차 이라크에 관원을 파견하여 중재하기로 했다.

[예] 今天我要讲的是"我国法院调解的新发展"。 오늘 저는 '우리 나라 법원중재의 새로운 발전'이라는 주제에 대해 이야기하겠습니다.

1366 즉석복권 "刮刮乐" 彩券 "guāguālè" cǎiquàn

[예] 由于该便利商店也出售"刮刮乐"彩券, 因此垃圾桶内每天都会堆满被刮过后丢弃的彩券。 이 편의점도 즉석복권을 팔기 때문에 쓰레기통 안에는 긁고나서 버려진 복권이 항상 가득하다.

1367 증가하다 有增无减 yǒuzēng wújiǎn

[예] 明年中国大学生就业压力有增无减。 내년 중국 대학생의 취업 압력이 증가할 것이다.

1368 증언하다 作证 zuòzhèng

[예] 阻挠他出庭作证 그가 법정 출두하여 증언하는 것을 방해하다.

1369 증여세 馈赠税 kuìzèngshuì

[예] 高额遗产税和馈赠税更是直接把抑制不劳而获和矫正不公作为征收目的。 고액의 유산세와 증여세는 직접적으로 불로소득을 억제하고 불공정을 바로 잡는 것을 목적으로 한다.

1370 증축하다 增建/扩建/添盖
zēngjiàn/kuòjiàn/tiāngài

예▶ 由于前些年不幸遭火灾,家中一切尽丧火海中,房屋各方面重新添盖。 몇 년 전 불행히도 화재를 당해 집안의 모든 것이 불타서 주택의 이곳저곳을 증축했다.

1371 증후군 综合症 zōnghézhèng

예▶ 每逢节假日,不少人因游乐过度、应酬过多或饮酒过量等原因容易患上"节日综合症"。 매번 명절과 휴일이 되면 많은 사람들이 과도하게 놀거나 대접을 과도하게 하거나 또는 과음 등의 원인으로 명절증후군을 앓게 된다.

1372 지급준비율 存款准备率 cúnkuǎn zhǔnbèilǜ

예▶ 经国务院批准,中国人民银行决定从2004年4月25日起,提高存款准备率。 국무원의 비준을 거쳐 중국런민은행은 2004년 4월 25일부터 지급준비율을 상향조정하기로 했다.

1373 지급하다 发放 fāfàng

예▶ 发放工资 임금을 지급하다.

1374 지렛대작용 杠杆作用 gànggǎn zuòyòng

예▶ 实施农用水资源收费政策,发挥经济杠杆作用。 유료농업용수자원 정책을 실시하여 경제 지렛대작용(레버리지)을 발휘한다.

1375 지명수배범 通缉犯 tōngjīfàn

예▶ 张亚彬在当选人大代表之前,就已经被列为通缉犯。 장야빈이 전인대 대표로 당선되기 전에 이미 지명수배범 명단에 올랐다.

1376 지명하다 提名 tíming

예▶ 普京可能被提名为2012俄总统候选人。 푸틴이 2012년 러시아 대통령후보로 지명될 가능성이 있다.

1377 지배주주 控股股东 kònggǔ gǔdōng

예▶ 控股股东持股比例对公司价值具有显著的负面影响。 지배주주의 소유지분비율은 회사의 가치에 분명히 악영향을 미친다.

1378 지양하다 扬弃 yángqì

예▶ 我们应该扬弃歧视妇女的观点。 우리는 여성을 차별하는 관점을 지양해야 한다.

1379 지역감정 地域情结 dìyù qíngjié

예▶ 事实上,地域情结也的确是长时间困扰中国女足发展的重要问题。 사실상 지역감정 역시 분명히 오랫동안 중국여자 축구 발전을 가로 막아온 중요한 문제이다.

1380 지역구의원 地区议员 dìqū yìyuán

예▶ 乡村地区议员所代表的选民数远远低于城市地区议员所代表的选民数。 농촌 지역구 의원이 대표하는 유권자수는 도시 지역구의원이 대표하는 유권자 수보다 훨씬 적다.

1381 지엽적인 문제가 생기다 旁生枝节 pángshēng zhījié

예▶ 我不愿旁生枝节。 나는 지엽적인 문제가 생기는 것을 원하지 않는다.

1382 지점 分店 fēndiàn

예▶ 继五年前在农林下路开张其广州第一家分店后,北京同仁堂再次扩张版图。 5년 전 눙린하로에 광저우 첫 번째 분점을 개장한 후 베이징 통런탕은 다시 판도를 확장했다.

1383 지피다(불을) 生火/烧火 shēng huǒ/shāo huǒ

예▶ 屋里太冷了,快生火吧。 집이 너무 춥다. 빨리 불을 지펴라.

1384 지피에스(GPS · 위성항법장치)
星基导航/全球定位系统
xīngjī dǎoháng/quánqiú dìngwèi xìtǒng

예 全球卫星导航系统简称**星基导航**。 전 세계 위성유도 시스템을 GPS라 부른다.

예 **全球定位系统**本用于协调军事力量。 GPS는 원래 군대를 지원하는 데 사용되었다.

1385 직권남용 滥用职权 lànyòng zhíquán

예 据中国媒体报道, 李达昌涉嫌在1997年前后**滥用职权**。 중국언론 보도에 따르면 리다창은 1997년 전후 직권남용의 혐의가 있었다고 한다.

1386 직무상과실 失职 shīzhí

예 中国政府将以问责制处理**失职**官员。 중국정부는 앞으로 직무상과실을 범한 관원을 문책처리한다.

1387 직무유기 玩忽职守 wánhū zhíshǒu

예 目前, 榆林3个县的4名公务员因涉嫌**玩忽职守**受到查处。 현재 위린 3개 현의 공무원 4명이 직무유기혐의로 조사받고 있다.

1388 직무이탈 擅离职守 shànlí zhíshǒu

예 这些人被开除的原因是在"卡特里娜"飓风吹袭新奥尔良市前后**擅离职守**。 이 사람들이 제명된 원인은 '카트리나' 허리케인이 뉴올리언시를 강타한 시기에 직무이탈을 했기 때문이다.

1389 직불카드 现金卡 xiànjīnkǎ

예 不少银行已经停发新的**现金卡**。 많은 은행이 이미 직불카드 발행을 중단하였다.

1390 직시하다 正视 zhèngshì

예 必须**正视**问题产生的根源, 不能本末倒置。 문제가 발생한 근원을 직시해야 하며 본말을 전도해서는 안 된다.

1391 직위해제 解除~职务 jiěchú~zhíwù

예 以色列总理沙龙4日**解除**了交通部长利伯曼的**职务**。 샤론 이스라엘 총리는 4일 교통부장관 리버만의 직위를 해제했다.

1392 진범 真正罪犯 zhēnzhèng zuìfàn

예 一位律师在案子终结时做总结发言, 他说**真正的罪犯**可能在任何时候走进来。所有的人都扭头看看法庭的后门。 한 변호사가 사건이 종결되어 최후 발언을 할 때 진범이 언제라도 걸어들어 올 수 있다고 말했다. 모든 사람이 머리를 돌려 법정의 뒷문을 바라보았다.

1393 진성어음 商业本票 shāngyè běnpiào

예 按照国际上所使用的**商业本票**, 有远期和即期之分。 국제적으로 사용되는 진성어음은 장기어음과 일람불어음으로 나뉜다.

1394 진입하다 驶入 shǐrù

예 **驶入**通往市内的路。 시내로 통하는 도로로 진입하다.

1395 진출하다 进军/打入 jìnjūn/dǎrù

예 谷歌**进军**传统媒体广告市场。 구글이 전통매체인 광고시장에 진출했다.

1396 진화(퇴치)작업 扑灭工作 pūmiè gōngzuò

예 辽宁省立即派出由领导带队的专家组赴黑山县指导疫情**扑灭工作**。 랴오닝성은 즉각 간부가 인솔하는 전문가 팀을 헤이산으로 보내 전염퇴치 작업을 지도하게 했다.

1397 집들이 乔迁宴 qiáoqiānyàn

예 办**乔迁宴** 집들이를 하다.

1398 집시법 集游法 jíyóufǎ

예▶ 目前**集游法**仍然以需事前核准的"许可制"运行。 현재 집시법은 여전히 사전에 비준이 필요한 허가제로 운영되고 있다.

1399 집안싸움 窝里斗 wōlidòu

예▶ 中国人最大的悲哀, 在于百分之九十九的精力都得用到**窝里斗**上。 중국인의 가장 큰 비애는 99%의 정력을 집안싸움에 써야 한다는 것이다.

1400 집중난방 集中供热 jízhōng gōngrè

예▶ **集中供热**具有较好的能源利用效率和良好的环境效益, 适应我国能源条件和城镇居民居住状况, 是我国城镇供热的主要方式。 집중난방은 에너지 이용효율과 환경효익이 비교적 우수하여 우리나라의 에너지 여건과 주민의 거주 상황에 맞는 우리나라 도시의 주요 열공급 방식이다.

1401 집행유예 缓刑 huǎnxíng

예▶ 日前, 人民法院对侵犯知识产权犯罪适用**缓刑**予以规范。 며칠 전 인민법원은 지적 소유권을 침해한 범죄에 대해 집행유예를 적용하는 상황을 규범화하였다.

1402 집회와 결사의 자유 集会和结社的自由 jíhuì hé jiéshè de zìyóu

예▶ 我们必须说明; 公民有言论、**集会、结社的自由**, 但军官没有言论、集会、结社的自由。 국민은 언론, 집회와 결사의 자유가 있지만 군간부는 그렇지 않다는 것을 우리는 분명히 설명해야 한다.

1403 징병제 征兵制 zhēngbīngzhì ↔ 募兵制 mùbīngzhì

예▶ 据台湾媒体报道, 岛内的兵役制度将由现行的**征兵制**, 朝募兵制方向改革。 타이완의 언론 보도에 따르면 섬 내의 병역제도를 현행 징병제에서 모병제로 개혁한다고 한다.

1404 징역 徒刑 túxíng

예▶ 有期**徒刑** / 无期**徒刑** 유기징역 /무기징역

1405 징집연기 缓征 huǎnzhēng

예▶ 应如何办理**缓征**申请？ 징집연기신청은 어떻게 하는 거죠?

1406 징크스 忌讳心理 jì huì xīn lǐ

예▶ 运动员的**忌讳心理** 운동선수의 징크스

1407 짙다(기체, 색채, 의식, 분위기따위가) 浓厚 nónghòu

예▶ 在北京, 迎奥运热情不断升温, 奥运氛围愈加**浓厚**。 베이징에서 올림픽을 맞이하는 열기가 계속 뜨거워지고 있고 올림픽 분위기가 한층 농후해졌다.

1408 짙다(향기가) 浓郁 nóngyù

예▶ **浓郁**香味！ 짙은 향기!

1409 찌꺼기 糟粕 zāopò

예▶ 弃其**糟粕**取其精华。 찌꺼기를 버리고 정수를 취하다.

1410 차선변경 变线 biànxiàn

예▶ **变线**前必须仔细观察, 掌握好前后左右的车距和车流运动等情况。 차선변경 전에 반드시 자세히 앞뒤 좌우의 차 간격과 유동 현황을 잘 살펴보아야 한다.

1411 차압하다(당하다) 查封/予以查封/遭查封 cháfēng/yǔyǐ cháfēng/zāo cháfēng

예▶ 这个司法解释规定, 被执行人的八种财产人民法院不得**查封**、扣押、冻结。 이 사법 규정은 피고의 8가지 재산이 인민 법원에 의해 차압, 저당, 동결되어서는 안 된다고 설명하고 있다.

1412 차익 利差 lìchā

예 ▶ 为了赚取更多的利差, 此一制度在先进国家行之有年。 이 제도는 선진국에서 더 많은 차익을 얻기 위해 실행된지 오래되었다.

1413 착공 开工/动工 kāigōng/dònggōng

예 ▶ 北京天安门广场人民英雄纪念碑修缮工程8日正式开工。 베이징 천안문 광장의 인민영웅 기념비의 수리작업은 8일 정식으로 착공한다.

1414 착취 剥削 bōxuē

예 ▶ 剥削工人。 근로자를 착취하다.

1415 찬바람이 뼛속에 파고들다 侵肌砭骨 qīnjī biāngǔ

예 ▶ 此时此景, 侵肌砭骨的寒意仿佛也化成了幽深的诗意。 이 상황에서 뼛속을 파고드는 추위가 마치 깊이 있는 시상이 된 것 같다.

1416 찬밥 冷宫 lěnggōng

예 ▶ 我被他打入了冷宫。 나는 그에게 찬밥을 먹였다.

1417 참사 惨案 cǎn'àn

예 ▶ 这一惨案引起全球华人的关注, 而英国警方也就有关事件展开了刑事调查。 이번 참사는 전세계 중국인들의 관심을 집중시켰고, 영국 경찰 또한 관련 사건에 대해 형사조사를 시작했다.

1418 참석 出席/参加 chūxí/cānjiā

예 ▶ 胡锦涛出访拉美并出席APEC会议。 후진타오 국가 주석은 남아메리카를 순방했고 아울러 APEC 회의에 참석하였다.

1419 창고형 할인매장 霸级市场 bàjí shìchǎng

예 ▶ 在泰国、台湾、韩国、中国和马来西亚的城市地区, 霸级市场已成为商品的主导通路。 태국, 타이완, 한국, 중국, 말레이시아의 도심지역에서는, 창고형 할인매장이 이미 상품유통의 주요 루트가 되었다.

1420 창시자 开山祖师/开山老祖/开山鼻祖 kāishān zǔshī/kāishān lǎozǔ/kāishān bízǔ

예 ▶ 理公塔, 是为纪念灵隐寺开山祖师慧理和尚而建的。 리궁탑은 링인사의 창시자인 후이리 스님을 기념하기 위해 지어진 것이다.

1421 창업 创立新业 chuànglì xīnyè

예 ▶ 小额信贷使贫困妇女获得了创立新业的机会。 소액신용 대출은 생활이 어려운 여성들에게 창업의 기회를 제공하였다.

1422 책임을 전가하다 推卸责任 tuīxiè zérèn

예 ▶ 今年7月份戴尔曾对大约3.8万台笔记本电脑的电源线进行了更换。不过, 也很难就此认为戴尔在推卸责任。 금년 7월 델은 3만 8천여 대의 노트북 컴퓨터 전원을 교체했다. 하지만 그렇다고 해서 델이 책임을 전가하는 것이라고 생각하기는 어렵다.

1423 처녀비행 首飞 shǒufēi

예 ▶ 2日, 中国研制的新型歼击机—枭龙/FC-1型飞机在成都举行了首飞仪式。 2일 중국이 연구 제작한 전투기 샤오룽/FC-1가 청두에서 처녀비행을 했다.

1424 처방을 내리다 开药方 kāi yàofāng

예 ▶ 为预防人禽流感"开药方"。 사람이 조류독감에 걸리지 않도록 처방을 내리다.

1425 처지 处境 chǔjìng

예 ▶ 中国著名人权律师高智晟日前第三次公开致信中国国家领导人后, 他的处境日益受到外界关注。 중국의 유명한 인권변호사 가오즈성은 며칠 전 중국국가지도자에게 세 번째 공개서한을 보낸 뒤 그의 처지가 점점 더 외부의 관심을 받고 있다.

1426 척박하다 贫瘠 *pínjí*

예▶ 是不是中国就没法做好颁奖礼, 还是现在**贫瘠**的音乐土壤根本就不需要颁奖礼？ 중국이 시상식을 할 방법이 없는 것인가, 아니면 척박한 음악환경에서 시상식이 필요없는 것인가?

1427 천덕꾸러기 受气包 *shòuqìbāo*

예▶ 他小时候曾患有淋巴肉芽肿病并接受过化疗, 因此一直在学校里充当"**受气包**"。 그는 어렸을 때 임파선육아종병을 앓고 치료를 받은 적이 있어서 줄곧 학교에서 천덕꾸러기 역할을 했다.

1428 천문학적인 숫자 天文数字 *tiānwén shùzì*

예▶ 人们常常用"**天文数字**"来形容数字的巨大。 사람들은 "천문학적인 숫자"라는 말로 숫자가 큼을 형용한다.

1429 천수답 望天田 *wàngtiāntián*

예▶ 广东省水利厅最近总结推广信宜市应用水轮泵技术让万亩"**望天田**"起死回生的经验。 광동성수리청은 최근 신이시가 양수기를 응용한 기술을 보급해 1만 무(1무는 6,666아르)의 천수답을 기사회생시킨 경험을 총결산했다.

1430 천장 天花板/顶棚 *tiānhuābǎn/dǐngpéng*

예▶ 面目狰狞的蜘蛛十分不可爱, 尤其当它们出现在浴室**天花板**上的时候。 모습이 흉악한 거미는 아주 보기 싫다. 특히 그것들이 욕실 천장에 나타날 때 더욱 그렇다.

1431 천혜의 자연적인 조건을 갖추다 具备得天独厚的天然条件 *jùbèi détiān dúhòu de tiānrán tiáojiàn*

예▶ 新疆**具备**建设有机食品区**得天独厚的条件**和优势。 신장은 유기식품단지를 건설하는 데 천혜의 조건과 장점을 갖추었다.

1432 철옹성 铜墙铁壁 *tóngqiáng tiěbì*

예▶ 5千名军警构筑了**铜墙铁壁**。 5000명의 군경이 철옹성을 구축했다.

1433 철인경기 铁人赛 *tiěrénsài*

예▶ 今年四月份将在釜山举办**铁人赛**。 금년 4월 부산에서 철인 경기가 열린다.

1434 철회하다 收回 *shōuhuí*

예▶ CDC周五**收回**了购买Onyx软件公司多数股份的要求。 금요일에 CDC는 Onyx소프트웨어 회사의 많은 지분을 구매하겠다는 요구를 철회하였다.

1435 첩보위성 间谍卫星 *jiàndié wèixīng*

예▶ 按照计划, 美国有望在未来5年内将第三代隐形**间谍卫星**投入使用。 계획에 따라 미국은 앞으로 5년 내에 3세대 스텔스첩보위성을 사용하게 될 전망이다.

1436 청과상 水果商 *shuǐguǒshāng*

예▶ 台商林志鸿在上海经营台湾原产精品水果已经3年了, 经营规模一年比一年大, 目前已是上海滩上最大的台湾**水果商**。 타이완 기업인 린즈홍은 상하이에서 타이완산 고급과일을 취급한지 3년이 되었는데, 운영이 잘되고 경영규모가 점점 커져 지금은 상하이탄에서 가장 큰 청과상이 되었다.

1437 청사진을 그리다 绘制 ~ 建设的蓝图 *huìzhì ~ jiànshè de lántú*

예▶ 学校**绘制**未来发展**建设的蓝图**。 학교는 미래발전의 청사진을 그렸다.

1438 청산하다/깨끗이 처리하다 清理 *qīnglǐ*

예▶ 上网助手可以帮助您快速全面**清理**电脑使用痕迹。 인터넷 접속 도우미는 당신이 컴퓨터 사용 흔적을 빠르고 깨끗하게 처리하도록 도와줄 것이다.

1439 청약 认购 *rèngòu*

예▶ 我们为您提供了标准的**认购**书合同样本, 以供参考。 우리는 당신이 참고할 수 있도록 표준 청약계약서 샘플을 제공하였습니다.

1440 청춘을 불사르다 把青春年华献给 ~
bǎ qīngchūn niánhuá xiàngěi~

예 她1987年留校任教, 把自己的青春年华献给了她热爱的教育事业和她热爱的学生。 그녀는 1987년에 학교에 남아 교편을 잡았고, 그녀가 사랑하는 교육사업과 학생들을 위해 청춘을 불살랐다.

1441 체불임금을 지급하다 偿还拖欠工资
chánghuán tuōqiàn gōngzī

예 他们希望通过媒体和社会的关注让公司偿还拖欠的工资, 解决他们孩子穿衣上学、买化肥等生活燃眉之急。 그들은 언론과 사회의 관심을 통해 회사가 체불임금을 지급하게 하여 아이들이 옷 입고 학교 다니는 문제, 화학비료 구매 등 생활에서 시급한 문제를 해결할 수 있기를 희망한다.

1442 초대 第一任 dì yī rèn

예 美国第一任总统华盛顿在完成了历史赋予他的使命之后, 于1798年初冬, 悄悄回到了自己离别16年的家乡—弗农山庄。 미국 초대 대통령 조지워싱턴은 역사가 그에게 부여한 사명을 완성한 후 1798년 초겨울 조용히 16년간 떠나있던 고향 Mount Vernon 으로 돌아왔다.

1443 초봉 起薪 qǐxīn

예 学历层次、学校声誉对起薪有显著影响,学历与起薪关系密切。 학력의 등차와 학교의 명성이 초봉에 큰 영향을 주며 학력과 초봉은 밀접한 관계가 있다.

1444 초승달 月牙儿 yuèyár

예 四处漆黑, 没有声音, 只有月牙儿放出一道儿冷光。 사방이 칠흑같이 어둡고 조용하며 초승달만이 차가운 빛을 내고 있다.

1445 초안을 작성하다 拟定草案 nǐdìng cǎo'àn

예 韩国拟定畜产品标签标准修正案草案。 한국은 축산품 라벨 기준 개정안 초안을 작성했다.

1446 초음파 超声波/超音波
chāoshēngbō/chāoyīnbō

예 济宁超声电子仪器厂始建于1971年, 是国家定点生产大功率超声波设备的专业厂。 지닝 초음파 전자계기 공장은 1971년에 지어졌고 국가가 출력이 높은 초음파 설비를 지정 생산하는 전문공장이다.

1447 초읽기에 들어가다 进入读秒阶段
jìnrù dúmiǎo jiēduàn

예 宇宙飞船"神舟五号"的发射进入"读秒阶段"。 우주 왕복선 '선저우 5호' 발사가 초읽기 단계에 접어들었다.

1448 초전도체 超导体 chāodǎotǐ

예 由于早期的超导体存在于液氦极低温度条件下, 极大地限制了超导材料的应用。 초기의 초전도체는 액화헬륨의 극저온 조건에서 존재했기 때문에 초전도체의 응용을 크게 제약했다.

1449 초청장 邀请书 yāoqǐngshū

예 这就是当时被人们称为"魔鬼的邀请书"《黑色的星期天》, 至少有100人因听了它而自杀, 因而曾被查禁长达13年之久。 이것이 당시에 사람들에게 악마의 초청장이라 불린 '글루미 선데이' 이다. 적어도 100여 명이 그것을 듣고 자살을 했고, 이 때문에 조사되어 13년 동안이나 금지되었다.

1450 촉매제 催化剂 cuīhuàjì

예 阿里巴巴催化剂市场是全球最大的催化剂网上贸易市场。 알리바바 촉매제 시장은 전세계 최대의 인터넷 촉매제 무역 시장이다.

1451 총탄 子弹 zǐdàn

예 最后一颗子弹留给我。 마지막 총알을 나에게 남겨라.

1452 총파업 大罢工 dà bàgōng

예 发动大罢工。 총파업을 강행하다.

1453 촬영세트 摄影棚 shèyǐng péng

〔예〕 凭借得天独厚的地理条件、旖旎迷人的自然风光，云南已经成为省外剧组热衷的"天然摄影棚"。 천혜의 지리조건과 아름다운 자연경치 덕에 윈난은 이미 다른 성의 촬영팀이 선호하는 '천연촬영세트'가 되었다.

1454 최고가 되다 执牛耳 zhíniú'ěr

〔예〕 东亚经济合作谁执牛耳？ 동아시아 경제 협력에서 어느 나라가 주도권을 잡았는가?

1455 최연소 年龄最小的 niánlíng zuìxiǎo de

〔예〕 在2005年的高考中，辽宁年仅10岁的张信炀以505分的成绩被天津工程师范学院数理与信息科学系应用数学专业正式录取，成为全国年龄最小的大学生。 2005년 대입시험에서 랴오닝의 10살밖에 안된 장신양이 505점의 성적으로 톈진궁청사범대학 수리정보학과 응용수학전공에 합격되어 전국 최연소 대학생이 되었다.

1456 최저임금 最低工资 zuì dī gōngzī

〔예〕 所谓"最低工资"是指劳动者在法定工作时间内提供了正常劳动的前提下，其所在企业应支付的最低劳动报酬。 이른바 최저임금은 노동자가 법정근로시간 내에 정상적인 노동을 제공한다는 전제 하에 기업이 마땅히 지불해야하는 최저노동보수이다.

1457 추기경 枢机主教 shūjī zhǔjiào

〔예〕 教宗特别委任三位枢机主教，在其它三座圣殿，同时举行开启圣门典礼。 교종특별위원회의 세 분의 추기경이 각기 서로 다른 성전 세 곳에서 동시에 성문 개방식을 거행한다.

1458 추돌 后撞 hòuzhuàng

〔예〕 伊朗军机起飞后撞上大楼，至少119人丧生。 이란의 군용기가 건물 뒷쪽에 부딪혀 적어도 119명이 사망했다.

1459 추월하다 超车 chāo chē

〔예〕 超车一般是在高速行驶的情况下进行的，如果不能很好地处理超车中的安全问题，随时都可能发生事故。 일반적으로 고속운행할 때 추월을 하게 되는데, 만약 추월 중 안전문제를 적절하게 처리하지 못하면 언제라도 사고가 발생할 수 있다.

1460 추종자 追随者 zhuīsuízhě

〔예〕 三年前，法轮功未遭受迫害时，此运动有七千万追随者。 3년 전 파룬궁이 박해당하기 전에 이 운동의 추종자는 7천만 명이었다.

1461 추징하다 追缴 zhuījiǎo

〔예〕 为了回收这些资源，需要建立一套营收系统的欠费追缴系统。 이러한 자원을 회수하기 위해 영업수익체계의 미수금 추징체계를 구축해야 한다.

1462 추하다 丑陋 chǒulòu

〔예〕 他生得相貌丑陋。 그는 용모가 추하게 생겼다.

1463 축소통폐합 裁并/简并 cáibìng/jiǎnbìng

〔예〕 裁并机构精简人员。 기구를 축소·통폐합하고 인원을 감축하다.

1464 축쇄하다 缩印 suōyìn

〔예〕 社会上有一些人专门将各种自考书籍和资料缩印后做成大量的"口袋书"，在自考前夕在学校门口摆地摊，专供作弊用，借机发财。 사회에서 일부 사람들이 전문적으로 각종 독학 시험 서적과 자료를 축쇄한 후 대량의 포켓북으로 만들어 시험 전에 학교 문앞 노점을 펼쳐 놓고 부정 시험용으로 판매해서 돈을 벌었다.

1465 출세 成功 chénggōng

〔예〕 他成功了当部长了。 그는 성공해서 부장이 되었다.

1466 출세수단 敲门砖 qiāoménzhuān

예▶ 外表只是**敲门砖**, 真正吸引人的是他的人格魅力, 是他对事业不断追求、不断向自我挑战, 超越自我的决心和勇气、不想因别人的想法而改变自我决定的信念。 외모는 단지 출세수단에 불과하며 진정으로 사람을 매료시키는 것은 그의 인격적인 매력이고 사업에 대한 부단한 추구와 자기도전이며 자아를 뛰어넘는 결심과 용기 그리고 다른 사람의 생각에 따라 자기가 결정한 신념을 바꾸지 않는 것이다.

1467 출신지 籍贯 jíguàn

예▶ 在性别和**籍贯**上作考量。 성별과 출신지를 고려하다.

1468 출제하다(문제) 命题 mìngtí

예▶ 重庆2006年高考将实行全部科目自主**命题**。 충칭은 2006년 대입시험에서 전 과목을 자체 출제한다.

1469 충돌 相撞 xiāngzhuàng

예▶ 据俄塔社援引美联社消息报道, 北京时间7月11日凌晨, 加拿大两架飞机在进行飞行表演时不慎**相撞**, 两名飞行员当场丧生。 러시아 타스통신사는 AP통신사의 소식을 인용하여 베이징시간 7월 11일 새벽 캐나다의 비행기 두 대가 에어쇼 때 실수로 충돌하여 조종사 2명이 즉사했다고 보도했다.

1470 췌장 胰腺 yíxiàn

예▶ 由于**胰腺**位置深, 早期胰腺癌诊断十分困难, 绝大多数一经确诊已属晚期。 췌장이 깊숙히 위치해 있기 때문에 췌장암의 조기 진단이 아주 어려워 대부분 진단을 받으면 이미 말기이다.

1471 취득세/계약세 契税 qìshuì

예▶ **契税**是以所有权发生转移变动的不动产为征税对象, 向产权承受人征收的一种财产税。 취득세는 소유권 이전 변동이 발생한 부동산을 징세 대상으로 하며 재산권 승계자에게 징수하는 일종의 재산세이다.

1472 취업설명회 就业洽谈活动 jiùyè qiàtán huódòng

예▶ 为配合2006届高校毕业生就业工作, 中国铁路人才网将于2005年12月14 - 20日期间, 开展网上**就业洽谈活动**。 2006년도 대학 졸업생의 취업준비에 맞추어 중국철도인재넷은 앞으로 2005년 12월 14일에서 20일 사이에 인터넷 취업설명회를 연다.

1473 취임하다 就职 jiùzhí

예▶ 发表**就职**演说。 취임연설을 발표하다.

1474 치다(그물) 撒 sā

예▶ 英洙**撒**网撒得好。 영수는 그물을 잘 친다.

1475 치명상을 입다 遭受致命打击 zāoshòu zhìmìng dǎjī

예▶ 如果"非典"不能在短期内得到完全控制, 旅游业和商务活动仍然受阻, 那么酒店的经营也将**遭受致命打击**。 만약 사스가 단기간에 통제되지 못한다면 관광산업과 상업활동이 영향을 받게 된다. 그렇다면 호텔경영 역시 앞으로 치명상을 입게 될 것이다.

1476 치명상을 입히다 构成致命的伤害 gòuchéng zhìmìng de shānghài

예▶ 对于依赖外来工的华南地区, 劳工短缺就对制造业加工业**构成了致命的伤害**。 외래 근로자에 의존하던 화난지역의 근로자 부족이 제조업과 가공업에 치명적인 타격을 입혔다.

1477 치석 齿垢 chǐgòu

예▶ 松下电器推出新型电动牙刷, **齿垢**去除性能提高5成。 파나소닉이 선보인 신형 전동칫솔의 치석 제거 성능이 50% 향상되었다.

1478 치안부재 治安败坏 zhì'ān bàihuài

예▶ 贫富差距的悬殊与攀高不下的失业率, 却造成治安败坏, 成为南非新的特色之一。 빈부격차의 심화와 높아지는 실업률이 오히려 치안부재현상을 일으켜 남아공의 새로운 특징 중의 하나가 되었다.

1479 칠칠치 못하다 吊儿郎当 diào'erlángdāng

예▶ 我母亲被父亲称为吊儿郎当的老太婆。 우리 어머니는 아버지에게 칠칠치 못한 할망구라고 불린다.

1480 침술마취 针麻 zhēnmá (针刺麻醉의 준말)

예▶ 针刺麻醉, 简称针麻, 是我国古老的针灸医学在现代绽发出的一朵奇葩。 침술마취는 약침 침마취의 준말이며, 우리나라에서 오래된 침구의학이 현대에 와서 피워낸 진귀한 꽃이다.

1481 칩 芯片 xìnpiàn

예▶ 本月初半导体产业协会宣布7月份的芯片销售收入下滑到了180.1亿美元, 这就为价格压力提供了更多的证据。 이번 달 초 반도체 산업협회는 7월분 칩 판매수입은 180억 1천만 달러 감소했고 이것은 가격압력의 더욱더 강력한 근거가 된다고 발표했다.

1482 칩거하다 蛰伏 zhéfú

예▶ 蛰伏6年许哲佩发新专辑。 6년간 칩거했던 쉬저페이가 새 앨범을 냈다.

1483 카리스마 领袖魅力 lǐngxiù mèilì

예▶ 本周大选民调显示, 尽管英国公众认为布莱尔可能撒谎、很滑头、不可信, 但公众尊重他, 认为他具备作为首相的领袖魅力。 이번 주 대선여론조사에 따르면 비록 영국국민은 블레어가 거짓말을 하고 교활하며 신뢰할 수 없지만 총리로서의 카리스마를 갖추고 있다고 여겨 그를 존중하는 것으로 드러났다.

1484 카바이트(램프) 电石(灯) diànshí(dēng)

예▶ 两名少年当日傍晚在村里发现了一个废弃的电石灯, 两人将电石装进厚厚的铁壳里, 然后又注入了水, 没想到突然一声巨响, 电石灯被炸得粉碎, 一少年当场被炸死, 另一少年被炸成重伤, 目前仍在医院抢救。 소년 둘이 그날 저녁 마을에서 버려진 카바이트램프를 발견하고 카바이트를 두터운 쇠로 만들어진 케이스 속에 넣은 뒤 물을 집어넣었는데 뜻밖에도 큰 소리가 나더니 램프가 폭발하여 부서졌다. 한 명은 즉사했고 다른 한 명은 중상을 입어 현재 병원에서 치료 중이다.

1485 칼로 심장을 도려내다 割心头肉 gē xīntóuròu

예▶ 为别人花自己的钱时, 总有一种割心头肉的感觉。 남을 위해 자신의 돈을 쓸 때 칼로 심장을 도려내는 것 같은 느낌이 든다.

1486 칼바람이 불다 风刮得跟刀子一样 fēng guā dé gēn dāozi yīyàng

예▶ 今天风刮得跟刀子一样。 오늘은 칼바람이 분다.

1487 캐릭터 漫画像/卡通像 mànhuàxiàng/kǎtōngxiàng

예▶ 动手制作搞怪的卡通像吧, 用鼠标点击选择。 특이한 캐릭터를 만들고 마우스로 선택을 클릭하세요.

1488 캐쉬카드 提款卡 tíkuǎnkǎ

예▶ 若不幸遗失了Visa卡或提款卡, 请立即与发卡机构联络。 만약 불행히도 비자카드나 현금인출카드를 분실했다면 즉시 카드발급기관에 연락하시오.

1489 컨설팅 咨询 zīxún

예▶ 专业提供企业管理咨询。 전문적으로 기업관리 컨설팅을 한다.

1490 컨소시엄 国际财团 guójì cáituán

예▶ 由高盛、美国运通和德国安联组成的国际财

团将出资37亿美元, 收购工行约10%的股份。 골드
먼삭스, 어메리칸익스프레스, 알리안츠로 구성된 컨소시엄이 37억
달러를 출자하여 중국 공상은행 지분 10%를 매입한다.

1491 컬러링 彩铃 cǎilíng

예〉 最近掀起新一轮彩铃定制热潮。 최근에 컬러링
을 하는 붐이 일어났다.

1492 컴퓨터그래픽 电脑绘画 diànnǎo huìhuà

예〉 让我们跟着他一起来学电脑绘画吧！ 그와 함
께 컴퓨터그래픽을 배우자.

1493 컴퓨터통신망 电脑联网 diànnǎo liánwǎng

예〉 微软香港有限公司公布其全面的国际电脑联
网。 마이크로소프트 홍콩주식회사는 전면적인 국제 컴퓨터통신망
을 발표하였다.

1494 코르크 마개 木塞/木栓/软木塞
mùsāi/mùshuān/ruǎnmùsāi

예〉 我想了解国外葡萄酒木塞的演变和现状。
나는 해외 와인의 코르크 마개의 변화와 현황을 알고 싶다.

1495 코일 线圈 xiànquān

예〉 近日, 记者连续接到宝来车主的反映, 称宝来
1.8 T 轿车的点火线圈出现问题的概率很高, 现在
一汽大众公司已经供货紧张。 최근 기자는 Bora 운전자
로 부터 1.8T 승용차의 점화코일에 문제가 생기는 확률이 아주 높다
는 정보와 현재 이치 폭스바겐의 공급이 부족하다는 사실을 입수했다.

1496 코카인삼각지대 银三角 yínsānjiǎo

예〉 银三角地区是指南美洲毒品产量集中的哥伦
比亚、秘鲁、玻利维亚和巴西所在的安第斯山和亚
马逊地区。 코카인삼각지대는 남미의 마약이 집중적으로 생산되
는 콜롬비아, 페루, 볼리비아, 브라질지역에 위치한 안데스산과 아마
존지역을 지칭하는 말이다.

1497 콘텐츠 산업 内容产业 nèiróng chǎnyè

예〉 东芝将出售电影与DVD部门退出娱乐内容产
业。 도시바는 영화와 DVD부문을 매각하고 엔터테인먼트 콘텐츠
산업을 포기할 것이다.

1498 콤파스 圆规/两脚规/双脚规
yuánguī/liǎngjiǎoguī/shuāngjiǎoguī

예〉 他粗眉毛, 大声音, 脚长体高, 又削瘦, 像只两
脚规。 그는 눈썹이 두껍고 목소리가 크며 다리가 길고 키도 크며,
삐쩍 마른 것이 마치 콤파스 같다.

1499 콤플렉스 自卑感/情结 zìbēigǎn/qíngjié

예〉 你为什么带有自卑感? 如何去克服? 寻找根
本原因并研究一下克服方法吧。 당신은 어째서 콤플렉
스를 갖고 있는가? 어떻게 극복할까? 근본적인 원인을 찾아보고 극
복할 방법을 연구해보자.

예〉 毛泽东虽然渐成历史人物, 可我们发现中国
百姓的"毛泽东情结"特别深, 眷念之情溢于言表。
这是从我们周围、从日常生活中发现的。如果你到
网上查看网民留言板, 会发现"毛泽东情结"更深。
마오쩌둥은 비록 역사적인 인물이지만 나는 중국국민들이 "마오쩌둥
콤플렉스"가 아주 심해 그에 대한 그리움이 언행에서 드러난다는 것
을 발견했다. 이것은 우리 주변과 일상생활에서 발견된 것이다. 만약
인터넷에서 네티즌 게시판을 조사해보면 마오쩌둥 콤플렉스가 더욱
심하다는 것을 알 수 있다.

1500 쾌거 壮举 zhuàngjǔ

예〉 当时这个探险队里发生的一切都是英雄壮
举。 당시 이 탐험대에서 발생한 모든 것은 영웅적인 쾌거다.

1501 쾌재를 부르다 拍手称快 pāishǒu chēngkuài

예〉 那些没有良心的人, 你们还拍手称快? 그 양
심 없는 사람들이 쾌재까지 부르는가?

1502 쿠데타 政变 zhèngbiàn

예〉 菲律宾军方1月23日证实存在一起企图推翻
总统阿罗约的政变阴谋, 但表示政变策划者没有

实现其企图的能力。 필리핀 군축은 1월 23일 글로리아 아로요 대통령을 전복시키려는 쿠데타 음모가 존재한다는 것을 밝혀냈지만 쿠데타를 획책한 자가 그 능력을 갖추지 못했다고 밝혔다.

1503 쿠션 软垫儿 ruǎndiànr

[예] 一款全新科技设计的肩膀软垫儿。 완전히 새로운 과학기술로 디자인한 어깨쿠션.

1504 퀴즈프로그램 问答比赛节目 wèndá bǐsàijiémù

[예] 我参加了问答比赛节目。 나는 퀴즈프로그램에 참가했다.

1505 큰손 大款爷/大款 dàkuǎnyé/dàkuǎn

[예] 一位名副其实的大款爷, 个人资助工会的金钱可以以几千万记数。 이름에 걸맞는 큰손 한 명이 혼자 노동조합에 기부한 돈이 몇천만 위안이나 된다.

1506 클라이막스 重头戏 zhòngtóuxì

[예] 花店经营重头戏在每个节日到来之前, 花店都应做大量的准备工作。 꽃가게 영업의 절정은 명절이 되기 바로 전이다. 꽃가게는 많은 준비작업을 해야 한다.

1507 클러치 离合器 líhéqì

[예] 离合器的主动部分和从动部分借接触面间的摩擦作用, 使两者之间可以暂时分离, 又可逐渐接合, 在传动过程中又允许两部分相互转动。 클러치의 전동력부분과 부전동력부분은 접촉면의 마찰작용을 이용해 양자 간에 잠시 분리되었다가 점점 접합되게 하여 동력전달 과정 중 두 부분이 서로 움직일 수 있게 만든다.

1508 클레임 索赔 suǒpéi

[예] 索赔申请书 / 索赔金额 클레임 신청서 / 클레임 금액

1509 클로즈업 特写镜头 tèxiě jìngtóu

[예] 我们在影视艺术的审美过程中, 有一种不可忽视的现象, 那就是特写镜头具有超常规的视觉冲击力。 영상예술의 심미과정에서 시각적인 충격이 아주 강한 클로즈업은 주의해야 하는 현상이다.

1510 클립 曲别针 qūbiézhēn

[예] 用曲别针别上。 클립을 끼우다.

1511 킥보드 滑板车 huábǎnchē

[예] 踏滑板车不单是一项运动玩意, 许多白领也利用滑板车代步上班。 킥보드를 타는 것은 하나의 운동일 뿐만 아니라 많은 화이트칼라들의 출근수단이다.

1512 타고난 팔자 生辰八字 shēngchén bāzì

[예] 许多人曾经共有的经验, 就是父母亲不愿意透露你的"生辰八字"让你知道, 为什么呢？ 부모님들은 당신의 타고난 팔자를 당신에게 알리려 하지 않은 적이 있을 것이다. 그 이유가 무엇일까?

1513 타박상 挫伤 cuòshāng

[예] 没摔到脑袋, 但膝盖严重挫伤。 머리를 다치지는 않았지만 무릎에 큰 타박상을 입었다.

1514 타협하다 迁就 qiānjiù

[예] 我以为, 弟弟会永远迁就我, 他却没有。 나는 동생이 영원히 내 말을 들을 줄 알았는데 그렇게 하지 않았다.

1515 탄광 煤矿 méikuàng

[예] 重中之重是遏制煤矿等重特大事故多发。 가장 중요한 문제는 탄광 등에서 대형사고가 발생하는 것을 억제하는 것이다.

1516 탄산음료 充气饮料/有气饮料/碳酸饮料 chōngqì yǐnliào / yǒuqì yǐnliào / tànsuān yǐnliào

예 在日本、中国、韩国、印度和东欧国家，人均每年喝充气饮料的数量不到35升，患食道癌人数的增长不明显。 일본, 중국, 한국, 인도, 동유럽국가에서 매년 일인당 마시는 탄산음료의 양은 35리터가 안 되고 식도암환자도 크게 늘어나지 않았다.

1517 탄소섬유 碳纤维 tànxiānwéi

예 我国碳纤维发展亟待攻克瓶颈。 우리나라의 탄소섬유의 발전을 위해 어려운 문제를 해결해야 한다.

1518 탄원하다 诉愿 sùyuàn

예 诉愿人应在什么时候提起诉愿？ 탄원인은 언제 탄원을 제기해야 할까?

1519 탄핵을 당하다 遭到弹劾 zāodào tánhé

예 卢武铉总统遭到弹劾，在韩国朝野和国际社会引起轩然大波。 노무현 대통령이 탄핵을 당해 한국의 여야와 국제사회에서 큰 파문이 일어났다.

1520 탄핵하다 予以弹劾 yǔyǐ tánhé

예 监察院对於司法院或考试院人员失职或违法予以弹劾。 감찰원은 사법원과 고시원 임원의 독직과 불법을 탄핵했다.

1521 탄환 弹药 dànyào

예 就弹药消耗而言，为了缩减开支，迫切需要努力研制出价格大大低于昂贵兵器的新型弹药，因此经济型、低成本弹药应运而生。 탄약소모에 대해 말하자면, 지출을 줄이기 위해 비싼 병기보다 가격이 훨씬 싼 신형 탄약을 연구제작해야 하므로 경제적인 저비용 탄약이 필요에 의해 생겨났다.

1522 탈곡기 脱粒机 tuōlìjī

예 中国大、小麦脱粒机制造商、出口商、供应商。 중국의 밀, 보리 탈곡기 제조업체, 수출업체, 공급업체

1523 탈모 脱发/脱毛 tuōfà/tuōmáo

예 压抑的程度越深，脱发的速度也越快。 스트레스 정도가 심할수록 탈모 속도도 빨라진다.

1524 탈상하다 脱孝 tuōxiào

예 本来应当穿三年的孝，可是在这非常时期遵慈命过了断七就脱孝。 원래 3년간 상복을 입어야 하지만 비상시기라서 어머니의 분부에 따라 49재를 지내고 탈상했다.

1525 탈선 脱轨 tuōguǐ

예 旅客列车脱轨是由于路基上发生爆炸引起的。 열차의 탈선은 노반의 폭발 때문에 발생한 것이다.

1526 탈영병 逃兵 táobīng

예 9月11日，正在日本接受治疗的美国逃兵查尔斯·罗伯特·詹金斯离开医院，准备向驻日美军自首，并将面对指控。 9월 11일 일본에서 치료 중인 미국 탈영병 찰스 로버트 제이킨스가 병원을 떠나 주일미군에 자수를 할 예정이며 고발당할 것이다.

1527 탈출하다 逃生 táoshēng

예 一般而言，逃生状况可区分为三种，一是逃生避难时，二是室内待救时，三则是在无法期待获救时。 일반적으로 탈출상황은 탈출피난, 실내에서 구조대기, 구출을 기대할 수 없는 세 종류로 나뉜다.

1528 탈환하다 夺回 duóhuí

예 夺回我们电脑的控制权！ 우리의 컴퓨터 통제권을 되찾다.

1529 탕진하다 挥霍 huīhuò

예 心理专家认为，中奖后放弃工作的想法不可取，因为人是社会人，没有工作，心里也会觉得很无聊，容易产生挥霍钱财的心理。 심리전문가들은 사람은 사회인이고 일자리가 없으면 마음이 무료하게 되어 돈을 마구 낭비하게 되는 심리가 생겨나기 때문에 복권에 당첨된 후 일을 포기하겠다는 생각은 버려야 한다고 말한다.

1530 터널통행료 隧道费 suìdàofèi

[예] 在珠三角众多城市中一直居高不下的珠海市路桥隧道费终于"低头"了。 주산자오의 많은 도시에서 떨어질 줄 모르던 주하이시 도로 교량 터널통행료가 드디어 인하되었다.

1531 터번 头布/缠头布 tóubù/chántóubù

[예] 引起囚犯抗议的原因,是因为一名囚犯在祈祷时被强行夺去用来作缠头布用的东西。 죄수들의 항의가 발생한 원인은 죄수들이 터번으로 쓰는 물건을 기도할 때 강제로 빼앗겼기 때문이다.

1532 턱걸이를 하다 引体向上 yǐntǐ xiàngshàng

[예] 在做引体向上时,要保持平稳用力而不要用猛力。 턱걸이를 할 때 과도하게 힘을 쓰지 말고 안정되게 힘을 써야 한다.

1533 털다 掸 dǎn

[예] 把大衣上的灰掸掉了。 옷에 묻은 먼지를 털어버렸다.

1534 텃세부리다 欺生 qīshēng

[예] 你初次买东西,留点儿神,这地方的人可欺生了。 이 지방 사람들이 텃세를 부리니 당신이 처음 물건을 살 때 주의하세요.

1535 테너 男高音 nán gāoyīn

[예] 他年幼时便在78转的老唱片上听过许多伟大的男高音的录音。 그는 어렸을 때 78회전하던 낡은 레코드로 기라성같은 테너들의 노래를 들었다.

1536 테러 恐怖活动 kǒngbù huódòng

[예] 恐怖活动是指恐怖分子制造的一切危害社会稳定、危机人的生命与财产安全的一切形式的活动,通常表现为爆炸、袭击和劫持人质(绑架)等形式,与恐怖活动相关的事件通常称为"恐怖事件"、"恐怖袭击"等。 테러는 테러리스트가 자행하는 사회안정을 해치고 사람의 생명과 재산안전을 위협하는 모든 형식의 활동으로, 통상 폭발, 습격, 인질납치 등의 형태를 보인다. 테러와 관련된 사건을 흔히 '테러사건', '테러기습'이라고 부른다.

1537 테스트 试验 shìyàn

[예] 英特尔正在进行试验,看陆地上的普通无线网络是否能够完成同样的任务。 인텔은 육지상의 일반 무선네트워크가 같은 임무를 수행할 수 있는지를 알아보는 테스트를 하고 있다.

1538 텔레파시 心电感应 xīndiàn gǎnyìng

[예] 不知道您是否曾有心电感应的感觉? 당신은 텔레파시를 느껴본 적이 있는가?

1539 토착민, 토박이 坐地户/土著 zuòdìhù/tǔzhù

[예] 他们都是伦敦城的坐地户。 그들은 모두 런던 토박이다.

1540 토크쇼 脱口秀 tuōkǒuxiù

[예] 她是美国知名脱口秀主持人。 그녀는 미국의 유명한 토크쇼 사회자다.

1541 통상마찰 贸易纠纷 màoyì jiūfēn

[예] 人们在关注,中美的纺织品贸易纠纷会不会与欧盟一样,在一夜之间通过谈判顺利解决。 EU 때처럼, 중미 간의 섬유무역분쟁이 하루 아침에 갑자기 타결될 지에 관심이 모아지고 있다.

1542 통신구매 邮购 yóugòu

[예] 点击进入中国健康茶邮购网。 중국의 건강차 통신판매망을 클릭하다.

1543 통역 口译/翻译/传译 kǒuyì/fānyì/chuányì

[예] 会议口译是一种为跨语言、跨文化交流服务的专门职业,处于各种口译的专业高端。 회의 통역

은 일종의 범언어, 범문화교류를 위한 전문직으로 각종전문통역에서
상위를 차지하고 있다.

1544 통역부스 传译室 chuán yì shì

예▶ 河北省第一个同声传译室于9月20日在我校
建成并正式投入使用。 9월 20일 허베이 성 최초의 동시통
역 부스가 우리학교에 마련되어 사용되었다.

1545 통학 走读/上学 zǒudú / shàngxué

예▶ 他是走读生 / 他每天坐火车上学。 그는 통학생
이다. 그는 매일 기차를 타고 통학한다.

1546 통합 整合 zhěnghé

예▶ 如何实现信息资源的共享与整合, 目前最为
流行的办法是把企业信息资源的共享和整合寄托
在ERP上。 현재 가장 유행하는 정보자원의 공유와 통합 방법은
기업 정보자원의 공유와 통합을 ERP에 맡기는 것이다.

1547 퇴비 粪堆/堆肥 fènduī / duīféi

예▶ 粪堆的正确使用方法是什么？ 퇴비의 정확한 사
용방법은 무엇인가?

1548 퇴출기업 退出经营的企业
tuìchū jīngyíng de qǐyè

예▶ 今天韩国金融监督委员会和韩国商业银行发
表了对313个企业金融状况的调查结果, 宣布55个
企业为退出经营的企业。 오늘 한국금융감독원과 한국의
시중은행은 313개 기업의 금융상황에 대한 조사결과 및 55개 퇴출
대상 기업을 발표했다.

1549 퇴치 扫除 sǎochú

예▶ 中国要扫除文盲, 可能需要相当长的一段时间。
중국이 문맹을 퇴치하려면 앞으로 상당한 시간이 필요할 것이다.

1550 투기꾼 投机客 tóujīkè

예▶ 在分析家们大跌眼镜的同时, 一些投机客脸
上却绽放出了异常灿烂的笑容！ 애널리스트들은 크게
놀랐지만 일부 투기꾼들의 얼굴에는 아주 밝은 웃음이 터져나왔다.

1551 투자욕구 投资意愿 tóuzī yìyuàn

예▶ 民间蕴藏着巨大的投资意愿, 却缺乏畅通的
渠道, 政府部门对此该如何引导呢？ 시장의 투자 욕
구는 상당히 크지만 투자 루트가 원활하지 못하다. 이에 대한 정부의
대처방안은 무엇인가?

1552 트랜스 지방 转脂肪 zhuǎnzhīfáng

예▶ 近年来转脂肪在西方国家引起极大争议, 许
多团体都希望能够禁止餐厅和饼干等甜食点心产
业继续使用转脂肪。 최근들어 트랜스지방이 서양에서 많은
논란을 일으키고 있고 많은 단체들은 식당이나 과자등 디저트 간식
산업에서 트랜스지방 사용을 금지할 것을 희망하고 있다.

1553 트로이목마 작전 木马屠城计
mùmǎ túchéngjì

예▶ 说来惭愧, 在听说了"特洛伊木马"这种程序
后, 我才开始追问为什么叫"特洛伊"和"木马", 由
此才知道了"木马屠城计"这个著名的古希腊神话
传说。 창피하게도 '트로이목마' 라는 프로그램에 대해 듣고 나서
트로이와 목마에 대해 알아봤다. 그래서 '트로이목마 작전' 이라는 유
명한 고대그리스신화에 대해 알게 되었다.

1554 트릭 手彩儿 shǒucǎir

예▶ 魔术师大卫·科波菲尔令观众对其"手彩儿"
功夫叹为观止。 마술사 데이비드 카퍼필드는 관중들로 하여금
그의 트릭실력에 감탄하게 만들었다.

1555 특별검사제 独立检察官制度
dúlì jiǎncháguān zhìdù

예▶ 此外, 为适应独立检察官制度的需要, 美国对
检察官任职资格作出了严格规定, 体现了高素质
的标准。 이외에 특별검사제를 위해 미국은 검사임직자격에 대해
엄격한 규정을 정해 수준 높은 기준을 마련하였다.

1556 특별사면 大赦/特赦 dàshè/tèshè

[예] 任何一个国家，无论它是民主国家还是专制国家，在一定的时期，一定的重大节日庆典时，都会施行国际**大赦**。 민주국가이든 독재국가이든 모든 국가는 일정한 시기에 일정한 중요 국경일에 국제적인 특별사면을 한다.

1557 특수공작원 特务 tèwu

[예] 需要说明的是，这些特殊现象，都是610办公室与国安**特务**在背后操控的有意破坏。 한 가지 간과하면 안 될 것은 이러한 현상은 610사무실과 국가안보특수공작원이 배후에서 조작한 고의적인 파괴라는 것이다.

1558 특수부대 特种部队 tèzhǒng bùduì

[예] 中国**特种部队**在现代战争中的作用越来越大。 현대전에서 중국 특수부대는 그 역할이 점점 커지고 있다.

1559 특수특장차 特种车 tèzhǒngchē

[예] 广州将办国际**特种车**博览会。 광저우에서 국제 특수특장차 박람회를 개최한다.

1560 팀웍 整队配合/配合默契/团队精神
zhěngduì pèihe/pèihe mòqì/tuánduìjīngshén

[예] 球队最紧要的是讲求**整队配合**。 구기팀에서 가장 중요한 것은 팀웍이다.

[예] 如何留住一个**配合默契**的团体？ 팀웍을 갖춘 단체를 어떻게 유지할까?

[예] 优秀的**团队精神**才是企业真正的核心竞争力。 우수한 팀웍이야말로 기업의 진정한 핵심경쟁력이다.

1561 파생금융상품 衍生工具 yǎnshēng gōngjù

[예] 投机者的出现即活跃了**衍生工具**市场，又在一定程度上扰乱了国际金融市场。 투기꾼의 출현은 파생금융상품시장에 활기를 불어 넣었지만 국제금융시장을 어느 정도 교란시켰다.

1562 파운데이션 粉底霜 fěndǐshuāng

[예] 张女士发现眼圈发黑，就用**粉底霜**遮盖眼圈。 장여사는 다크서클을 발견하고는 파운데이션으로 가렸다.

1563 파킨슨씨병 帕金森氏症 pàjīnsēnshì zhèng

[예] 根据美国的统计，**帕金森氏症**病人约在50万到150万之间且每年以新增5万人在成长，发病年龄多集中在60岁以上。 미국의 통계에 따르면 파킨스씨병환자는 대략 50만 명에서 150만 명 사이이고 매년 5만 명씩 늘어나며 발병연령은 60세 이상에 집중되어 있다.

1564 판촉전략 促销战略 cùxiāo zhànlüè

[예] 情人节快到了，产品极具特色的我们应该采取何种**促销战略**？ 곧 발렌타인데이이다. 상품에 특색이 있는 우리들은 어떠한 판촉전략을 취해야 할까?

1565 팔대명주 八大名酒 bā dà míngjiǔ
(茅台、大曲、汾酒、绍兴酒、西凤、竹叶青、
张裕葡萄酒、金奖白兰地)

[예] 中国最负盛名的**八大名酒**，都和汾酒有着十分亲近的血缘。 중국에서 가장 유명한 팔대명주는 모두 펀주와 아주 밀접한 관계가 있다.

1566 팔씨름 掰腕子/扳手腕/扳腕子
bāi wànzi/bān shǒuwàn/bān wànzi

[예] **掰腕子**比力气。 팔씨름으로 힘을 겨루다.

1567 패러다임 范式 fànshì

[예] 当下的欧洲政治**范式**正在更新。 지금 유럽의 정치패러다임이 바뀌고 있다.

1568 패러디 恶搞/戏仿 ègǎo/xìfǎng

[예] 近年来，从电视、网络到手机短信，所谓的"**恶搞**"大行其道。 최근 들어 TV, 인터넷에서 핸드폰 메시지에 이르기까지 이른바 '패러디'가 성행하고 있다

1569 패륜 逆伦 nìlún

예 江湖逆伦小弟枪伤黑道老大。 암흑사회의 패륜아가 두목에게 총상을 입혔다.

1570 패를 섞다 洗牌 xǐpái

예 充分的竞争无疑有助于快递行业加速洗牌，从而全面提升服务。 충분한 경쟁은 분명히 택배업계의 구조조정을 통해 서비스를 전면적으로 향상시키는데 도움이 된다.

1571 패션박람회 服装展示会 fúzhuāng zhǎnshìhuì

예 世界知名的服装品牌每年都会选择一个城市举行大规模的名贵服装展示会。 세계적으로 유명한 의류브랜드는 매년 한 도시를 선택해 대규모의 명품패션박람회를 개최한다.

1572 패션쇼 时装发布会 shízhuāng fābùhuì

예 当晚，国际著名时装设计师张天爱女士作品时装发布会在杭州举行。 그날 저녁 국제적으로 유명한 패션디자이너 장톈아이 여사의 패션박람회가 항저우에서 열린다.

1573 페넌트 三角锦旗 sānjiǎo jǐnqí

예 那年，在前个赛季中排名第九的球队最终赢得三角锦旗，并在世界杯赛上英勇拼搏七场，最终负于圣路易斯队。 그해 지난 시즌 9위를 했던 팀이 최종적으로 패넌트를 받았고 월드컵에서 용감히 일곱 경기에서 열심히 싸웠지만 결국 세인트루이스팀에 패했다.

1574 페놀 酚 fēn

예 酚能腐蚀橡胶和合金。 페놀은 고무와 합금을 부식시킬 수 있다.

1575 페니실린 青霉素 qīngméisù

예 青霉素是抗菌素的一种，是从青霉菌培养液中提制的药物，是第一种能够治疗人类疾病的抗生素。 페니실린은 항생제의 일종으로 페니실린 배양액을 정제하여 만든 것이며 인류의 질병을 치료할 수 있는 최초의 항생제이다.

1576 페달 脚蹬/自行车脚蹬 jiǎodēng/zìxíngchē jiǎodēng

예 为什么电动车还用脚蹬呢？ 전동자전거에 페달이 왜 필요한가?

1577 페어플레이 费厄泼赖 fèi'èpōlài

예 车市竞争也要费厄泼赖。 자동차시장 경쟁도 페어플레이를 해야 한다.

1578 편도 单程 dānchéng

예 单程是150美元，往返(双程)是350美元。 편도는 150달러, 왕복은 350달러다.

1579 편의점 便利商店 biànlì shāngdiàn

예 在便利商店席卷台湾之前，街头巷尾最常见的为杂货店，杂货店销售的商品与超市类似，甚至贩售食米、鸡蛋、蔬菜。 편의점이 타이완을 강타하기 전에 거리에서 가장 흔한 것이 잡화점이었고, 잡화점에서 판매하는 상품은 수퍼와 비슷하며 심지어 쌀, 계란, 채소도 판매한다.

1580 편평하다 平坦 píngtǎn

예 这儿地势平坦。 이곳은 지세가 편평하다.

1581 평상시에 훈련이 되어 있다 训练有素 xùnliàn yǒusù

예 这批保姆训练有素，受过烹饪、洗涤、熨烫等的专业培训。 이 보모들은 요리, 세탁, 다림질 등 전문훈련을 받아 이미 훈련이 되어 있다.

1582 평생교육 继续教育 jìxù jiàoyù

예 中国科学技术大学重视继续教育工作。 중국의 과학기술대학은 평생교육을 중시한다.

1583 평소 ~로 유명하다 素以~著称
sù yǐ ~ zhùchēng

예▶ 庐山素以景点丰富而著称。 루산은 평소에 볼 거리가 많기로 유명하다.

1584 평야 平原 píngyuán

예▶ 平原是海拔较低的平坦的广大地区, 海拔多在0—500米, 一般都在沿海地区。 평야는 해발이 비교적 낮고 평탄한 넓은 지역이며 대부분 해발 0에서 500미터로 일반적으로 연해지역에 위치한다.

1585 평판 名声/评价 míngshēng/píngjià

예▶ 名声可以是短暂的, 名声也可以是长远的。 평판은 일시적인 것일 수도 있고 장기적인 것일 수도 있다.

1586 폐기하다 报废 bàofèi

예▶ 由于损坏严重, 无法再修复使用, 不得不作报废处理。 훼손정도가 심각해서 수리해서 사용할 수 없어 부득이 폐기처분해야 한다.

1587 폐품 废物 fèiwù

예▶ 对工业固体废物的回收, 必须根据具体的行业生产特点而定, 还应注意技术可行、产品具有竞争力及能获得经济效益等因素。 산업고체폐기물을 회수하는 것은 반드시 구체적인 산업특징에 따라 정해야 하며 기술적인 가능여부와 경쟁력, 경제효율 등의 요인을 감안해야 한다.

1588 폐하 陛下 bìxià (왕세자:王储)

예▶ 值得注意的是, 跟着国王陛下来访的, 是石油大臣和一个庞大的经贸代表团。 국왕폐하와 함께 내방한 사람들이 석유장관과 수많은 경제무역대표단이라는 사실은 주목할 만하다.

1589 포악 残暴 cánbào

예▶ 残暴的行为 잔혹한 행위

1590 포진지 炮兵阵地 pàobīng zhèndì

예▶ 朝鲜炮兵阵地变成高尔夫球场。 북한의 포진지가 골프장으로 바뀌었다.

1591 폭격 轰炸 hōngzhà

예▶ 美英飞机轰炸伊拉克北部地区至少炸死4名平民。 미국과 영국의 폭격기가 이라크 북부지역을 폭격해 적어도 민간인이 4명이 사망했다.

1592 폭락 暴跌 bàodiē

예▶ 股市的暴跌就等于经济大恐慌。 증시폭락은 경제 대공황과 같다.

1593 표를 끌어 모으다 拉票 lā piào

예▶ 禁止拉票区内严禁拉票活动。 선거구에서 표를 끌어모으는 행위를 엄격히 금한다.

1594 표심 选票表态 xuǎnpiào biǎotài

예▶ 这本身就显示了即便在公民可以直接用选票表态的地方, 改革也是很不容易的。 이 자체가 국민이 표로 의사를 표시할 수 있는 부분의 개혁도 쉽지 않다는 것을 보여 주었다.

1595 품다 安 ān

예▶ 那个家伙不知安的什么心。 그 녀석이 무슨 마음을 품고 있는지 모르겠다.

1596 품질관리 质量管理 zhìliàng guǎnlǐ

예▶ 八项质量管理原则在2000版ISO9000族标准草案发表前就已得到全球质量管理方面专家的认同。 품질관리 8개 원칙은 2000년 ISO9000 계열 표준초안이 발표되기 전에 전 세계 품질관리방면 전문가의 인정을 받았다.

1597 풍작 丰收 fēngshōu

예▶ 年年获得丰收。 해마다 풍작이다.

1598 풍족 富裕 fùyù

예 生活**富裕**了，也别忘了节俭。 생활이 풍족해져도 절약을 잊어서는 안된다.

1599 퓨전음식 融合食品 rónghé shípǐn

예 泰国传统的调料现在已经在世界上很多国家的烹调中使用，有许多国家的厨师都把泰国风味和自己国家的菜肴相结合，制作出许多口味更独特的**融合食品**。 태국의 전통적인 조미료는 이미 세계적으로 여러나라에서 요리할 때 사용하고 있고 여러나라의 주방장들이 태국의 풍미과 자국의 요리를 섞어 독특한 맛의 퓨전음식을 많이 만들었다.

1600 프라이버시 隐私权 yǐnsīquán

예 我们将尊重并致力于保护所有客户以及访问者的**隐私权**。 우리는 모든 고객 및 방문자의 프라이버시를 존중하고 적극 보호해야 된다.

1601 프로그래머 程序设计师 chéngxù shèjìshī

예 我是个**程序设计师**。 나는 프로그래머이다.

1602 프로그램 节目表 jiémùbiǎo

예 各地**节目表**查询。 각 지역의 프로그램표 조회

**1603 프롤레타리아 普罗列塔利亚
(简称普罗)/工人阶级 / 无产阶级**
pǔluóliètǎlìyà/gōngrén jiējí/wúchǎn jiējí

예 **普罗列塔利亚**文学运动必然是和它的政治运动相联系着的。 프롤레타리아 문학운동은 그것의 정치운동과 분명히 관련이 있다.

1604 프리미엄(주식의) 溢价 yìjià

예 **溢价**发行是指债券票面利率优于市场利率，债券成交价格高于面额。 프리미엄발행(할증발행)은 채권 액면금리가 시장금리보다 높아서 채권거래가격이 액면보다 높아졌을 때를 지칭하는 말이다.

1605 프리미엄 贴水 tiēshuǐ

예 当日收盘，上海现货市场国内平水铜对上海期铜2月合约已经出现了一定幅度的**贴水**，各主要市场**贴水**在90元~150元不等。 당일 폐장 때 상하이 현물시장의 국산평수이구리가 상하이선물구리 2월 계약에 어느 정도 프리미엄이 발생했고 각 주요 시장의 프리미엄은 90위안에서 150위안까지 차이를 보이고 있다.

1606 플래카드 标语牌 biāoyǔpái

예 一位男球迷则拿起**标语牌**开始在场内跑动。 한 남자축구팬이 플래카드를 들고 운동장을 달렸다.

1607 플러스(+) 正号 zhènghào

예 如果不符合原则的话，那么**正号**或负号都无效。 만약 원칙에 어긋난다면 플러스나 마이너스 모두 무효이다.

1608 피난처 避风港 bìfēnggǎng

예 家，永远是我心中的**避风港**。 집은 영원히 내 마음 속의 피난처이다.

1609 피드백 反馈 fǎnkuì

예 意见**反馈**/信息**反馈** 의견 피드백/정보 피드백

1610 피스톤 活塞 huósāi

예 **活塞**在高温、高压、高速、润滑不良的条件下工作。 피스톤은 고온, 고압, 고속, 윤활기능이 부실한 여건에서 작동한다.

1611 피할 수 없다 不可避免 bùkě bìmiǎn

예 矿难难道真的**不可避免**？ 광산사고는 정말로 피할 수 없는 것일까?

1612 필로폰 冰毒 bīngdú

예 由于它的毒性剧烈，人们便称之为"**冰毒**"。 독성이 아주 강해 사람들은 그것을 필로폰(얼음독)이라 부른다.

1613 하늘의 별 따기 登天取月 dēngtiān qǔyuè

예▶ 向外国人借钱如<u>登天取月</u>。 외국인에게 돈을 꾸는 것은 하늘의 별 따기이다.

1614 하루종일 불안에 떨다 惶惶不可终日
huánghuáng bùkě zhōngrì

예▶ 校方和家长们都为此伤透了脑筋, 甚至<u>惶惶不可终日</u>。 학교측과 학부형들은 모두 이 때문에 골머리를 앓고 심지어 하루종일 불안에 떨고 있다.

1615 하수도로 흘려보내다 将~倒入下水道 jiāng ~ dàorù xiàshuǐdào

예▶ 不要<u>将</u>烹饪后的废油随意<u>倒入下水道</u>中, 最好是用于堆肥。 요리한 후 못쓰게 된 기름을 함부로 하수도에 흘려보내서는 안 되며, 퇴비로 사용하는 것이 가장 좋다.

1616 하이브리드카 混合动力汽车
hùnhé dònglì qìchē

예▶ <u>混合动力汽车</u>在发达国家已经日益成熟, 有些已经进入实用阶段。 선진국에서 하이브리드카는 이미 많이 개발되어서 일부는 실용화 단계에 접어들었다.

1617 하이에나 鬣狗 liègǒu

예▶ 现存<u>鬣狗</u>类动物是相当成功的, 虽然种类少, 但数量多, 分布广, 在非洲占据着重要的生态地位。 현존하는 하이에나류 동물은 상당히 성공적이다. 비록 종류는 많지 않지만 수량이 많고 널리 분포되어 있으며 아프리카에서 아주 중요한 생태지위를 차지하고 있다.

1618 하키 曲棍球 qūgùnqiú

예▶ 从1971年起, 每隔2~3年举行一次世界<u>曲棍球赛</u>。 1971년부터 2~3년에 한번씩 세계하키대회가 열린다.

1619 하한가 跌停(价) diētíng(jià)

예▶ 以<u>跌停价</u>报收。 하한가로 마감하다.

1620 하향조정 向下修正/向下调整
xiàngxià xiūzhèng/xiàngxià tiáozhěng

예▶ 欧佩克<u>向下修正</u>今年全球原油需求增幅。 OPEC은 금년 전 세계 원유수요 증가폭을 하향조정했다.

예▶ 此时钢铁产业政策出台极有可能促使钢价进一步<u>向下调整</u>。 이때 철강산업정책이 등장해서 철강가격을 더욱 하향조정시킬 가능성이 있다.

1621 학계 学术界 xuéshùjiè

예▶ 中国的<u>学术界</u>到底有多腐败？ 중국의 학계가 도대체 얼마나 부패했는가?

1622 학과장 系主任 xìzhǔrèn

예▶ 关于竞聘学院<u>系主任</u>副<u>系主任</u>的通知 대학장과 부학과장 경쟁임용에 관한 통지

1623 학교 기숙사 생활을 하다 住读 zhùdú

예▶ <u>住读</u>孩子在校业余时间的行为习惯, 思想状况的管理, 由习惯训导教师专职担任。 기숙 학교 학생의 여가활동과 사상관리는 습관훈도교사가 담당한다.

1624 학부모회 家长会 jiāzhǎnghuì

예▶ 妈妈, 明天晚上学校开<u>家长会</u>, 你们俩谁参加呀？ 엄마, 내일 저녁 학교에서 학부모회가 있어요. 엄마, 아빠 중 누가 가실래요?

1625 학사일정 学程 xuéchéng

예▶ 特别规划建立此<u>学程</u>, 培养生物资讯学人才。 생물정보학인재를 양성하기 위해 이 학사일정을 특별히 기획하여 개설했다.

1626 학술지 学术杂志/学术刊物
xuéshù zázhì/xuéshù kānwù

예▶ 十一月内要出版中文系<u>学术刊物</u>。 11월 내에 중문과 학술지를 발행한다.

1627 학용품 学习用品 xuéxí yòngpǐn

예▶ 品牌化、高档化成为今年学习用品市场新潮流。 브랜드화와 고급화가 올 학용품시장의 새로운 트랜드가 되었다.

1628 한국의 경우 就韩国而言/以韩国为例 jiù Hánguó éryán / yǐ Hánguó wéilì

예▶ 1988年的首尔奥运会, 对东道主韩国而言, 是他们成为世界体育强国的梦想开始的地方。 1988년 서울올림픽은 개최국인 한국에게 있어서는 세계 스포츠강국의 꿈이 시작된 시기다.

1629 한데 모으다 集~于一身/融~于一体 jí ~ yú yīshēn / róng ~ yú yītǐ

예▶ 安吉丽娜·朱丽集温柔与野性于一身。 안젤리나 졸리는 온유함과 야성을 한몸에 가지고 있다.

1630 한랭전선 冷锋 lěngfēng

예▶ 冷锋是冷气团向暖气团方向移动形成的锋面。 한랭전선은 한랭기단이 온난기단으로 이동하면서 생긴 전선면이다.

1631 한적하다 安闲 ānxián

예▶ 以后可以过安闲的日子了。 이후에는 한적한 생활을 할 수 있게 되었다.

1632 한 줄기 서광이 비치다 露出一线曙光 lòuchu yī xiàn shǔguāng

예▶ 举步维艰的巴以和平进程露出一线曙光。 어려운 행보를 하던 팔레스타인과 이스라엘의 평화절차에 한 줄기 서광이 비쳤다.

1633 한창 진행 중이다 ~正在如火如荼地进行 zhèngzài rúhuǒ rútú de jìnxíng

예▶ 促销活动正在如火如荼地进行。 판촉활동이 한창 진행 중이다.

1634 한탄 叹息 tànxī

예▶ 光叹息有什么用, 得想点办法呀。 탄식만 해서는 아무 소용없으니 방법을 생각해야 한다.

1635 한파 寒流 hánliú

예▶ 寒流今日横扫欧洲和美洲的部分地区。 한파가 오늘 유럽과 미주의 일부 지역을 휩쓸었다.

1636 할렐루야 哈利路亚 hālìlùyà

예▶ 同唱哈利路亚, 齐声感恩归主。 할렐루야를 함께 부르며 일제히 주께 돌아감을 감사했다.

1637 할복자살 切腹自杀 qiēfù zìshā

예▶ 一代又一代的日本人都深深地相信切腹自杀是最高贵的死亡方式。 여러 대에 걸쳐 일본인은 할복자살이 가장 고귀한 죽음방식이라고 깊게 믿어 왔다.

1638 합격커트라인 录取分数线 lùqǔ fēnshùxiàn

예▶ 公布录取分数线。 합격커트라인을 발표하다.

1639 합금 合金/合金钢 héjīn / héjīngāng

예▶ 镍铬、镍铬铁系列合金具有抗氧性好, 强度高, 不软化等一系列优点。 니켈크롬, 니켈크롬철 계열의 합금은 산성에 대한 내구성이 좋고 강도가 높으며 연화하지 않는 장점이 있다.

1640 합동 联席/集体/联合 liánxí / jítǐ / liánhé

예▶ 召开联席会议。 합동회의를 개최하다.

1641 합병(하다) 购并/兼并 gòubìng / jiānbìng

예▶ 美国石油业的分析家说, 中海油购并美国优尼科石油公司不会对美国的能源安全带来威胁。 미국의 석유산업분석가에 따르면 중하이석유(CNOOC)가 미국의 우노칼석유회사를 매입하는 것이 미국의 에너지안보에 위협이 되지는 않을 것이라고 했다.

[예] **兼并**无疑是迅速切入某一市场最直接的手段。
합병은 분명하고 빠르게 시장으로 파고드는 가장 직접적인 수단이다.

1642 합병증 并发症 bìngfāzhèng

[예] 若处理不当会出现**并发症**。 만약 잘못 처리하면 합병증이 생긴다.

1643 항생물질 抗菌素 kàngjūnsù

[예] 滥用**抗菌素**不仅起不到好作用, 反而有许多坏处。 항생물질 남용은 좋기는 커녕 나쁘기만 하다.

1644 항소심 第二审 dì èr shěn

[예] 死刑**第二审**案件 사형 항소심 사건

1645 해고 辞退/解雇 cítuì/jiěgù

[예] 怀孕两月女工遭公司**辞退**。 임신 2개월 된 여직원이 회사에서 해고 당했다.

1646 해고수당 资遣费 zīqiǎnfèi

[예] 员工工作满一年者, 可领到一个月的**资遣费**。 직원이 회사에서 만 1년간 근무하면 1개월치 해고수당을 받을 수 있다.

1647 해당되다 适合 shìhé

[예] 对他们的批评, 也完全**适合**于我。 그들의 비평은 나에게도 완전히 해당되는 것이다.

1648 해수면 海平面 hǎipíngmiàn

[예] **海平面**上升及其产生的危害已成为全球沿海国家关注的热点问题之一。 해수면 상승과 그것으로 인한 피해는 이미 전 세계 연해국가들이 관심을 갖는 문제 중에 하나가 되었다.

1649 해안경비 海防 hǎifáng

[예] **海防**部队/**海防**前哨 해안경비부대/해안경비초소

1650 해열제 退烧药 tuìshāoyào

[예] 感冒时不要滥用**退烧药**。 감기에 걸렸을 때 해열제를 남용하지 말라.

1651 해커 黑客 hēikè

[예] **黑客**常常利用电子邮件系统的漏洞, 结合简单的工具就能达到攻击目的。 해커는 항상 이메일시스템의 빈틈을 이용하여 간단한 툴을 이용해 목표를 공격한다.

1652 해트트릭 帽子戏法 màozi xìfǎ

[예] 凭借因扎吉的**帽子戏法**以及吉拉尔迪诺的头球, AC米兰4:1战胜对手。 인자기의 해트트릭과 질라드디노의 헤딩골로 AC밀란이 4대1로 상대방을 눌렀다.

1653 핵분열 核裂变 hélièbiàn

[예] 利用重金属的**核裂变**制造出原子弹。 중금속의 핵분열을 이용해 원자폭탄을 만들다.

1654 핵연료봉 核燃料棒 héránliàobàng

[예] 朝鲜最近已完成了从5兆瓦试验型核反应堆中取出8000根**核燃料棒**的工作。 북한은 최근 5메가와트급 테스트용 원자로에서 연료봉 8000개를 인출하는 작업을 했다.

1655 행간 字里行间 zìlǐ hángjiān

[예] 整篇课文语言优美, 情感饱满, **字里行间**流露出真挚的情味来。 문장 전체의 언어가 아름답고 감정이 넘치고 행간에 진솔한 정취가 드러난다.

1656 행방불명 下落不明 xiàluò bùmíng

[예] 河北两起矿难已造成22人死亡, 仍有6人**下落不明**。 허베이에서 두 건의 탄광사고로 22명이 사망하고 6명이 행방불명이다.

1657 행실 行径 xíngjìng

[예] 联盟对其行径表示不满。 연맹은 그의 행실에 대해 불만을 표시하였다.

1658 행정처분을 내리다
对 ~ 给予行政处分
duì~gěiyǔ xíngzhèng chǔfèn

[예] 主管部门对违反纪律者给予行政处分。 담당부 처에서 기율을 어긴 자를 행정처분했다.

1659 향락가 花花世界 huāhuāshìjiè

[예] 走进花花世界。 향락가로 들어가다.

1660 향응을 제공하다 宴请 yànqǐng

[예] 北京市委书记在北京饭店会见并宴请中国国民党代表团。 베이징시위원회서기가 베이징호텔에서 중국국민당을 접견하고 향응을 베풀었다.

1661 향정신성 의약품 精神药品/精神药物
jīngshén yàopǐn/jīngshén yàowù

[예] 今后，咖啡因、巴比妥等第二类精神药品不得再销售给未成年人。 금후 카페인, 바비탈룸 등 제2의 향정신성약물은 미성년자에게 팔 수 없다.

1662 허리띠를 졸라매다 勒紧裤(腰)带
lēijǐn kùyāodài

[예] 为在这不景气的情况下生活，我们勒紧裤腰带。 불경기 상황에서 생활하기 위해 우리는 허리띠를 졸라매고 있다.

1663 허사가 되다 落空 luòkōng

[예] 一切都落空了，做梦都没想到。 모든 것이 허사가 되었다. 꿈에도 생각하지 못했다.

1664 허용기준치 标准限量值
biāozhǔn xiànliàngzhí

[예] 在抽查的181种蔬菜中，有86种蔬菜农药残留量超过国家标准限量值。 표본조사한 181종의 채소 가운데 86종의 농약잔류량이 국가허용기준치를 초과했다.

1665 허위광고 虚假广告 xūjiǎ guǎnggào

[예] 发布虚假广告，欺骗和误导消费者。 허위광고를 하여 소비자를 속이고 오도했다.

1666 허풍떨다 牛皮吹破(吹牛皮)
niúpí chuīpò(chuīniúpí)

[예] 电视购物，有些产品牛皮吹破了。 텔레비전 홈쇼핑의 일부 상품은 허풍이다.

1667 헌화하다 向 ~ 敬献了花圈
xiàng ~ jìngxiàn le huāquān

[예] 中国国民党主席连战向孙中山先生坐像敬献了花圈。 중국국민당의장 렌잔이 순중산 선생의 좌상 앞에 헌화했다.

1668 헛고생하다 徒劳而无所获 túláo ér wúsuǒhuò

[예] 只在某些点上下工夫，可预见的后果将是徒劳而无所获。 단지 일부분에만 노력하면 결과가 헛고생으로 끝날 수 있다.

1669 헤게모니 领导权 lǐngdǎoquán

[예] 中国为了掌握领导权，反对印度、澳大利亚和新西兰参加东亚峰会。 중국은 헤게모니를 잡기 위해 인도, 호주, 뉴질랜드가 동아시아 정상회담에 참가하는 것을 반대했다.

1670 헤드 磁头 cítóu

[예] 在录音机中，磁头性能的好坏直接关系到录放音的噪声、清晰度、频响、失真度等指标的高低。 녹음기에서 헤드의 성능은 녹음을 하거나 재생할 때 소음, 선명도, 공명, 왜곡(distortion) 등에 영향을 준다.

1671 헤드드럼 磁鼓 cígǔ

[예]　如果**磁鼓**表面有污垢，会影响影像数据的正确记录，造成影像质量的下降。 만약 헤드드럼 표면에 오물이 묻게 되면 영상데이터의 정확한 기록에 지장을 주어 영상의 질이 떨어지게 된다.

1672 헤모글로빈 血红蛋白/血赤素/血红朊/血色素 xuèhóng dànbái/xuèchìsù/xuèhóngruǎn/xuèsèsù

[예]　**血红蛋白**的浓度升高。 헤모글로빈 농도가 상승하다.

1673 현금수송차량 运钞车 yùnchāo chē

[예]　一些全副武装的押款员正小心翼翼地将现金向**运钞车**上转移。 일부 완전무장한 현금수송대원이 조심스레 현금을 현금수송차량으로 옮기고 있다.

1674 현금자동인출기 自动提款机 zìdòng tíkuǎnjī

[예]　由于这台**自动提款机**死活不把吞掉的磁卡吐出来，女孩非常气愤，开始用暴力手段来解决问题。 아무리 해도 현금인출기가 삼켜버린 카드를 내놓으려하지 않자 여자아이는 화가 나서 폭력으로 이 문제를 해결하려 했다.

1675 현장감 临场感 línchǎnggǎn

[예]　本作品采用了非常独特的图形技术，画面中使用了不少噪点，给人一种实拍的记录片的感觉，大大增强了**临场感**。 본 작품은 아주 독특한 도형기술을 채택하여 그림속에 적지않은 소음을 사용하여 사람들에게 실제 촬영한 다큐멘터리의 느낌을 주어 현장감이 크게 증강되었다.

1676 혈중알콜농도 血液酒精含量 xuèyè jiǔjīng hánliàng

[예]　进行**血液酒精含量**测试，结果属于醉酒后驾驶机动车。 혈중알콜농도테스트 결과 음주운전으로 드러났다.

1677 협공 两面夹击 liǎngmiàn jiājī

[예]　面临**两面夹击**的窘况。 협공의 어려운 상황에 처하다.

1678 협박편지 恐吓信 kǒnghèxìn

[예]　编辑部星期一接到**恐吓信**。 편집부는 월요일 협박편지를 받았다.

1679 협심증 狭心症 xiáxīnzhèng

[예]　年龄愈大，**狭心症**的病人也愈多。 나이가 많을수록 협심증환자가 많아진다.

1680 형식만 바꾸고 내용은 바꾸지 않다 换汤而不换药 huàn tāng ér bù huàn yào

[예]　每年都说改革，但最终还是**换汤不换药**。 매년 개혁을 말하지만, 항상 형식만 바꾸고 내용은 바꾸지 않는다.

1681 형식주의로 흐르다 流于形式主义 liúyú xíngshì zhǔyì

[예]　"先进性"教育活动要防止**流于形式主义**。 선진적인 교육활동은 형식주의로 흐르는 것을 방지해야 한다.

1682 호스티스 三陪小姐 sānpéi xiǎojie

[예]　**三陪小姐**被害的问题比较严重，她们实在是我们这个社会的高风险人群。 호스티스가 상해를 당하는 문제가 심각하다. 그들은 실로 우리 사회에서 리스크가 아주 높은 그룹이다.

1683 호크미사일 鹰式导弹 yīngshì dǎodàn

[예]　台湾军方首次发射了美国卖给台湾的**鹰式导弹**。 타이완 군측은 미국이 타이완에 판매한 호크미사일을 처음으로 발사했다.

1684 호환성 相容性 xiāngróngxìng

[예]　讨论了产品结构和组织能力的**相容性**对企业业绩的影响。 제품구조와 조직능력의 호환성이 기업실적에 미치는 영향에 대해 토론했다.

1685 호흡이 막히다 窒塞 zhìsè

예▶ 大踏步向前走了七步, 胸头忽有一种**窒塞**之感。 큰 걸음으로 일곱 걸음 걷고나서 가슴이 답답해지는 것을 느꼈다.

1686 혹독한 시련 严励考验 yánlì kǎoyàn

예▶ 人若不遭受一些**严励的考验**, 就无法培养出坚强的耐力与能力。 사람이 혹독한 시련을 겪지 않으면 강한 인내력과 능력을 기를 수 없다.

1687 혼합복식 混合双打 hùnhé shuāngdǎ

예▶ 羽毛球世锦赛**混合双打** 배드민턴 챔피언쉽 혼합복식

1688 홀인원 一杆进洞 yīgǎn jìndòng

예▶ 他能从这里让球**一杆进洞**吗? 그가 이곳에서 홀인원을 할 수 있을까?

1689 홈뱅킹 家居银行 jiājū yínháng

예▶ **家居银行**是顺应经济全球化和迎接中国加入WTO的必然选择, 在全国积极推广将带来巨大的经济效益。 홈뱅킹은 중국의 WTO 가입에 있어서 필연적 선택이며 세계화에 맞는 조치이다. 또한 전국에서 적극적으로 추진하면 막대한 경제적인 효과와 이익을 창출할 수 있다.

1690 홈쇼핑 电视购物 diànshì gòuwù

예▶ **电视购物**信用是关键。 홈쇼핑의 관건은 신용이다.

1691 홈페이지 主页 zhǔyè

예▶ 我们一般称个人**主页**为博客。 우리는 일반적으로 개인 홈페이지를 블로그라 부른다.

1692 홉 酒花/忽布(花) jiǔhuā/hūbù(huā)

예▶ 全市兴起了种植**酒花**的热潮。 시 전체에 홉 재배 붐이 불었다.

1693 화근 祸水 huòshuǐ

예▶ 妾为家庭中**祸水**。 첩은 가정의 화근이다.

1694 화근이 되다 为~埋下了祸根 wèi~máixià le huògēn

예▶ 这种做法却**为**后来的生态环境**埋下了祸根**。 이러한 방법은 오히려 생태환경의 화근이 되었다.

1695 화보 画册 huàcè

예▶ **画册**出版得到总经理的批准。 사장이 화보 출판을 비준했다.

1696 화상전화 可视电话/视频电话 kěshì diànhuà/shìpín diànhuà

예▶ 今日许多生活在海外华人社会的移民, 不但可随时随地和远方的亲友交谈, 而且还可以透过**可视电话**彼此看到对方的容貌。 오늘 많은 해외중국인 사회에 거주하는 이민자들은 언제라도 멀리있는 친구들과 대화를 할 수 있을 뿐만 아니라 화상전화를 통해 상대방의 모습도 볼 수 있다.

1697 화석연료 石化燃料 shíhuà ránliào

예▶ 能源再生与随后对**石化燃料**需求的减少, 都将减少二氧化碳排放量。 에너지의 재생이 이루어지고 화석연료의 수요가 줄어들면 이산화탄소 배출량이 줄어들 것이다.

1698 화약고 火药桶 huǒyàotǒng

예▶ 被球迷们称为"**火药桶**"的斯托伊奇科夫, 他在球场上的领袖气质让球迷们永远都不能忘怀。 축구팬들에 의해 '화약고'라 불리는 스토이치코프는 경기장에서의 리더쉽으로 팬들이 영원히 잊을 수 없게 만들었다.

1699 화염병 燃烧瓶/燃烧弹/汽油弹 ránshāopíng/ránshāodàn/qìyóudàn

예▶ 极端分子向孩子们的屋内投掷**燃烧瓶**。 극단 주의자들이 아이들이 있는 실내에 화염병을 던졌다.

1700 화의를 신청하다 向~法院提出调停
xiàng~fǎyuàntíchūtiáotíng

예▶ 向家庭法院提出离婚调停申请。 가정법원에 이
혼화의신청을 하다.

1701 화이트(수정액) 修正液/涂改液
xiūzhèngyè/túgǎiyè

예▶ 本公司现因业务需求, 需采购一批修正液。
본사의 업무상 필요에 의해 많은 화이트를 구매해야 한다.

1702 화제를 돌리다 扭转话头 niǔzhuǎn huàtóu

예▶ 顿了一下, 她有点尴尬地扭转话头道: "你的
猫咪很可爱。" 잠시 멈칫한 뒤 그녀는 난처한 듯 화제를 돌리
며 말했다. "네 고양이 참 귀엽다".

1703 화제의 인물 新闻人物 xīnwén rénwù

예▶ 政界十大新闻人物 정계 10대 화제의 인물

1704 화폐개혁 币制改革 bìzhì gǎigé

예▶ 金融币制改革促进了经济状况的改观。 금융화
폐개혁은 경제상황 변화를 촉진시켰다.

1705 확대회담 大范围会谈 dà fànwéi huìtán

예▶ 大范围会谈之前, 两国元首还进行了小范围
会谈。 확대회담 전에 양국원수는 소규모회담을 진행했다.

1706 확실시되다 已成定局 yǐ chéng dìngjú

예▶ 2005年1月1日取消全球纺织品配额制度已成
定局。 2005년 1월 1일 전 세계 섬유 쿼터를 취소하는 것이 확실
시되었다.

1707 확장 扩张 kuòzhāng

예▶ 扩张领土的野心急骤膨胀。 영토를 확장하려는 야
심이 급격히 커졌다.

1708 환경영향평가 环境评估/环境影响评估
huánjìng pínggū/huánjìng yǐngxiǎng pínggū

예▶ 国家权威机构对主要城市环境评估上海名列
第一。 주요도시에 대한 국가의 권위있는 기구의 환경영향평가에
서 상하이가 1위를 하였다.

1709 환경을 살리다 拯救环境 zhěngjiù huánjìng

예▶ 拯救环境需要公众参与。 대중이 참여해야만 환경
을 살릴 수 있다.

1710 환담하다 畅谈 chàngtán

예▶ 他们畅谈到深夜。 그들은 한밤중까지 환담을 나누었다.

1711 환대 款待 kuǎndài

예▶ 这次在延边大学受到了款待。 이번에 옌벤대학에
서 환대받았다.

1712 환승역 中转站 zhōngzhuǎnzhàn

예▶ 联合国机构认为伊拉克已成世界毒品交易中
转站。 유엔은 이라크가 이미 세계 마약 거래의 중계역이 되었다
고 본다.

1713 환전소 换汇点 huànhuìdiǎn

예▶ 街头换汇点遍地都是。 거리 도처에 환전소가 있다.

1714 환절기 季节交替 jìjié jiāotì

예▶ 季节交替的时候, 每个人都应该注意预防感
冒和流感。 환절기 때 감기에 걸리지 않도록 주의해야 한다.

1715 환차손 汇兑损失 huìduì sǔnshī

예▶ 欧元下滑造成汇兑损失。 유로화의 하락으로 환차
손이 발생했다.

1716 환차익 汇兑利益 huìduì lìyì

예 今年来台币兑主要货币其实多呈现贬值, 因此投资海外市场普遍可享有汇兑利益。 올들어 NTD 대 주요화폐는 사실 대부분 평가절하되어 해외시장에 투자한 사람들이 환차익을 보았다.

1717 환풍기 抽风机 chōufēngjī

예 显然两人原是想从抽风机孔逃跑, 但已来不及了。 두 사람은 환풍기 구멍을 통해 도주하려 했으나 너무 늦었다.

1718 활성화를 주도하다 带动 ~ 的活泼化 dàidòng ~de huópohuà

예 思考性, 开放性题目的增加, 当可带动教学的活泼化。 사고적이고 개방적인 프로그램의 증가가 교육의 활성화를 이끌어낼 수 있다.

1719 활주로/트랙 跑道 pǎodào

예 飞机跑道是用什么做的? 비행기 활주로는 무엇으로 만들었는가?

예 这个跑道用了10年了, 感觉已经没什么弹性, 黑乎乎的很难看。 이 트랙은 10년간 사용했다. 탄력이 줄어든 것 같고 거뭇거뭇해서 보기 싫다.

1720 활착(하다) 成活 chénghuó

예 树苗成活的关键是吸收到充足的水分。 묘목이 활착하는 관건은 수분을 충분히 흡수하는 것이다.

1721 활착률 成活率 chénghuólǜ

예 提高成活率。 활착률을 높이다.

1722 황금의 삼각지대 金三角 jīnsānjiǎo

예 金三角地区的核心地区是缅甸、泰国、老挝三国交界处。 '황금의 삼각지대' 의 핵심지역은 미얀마, 태국, 라오스의 접경지역이다.

1723 황금의 초승달지대 金新月 jīnxīnyuè (파키스탄, 이란, 아프가니스탄의 접경지대)

예 金新月是"金三角"之后, 在上世纪80年代以后发展起来的一个新的毒品产地。 '황금의 초승달지대' 는 '황금의 삼각지대' 에 이어 1980년대 이후에 발전하기 시작한 새로운 마약산지이다.

1724 황급 慌里慌张 huānglihuāngzhāng

예 干吗这么慌里慌张? 왜 이리 허둥지둥하니?

1725 황달 黄胆病/黄疸/黄病 huángdǎnbìng/huángdǎn/huángbìng

예 我万万没有想到, 黄胆病竟然会降临到我儿身上。 내가 황달에 걸리리라고는 전혀 생각하지 못했다.

1726 황사 风沙/沙尘暴 fēngshā/shāchénbào

예 肆虐的风沙给人们的生活带来诸多不便, 造成了严重危害, 周边环境也因此遭到不同程度的破坏。 심한 황사는 우리들의 생활을 불편하게 해 심각한 피해를 주었고 주변환경 역시 파괴되었다.

1727 황송 不安/不敢当 bùān/bùgǎndāng

예 您这么说, 真叫人感到不安。 이렇게 말씀하시니 황송할 따름입니다.

1728 회계연도 财政年度 cáizhèng niándù

예 美国2007财政年度政府赤字明显下降。 미국의 2007회계연도의 정부 적자가 크게 줄어들었다.

1729 회람하다 传看/传观/传阅 chuánkàn/chuánguān/chuányuè

예 孩子们在相互传看。 아이들이 서로 회람하였다.

1730 회오리바람 龙卷风 lóngjuǎnfēng

예▶ 香港国际机场昨天下午出现一股强劲的**龙卷风**。 어제 오후 홍콩국제공항에 강력한 회오리바람이 불었다.

1731 획책하다 策划 cèhuà

예▶ 幕后**策划**。 막후에서 획책하다.

1732 횡령 贪污 tānwū

예▶ 虽然在经济领域方面, 开放之后情况大大改善, 但出现的问题是贫富差别扩大, **贪污**盛行。 비록 개방 후의 상황이 크게 개선되었지만 빈부차이가 확대되었고 횡령행위가 성행했다.

1733 효과적인 조치를 취하다 采取行之有效的措施 cǎiqǔ xíngzhīyǒuxiào de cuòshī

예▶ 我国应**采取行之有效的措施**防控禽流感。 우리들은 조류독감을 막을 효과적인 조치를 취해야 한다.

1734 효율이 떨어지다 效益下滑 xiàoyì xiàhuá

예▶ 一部分企业的**效益下滑**。 일부 기업의 효율이 떨어졌다.

1735 후광을 입다 沾人家的光 zhān rénjiā de guāng

예▶ 只有他帮别人, 从没见他**沾人家的光**。 그가 남을 돕는 것만 보았지, 후광을 입는 것은 보지 못했다.

1736 후보공천 推荐候选人 tuījiàn hòuxuǎnrén

예▶ 长期以来普通公民没有**推荐候选人**的机会。 오랫동안 일반국민은 후보공천의 기회를 갖지 못했다.

1737 후생 年轻一代/晚辈 niánqīng yīdài/wǎnbèi

예▶ 中国大城市中**年轻一代**过圣诞已成习惯。 대도시에서 중국의 젊은 세대들이 성탄절을 보내는 것은 이미 하나의 흐름이 되었다.

1738 후원을 받다 得到~后援 dédào ~ hòuyuán

예▶ 不论处在什么状况下, 都不应**得到后援**, 一切非得靠自己从困境中脱出不可。 어떠한 상황에서든 후원을 받아서는 안되며 스스로의 힘으로 곤경에서 벗어나야 한다.

1739 후임자 继任者 jìrènzhě

예▶ 让我们期盼, 他的**继任者**在应对他留下的挑战时, 也会同样成功。 그의 후임자가 그가 남겨놓은 도전에 대응할 때 마찬가지로 성공하기를 기대합시다.

1740 훌리건 足球流氓 zúqiú liúmáng

예▶ 英国内政部证实, 在今年世界杯比赛开始之前, 德国警方将到英国, 协助对付可能闹事的**足球流氓**。 올해 월드컵경기가 시작되기 전에 독일 경찰이, 영국까지 가서 문제를 일으킬 수 있는 훌리건문제 해결을 도울 것이라고 영국 내무부가 확실히 밝혔다.

1741 훼방꾼 程咬金 Chéng Yǎojīn

예▶ 怎么半路上杀出个**程咬金**来。 어째서 갑자기 도중에 훼방꾼이 나타났지?

1742 휴강 停课 tíng kè

예▶ 由于学校发生不明原因传染病流行事件, 因此**停课**了。 학교에서 원인불명의 전염병이 돌아 휴강했다.

1743 휴게실 休息厅 xiūxitīng

예▶ 到**休息厅**坐一会儿吧。 휴게실에 가서 좀 쉬어라.

1744 흑백논리 非黑即白的逻辑 fēihēi jíbái de luójí

예▶ 你这种思维, 仍停留在 "非黑即白" 这种逻辑思维方式上。 당신의 이러한 사고는 여전히 흑백논리라는 사고 방식에 머물러 있다.

1745 흔쾌히 欣然 xīnrán

예▶ 亲民党表示宋楚瑜主席欣然接受胡锦涛的邀访。 친민당은 숭추위의장이 흔쾌히 후진타오의 초청을 받아들였다고 밝혔다.

1746 흡수되다 被并吞 bèi bìngtūn

예▶ 保证北韩不会被南韩并吞。 북한이 한국에 흡수되지 않을 것을 보장한다.

1747 흥이 다하다 意兴阑珊 yìxìng lánshān

예▶ 东亚四强赛后的中国足球有点意兴阑珊的感觉。 동아시아 4강 경기 후 중국축구는 약간 흥이 다한 느낌이다.

1748 회귀동물 稀有动物 xīyǒu dòngwù

예▶ 北极熊是稀有动物。 북극곰은 희귀동물이다.

1749 희롱하다 调戏妇女 tiáoxì fùnǚ

예▶ 日本政界又爆出重大性丑闻, 一名国会议员因为调戏妇女而被捕。 일본 정계에서 국회의원 한 명이 여성희롱죄로 체포되는 심각한 섹스스캔들이 또 한차례 발생했다.

1750 희비가 엇갈리다 喜悲交织 xǐbēi jiāozhī

예▶ 在成长的历程中, 总会有喜悲交织。 성장 과정에서 항상 희비가 엇갈린다.

1751 희생양 替罪羔羊 tìzuì gāoyáng

예▶ 西方国家拿欠发达国家当替罪羔羊。 서양국가들은 개발도상국을 희생양으로 삼는다.

1752 히트곡 成名曲 chéngmíngqǔ

예▶ 你最喜欢谁的成名曲呢? 당신은 누구의 히트곡을 가장 좋아합니까?

1753 힘들다 费力 fèilì

예▶ 因为他是个日本人, 听他说话很费力, 根本听不懂。 그가 일본인이기 때문에 그의 말을 듣기가 아주 힘들다. 도무지 알아듣지 못하겠다.

PART 2

한중으로 정리한
속담 및 빈출표현

Proverb

001 가까운 이웃이 먼 친척보다 낫다.

远亲不如近邻 yuǎnqīn bùrú jìnlín

002 가난하면 탐욕스러워진다.

贪字贫字一样写 tānzì pínzì yíyàng xiě

003 가는 날이 장날이다.

来得早不如来得巧 lái de zǎo bùrú lái de qiǎo

004 가는 말이 고와야 오는 말이 곱다.

你不说他头秃, 他不说你眼瞎 nǐ bù shuō tā tóu tū, tā bù shuō nǐ yǎn xiā

你不仁, 我不义 nǐ bù rén, wǒ bù yì

005 가는 정 오는 정

人心换人心, 人情换人情 rénxīn huàn rénxīn, rénqíng huàn rénqíng

006 가랑비에 옷 젖는 줄 모르다.

杯杯酒吃跨家当, 毛毛细雨湿衣裳 bēibēi jiǔ chī kuà jiādang, máomáo xìyǔ shī yīshang

007 가을 바람이 낙엽을 쓸어 버리다. 강력한 힘으로 부패하고 쇠퇴한 세력을 일소하다.

秋风扫落叶 qiūfēng sǎo luòyè

008 가장 추운 날은 삼구이고, 가장 더운 날은 중복이다.

冷在三九, 热在中伏 lěng zài sān jiǔ, rè zài zhōng fú

009 가재는 게 편이다.

石蟹螃蟹是一家 shíxiè pángxiè shì yī jiā

010 가죽이 없어지면 털은 어디에 붙을까. 기초가 없으면 사물이 존재할 수 없다.

皮之不存, 毛将焉附 pí zhī bù cún, máo jiāng yān fù

011 각박하게 집안을 이루며 오래도록 행복을 누릴 수 없다. 남을 울려서 얻은 것은 오래가지 않는다.

刻薄成家, 理无久享 kèbó chéng jiā, lǐ wú jiǔ xiǎng

012 각자 한계를 분명히 하여 서로 범하지 않다.

井水不犯河水 jǐngshuǐ bù fàn héshuǐ

013 각종 직업에는 모두 그 분야의 대가가 있다.

三百六十行, 行行出状元 sān bǎi liùshí háng, hángháng chū zhuàngyuán

014 값도 모르고 싸다 한다.

不问事实, 随嘴乱说 bù wèn shì shí, suí zuǐ luàn shuō

015 강 건너 불구경

坐山观虎斗 / 隔岸观火 zuò shān guān hǔ dòu / gé àn guān huǒ

016 강을 건넌 뒤 다리를 부숴 버린다. 배은망덕하다.

过河拆桥 guò hé chāi qiáo

017 강태공의 곧은 낚시에도 스스로 원하는 자는 걸려든다. 스스로 남의 속임수에 걸려들다.

太公钓鱼, 愿者上钩 Tàigōng diào yú, yuànzhě shàng gōu

姜子牙钓鱼, 愿者上钩 Jiāng Zǐyá diào yú, yuànzhě shàng gōu

018 강한 장수 밑에는 약한 사병이 없다.

强将手下无弱兵 qiángjiàng shǒuxià wú ruòbīng

019 같은 값이면 다홍치마

有鱼不吃虾, 有豆腐不吃渣
yǒu yú bù chī xiā, yǒu dòufu bù chī zhā

020 같은 날에 논할 수 없다. 비교가 되지 않는다.

不可同日而语
bù kě tóngrìéryǔ

021 개구리 올챙이적 생각 못하다.

好了伤疤忘了痛
hǎole shāngbā wàngle tòng

022 개도 나갈 구멍을 보고 쫓는다.

做事要给自己留条后路
zuò shì yào gěi zìjǐ liú tiáo hòulù

023 개똥도 약에 쓰려면 없다.

想入药, 狗屎也找不到
xiǎng rù yào, gǒushǐ yě zhǎo bu dào

024 개똥밭에 굴러도 이승이 낫다. 죽은 정승이 산 개만 못하다.

好死不如恶活
hǎosǐ bùrú èhuó

025 개똥밭에도 이슬 내릴 날이 있다.

千年瓦片也有翻身之日
qiān nián wǎpiàn yě yǒu fānshēnzhīrì

026 개를 때리더라도 그 개의 주인이 누구인가를 보아서 때린다. 인간관계로 봐준다.

打狗看主人
dǎ gǒu kàn zhǔrén

027 개미 구멍으로 공든 탑 무너진다.

差之毫厘, 谬以千里
chā zhī háolí, miù yǐ qiān lǐ

028 개미 한 마리도 얼씬거리지 않는다.

鬼也不上门儿
guǐ yě bù shàng ménr

029 개 입에서 상아가 나올 수 없다. 하찮은 인간은 품위 있는 말을 못한다.

狗嘴里吐不出象牙来
gǒu zuǐli tǔ bu chū xiàngyá lái

030 개천에서 용 난다.

鸡窝里飞出了金凤凰 / 歹竹出好笋
jīwōli fēichu le jīn fènghuáng / dǎizhú chū hǎosǔn

031 개 팔자가 상팔자

狗八字倒是好命运
gǒu bāzì dào shì hǎo mìngyùn

032 거두절미하고

截头去尾 jié tóu qù wěi

033 걱정도 팔자

自寻麻烦 zì xún máfan

034 겁쟁이도 술을 마시면 대담하게 된다.

酒壮怂人胆 jiǔ zhuàng sǒngrén dǎn

035 겉으로는 잔도를 수리하는 척을 하고 몰래 진창으로 간다. 겉과 속이 다른 행동을 하다. 성동격서

明修栈道, 暗渡陈仓
míng xiū zhàndào, àn dù Chéncāng

036 게도 구럭도 다 잃다. 부인도 잃고 병사마저도 잃다. 볼 장 다 봤다.

赔了夫人又折兵 péile fūrén yòu zhé bīng

037 견물생심

见财动心 / 清酒红人面, 财帛动人心
jiàn cái dòng xīn / qīngjiǔ hóng rénmiàn, cáibó dòng rénxīn

038 결자해지

解铃还得系铃人 jiě líng hái děi xìlíngrén

039 겸손하면 이익을 보고 거만하면 손해본다.

谦受益, 满招损 qiān shòu yì, mǎn zhāo sǔn

040 경계를 한 발자국도 넘지 못하다.

不敢越雷池一步 bù gǎn yuè Léi Chí yī bù

041 경사가 겹치다

双喜临门 shuāng xǐ lín mén

042 계단소리만 들리고 사람이 내려온 것이 안 보인다. 말만 무성하다

只闻楼梯响, 不见人下来
zhǐ wén lóutī xiǎng, bù jiàn rén xiàlai

043 계란으로 바위치기.

杯水车薪 bēishuǐ chēxīn

044 고기는 누렁개가 먹고, 죄는 흰 개가 뒤집어쓰다. 죄는 막둥이가 짓고 벼락은 샌님이 맞는다.

黄犬吃肉, 白犬当罪
huángquǎn chī ròu, báiquǎn dāng zuì

045 고기는 씹어야 맛이고 말은 해야 맛이다.

话不说不明, 理不辩不透
huà bù shuō bù míng, lǐ bù biàn bù tòu

046 고래싸움에 새우등 터진다.

城门失火, 殃及池鱼
chéngmén shī huǒ, yāng jí chíyú

047 고생을 해봐야 훌륭한 사람이 될 수 있다.

吃得苦中苦, 方为人上人
chī de kǔzhōngkǔ, fāng wéi rénshàngrén

不受苦中苦, 难为人上人
bù shòu kǔzhōngkǔ, nán wéi rénshàngrén

048 고압적인 태도로 나오다.

作硬文章 zuò yìngwénzhāng

049 고양이 앞에 생선을 맡기는 격이다.

黄鼠狼看鸡, 越看越稀
huángshǔláng kān jī, yuè kān yuè xī

以狼牧羊, 何能久长
yǐ láng mù yáng, hé néng jiǔcháng

050 고양이가 쥐를 생각해 울다. 거짓 자비를 베풀다.

猫哭耗子 māo kū hàozi

051 고자세를 취하다.

摆高姿态 bǎi gāo zītài

052 고장난명

孤掌难鸣 / 单丝不成线,
gūzhǎng nán míng / dān sī bù chéng xiàn,
独木不成林
dúmù bù chéng lín

053 고장이 다르면 풍속이 달라진다.

百里不同风, 千里不同俗
bǎi lǐ bù tóng fēng, qiān lǐ bù tóng sú

054 고진감래, 고생 끝에 낙이 온다.

苦尽甜来 kǔ jìn tián lái

055 고통은 견디어 낼 수 있지만 쾌락은 반드시 후유증이 남는다.

苦瓜再苦吞下肚, 甘蔗多甜要吐渣。
kǔguā zài kǔ tūn xià dù, gānzhe duō tián yào tǔ zhā

056 고통을 밖으로 표출하지 않는다.

打掉牙往肚里咽
dǎdiào yá wǎng dùli yàn

057 고해는 끝이 없으나, 마음만 고쳐 먹으면 고통에서 헤어날 수 있다.

苦海无边, 回头是岸
kǔhǎi wú biān, huítóu shì àn

058 공든 탑이 무너지다.

前功尽弃 qiángōng jìn qì

059 공명정대한 사람은 떳떳치 못한 일을 하지 않는다.

明人不做暗事 míngrén bù zuò ànshì

060 공은 공 사는 사

公归公私归私 gōng guī gōng sī guī sī

061 공자 앞에서 문자 쓰다.

班门弄斧 / 孔子门前卖孝经
Bān mén nòng fǔ / Kǒngzǐ ménqián mài xiàojīng

062 공짜라면 양잿물이라도 먹는다.

是白给的, 砒霜也喝 / 要财不要命。
shì bái gěi de, pīshuāng yě hē / yào cái bù yào mìng

063 공짜 좋아하다 머리 벗겨진다.

占小便宜, 吃大亏 zhàn xiǎo piányi, chī dà kuī

064 공통점은 취하고 차이점은 보류하다.

求大同, 存小异 / 求同存异
qiú dàtóng, cún xiǎoyì / qiú tóng cún yì

065 과도하게 추궁해서는 안 된다.

打人别打脸, 说人别说短
dǎ rén bié dǎ liǎn, shuō rén bié shuō duǎn

066 관청은 바다처럼 깊으니 정당한 이유가 있어도 돈이 없으면 들어오지 말라. 소송은 좋지 않은 일이니까 함부로 걸지 말라.

衙门深似海, 有理无钱莫进来
yámén shēn sì hǎi, yǒu lǐ wú qián mò jìnlai

067 굉장히 큰 힘. 엄청난 노력

九牛二虎之力 jiǔ niú èr hǔ zhī lì

068 구더기 무서워 장 못 담그다

因噎废食 yīn yē fèi shí

069 국가의 흥망은 모든 사람에게 책임이 있다.

国家兴亡, 匹夫有责
guójiā xīng wáng, pǐfū yǒu zé

070 군대는 양보다 질.

兵在精, 不在多 bīng zài jīng, bù zài duō

071 군인이 전쟁터에서 총을 잃어버리다.

做官的把印丢了 zuòguānde bǎ yìn diū le

072 군자가 원수를 갚는데는 10년이 걸려도 늦지 않다.

君子报仇, 十年不晚 jūnzǐ bào chóu, shí nián bù wǎn

073 굶기를 밥 먹듯 하다.

三旬九食 sān xún jiǔ shí

074 굼벵이도 구르는 재주가 있다.

各有所长 / 各有千秋
gè yǒu suǒ cháng / gè yǒu qiān qiū

075 굿이나 보고 떡이나 먹자.

袖手旁观, 坐享其成
xiù shǒu páng guān, zuò xiǎng qí chéng

076 궁여지책

权宜之计 quányízhījì

077 궁하면 통한다.

车到山前必有路 / 船到桥头自然直
chē dào shānqián bì yǒu lù / chuán dào qiáotóu zìrán zhí

078 권선징악

激浊扬清 jī zhuó yáng qīng

079 귀가 얇다.

耳朵软 ěrduo ruǎn

080 귀로만 들은 것은 믿을 것이 못 된다.

耳听是虚, 眼见为实
ěr tīng shì xū, yǎn jiàn wéi shí

081 귀신이 곡할 노릇이다.

鬼使神差 guǐ shǐ shén chāi

082 귀에 걸면 귀걸이, 코에 걸면 코걸이

嘴巴两块皮, 边讲边移
zuǐba liǎng kuài pí, biān jiǎng biān yí

083 귀한 자식 매 한 대 더 때린다.

打是亲, 骂是爱 dǎ shì qīn, mà shì ài

084 그놈이 그놈이다.

一丘之貉 yīqiūzhīhé

085 그때는 그때고 지금은 지금이다. 때가 달라졌다.

彼一时, 此一时 bǐ yī shí, cǐ yī shí

086 그래도 고향이 좋다.

亲不亲故乡人, 美不美故乡水
qīn bù qīn gùxiāngrén, měi bù měi gùxiāngshuǐ

087 그럭저럭 살아가다.

当一天和尚撞一天钟 / 得过且过
dāng yī tiān héshang zhuàng yī tiān zhōng / dé
guò qiě guò

088 그런대로 마음에 들다.

差强人意 chā qiáng rényì

089 그림 같은 풍경

风景如画 fēngjǐng rú huà

090 그림의 떡으로 굶주린 배를 채우다.

画饼充饥 / 望梅止渴
huà bǐng chōng jī / wàng méi zhǐ kě

091 그 방법과 반대로 행동하다. 정반대의 방법을 쓰다.

反其道而行之 fǎn qí dào ér xíng zhī

092 그 아버지에 그 아들

有其父必有其子 yǒu qí fù bìyǒu qí zǐ

093 그 지방의 풍토는 그 지방의 사람을 기른다. 고장이 바뀌면 언어풍속 따위도 달라진다. 장소가 변하면 성질도 변한다.

一方水土养一方人
yī fāng shuǐtǔ yǎng yī fāng rén

094 근묵자흑

近朱者赤, 近墨者黑
jìnzhūzhě chì, jìnmòzhě hēi

095 긁어 부스럼 만든다.

自贻伊戚 / 咎由自取
zì yí yī qī / jiù yóu zì qǔ

096 금강산도 식후경

民以食为天 mín yǐ shí wéi tiān

097 금으로 된 밥공기를 내밀고서 동냥을 하다. 좋은 것을 헛되이 사용하다.

端着金碗讨饭吃
duānzhe jīnwǎn tǎo fàn chī

098 금의환향

衣锦还乡 yì jǐn huán xiāng

099 급하면 돌아가라.

宁走十步远, 不走一步险
nìng zǒu shí bù yuǎn, bù zǒu yī bù xiǎn

100 급해서 막 덤비고 서두르다.

病急乱投医 bìng jí luàn tóu yī

101 급히 먹는 밥이 체한다.

忙中有错 máng zhōng yǒu cuò

102 기가 막히다.

啼笑皆非 / 令人发指
tí xiào jiē fēi / lìng rén fà zhǐ

103 기상천외

异想天开 yì xiǎng tiān kāi

104 길고 짧은 건 대봐야 안다.

马的好坏骑着看, 人的好坏等着瞧
mǎ de hǎo huài qízhe kàn, rén de hǎo huài děng zhe qiáo

105 까마귀 고기를 먹었나.

属耗子的, 放下爪子就忘
shǔ hàozi de, fàngxià zhuǎzi jiù wàng

106 까마귀도 어미를 먹여 살린다.

乌有反哺之孝 wū yǒu fǎnbǔzhīxiào

107 꽃도 꽃나름이지, 꽃이라고 다 예쁜 것은 아니다.

花也要看什么花, 不见得所有的花都好看
huā yě yào kàn shénme huā, bùjiànde suǒyǒu de huā dōu hǎokàn

108 꾸준히 하다 보면 못할 일이 없다.

锲而不舍, 金石可镂
qiè ér bù shě, jīnshí kě lòu

109 꿩 먹고 알 먹기.

一箭双雕 / 一举两得
yī jiàn shuāng diāo / yī jǔ liǎng dé

110 끝까지 철저히 캐묻다.

打破沙锅问到底
dǎ pò shāguō wèn dào dǐ

111 나무가 넘어지면 원숭이도 다 흩어진다. 우두머리가 망하면 따르는 사람도 뿔뿔히 흩어진다.

树倒猢狲散
shù dǎo húsūn sàn

112 나무는 고요하고자 하나 바람이 그치지 않는다.

树欲静而风不止, 子欲养而亲不待
shù yù jìng ér fēng bù zhǐ, zǐ yù yǎng ér qīn bù dài

113 나무는 보고 숲은 보지 못하다.

只见树不见林 / 只看见树木,
zhǐ jiàn shù bù jiàn lín / zhǐ kànjiàn shùmù,

看不见森林
kàn bu jiàn sēnlín

114 나쁜 일은 소문이 빨리 퍼진다.

好事不出门, 坏事行千里
hǎoshì bu chūmén, huàishì xíng qiān lǐ

115 나쁜 짓은 법으로 방지할 수 있다.

人心似铁, 官法如炉
rénxīn sì tiě, guānfǎ rú lú

116 나이 어린 중이 경을 읽다. 말뿐이고 진심이 어려있지 않다.

小和尚念经, 有口无心
xiǎo héshang niàn jīng, yǒu kǒu wú xīn

117 낙숫물이 댓돌을 뚫는다.

绳锯木断, 滴水石穿
shéng jù mù duàn, dī shuǐ shí chuān

118 낙화는 뜻이 있으나 유수가 무정하다. 짝사랑을 하다.

落花有意, 流水无情
luòhuā yǒuyì, liúshuǐ wúqíng

119 난리를 일으키는 우두머리를 없애지 않으면 국가의 평안을 얻을 수 없다.

庆父不死, 鲁难未已
Qìng fù bù sǐ, Lǔ nàn wèi yǐ

120 난쟁이 중에서 장군을 뽑다. 보잘것없는 것 가운데서 억지로 좋은 것을 고르다.

矮子里头拔将军
ǎizi lǐtou bá jiāngjūn

121 남아일언 중천금

君子一言, 驷马难追
Jūnzǐ yī yán sì mǎ nán zhuī

122 남에게도 피해를 주고 자신도 손해를 입다.

害人害己 hài rén hài jǐ

123 남의 꽃을 빌어서 부처에게 헌화하다. 남의 것으로 힘을 쓰다.

借花献佛 jiè huā xiàn fó

124 남의 떡이 더 커 보인다.

这山望着那山高
zhè shān wàngzhe nà shān gāo

125 남의 살을 자기 몸에 붙일 수는 없다.. 남의 문장이나 작품을 함부로 자기 것으로 해서는 안된다.

旁人的肉贴不到自己身上
pángrén de ròu tiē bu dào zìjǐ shēnshang

126 남의 일에 관심을 갖지 말라.

个人自扫门前雪, 莫管他人瓦上霜
gèrén zì sǎo ménqiánxuě, mò guǎn tārén wǎshàng shuāng

127 남의 잔치에 감 놓아라 배 놓아라 한다.

狗拿耗子, 多管闲事
gǒu ná hàozi, duō guǎn xiánshì

128 남이 모르게 하려면 스스로 일을 저지르지 말라. 세상에 비밀은 없다.

若要人不知, 除非己莫为
ruò yào rén bù zhī, chúfēi jǐ mò wéi

129 남 좋은 일을 하다.

为人作嫁 wèi rén zuò jià

130 낫 놓고 기역자도 모른다.

目不识丁 mù bù shí dīng

131 낮말은 새가 듣고 밤말은 쥐가 듣는다.

墙有缝, 壁有耳
qiáng yǒu fèng, bì yǒu ěr
没有不透风的墙
méiyǒu bù tòufēng de qiáng

132 내가 먹어본 소금의 양이 네가 먹은 쌀보다 많고, 내가 배를 타본 횟수가 네가 길을 걸어본 횟수보다 많다(인생의 경험이 많다).

吃盐多过人吃米, 坐船多过人行路
chī yán duōguò rén chī mǐ, zuò chuán duōguò rén xíng lù

133 내리사랑은 있어도 치사랑은 없다.

只有慈心爹娘, 没有慈心儿女
zhǐyǒu cíxīn diēniáng, méiyǒu cíxīn érnǚ

134 내 집이 최고다.

金窝银窝不如自己的草窝
jīnwō yínwō bùrú zìjǐ de cǎowō

135 내 코가 석자

泥菩萨过江, 自身难保
ni púsà guò jiāng, zìshēn nánbǎo

136 냉수 먹고 이쑤시기

打肿脸充胖子
dǎ zhǒng liǎn chōng pàngzi

137 너는 네가 생각하는 좋은 길을 가거라. 나는 나의 외로운 길을 가련다.

你走你的阳关(大)道, 我走我的独木(小)桥
nǐ zǒu nǐ de yángguān (dà) dào, wǒ zǒu wǒ de dúmù (xiǎo) qiáo

138 넘어진 김에 쉬어가자.

既来之, 则安之 jì lái zhī, zé ān zhī

139 노상에서 억울함을 당하는 사람을 보면 서슴없이 칼을 뽑아 돕다.

路见不平, 拔刀相助
lù jiàn bù píng, bá dāo xiāng zhù

140 노심초사하다.

煞费苦心
shàfèi kǔxīn

煞费周章
shàfèi zhōuzhāng

141 노익장을 과시하다.

老当益壮 lǎo dāng yì zhuàng

142 노인의 말을 듣지 않으면 곧 손해를 본다.

不听老人言, 吃苦在眼前。
bù tīng lǎorén yán, chīkǔ zài yǎnqián

143 높은 산도 머리를 숙이게 하고, 강물도 길을 내어 주게 하다. 인력으로 자연을 정복하다.

让高山低头, 叫河水让路
ràng gāoshān dī tóu, jiào héshuǐ ràng lù

144 높이 날지 않으면 떨어져도 상처가 가볍다.

飞得不高, 摔得不重
fēi de bù gāo, shuāi de bù zhòng

145 높이 오르면 떨어질 때는 그만큼 아프다. 기대가 크면 실망도 크다.

飞得高, 跌得重
fēi de gāo, diē de zhòng

爬得高, 跌得重
pá de gāo, diē de zhòng

146 누구나 자기 먹을 복은 가지고 태어나는 법

儿孙自有儿孙福 érsūn zì yǒu érsūn fú

147 누구나 잘 나갈 때는 있는 법

人有十年旺, 鬼神不敢谤
rén yǒu shí nián wàng, guǐshén bù gǎn bàng

148 누워서 떡 먹기.

不费吹灰之力 bù fèi chuīhuīzhīlì

149 누워서 침 뱉기.

打自己的嘴巴 dǎ zìjǐ de zuǐba

150 누이 좋고 매부 좋다.

两全其美 liǎng quán qí měi

151 눈 가리고 아웅하다.

此地无银三百两, 隔壁阿二不曾偷
cǐ dì wú yín sān bǎi liǎng, gébì Ā'èr bù céng tōu

152 눈 감아 주다.

睁一眼, 闭一眼 zhēng yī yǎn, bì yī yǎn

153 눈 감으면 코 베어간다.

稍有大意, 就被宰割
shāo yǒu dàyì, jiù bèi zǎigē

睁着眼睛被盗
zhēng zhe yǎnjing bèi dào

154 눈에는 눈, 이에는 이

以眼还眼, 以牙还牙
yǐ yǎn huán yǎn, yǐ yá huán yá

155 눈엣가시

眼中钉, 肉中刺
yǎn zhōng dīng, ròu zhōng cì

156 눈은 있으되 태산을 보지 못하다.

有眼不识泰山　yǒu yǎn bù shí Tài Shān

157 눈치 빠르다.

眼尖手快 / 眼尖腿快
yǎn jiān shǒu kuài / yǎn jiān tuǐ kuài

158 늙으면 말이 많아진다.

树老根多, 人老话多
shù lǎo gēn duō, rén lǎo huà duō

159 늙으면 아이같이 몸집이 줄어든다.

人老倒缩　rén lǎo dàosuō

160 늦게 배운 도둑이 날새는 줄 모른다.

老了才学吹笛, 吹到翻白眼儿
lǎole cái xué chuī dí, chuī dào fān bái yǎnr

161 다 된 밥에 재 뿌리기.

熬好的粥里擤鼻涕
áohǎo de zhōu lǐ xǐng bítì

162 다른 사람이 나를 한 자 정도로 예우해주면 나는 남을 열 자로 예우한다. 서로 존중하여야 한다.

人敬我一尺, 我敬人一丈
rén jìng wǒ yī chǐ, wǒ jìng rén yī zhàng

163 다섯 되의 쌀 때문에 허리를 굽히지 않는다. 돈 때문에 뜻을 굽히지 않는다.

不为五斗米折腰
bù wèi wǔ dǒu mǐ zhé yāo

164 닭 잡는데 어찌 소 잡는 칼을 쓰겠는가!

杀鸡焉用牛刀
shā jī yān yòng niúdāo

165 닭 쫓던 개 지붕 쳐다본다.

偷鸡不着蚀把米
tōu jī bù zháo shí bǎ mǐ

166 당사자보다 제삼자가 더 잘 안다. 등잔 밑이 어둡다.

当局者迷, 旁观者清
dāngjúzhě mí, pángguānzhě qīng

167 당황해서 어쩔 줄을 모르다.

张口结舌, 面红耳赤
zhāng kǒu jié shé, miàn hóng ěr chì

168 더우면 더울세라 불면 날이 갈세라, 정성껏 보살피다.

问寒问暖 / 嘘寒嘘暖
wèn hán wèn nuǎn / xū hán xū nuǎn

169 더욱더 심해지다.

一发不可收　yī fā bù kě shōu

170 더 이상 못참겠다.

是可忍, 孰不可忍
shì kě rěn, shú bù kě rěn

171 더하면 더했지 덜하지는 않는다.

有过之而无不及
yǒu guò zhī ér wú bù jí

172 도가 한 자 높아지면, 마는 한 장 높아진다.

道高一尺, 魔高一丈
dào gāo yī chǐ, mó gāo yī zhàng

173 도둑이 제 발 저리다.

做贼心虚　zuò zéi xīn xū

174 도에 들어 맞으면 도움이 많고, 도를 어긋나면 도움이 적다.

得道多助, 失道寡助
dé dào duō zhù, shī dào guǎ zhù

175 독 안에 든 쥐

瓮中之鳖 wèngzhōngzhībiē

176 독이 없으면 사나이가 아니다.

无毒不丈夫 wú dú bù zhàngfū

177 돈이 없어지면 사람이 평안하다. 돈을 잃었지만 사람은 무사하다.

财去人安乐 cái qù rén ānlè

178 돈이 없으면 인정도 가버린다, 돈이 없으면 상관할 사람도 없다.

财去人情去 cái qù rénqíng qù

179 동문서답하다.

答非所问 dá fēi suǒ wèn

180 동풍이 서풍을 압도 하다, 새로운 세력이 낡은 세력을 압도 하다.

东风压倒西风 dōngfēng yādǎo xīfēng

181 되로 주고 말로 받는다.

轻下儿惹重下儿 qīng xiàr rě zhòng xiàr

一报还百报 yī bào huán bǎi bào

182 될성부른 나무는 떡잎부터 알아본다.

人看从小, 马看蹄爪 rén kàn cóng xiǎo, mǎ kàn tízhuǎ

183 두 강자가 싸우면 하나는 반드시 다치는 법

两虎相斗, 必有一伤 liǎng hǔ xiāng dòu, bì yǒu yī shāng

184 두 발을 모으고 곁눈질하다. 몹시 두려워하다.

重足而立, 侧目而视 chóng zú ér lì, cè mù ér shì

185 두 세력이 공존할 수 없다.

一个槽上拴不住俩叫驴 yī ge cáoshàng shuān bu zhù liǎ jiàolú

186 듣기 좋은 말도 한두 번이지.

好话三遍狗也嫌 hǎohuà sān biàn gǒu yě xián

187 등한시하다.

等闲视之 děng xián shì zhī

188 딜레마에 빠지다.

左右为难 zuǒ yòu wéi nán

189 따르는 자는 살고 거스르는 자는 망한다.

顺我者昌, 逆我者亡 shùnwǒzhě chāng, nìwǒzhě wáng

190 때가 되면 좋은 운이 돌아오고, 운이 트이면 생각도 영민해진다.

时来运转, 福至心灵 shí lái yùn zhuǎn, fú zhì xīn líng

191 때가 좋은 것보다는 환경이 좋아야 하며 환경보다는 인화가 더 중요하다. 인간관계가 가장 중요하다.

天时不如地利, 地利不如人和 tiānshí bùrú dìlì, dìlì bùrú rénhé

192 때리는 시어머니보다 말리는 시누이가 더 밉다.

婆婆打我虽可恨, 劝阻的小姑子更可恶 pópo dǎ wǒ suī kě hèn, quànzǔ de xiǎogūzi gèng kěwù

193 떡 본 김에 제사 지낸다.

就汤下面 jiù tāng xià miàn

194 떡 줄 놈은 생각지도 않는데 김칫국부터 마신다.

未捉到熊, 倒先卖皮 wèi zhuō dào xióng, dào xiān mài pí

195 돌다리도 두드려 보고 건너라.

慢走跌不倒, 小心错不了
mànzǒu diē bu dǎo, xiǎoxīn cuò bu liǎo

196 똥 묻은 개가 겨 묻은 개 나무란다.

乌鸦笑猪黑, 自丑不觉得
wūyā xiào zhū hēi, zì chǒu bù juéde

别人屁臭, 自己粪香
biérén pì chòu, zìjǐ fèn xiāng

197 뚝배기보다 장맛

包子有肉不在褶上
bāozi yǒu ròu bú zài zhě shàng

198 뛰는 놈 위에 나는 놈 있다.

人上有人, 天上有天
rén shàng yǒu rén, tiān shàng yǒu tiān

强中更有强中手
qiáng zhōng gèng yǒu qiáng zhōng shǒu

199 뜨거운 가마 속의 개미처럼 갈팡질팡하며 허둥대다.

热锅上的蚂蚁 règuōshàng de mǎyǐ

200 뜻이 있는 곳에 길이 있다.

有志者事竟成
yǒuzhìzhě shì jìng chéng

201 로마는 하루아침에 이루어진 것이 아니다.

胖子不是一口吃的
pàngzi bù shì yī kǒu chī de

202 마음만 먹으면 세상에 못할 일이 없다. 모든 일은 마음 먹기에 달렸다.

世上无难事, 只怕有心人
shìshang wú nánshì, zhǐ pà yǒuxīnrén

203 마음은 있으되 행동이 따르지 않는다.

心有余而力不足 / 力不从心
xīn yǒu yú ér lì bù zú / lì bù cóng xīn

204 마지막 기회다

过了这个村, 没有这个店
guòle zhè gè cūn, méiyǒu zhè gè diàn

205 마지막 단계에서 진상이나 본성이 드러나다.

图穷匕首见 tú qióng bǐshǒu xiàn

206 막다른 골목에 이르다.

走投无路 zǒu tóu wú lù

207 막무가내 , 도무지 어찌 할 도리가 없다. 방법이 없다.

无可奈何 / 拿他没有办法
wúkěnàihé / ná tā méi yǒu bànfǎ

208 막상막하

势均力敌 / 不相上下
shì jūn lì dí / bù xiāng shàng xià

209 많으면 돌려주고 적으면 보충한다.

多退少补 duō tuì shǎo bǔ

210 많은 사람이 합심하여 협동하면 성을 이룬다.

众志成城 zhòng zhì chéng chéng

211 말문이 막히게 하다(놀라서).

令人咂(咋)舌 lìng rén zā(zé) shé

212 말뿐이다.

口惠而实不至 kǒu huì ér shí bù zhì

213 말에 오르기는 쉬워도 내리기는 어렵다.

上马容易下马难
shàng mǎ róngyì xià mǎ nán

214 말은 마음의 문을 여는 열쇠.

话是开心的钥匙
huà shì kāixīn de yàoshi

215 말은 신용이 있어야 하고 행동은 과감해야 한다.

言必信, 行必果 yán bì xìn, xíng bì guǒ

216 말을 많이 하다 보면 반드시 남의 기분을 상하게 한다.

多说话就容易得罪人 duō shuōhuà jiù róngyì dézuì rén

217 말이 여위면 털이 길어지고, 사람이 가난하면 포부가 작아진다.

马瘦毛长, 人贫志短 mǎ shòu máo cháng, rén pín zhì duǎn

218 말이란 아 해 다르고 어 해 다르다.

好话一句三冬暖, 话不投机六月寒 hǎo huà yī jù sān dōng nuǎn, huà bù tóu jī liù yuè hán

219 말 타면 종 부리고 싶다.

做了皇帝想登仙 zuòle huángdì xiǎng dēng xiān

220 말하기는 쉬워도 실천하기는 어렵다.

说着容易, 做着难 shuōzhe róngyì, zuòzhe nán

221 말 한마디가 생사를 좌우한다.

舌头底下压死人 shétou dǐxià yā sǐ rén

222 말 한마디에 천냥 빚도 갚는다.

一语值千金 / 会说话能当银子使 yī yǔ zhí qiān jīn / huì shuō huà néng dāng yín zi shǐ

223 말 한마디 했다가 본전도 못 찾았다(코를 떼우다).

碰了一鼻子灰 pèngle yī bízi huī

224 매도 먼저 맞는 놈이 낫다.

先过关, 先了事 xiān guò guān, xiān liǎo shì

225 매우 두렵고 불안해 하루도 지낼 수가 없다. 불안한 나날을 보내다.

惶惶不可终日 huánghuáng bù kě zhōngrì

226 맹인이 눈먼 말 타고 벼랑길 가기. 아주 위험하고 무모한 일을 하다.

盲人骑瞎马 mángrén qí xiāmǎ

227 머리가 아프면 머리를 치료하고 발이 아프면 발을 치료하다. 일의 근본적인 문제를 해결하지 않고 지엽적인 문제만을 해결하려 한다.

头痛医头, 脚痛医脚 tóu tòng yī tóu, jiǎo tòng yī jiǎo

228 먹자니 맛이 없고 버리자니 아깝다. 계륵

食之无味, 弃之可惜 shí zhī wú wèi, qì zhī kěxī

229 먹지도 못하는 제사에 절만 죽도록 한다.

辛苦半天, 一无所获 xīnkǔ bàn tiān, yī wú suǒ huò

230 먼 길을 가봐야 말의 힘을 알고, 오래 사귀어 봐야 사람의 마음을 알 수 있다.

路遥知马力, 日久见人心 lù yáo zhī mǎlì, rì jiǔ jiàn rénxīn

231 먼 데 물이 가까운 불을 끄지 못한다. 먼 데 단 냉이보다 가까운 데 쓴 냉이

远水救不了近火 yuǎn shuǐ jiù bu liǎo jìn huǒ

232 먼저 시작한 사람이 먼저 성공한다.

先下米儿先吃饭 xiān xià mǐr xiān chī fàn

233 면모를 일신하다.

面貌焕然一新 miànmào huànrán yī xīn

234 명약관화

不言自明 / 不言而喻
bù yán zì míng / bù yán ér yù

235 몇 년간 심혈을 기울인 결정체

多年心血的结晶
duō nián xīnxuè de jiéjīng

236 모난 돌이 정 맞는다.

树大了招风 / 出头的椽子先烂
shù dàle zhāo fēng / chūtóu de chuánzi xiān làn

237 모두 한통속이다.

一鼻孔出气 yì bíkǒng chū qì

238 모든 것이 다 준비되었으나 중요한 것 하나가 모자란다.

万事俱备, 只欠东风
wàn shì jùbèi, zhǐ qiàn dōngfēng

239 모든 것이 다 하찮은 것이고, 단지 공부만이 고상하다.

万般皆下品, 唯有读书高
wànbān jiē xiàpǐn, wéi yǒu dúshū gāo

240 모든 일은 미리 준비하면 성공하고 그렇지 않으면 실패한다.

凡事预则立, 不预则废
fán shì yù zé lì, bù yù zé fèi

241 모르는 것을 억지로 아는 체하다.

强不知以为知 qiáng bù zhī yǐwéi zhī

242 모로 가도 서울만 가면 된다.

殊途同归 / 骑马也到, 骑驴也到
shū tú tóng guī / qí mǎ yě dào, qí lú yě dào

243 모르는 것이 약이다.

眼不见, 心不烦 yǎn bù jiàn, xīn bù fán

244 목소리 크다고 이기는 것은 아니다.

有理不在声高
yǒu lǐ bù zài shēng gāo

245 목을 길게 빼고 기다리다. (학수고대하다)

翘首企盼 qiáo shǒu qǐpàn

246 목이 말라 우물 파다. 벼락치기.

临阵磨枪
lín zhèn mó qiāng

平时不烧香, 急来抱佛脚
píngshí bù shāo xiāng, jí lái bào fójiǎo

247 몸은 비록 동강이 나도 황제를 말 위에서 끌어내리고 말겠다. 죽을 각오를 하고 투쟁하다.

舍得一身剐, 敢把皇帝拉下马
shěde yī shēn guǎ, gǎn bǎ huángdì lāxià mǎ

248 몸(관우)은 비록 조조의 진영에 있지만 마음은 유비를 잊지 않고 있다. 역경에서도 절개를 굽히지 않다.

身在曹营, 心在汉室
shēn zài Cáoyíng, xīn zài Hànshì

249 무너지는 담을 뭇사람이 달려들어 밀다. 곤란에 처한 사람에게 뭇사람이 달려들어 공격하다. 불난 집에 부채질하다.

墙倒众人推 qiáng dǎo zhòngrén tuī

250 무심코 던진 돌이 개구리를 죽인다

说者无心, 听者有意
shuō zhě wú xīn, tīng zhě yǒu yì

251 문을 열어 도둑을 맞아들인다. 스스로 재앙을 불러들이다.

开门揖盗 kāi mén yī dào

252 문장의 앞뒤가 맞지 않는다.

牛头不对马嘴 niútóu bù duì mǎzuǐ

253 문전박대를 당하다.

吃闭门羹 chī bìméngēng

254 물 가까이 있으면 물고기의 성질을 알고, 산 가까이 있으면 새소리를 안다. 사람의 경험과 지식은 환경으로부터 얻는다.

近水知鱼性, 近山识鸟音
jìn shuǐ zhī yúxìng, jìn shān shí niǎoyīn

255 물건만을 보고 사람을 보지 못하다. 물건만을 중시해서 그것을 만든 사람이나 당시의 사회적인 여건을 고려하지 않다. 물질적인 조건만을 강조하고 인간이 수행하는 역할은 고려하지 않다.

见物不见人 jiàn wù bù jiàn rén

256 물건은 그 수량이 적을수록 귀하다.

物以稀为贵 wù yǐ xī wéi guì

257 물건을 빌린 뒤 잘 돌려주면 다시 빌리기가 어렵지 않다.

好借好还, 再借不难
hǎo jiè hǎo huán, zài jiè bù nán

258 물건을 살 때 여러 집 물건의 가격과 품질을 비교하면 절대 손해보지 않는다.

货比三家不吃亏
huò bǐ sān jiā bù chīkuī

259 물샐 틈 없다.

点水不漏 / 水泄不通
diǎn shuǐ bù lòu / shuǐ xiè bù tōng

260 물에 빠진 놈 건져 놓으니 봇짐 내노라 한다.

忘恩负义 / 恩将仇报
wàng ēn fù yì / ēn jiāng chóu bào

261 물에 빠진 사람은 지푸라기도 잡는다.

落水擒水泡
luò shuǐ qín shuǐpào

262 물욕에 눈이 어두워

利欲熏心 lìyù xūn xīn

263 물이 나오면 흙으로 막고 적이 오면 장군을 출동시킨다.(그 어떤 사태에도 대처할 방법이 있다)

水来土掩, 兵来将挡
shuǐ lái tǔ yǎn, bīng lái jiàng dǎng

264 물이 지나치게 맑으면 고기가 없다.

水至清则无鱼, 人至察则无徒
shuǐ zhì qīng zé wú yú, rén zhì chá zé wú tú

265 미꾸라지 한 마리가 온 웅덩이 물을 흐린다.

一条鱼腥了一锅汤
yì tiáo yú xīngle yì guō tāng

266 미운 놈 떡 하나 더 준다.

可恶的人, 多给他一个饽饽
kěwù de rén, duō gěi tā yí gè bōbo

267 미인박명

自古红颜多薄命 zì gǔ hóngyán duō bómìng

268 미주알 고주알 캐묻다.

打破沙锅问到底
dǎpò shāguō wèn dào dǐ

269 밑 빠진 독에 물 붓기

竹篮打水一场空
zhúlán dǎ shuǐ yì cháng kōng

270 바늘 가는 데 실 간다.

秤不离砣, 鼓不离锣
chèng bù lí tuó, gǔ bù lí luó

271 바늘 도둑이 소 도둑 된다.

小时偷针, 大时偷金
xiǎo shí tōu zhēn, dà shí tōu jīn

做贼只为偷针起 / 做贼偷葱起
zuò zéi zhǐ wèi tōu zhēn qǐ / zuò zéi tōu cōng qǐ

272 바늘이 없으면 실을 꿸 수 없고, 물이 없으면 배를 띄워 보낼 수 없다. 중개자가 없으면 일이 성립되지 않는다.

无针不引线, 无水不渡船
wú zhēn bù yǐn xiàn, wú shuǐ bù dù chuán

273 바라볼 수는 있으나 다가갈 수 없다.

可望而不可即 kě wàng ér bù kě jí

274 바람 따라 돛을 달다. 정세의 변화를 보아가며 행동하다.

看风使舵 / 风大随风, 雨大随雨
kàn fēng shǐ duò / fēng dà suí fēng, yǔ dà suí yǔ

275 바로 그 사람이 썼던 방법으로 그 사람을 다스리다.

即以其人之道, 还治其人之身
jí yǐ qí rén zhī dào, huán zhì qí rén zhī shēn

276 반신반의하다.

将信将疑 / 半信半疑
jiāng xìn jiāng yí / bàn xìn bàn yí

277 발등의 불 끄기.

火烧眉毛顾眼前
huǒ shāo méimao gù yǎnqián

278 발 없는 말이 천 리 간다.

不胫而走 bù jìng ér zǒu

279 방귀 뀐 놈이 성내다.

恼羞成怒 nǎo xiū chéng nù

280 방치한 채 관망하다.

任其发展, 静观其变
rèn qí fāzhǎn, jìng guān qí biàn

281 방치해 둔 채 사용하지 않다.

束之高阁 shù zhī gāogé

282 배보다 배꼽이 더 크다.

三寸鸟, 七寸嘴 sān cùn niǎo, qī cùn zuǐ

283 배부르면 딴 생각한다.

饱暖思淫欲 bǎo nuǎn sī yínyù

284 배부른 사람은 배고픈 사람의 사정을 모른다.

饱汉不知饿汉饥 bǎohàn bù zhī èhàn jī

285 배부른 소리 하네(주제넘게 참견은).

吃饱了撑的 chībǎo le chēng de

286 배움이란 끝이 없는 것

活到老, 学到老, 还有三分学不到
huó dào lǎo, xué dào lǎo, hái yǒu sān fēn xué bu dào

287 배움이란 마치 물을 거슬러 배를 젓는 것과 같아, 앞으로 나아가지 않으면 퇴보한다.

学如逆水行舟不进则退
xué rú nì shuǐ xíng zhōu bù jìn zé tuì

288 백문이 불여일견

百闻不如一见 / 眼见是实, 耳闻是虚
bǎi wén bùrú yī jiàn / yǎn jiàn shì shí, ěr wén shì xū

289 백지장도 맞들면 낫다.

众人拾柴火焰高
zhòngrén shí chái huǒyàn gāo

290 백척간두에서 진일보하다. 이미 거둔 성과를 더욱 발전시키다.

百尺竿头, 更进一步
bǎi chǐ gāntóu, gèng jìn yī bù

291 뱀은 대통에 들어가도 굽는 성질은 고치기 어렵다. 버릇은 쉽게 고칠 수 없다.

蛇入竹筒, 曲性难改
shé rù zhútǒng, qūxìng nán gǎi

292 뱁새가 황새 따라가다. 오르지 못할 나무는 쳐다보지도 말라.

癞蛤蟆想吃天鹅肉
làiháma xiǎng chī tiāné'ròu

293 벙어리 냉가슴 앓듯 하다.

哑巴吃黄连, 有苦难言
yǎba chī huánglián, yǒu kǔ nán yán

294 벼는 익을수록 고개를 숙인다.

谷粒越饱满, 谷穗越垂头
gǔlì yuè bǎomǎn, gǔsuì yuè chuítóu

295 변변치 못한 선물

不腆之仪
bù tiǎn zhī yí

秀才人情纸半张
xiùcái rénqíng zhǐ bàn zhāng

296 별 방법이 없을 땐 도망가는 것이 최고다.

三十六计, 走为上计
sānshíliù jì, zǒu wéi shàngjì

297 별 볼 일 없을 땐 찾는 이가 없다가, 한번 이름을 날리면 세상사람들이 다 안다.

十年寒窗无人问, 一举成名天下知
shí nián hánchuāng wú rén wèn, yījǔ chéngmíng tiānxià zhī

298 병은 얻기는 쉬워도 회복하기는 어렵다.

病来如山倒, 病去如抽丝
bìng lái rú shān dǎo, bìng qù rú chōu sī

299 병은 입으로 들어가고 화는 입에서 비롯된다. 말조심하라

病从口入, 祸从口出
bìng cóng kǒu rù, huò cóng kǒu chū

300 병을 오랫동안 앓으면 명의가 된다.

久病成良医
jiǔ bìng chéng liángyī

301 병 주고 약 주기.

打一巴掌揉三揉
dǎ yī bāzhang róu sān róu

302 보기 좋은 떡이 먹기도 좋다.

秀外慧中 xiù wài huì zhōng

303 보는 사람의 관점에 따라 다르다.

仁者见仁, 智者见智
rénzhě jiàn rén, zhìzhě jiàn zhì

304 복이 있으면 모두가 함께 누리고, 어려운 일이 있으면 함께 겪다.

有福大家享, 有难一起受
yǒu fú dàjiā xiǎng, yǒu nàn yīqǐ shòu

有福同享, 有难同当
yǒu fú tóng xiǎng, yǒu nàn tóng dāng

305 복이 지나가면 재난이 생긴다.

福过灾生
fú guò zāi shēng

306 복잡하게 얽힌 문제를 시원스레 해결하다.

快刀斩乱麻
kuàidāo zhǎn luànmá

307 본때를 보여주다.

示以颜色 shì yǐ yánsè

308 본색을 드러내다.

露出了狐狸尾巴
lòuchu le húli wěiba

309 부귀에 미혹되지 않는다.

富贵不能淫
fùguì bù néng yín

310 부뚜막의 소금도 넣어야 짜다.

山上有万担粮, 懒汉不得尝
shānshàng yǒu wàn dàn liáng, lǎnhàn bù dé cháng

311 부르면 오고 가라면 간다, 사람을 마음대로 부리다.

呼之即来, 挥之即去
hū zhī jí lái, huī zhī jí qù

312 부모님의 말씀과 하시는 일은 모두 옳은 일

天下无不是的父母
tiānxià wú bù shì de fùmǔ

313 부부가 떨어져 있으면 더욱 그리워진다.

新婚不如久别 xīnhūn bùrú jiǔbié

314 부부는 헤어지면 남이다.

夫妻本是同林鸟, 大难临头各自飞
fūqī běn shì tónglínniǎo, dànàn líntóu gèzì fēi

315 부자는 망해도 삼 년은 간다. 썩어도 준치

破船还有三根钉
pò chuán háiyǒu sān gēn dīng

瘦死的骆驼比马大
shòu sǐ de luòtuo bǐ mǎ dà

316 부잣집에는 고기와 술이 썩고 길에는 얼어 죽은 시체가 널려 있다.

朱门酒肉臭, 路有冻死骨
Zhūmén jiǔròu chòu, lù yǒu dòngsǐgǔ

317 부잣집 외상보다 비렁뱅이 맞돈이 좋다.

赊三不如现二
shē sān bùrú xiàn èr

赊账三千不如现金八百
shē zhàng sān qiān bùrú xiàn jīn bā bǎi

318 부정하게 얻은 재물은 오래가지 못한다.

悖入悖出 bèi rù bèi chū

319 부정한 짓을 하지 않으면 그 무엇도 두렵지 않다.

白天不作亏心事, 半夜不怕鬼叫门
báitiān bú zuò kuīxīnshì, bànyè bù pà guǐ jiào mén

320 부지런한 농사꾼에게는 나쁜 땅이 없다. 토지는 공을 들인 만큼 그 보답을 한다.

人不亏地, 地不亏人
rén bù kuī dì, dì bù kuī rén

321 분노가 치밀지만 감히 말을 못한다.

敢怒而不敢言 gǎn nù ér bù gǎn yán

322 분야가 달라도 그 이치는 같다.

隔行不隔理 gé háng bù gé lǐ

323 불가피하다.

在所难免 zài suǒ nánmiǎn

324 불나방이 불에 뛰어들다. 스스로 화를 좌초하다.

飞蛾投火 fēi é tóu huǒ

325 불난 집에 부채질하다.

添油加醋 tiān yóu jiā cù

326 불로소득

不劳而获 bù láo ér huò

327 불패의 경지에 서다.

立于不败之地 lì yú bù bài zhī dì

328 불효 중 가장 큰 불효는 자식이 없는 것이다.

不孝有三, 无后为大
bùxiào yǒu sān, wúhòu weí dà

329 비가 그친 뒤에 우산을 보내다. 일이 이미 끝난 뒤에 하게 되어 효과가 없다.

雨后送伞 yǔ hòu sòng sǎn

330 비밀은 언젠가는 새어 나가기 마련이다. 세상에 비밀은 없다.

没有不透风的墙 / 纸里包不住火
méiyǒu bù tòufēng de qiáng / zhǐlǐ bāo bu zhù huǒ

331 비 온 뒤에 땅이 굳어진다

不打不成相识 bù dǎ bù chéng xiāngshí

332 비와 이슬을 막을 기와 한 조각도 없고, 바늘 하나 꽂을 땅도 없다.

上无片瓦, 下无插针之地
shàng wú piàn wǎ, xià wú chāzhēnzhīdì

333 빈 수레가 요란하다.

满瓶不响, 半瓶叮当
mǎnpíng bù xiǎng, bànpíng dīngdāng

334 빈자리가 없다.

座无虚席 zuò wú xūxí

335 빈천하더라도 뜻을 바꾸지 않고 위협공갈에도 뜻을 굽히지 않는다. 군자는 가난해도 꿋꿋하고 폭력에도 굴복하지 않는다.

贫贱不能移, 威武不能屈
pínjiàn bù néng yí, wēiwǔ bù néng qū

336 빙산의 일각

冰山的一角 bīngshān de yī jiǎo

337 빚지고는 못산다.

怕见的是怪, 难躲的是债
pàjiàn de shì guài, nánduǒ de shì zhài

338 빛 좋은 개살구

大面包 / 绣花枕头
dà miànbāo / xiùhuā zhěntou

金玉其外, 败絮其中
jīnyù qí wài, bàixù qí zhōng

339 뿌린 만큼 거둔다.

一份耕耘, 一份收获
yī fèn gēngyún, yī fèn shōuhuò

340 사건이나 전쟁이 일어나기 직전의 살벌한 분위기 또는 그 조짐, 폭풍전야

山雨欲来风满楼
shānyǔ yù lái fēng mǎn lóu

341 사고무친

举目无亲 jǔ mù wú qīn

342 사공이 많으면 배가 산으로 간다.

艄公多了打烂船 / 木匠多了盖歪房
shāogōng duōle dǎ làn chuán / mùjiàng duōle gài wāi fáng

343 사나이는 굽힐 수 있고 펼 수도 있다. 사나이는 참을 줄 안다.

大丈夫能屈能伸
dàzhàngfu néng qū néng shēn

344 사돈 남 말하다.

莫嫌别人的歪嘴巴, 想想自己的鼻子何等塌
mò xián biérén de wāi zuǐba, xiǎngxiǎng zìjǐ de bízi héděng tā

345 사람과 사람을 비교하면 화병이 나서 죽는다.

人比人, 气死人
rén bǐ rén, qì sǐ rén

346 사람마다 식성이 다르다.

百人吃百味 bǎi rén chī bǎi wèi

347 사람마다 얼굴이 있고 나무마다 껍질이 있다. 체면은 누구나 다 중요하게 여기는 것이다.

人有脸, 树有皮
rén yǒu liǎn, shù yǒu pí

348 사람 앞에 내놓을 수 없다.

不登大雅之堂
bù dēng dàyǎzhītáng

349 사람은 감정의 동물이다.

人心是肉长的
rénxīn shì ròu zhǎng de

350 사람은 높은 곳으로 가려고 하고, 물은 낮은 곳으로 흐르려 한다.

人往高处走, 水往低处流
rén wǎng gāochù zǒu, shuǐ wǎng dīchù liú

351 사람은 누구나 죽게 마련이다.

黄泉路上没老少
huángquánlù shàng méi lǎo shào

352 사람은 본래 고생하는 것. 때리지 않으면 쓸모 있는 사람이 되지 못한다.

人是苦虫, 不打不成人
rén shì kǔchóng, bù dǎ bù chéng rén

353 사람은 신용이 있어야 한다.

人而无信, 不知其可
rén ér wú xìn, bù zhī qí kě

354 사람은 언제나 고향으로 돌아가게 마련이다.

树高千丈, 叶落归根
shù gāo qiān zhàng, yè luò guī gēn

355 사람은 외모로 판단할게 아니다.

人不可貌相, 海水不可斗量
rén bù kě màoxiàng, hǎishuǐ bù kě dǒuliáng

356 사람은 용서해도 하늘이 용서하지 않는다. 악인은 반드시 보복을 받는다. 지은 죄과는 아무래도 면치 못한다.

人容天不容
rén róng tiān bù róng

357 사람은 재물을 탐하다 목숨을 잃고, 새는 먹이를 탐하다 목숨을 잃는다.

人为财死, 鸟为食亡
rén wèi cái sǐ, niǎo wèi shí wáng

358 사람은 저마다 장단점이 있다.

寸有所长, 尺有所短
cùn yǒu suǒcháng, chǐ yǒu suǒduǎn

359 사람은 큰 물에서 놀아야 한다.

池子大养大鱼 / 大池子养出大金鱼
chízi dà yǎng dàyú / dàchízi yǎngchū dàjīnyú

360 사람을 무는 개는 이를 드러내지 않는다.

咬人的狗儿不露齿
yǎo rén de gǒur bù lòu chǐ

361 사람을 쏘려면 먼저 말을 쏘아라. 요충지를 먼저 치다.

射人先射马
shè rén xiān shè mǎ

362 사람을 죽이면 목숨으로 보상하고, 빚을 지면 돈으로 갚아야 한다. 나쁜 짓은 반드시 책임을 져야 한다.

杀人偿命, 欠债还钱
shā rén cháng mìng, qiàn zhài huán qián

363 사람을 해칠 마음이 있으면 안되며, 사람을 방비할 마음이 없어도 안된다.

害人之心不可有, 防人之心不可无
hàirénzhīxīn bù kě yǒu, fángrénzhīxīn bù kě wú

364 사람의 선심을 몰라주고 개가 여동빈(신선의 이름)을 물다. 남의 선심호의를 몰라주고 오히려 해치려고 한다.

不识好人心,
bù shí hǎorénxīn,

狗咬吕洞宾
gǒu yǎo Lǚ Dòngbīn

365 사람의 욕심은 끝이 없다.

得一望十, 得十望百
dé yī wàng shí, dé shí wàng bǎi

366 사람의 일은 예측하기 어렵다.

天有不测之风云, 人有旦夕之祸福
tiān yǒu bù cè zhī fēngyún, rén yǒu dànxī zhī huòfú

367 사람이 소심하여 이것저것 우려하다, 쓸데없
는 근심과 걱정을 하다.

前怕虎, 后怕狼 qián pà hǔ, hòu pà láng

368 사람이 있고 나서야 청산이 있다.

人在青山在 rén zài qīngshān zài

369 사람이 제 아무리 지혜를 짜내도 하늘의 한 가
지 계책에도 미치지 못한다. 악인이 아무리 재
주를 피워도 하늘의 응보를 면할 수 없다.

人有千算不如老天爷一算
rén yǒu qiān suàn bùrú lǎotiānyé yī suàn

370 사람이 착하면 업신여김을 받고 말이 착하면
사람이 탄다. 나귀는 샌님만 업신여긴다. 만만
한 데만 말뚝 받는다.

人善被人欺, 马善被人骑
rén shàn bèi rén qī, mǎ shàn bèi rén qí

371 사리분별을 못하다.

不分青红皂白 bù fēn qīnghóng zàobái

372 사마귀가 매미를 잡으려는데 참새가 뒤에서
노리고 있더라. 자기 분수도 모르고 무모하게
덤벼들다. 잇속에 눈이 어두워 후환을 헤아리
지 못하다.

螳螂捕蝉, 黄雀在后
tángláng bǔ chán, huángquè zài hòu

373 사마소의 야심은 모든 사람이 다 안다.

司马昭之心, 路人皆知
Sīmǎ Zhāo zhī xīn, lùrén jiē zhī

374 사면초가

四面楚歌 sì miàn chǔ gē

375 사소한 일도 전체에 영향을 미칠 수 있다.

牵一发而动全身
qiān yī fà ér dòng quánshēn

376 사소한 일을 떠들썩하게 굴다.

小题大做 xiǎo tí dà zuò

377 사실이 웅변보다 낫다.

事实胜于雄辩
shìshí shèngyú xióngbiàn

378 사위도 반은 자식이다.

婿有半子之劳
xù yǒu bànzǐzhīláo

379 사전에 대비하다.

未雨绸缪 wèi yǔ chóu móu

380 사전에 말하지 않았다고 말하지 말라. 사전에
분명하게 말해두다.

勿谓言之不预也
wù wèi yán zhī bù yù yě

381 사촌이 땅을 사면 배가 아프다.

看不过别人当英雄
kàn bu guò bié rén dāng yīngxióng

自己不喝酒, 嫉妒人脸红
zìjǐ bù hē jiǔ, jídù rén liǎn hóng

382 사해동포, 세상 사람은 모두가 한 형제다.

四海之内皆兄弟
sìhǎi zhī nèi jiē xiōngdì

383 사회의 질서가 아주 좋다.

夜不闭户, 路不拾遗
yè bù bì hù, lù bù shí yí

384 사흘 굶어 도둑질 아니할 놈 없다.

人穷志短 rén qióng zhì duǎn

385 산 너머 산

前门拒虎, 后门进狼
qiánmén jù hǔ, hòumén jìn láng

386 산에 가서 호랑이를 잡는 것은 쉬우나 입을 열어서 남에게 부탁하는 것은 어렵다. 남에게 도움을 요청하는 것은 지극히 어려운 것이다.

上山擒虎容易, 开口求人难
shàngshān qín hǔ róngyì, kāi kǒu qiú rén nán

387 산 입에 거미줄 치랴.

天生一个人, 必有一份粮
tiān shēng yí ge rén, bì yǒu yí fèn liáng

老天饿不死人
lǎotiān è bu sǐ rén

388 산전수전 다 겪다.

饱经风霜 / 尝尽世味
bǎo jīng fēngshuāng / cháng jìn shìwèi

389 살다 보면 뜻대로 되지 않는 일이 있게 마련이다.

人生不如意事常八九
rénshēng bù rúyì shì cháng bājiǔ

390 살아있는 동안

有生之年 yǒu shēng zhī nián

391 삶은 오리가 날아가다. 다 된 밥에 코 빠뜨리다.

煮熟了的鸭子飞了
zhǔshú le de yāzi fēi le

392 삼 척 두께로 얼은 얼음은 하루 아침의 추위로 그렇게 된 것이 아니다.

冰冻三尺, 非一日之寒
bīng dòng sān chǐ, fēi yī rì zhī hán

393 상대방을 치명적인 상태에 몰아넣고서야 통쾌하다.

置之死地而后快
zhì zhī sǐdì ér hòu kuài

394 상황이 점점 더 나빠지다.

一蟹不如一蟹 yī xiè bù rú yī xiè

395 새 신을 신고서 개똥을 밟지는 않는다. 훌륭한 사람은 시시한 인간을 상대하지 않는 법이다.

新鞋不踩臭狗屎
xīn xié bù cǎi chòugǒushǐ

396 새우로 잉어를 낚다. 작은 것으로 큰 성과를 거두다.

金钩儿虾米钓鲤鱼
jīngōur xiāmǐ diào lǐyú

397 생강은 여문 것이 맵다. 나이가 들면 경험이 풍부해지고 일을 처리하는 것도 노련하다.

姜是老的辣 jiāng shì lǎode là

398 생생하다.

如闻其声, 如见其人
rú wén qí shēng, rú jiàn qí rén

399 서당개 삼 년에 풍월을 읊는다.

狗在书房三年, 也会吟风弄月
gǒu zài shūfáng sān nián, yě huì yín fēng nòng yuè

跟着瓦匠睡三天, 不会盖房也会搬砖
gēnzhe wǎjiàng shuì sān tiān, bú huì gài fáng yě huì bān zhuān

400 서로 마음이 통하다. 서로의 마음을 속으로 이해하다.

心有灵犀一点通 / 心心相印
xīn yǒu língxī yī diǎn tōng / xīnxīn xiāngyìn

401 서로 조금도 관계가 없다.

风马牛不相及 fēng mǎ niú bù xiāngjí

402 서로 좋은 일인데 하지 않을 이유가 어디 있는가?

(我好, 你好, 大家好)何乐而不为?
wǒ hǎo, nǐ hǎo, dàjiā hǎo, hélè ér bù wéi

403 서울에서 김서방 찾기

大海里捞针 dàhǎili lāo zhēn

404 서투른 무당이 남의 탓만 한다.

不会睡觉怪床歪 / 不恨绳短, 只怨井深
bù huì shuìjiào guài chuáng wāi / bù hèn shéng
duǎn, zhǐ yuàn jǐng shēn

405 선물은 비록 보잘것없으나 그 정의는 두텁다.

千里送鹅毛, 礼轻情意重
qiān lǐ sòng émáo, lǐ qīng qíngyì zhòng

406 선수를 쓰는 것이 유리하다. 선수를 쓰면 남을 제압할 수 있다.

先下手为强 xiān xiàshǒu wéi qiáng

407 성공도 소하(萧何)의 덕분이요, 실패도 소하의 탓이다. 성공도 실패도 다 그 사람 때문이다.

成也萧何, 败也萧何
chéng yě Xiāo Hé, bài yě Xiāo Hé

408 성공하면 왕이 되고 패하면 역적이 된다.

成则为王, 败则为寇
chéng zé wéi wáng, bài zé wéi kòu

409 성질이 아주 급하다.

一口吃的胖子 yī kǒu chī de pàngzi

410 세 사람이 길을 가면 반드시 나의 스승이 있다.

三人行, 必有我师焉
sān rén xíng, bì yǒu wǒ shī yān

411 세 사람이 힘을 합치면 흙으로 금을 만든다.

三人同心, 黄土变金
sān rén tóngxīn, huángtǔ biàn jīn

412 세 살 버릇 여든 간다.

三岁看大, 七岁看老
sān suì kàn dà, qī suì kàn lǎo

413 세상 만사는 뜻대로 되는 것이 아니다.

有意栽花花不活, 无心插柳柳成荫
yǒuyì zāi huā huā bù huó, wúxīn chā liǔ liǔ chéngyīn

414 세상에 끝나지 않는 잔치가 없다. 조만간 헤어져야 한다.

天下没有不散的宴席
tiānxià méiyǒu bù sàn de yànxí

415 세상에 나를 진정으로 알아주는 사람은 몇이나 될까?

相识满天下, 知己能几人
xiāngshí mǎn tiānxià, zhījǐ néng jǐ rén

416 세상에 둘도 없다.

举世无双 / 盖世无双
jǔshì wúshuāng / gàishì wúshuāng

417 세상에 벗이 있으면 하늘 끝도 이웃 같다.

海内存知己, 天涯若比邻
hǎinèi cún zhījǐ, tiānyá ruò bǐlín

418 세상에 완벽한 사람은 없다.(539번 참조)

天下无完人 tiānxià wú wánrén

419 세상의 까마귀는 다같이 검다. 온 세상의 나쁜 놈들은 다 같은 놈들이다.

天下老鸹一般黑
tiānxià lǎoguā yībān hēi

420 세상의 변화가 빠르다.

瞬息万变 shùnxī wàn biàn

421 세월유수

光阴似箭, 日月如梭
guāngyīn sì jiàn, rìyuè rú suō

422 세찬 바람이 불어야 억센 풀을 알 수 있다.

疾风知劲草, 烈火见真金
jífēng zhī jìngcǎo, lièhuǒ jiàn zhēnjīn

423 소경에게 길 묻다.

问道于盲 wèn dào yú máng

424 소꿉친구, 죽마고우

青梅竹马 / 总角之交
qīngméi zhúmǎ / zǒngjiǎozhījiāo

425 소도 언덕이 있어야 비빈다.

巧妇难为无米之炊
qiǎofù nán wéi wúmǐzhīchuī

426 소리를 내지 않으면 그만이고 소리를 내기만 하면 사람을 놀라게 한다. 쉽게 (재주를) 내보이지 않으나 하기만 하면 사람을 놀라게 한다.

不鸣则已, 一鸣惊人
bù míng zé yǐ, yī míng jīngrén

427 소문난 잔치에 먹을 것 없다.

好名气宴会, 糟糠饼一盘 /
hǎo míngqì yànhuì, zāokāngbǐng yī pán /

名不副实 / 言过其实 / 雷声大, 雨点小
míng bù fù shí / yán guò qí shí / léishēng dà, yǔ diǎn xiǎo

428 소인의 마음으로 군자의 마음을 헤아리다.

以小人之心度君子之腹
yǐ xiǎorénzhīxīn duó jūnzǐzhīfù

429 소 잃고 외양간 고쳐도 늦은 것은 아니다. 늦었다고 생각할 때가 가장 빠른 때다.

亡羊补牢, 未为迟也
wáng yáng bǔ láo, wèi wéi chí yě

430 소탐대실

捡了芝麻, 丢了西瓜
jiǎnle zhīma, diūle xīguā

431 손가락 하나 까딱 안하다.

饭来张口, 衣来伸手
fàn lái zhāng kǒu, yī lái shēn shǒu

432 손바닥을 뒤집는 것처럼 쉽다. 식은 죽 먹기다. 먼지를 불어서 없애 버릴 힘도 필요 없다. 누워서 떡 먹기.

易如反掌 / 不费吹灰之力
yì rú fǎn zhǎng / bú fèi chuīhuīzhīlì

433 손오공이 여래불의 손바닥을 벗어날 수 없다. 뛰어봐야 벼룩이다.

孙悟空跳不出如来佛的掌心
Sūn Wùkōng tiào bu chū Rúláifó de zhǎngxīn

434 손을 떼야 할 때는 반드시 손을 떼야 한다.

得放手时须放手
děi fàngshǒu shí xū fàngshǒu

435 송충이는 솔잎을 먹는다.

松毛虫吃芦苇就掉下来
sōngmáochóng chī lúwěi jiù diàoxiàlai

436 쇠가 강철로 되지 못함을 안타까워하다.

恨铁不成钢 hèn tiě bù chéng gāng

437 쇠귀에 경 읽기.

对牛弹琴, 充耳不闻
duì niú tán qín, chōng ěr bù wén

438 쇠뿔도 단김에 빼라.

趁热打铁 chèn rè dǎ tiě

439 쇠 신발이 닳도록 찾아 다니다.

踏破铁鞋 tà pò tiě xié

440 수박 겉 핥기.

蜻蜓点水 qīngtíng diǎn shuǐ

441 수재는 문 밖에 나가지 않아도 천하의 일을 알 수 있다. 공부를 많이 하면 많이 알 수 있다.

秀才不出门, 能知天下事
xiùcái bù chū mén, néng zhī tiānxiàshì

442 수포로 돌아가다.

付诸东流 fù zhū dōngliú

443 술 받아주고 뺨 맞는다.

给人打酒还挨巴掌
gěi rén dǎ jiǔ hái ái bāzhang

444 술에 취하면 본성이 나타난다.

酒后见真情
jiǔ hòu jiàn zhēnqíng

445 술이 사람을 취하게 하는 것이 아니라 사람이 스스로 취한다.

酒不醉人人自醉
jiǔ bù zuì rén rén zì zuì

446 스님의 체면은 세워주지 않아도 부처님의 체면은 세워줘라.

不看僧面看佛面
bù kàn sēngmiàn kàn fómiàn

447 습관이 되어 아주 자연스럽게 되다.

习惯成自然 / 习以为常
xíguàn chéng zìrán / xí yǐ wéi cháng

448 시간은 금이다.

一刻值千金
yī kè zhí qiān jīn

一寸光阴一寸金, 寸金难买寸光阴
yī cùn guāngyīn yī cùn jīn, cùn jīn nán mǎi cùn guāngyīn

449 시기를 놓치지 말아라. 때는 다시 오지 않는다.

机不可失, 时不再来
jī bù kě shī, shí bù zài lái

450 시대적 요구를 알 수 있는 자는 걸출한 인물이다. 자신과 관계없으면 무관심하다.

识时务者为俊杰
shí shíwù zhě wéi jùnjié

451 시작이 반이다. 무슨 일이든 처음이 힘들다.

万事开头难
wàn shì kāitóu nán

452 시장이 반찬

饥不择食 jī bù zé shí

453 식견이 좁다.

眼皮子浅 yǎnpízi qiǎn

454 식은 죽 먹기.

易如反掌 / 唾手可得
yì rú fǎn zhǎng / tuò shǒu kě dé

455 식후에 백 보를 걸으면 건강에 아주 유익하다.

饭后百步走, 活到九十九
fàn hòu bǎi bù zǒu, huó dào jiǔshíjiǔ

456 신기료장수(신을 깁는 것을 업으로 삼는 사람) 셋이면 제갈량보다 낫다. 보잘것없는 사람도 세 사람만 모이면 제갈량의 지혜가 나온다.

三个臭皮匠能抵得上一个诸葛亮
sān gè chòupíjiàng néng dǐ de shàng yī ge Zhū gě Liàng

457 신이 나서 왔다가 흥이 깨져 돌아 간다.

乘兴而来, 败兴而归
chéng xìng ér lái, bài xìng ér guī

458 신중히 하다.

如临深渊, 如履薄冰
rú lín shēnyuān, rú lǚ bóbīng

459 실패는 성공의 어머니

失败乃成功之母
shībài nǎi chénggōng zhī mǔ

460 심심풀이로 하다.

逢场作戏 féng chǎng zuò xì

461 심지를 돋울 뿐 기름을 붓지 않다. 동쪽 벽을 헐어서 서쪽 담을 보수한다. 임시변통할 뿐 근본적으로 해결하지 않다.

竟拨灯, 不添油 / 拆东墙, 补西壁
jìng bō dēng, bù tiān yóu / chāi dōngqiáng, bǔ xībì

462 심혈을 다 쏟다.

费尽心血 fèi jìn xīnxuè

463 십 년이면 강산도 변한다.

十年河东, 十年河西
shí nián hé dōng, shí nián hé xī

464 십 년 공부 도로아미타불

吃力不讨好 chīlì bù tǎohǎo

465 싼 게 비지떡

好货不便宜, 便宜没好货
hǎo huò bù piányi, piányi méi hǎo huò

一分钱一分货
yī fēn qián yī fēn huò

466 아내가 예쁘면 처갓집 말뚝보고도 절한다.

爱屋及乌 ài wū jí wū

467 아는 것을 모두 숨김없이 털어 놓다.

知无不言, 言无不尽
zhī wú bù yán, yán wú bú jìn

468 아는 것을 안다 하고 모르는 것을 모른다 하는 것이 아는 것이다.

知之为知之, 不知为不知, 是知也
zhī zhī wéi zhī zhī, bù zhī wéi bù zhī, shì zhī yě

469 아는 길도 물어가라.

多问不吃亏 / 小心没大差 /
duō wèn bù chī kuī / xiǎo xīn méi dà chà /

多唤一声哥, 少上十里坡
duō huàn yī shēng gē, shǎo shàng shí lǐ pō

470 아니 땐 굴뚝에 연기 날까. 일에는 반드시 원인이 있다.

无风不起浪 wú fēng bù qǐ làng

471 아닌 밤중에 홍두깨, 뜻밖에 일격, 뜻밖에 봉변

平地起风波 píngdì qǐ fēngbō

472 아들을 잘 교육시키지 못함은 아버지의 잘못이다.

养子不教父之过
yǎng zǐ bú jiào fù zhī guò

473 아들을 키워서 늙을 때를 대비하고 곡식을 쌓아서 배고플 때를 대비하다.

养儿防老, 积谷防饥
yǎng ér fáng lǎo, jī gǔ fáng jī

474 아무런 성과없이 빈손으로 돌아가다.

如入宝山空手回
rú rù bǎoshān kōngshǒu huí

475 아무렇지도 않은 듯 훌쩍 떠나가버리다.

扬长而去 yáng cháng ér qù

476 아무리 바빠도 바늘허리 매어 쓰지는 못한다.

心急吃不了热豆腐
xīnjí chī bu liǎo rè dòufu

477 아무리 변해도 근본을 벗어나지 않다.

万变不离其宗 wàn biàn bù lí qí zōng

478 아무리 보아도 좋지 않다.

又看也不好, 右看也不好
yòu kàn yě bù hǎo, yòu kàn yě bù hǎo

479 아무리 생각해도 모르겠다.

百思不得其解 bǎi sī bù dé qí jiě

480 아무리 큰물이라도 다리를 넘지는 못한다. 일이 아무리 지나쳐도 자기 한도는 벗어나지 못한다.

大水漫不过桥去
dàshuǐ màn bù guò qiáo qù

481 아주 가난하다.

家徒四壁 / 家贫如洗
jiā tú sì bì / jiā pín rú xǐ

482 아주 가는 털끝은 볼 수 있으면서도 한 수레의 장작은 보지 못하다.

明察秋毫之末, 而不见舆薪
míng chá qiūháo zhī mò, ér bù jiàn yúxīn

483 아주 캄캄하다.

伸手不见五指
shēn shǒu bù jiàn wǔ zhǐ

484 아픈 만큼 성숙해진다.

吃一堑, 长一智
chī yī qiàn, zhǎng yī zhì

485 악명 높은

臭名昭著 / 臭名远扬
chòumíng zhāozhù / chòumíng yuǎnyáng

486 악을 제거해야 할 때는 뿌리채 뽑아야 한다.

斩草要除根
zhǎn cǎo yào chú gēn

487 악한 사람도 회개하면, 성불할 수 있다.

放下屠刀, 立地成佛
fàng xià túdāo, lì dì chéng fó

488 안절부절 못하다.

坐立不安 zuò lì bù ān

489 안하무인, 안중무인

目空一切 / 夜郎自大
mù kōng yī qiè / Yèláng zì dà

490 앉아 주고 서서 받는다.

立了放债, 跪了讨钱
lì le fàng zhài, guì le tǎo qián

491 앞날을 내다보지 못하면 조만간 나쁜 일을 당하게 된다.

人无远虑, 必有近忧
rén wú yuǎn lǜ, bì yǒu jìn yōu

492 앞(이전)사람의 덕택으로 뒤(후세)사람이 이익을 보다. 조상의 덕을 보다.

前人栽树, 后人乘凉
qiánrén zāi shù, hòurén chéng liáng

493 앞사람이 넘어지면 뒷사람이 계속 그 뒤를 이어가다.

前赴后继 qián fù hòu jì

494 약방에 감초.

药房里的甘草——不可或缺
yào fáng lǐ de gān cǎo —— bù kě huò quē

495 약육강식

大鱼吃小鱼, 小鱼吃虾米
dàyú chī xiǎoyú, xiǎoyú chī xiāmǐ

弱肉强食
ruò ròu qiáng shí

496 약자에겐 강하고 강자에겐 약하다.

软的欺负, 硬的怕
ruǎn de qīfu, yìng de pà

497 양다리 걸치다.

脚踏两只船
jiǎo tà liǎng zhī chuán

498 양약은 입에 쓰고 충언은 귀에 거슬린다.

良药苦口利于病, 忠言逆耳利于行
liángyào kǔkǒu lìyú bìng, zhōngyán nì'ěr lìyú xíng

499 양의 머리를 걸어 놓고 개고기를 판다. 표리가 부동하다.

挂羊头卖狗肉
guà yángtóu mài gǒuròu

500 양쪽을 이야기를 다 들으면 시비를 정확히 밝힐 수 있고, 한쪽 말만 들으면 판별하기 어렵다.

兼听则明, 偏信则暗
jiān tīng zé míng, piān xìn zé àn

501 어느 곳에 놓아도 모두 꼭 들어 맞다. 보편성이 있는 진리는 어디에도 다 적용된다.

放之四海而皆准
fàng zhī sìhǎi ér jiē zhǔn

502 어떤 어려움이라도 척척 해쳐 나가다.

逢山开路, 遇水搭桥
féng shān kāi lù, yù shuǐ dā qiáo

503 어떤 일이든 꾸준히 하면 다 이루어진다.

只要功夫深, 铁杵磨成针
zhǐyào gōngfu shēn, tiěchǔ mó chéng zhēn

504 어떻게 이렇게 같을 수가 있는가.

何其相似乃尔 héqí xiāngsì nǎi'ěr

505 어려움을 겪어봐야 진면목을 알 수 있다.

岁寒然后知松柏之后凋也
suìhán ránhòu zhī sōngbǎi zhī hòudiāo yě

506 어머니의 마음은 항상 똑같다.

母年一百岁, 常怀八十儿
mǔ nián yī bǎi suì, cháng huái bāshí ér

507 어부지리를 취하다.

鹬蚌相争, 渔翁得利
yù bàng xiāngzhēng, yúwēng dé lì

508 어안이 벙벙해지다.

瞠目结舌 chēng mù jié shé

509 업은 아이 삼 년 찾는다.

骑驴找驴 qí lú zhǎo lú

510 엎어지면 코 닿을 듯 가깝다.

三步两步就能跑到
sān bù liǎng bù jiù néng pǎo dào

511 엎어진 둥지에 성한 알 없다.

覆巢无完卵 fùcháo wú wánluǎn

512 엎지러진 물

生米煮成了熟饭
shēngmǐ zhǔchéng le shúfàn

木已成舟
mù yǐ chéng zhōu

513 엎친 데 덮친 격

穷汉赶上闰年月
qiónghàn gǎnshàng rùnniányuè

屋漏偏遭连夜雨
wū lòu piān zāo liányèyǔ

514 여러 사람이 힘을 합치면 못할 일이 없다.

人心齐, 泰山移 rénxīn qí, Tài Shān yí

515 여산의 진면목, 대자연의 실상, 진면목

庐山真面目 Lú Shān zhēn miànmù

516 여유 있을 때 없을 때를 대비하라.

常将有日思无日, 莫到无时思有时
cháng jiāng yǒurì sī wúrì, mò dào wúshí sī yǒushí

517 여자 셋이 모이면 접시가 깨진다.

三个女人一台戏
sān ge nǚrén yī tái xì

518 여자 팔자는 뒤웅박 팔자다.

嫁鸡随鸡, 嫁狗随狗
jià jī suí jī, jià gǒu suí gǒu

519 역경 속에 희망이 보인다.

山穷水尽疑无路, 柳暗花明又一村
shān qióng shuǐ jǐn yí wú lù, liǔ àn huā míng yòu yì cūn

520 열 걸음 내에 반드시 좋은 풀이 있다. 가까운 곳에 좋은 사람이 있다.

十步之内必有芳草
shí bù zhīnèi bìyǒu fāngcǎo

521 열 길 물속은 알아도 한 길 사람 속은 모른다.

画虎画皮难画骨, 知人知面不知心
huà hǔ huà pí nán huà gǔ, zhī rén zhī miàn bù zhī xīn

522 열녀는 두 지아비를 섬기지 않는다. 한 필의 말에 안장 둘을 얹지 않는다.

一马不备两鞍 yī mǎ bù bèi liǎng ān

523 열두 가지 재주에 저녁거리 없다.

百会百穷 / 百艺不如一艺精
bǎi huì bǎi qióng / bǎi yì bùrú yī yì jīng

524 열 번 찍어 안 넘어가는 나무 없다.

人不经百语, 柴不经百斧
rén bù jīng bǎi yǔ, chái bù jīng bǎi fǔ

525 열 사람이 보고 열 사람이 손가락질할 일이다. 많은 사람 앞에서는 자기의 행위와 성질을 숨길 수 없다.

十目所视, 十手所指
shí mù suǒ shì, shí shǒu suǒ zhǐ

526 열 손가락 깨물어 안 아픈 손가락 없다.

十个指头咬着都疼
shí ge zhǐtou yǎozhe dōu téng

527 열 손가락에도 길고 짧은 것이 있다. 사람의 능력에는 각각 차이가 있다.

十个指头不一般齐
shí ge zhǐtou bù yībān qí

528 염불에는 관심이 없고 잿밥에만 관심이 있다.

醉翁之意不在酒, 在乎山水之间也
zuìwēngzhīyì bù zài jiǔ, zàihū shānshuǐ zhījiān yě

529 오늘은 오늘이고 내일은 내일이다.

今朝有酒今朝醉, 明日愁来明日当
jīnzhāo yǒu jiǔ jīnzhāo zuì, míngrì chóu lái míngrì dāng

530 오라는 곳은 없어도 갈 곳은 많다.

此处不留人, 自有留人处
cǐchù bù liú rén, zìyǒu liúrénchù

531 오랜 가뭄에 단비를 만나다.

久旱逢甘雨
jiǔ hàn féng gānyǔ

532 오르지 못할 나무는 쳐다보지도 마라.

难上之树勿仰
nánshàngzhīshù wù yǎng

非分之福, 不宜生心
fēifènzhīfú, bù yí shēng xīn

莫想青山鸟, 喂好笼中鸡
mò xiǎng qīngshānniǎo, wèi hǎo lóngzhōngjī

533 오리무중

蒙在鼓里 méng zài gǔlǐ

534 오십 보 백 보

五十步笑百步
wǔshí bù xiào bǎi bù

535 옥에도 티가 있다.

白璧也有微瑕
báibì yě yǒu wēixiá

536 옥은 다듬어야 그릇이 된다.

玉不琢, 不成器
yù bù zhuó, bù chéng qì

537 옥이 되어 부서질지언정, 질그릇으로 되어 보전하지는 않겠다.

宁为玉碎, 不为瓦全
nìng wéi yù suì, bù wéi wǎ quán

538 옷이 날개다.

三分长相, 七分打扮
sān fēn zhǎngxiàng, qī fēn dǎban

人是衣裳, 马是鞍
rén shì yīshang, mǎ shì ān

539 완벽한 사람은 없다.(418번 참조)

金无足赤, 人无完人
jīn wú zú chì, rén wú wán rén

540 여왕개미가 큰 나무를 흔드려고 한다. 자기의 역량을 모르고 무모한 행동을 하다.

蚍蜉撼大树 pífú hàn dàshù

541 외부에서 온 도둑을 방비하기는 쉬워도 집안 도둑은 방비하기가 어렵다.

外贼易防, 家贼难防
wàizéi yì fáng, jiāzéi nán fáng

542 욕심에는 끝이 없다.

得陇望蜀 / 欲壑难填
dé Lǒng wàng Shǔ / yùhè nán tián

543 용은 용을 낳고, 봉황은 봉황을 낳으며 쥐가 새끼를 낳으면 그 새끼는 구멍을 잘 뚫는다.

龙生龙, 凤生凤, 老鼠生儿会打洞
lóng shēng lóng, fèng shēng fèng, lǎoshǔ shēng ér huì dǎ dòng

544 우는 아이 떡 하나 더 준다.

老实人吃亏 lǎoshírén chī kuī

545 우물 안 개구리

井底之蛙, 坐井观天
jǐngdǐ zhī wā, zuò jǐng guān tiān

546 우물을 파도 한 우물만 파라.

莫学灯笼千只眼, 要学蜡烛一条心
mò xué dēnglóng qiān zhī yǎn, yào xué làzhú yī tiáo xīn

547 울며 겨자 먹기

恨病吃苦药 hèn bìng chī kǔ yào

548 웃는 얼굴에 침 뱉으랴?

礼多人不怪 / 伸手不打笑脸人
lǐ duō rén bú guài / shēn shǒu bù dǎ xiàoliǎnrén

549 웃을 수도 없고 울 수도 없다.

哭不得, 笑不得
kū bu dé, xiào bu dé

550 원수는 외나무다리에서 만난다.

冤家路窄 yuānjiā lù zhǎi

551 원숭이도 나무에서 떨어질 때가 있다.

人有错手, 马有失蹄
rén yǒu cuò shǒu, mǎ yǒu shī tí

552 원천이 없는 물과 뿌리가 없는 나무, 튼튼한 기초가 없는 사물

无源之水, 无本之木
wúyuánzhīshuǐ, wúběnzhīmù

553 윗물이 맑아야 아랫물이 맑다.

上梁不正下梁歪
shàngliáng bù zhèng xiàliáng wāi

554 유능한 사람일수록 더 많은 일을 한다.

能者多劳 néngzhě duō láo

555 유명해지면 남의 시샘을 사기가 쉽다.

人怕出名猪怕壮
rén pà chūmíng zhū pà zhuàng

556 유비무환

有备则无患
yǒu bèi zé wú huàn

557 유유상종

人以群分, 物以类聚
rén yǐ qún fēn, wù yǐ lèi jù
鲫鱼找鲫鱼, 鲤鱼找鲤鱼
jìyú zhǎo jìyú, lǐyú zhǎo lǐyú

558 으뜸가다.

首屈一指 shǒu qū yī zhǐ

559 은혜를 원수로 갚다.

恩将仇报 ēn jiāng chóu bào

560 은혜를 잊다.

吃饭忘记种田人
chī fàn wàngjì zhòngtiánrén

561 음식은 광저우, 경치는 항저우, 목재(관을 만들기 위한)는 류저우

吃在广州, 生在杭州, 死在柳州
chī zài Guǎngzhōu, shēng zài Hángzhōu, sǐ zài Liǔzhōu

562 의심스러운 사람은 쓰지 말 것이며, 쓰기로 결정한 이상 의심하지 마라.

疑人勿用, 用人勿疑
yí rén wù yòng, yòng rén wù yí

563 이것저것 말하면 길어지지만 짧게 말하면 간단하다.

有话即长, 无话即短
yǒu huà jí cháng, wú huà jí duǎn

564 이겨도 교만하지 않고, 패배해도 낙심하지 않는다.

胜不骄, 败不馁 shèng bù jiāo, bài bù něi

565 이랬다저랬다 하다.

出尔反尔 chū ěr fǎn ěr

566 이미 늦었다.

贼走了关门 zéi zǒule guān mén

567 이야기보따리를 풀다.

打开话匣儿 dǎ kāi huàxiár

568 이전의 경험을 잊지 않으면 후의 귀감이 된다.

前事不忘, 后事之师
qiánshì bù wàng, hòu shì zhī shī

569 이제는 어쩔 수 없다.

事已如此 shì yǐ rúcǐ

570 이판사판

铤而走险 tǐng ér zǒu xiǎn

571 익사하는 자는 수영을 할 줄 아는 자다. 원숭이도 나무에서 떨어진다.

淹死的是会水的
yānsǐde shì huìshuǐde

572 익숙하지 않은 직업은 갖지 말고, 익숙한 직업은 떠나지 말아야 한다.

生行莫入, 熟行莫出
shēng háng mò rù, shú háng mò chū

573 인내는 가장 힘든 것이지만 소중한 것이다.

忍字心头一把刀
rěnzì xīntóu yī bǎ dāo

574 인내하고 양보하면 분쟁을 피할 수 있다.

忍一时, 风平浪静; 退一步, 海阔天空
rěn yī shí, fēng píng làng jìng ; tuì yī bù, hǎi kuò tiān kōng

575 인연이 있으면 천리 떨어진 곳에서도 와서 만나고, 인연이 없으면 서로 마주하고도 못 만난다.

有缘千里来相会, 无缘对面不相识
yǒu yuán qiān lǐ lái xiānghuì, wú yuán duìmiàn bù xiāngshí

576 일각이 여삼추

一日不见如隔三秋
yī rì bù jiàn rú gé sān qiū

577 일거수 일투족

举手投足 jǔ shǒu tóu zú

578 일 년의 계획은 봄에 있다.

一年之计在于春 yīniánzhǐjì zàiyú chūn

579 일노일로 일소일소

笑一笑, 十年少, 愁一愁, 白了头
xiào yī xiào, shí nián shào, chóu yī chóu, báile tóu

580 일만은 괜찮은데 만일이 무섭다. 설마가 사람 잡는다.

不怕一万, 只怕万一
bù pà yī wàn, zhǐ pà wànyī

581 일분일초를 다투다.

争分夺秒 zhēng fēn duó miǎo

582 일 없이 찾아오지 않는다.

无事不登三宝殿
wú shì bù dēng sānbǎodiàn

583 일은 더디더라도 꾸준히 하면 성공할 수 있다.

不怕慢, 只怕站
bù pà màn, zhǐ pà zhàn

584 일은 망치고 평판만 나빠졌다.

打不成狐狸落一身臊
dǎ bu chéng húli luò yì shēn sāo

585 일은 자기가 직접 해야지 성공할 수 있다.

求人不如求己 qiú rén bù rú qiú jǐ

586 일을 성사시키기에는 부족하고, 일을 망치기에는 남음이 있다.

成事不足, 败事有余
chéng shì bù zú, bài shì yǒu yú

587 일을 천천히 해야 정교한 작품이 나온다.

慢工出细活 màngōng chū xìhuó

588 일을 하는데 있어서 신중하지 못하면 반드시 후회할 일이 생기게 된다.

事不三思, 总有反悔
shì bù sān sī, zǒng yǒu fǎnhuǐ

589 일을 한꺼번에 다 해치우다.

毕其功于一役 bì qí gōng yú yī yì

590 일의 계획은 사람이 하지만 그 성패는 하늘에 달려 있다.

谋事在人, 成事在天
móu shì zài rén, chéng shì zài tiān

591 일찍 일어나는 새가 먹이를 찾을 수 있다.

早起的鸟儿有虫吃
zǎoqǐ de niǎor yǒu chóng chī

592 일하는 것이 빈틈없다. 책임의 한계가 분명하다. 융통성이 없다.

丁是丁, 卯是卯 dīng shì dīng, mǎo shì mǎo

593 임자 만나다.

小巫见大巫 xiǎowū jiàn dàwū

594 입은 거칠지만 악의는 없다.

有口无心 yǒu kǒu wú xīn

595 입은 두었다 뭐해.

鼻子下边儿有嘴嘛
bízi xiàbiānr yǒu zuǐ ma

596 입이 방정이다.

口是祸之门 kǒu shì huòzhīmén

597 입이 열 개라도 할 말이 없다.

百口莫辩 bǎi kǒu mò biàn

598 있을 건 다 있다.

应有尽有 yīng yǒu jìn yǒu

599 자기가 아는 것을 모두 숨김없이 털어놓다.

知无不言, 言无不尽
zhī wú bù yán, yán wú bù jìn

600 자기가 하기 싫은 일은 남에게 강요하지 말라.

己所不欲, 勿施于人
jǐ suǒ bù yù, wù shī yú rén

601 자기는 할 짓 다하고 남은 못하게 한다.

只许州官放火, 不许百姓点灯
zhǐ xǔ zhōuguān fàng huǒ, bù xǔ bǎixìng diǎn dēng

602 자기만 있고 남이 있는 줄 모른다. 제 것밖에 모른다.

有己无人 yǒu jǐ wú rén

603 자기보다 나은 이보다는 못하고 자기보다 못난 이보다는 조금 낫다.

比上不足, 比下有余
bǐ shàng bù zú, bǐ xià yǒu yú

604 자기 스스로 열심히 일하면 풍족하게 살 수 있다.

自己动手, 丰衣足食
zìjǐ dòng shǒu, fēngyī zúshí

605 자기 자랑하다.

老王卖瓜, 自卖自夸
lǎowáng mài guā, zì mài zì kuā

606 자기 추한 것은 모른다.

人不知自丑, 马不嫌脸长
rén bù zhī zì chǒu, mǎ bù xián liǎn cháng

607 자다가 봉창 두드린다.

大白天说梦话
dàbáitiān shuō mènghuà

608 자라 보고 놀란 가슴 솥뚜껑 보고 놀란다.

一朝被蛇咬, 十年怕草绳
yī zhāo bèi shé yǎo, shí nián pà cǎoshéng

609 자수성가

白手起家 báishǒu qǐjiā

610 자승자박, 자업자득

作法自毙 zuòfǎ zìbì

611 자식은 어머니의 못생긴 얼굴을 탓하지 않는다.

子不嫌母丑, 狗不嫌家贫
zǐ bù xián mǔ chǒu, gǒu bù xián jiā pín

612 자신이 한 일은 자신이 책임진다.

一人作事一人当
yī rén zuò shì yī rén dāng

613 자유로워진 몸

脱笼之鸟 tuōlóngzhīniǎo

614 작디 작은 불티가 들판을 태울 수 있다. 미약한 힘도 큰 세력이 될 수 있다.

星星之火, 可以燎原
xīngxīng zhī huǒ, kěyǐ liáoyuán

615 직심삼일이다.

三天打鱼, 两天晒网
sān tiān dǎ yú, liǎng tiān shài wǎng

616 작은 고추가 맵다.

秤砣虽小压千斤
chèngtuó suī xiǎo yā qiān jīn

617 작은 일에 얽매어 대세 판단을 못하다.

一叶障目, 不见泰山
yī yè zhàng mù, bù jiàn Tài Shān

618 작은 화를 참지 못하면 큰 일을 그르친다.

小不忍则乱大谋
xiǎo bù rěn zé luàn dà móu

619 잘못이 있으면 고치고 없으면 더욱 열심히 한다.

有则改之, 无则加勉
yǒu zé gǎi zhī, wú zé jiā miǎn

620 잠자는 사자의 꼬리를 건드리다.

老虎嘴里拔牙
lǎohǔ zuǐlǐ bá yá

621 '잡수시오'할 때는 먹지 않다가, '쳐먹어라'할 때 먹는다.

敬酒不吃, 吃罚酒
jìngjiǔ bù chī, chī fájiǔ

622 장강의 뒷 물결이 앞 물결을 밀 듯 대대로 더욱 나아지다.

长江后浪推前浪, 一代更比一代强
Cháng Jiāng hòulàng tuī qiánlàng, yī dài gèng bǐ yí dài qiáng

623 장고 끝에 악수 나온다.

疑心生暗鬼 yíxīn shēng ànguǐ

624 장군과 재상은 타고 난 것이 아니다. 사나이가 스스로 노력하여야 한다. 왕후장상에는 씨가 없다. 노력하면 출세할 수 있다.

将相本无种, 男儿当自强
jiàng xiàng běn wú zhǒng, nánér dāng zìqiáng

625 장님 문고리 잡았다.

瞎猫碰着死老鼠
xiāmāo pèng zhe sǐ lǎoshǔ

626 장소가 바뀌면 물건도 바뀐다(강남에서는 귤나무였다가, 강북에서는 탱자나무로 바뀐다).

南橘北枳 nán jú běi zhǐ

627 재상의 뱃속에서는 배도 저을 수 있다. 큰 인물은 도량이 크다.

宰相肚里能撑船
zǎixiàng dùlǐ néng chēng chuán

628 재수 없는 놈은 뒤로 넘어져도 코가 깨진다.

人要倒霉, 喝凉水都塞牙
rén yào dǎoméi, hē liángshuǐ dōu sāi yá

629 재주는 곰이 부리고 돈은 사람이 챙긴다.

火中取栗 huǒ zhōng qǔ lì

630 재주는 있으되 발휘할 기회가 없다.

英雄无用武之地 yīngxióng wú yòngwǔzhīdì

631 재주 있는 사람은 담이 크다.

艺高人胆大 yìgāo rén dǎndà

632 적당한 적수를 만나다. 호적수를 만나다.

棋逢对手 qí féng duìshǒu

633 적을 잡으려면 먼저 두목을 잡아라. 일을 하는 데는 반드시 그 관건을 파악하고 그 근원부터 해 나가야 한다.

擒贼先擒王 qín zéi xiān qín wáng

634 적의 예봉은 피하고 지쳐서 후퇴할 때에 치다.

避其锐气, 击其惰归 bì qí ruìqì, jī qí duòguī

635 젊어서 노력하지 않으면 늙어서 고생한다.

少壮不努力, 老大徒伤悲
shàozhuàng bù nǔlì, lǎodà tú shāngbēi

636 정말로 재주가 있는 사람은 그것을 밖으로 드러내지 않는다.

真人不露相 zhēnrén bù lòuxiàng

637 정의는 이기는 법

邪不能压正 xié bù néng yā zhèng

638 정정당당한 사람은 암수를 쓰지 않는다.

明人不做暗事 míngrén bù zuò ànshì

639 제각기 나름대로의 방법을 가지고 있다.

八仙过海, 各显其能(各显神通)
bā xiān guò hǎi, gè xiǎn qí néng(gè xiǎn shén tōng)

640 제 눈의 안경

情人眼里出西施 qíngrén yǎnli chū Xīshī

641 제멋에 산다. 평양감사도 자기 싫으면 그만

好吃萝卜的不吃梨
hào chī luóbo de bù chī lí

麻油拌韭菜, 个人心里爱
máyóu bàn jiǔcài, gèrén xīnlǐ ài

642 제 버릇 개줄까?

江山易改, 本性难移
jiāngshān yì gǎi, běnxìng nán yí

狗改不了吃屎
gǒu gǎi bu liǎo chī shǐ

643 제일 무서운 것은 현재의 직속 상관이다.

不怕县官, 只怕现管
bù pà xiànguān, zhǐ pà xiànguǎn

644 제자가 아주 많다.

桃李满天下 táolǐ mǎn tiānxià

645 조강지처를 버려서는 안 된다.

贫贱之交不可忘, 糟糠之妻不下堂
pínjiànzhījiāo bù kě wàng, zāokāngzhīqī bù xià táng

646 조였다 늦추었다 하는 것이 문무의 이치다. 나라를 다스리는데 있어서 엄격한 통제와 관대한 처분을 병용하다. 사업과 생활에 있어서 긴장된 활동과 느슨한 휴식을 병행하다.

文武之道, 一张一弛
wénwǔzhīdào, yì zhāng yī chí

647 족함을 아는 사람은 항상 즐겁다.

知足者常乐 zhīzúzhě cháng lè

648 종로에서 뺨 맞고 한강에서 화풀이 한다.

打架输了, 踢猫出气
dǎ jià shūle, tī māo chū qì

拿别人当出气筒
ná biérén dāng chūqìtǒng

649 좋은 기회다.

有机可乘 yǒu jī kě chéng

650 좋은 닭은 개와 싸우지 않고 훌륭한 남자는 부녀자와 다투지 않는다.

好鸡不跟狗斗, 好男不跟女斗
hǎo jī bù gēn gǒu dòu, hǎo nán bù gēn nǚ dòu

651 좋은 말은 머리를 돌려 자기가 밟고 온 풀을 먹지 않는다. 뛰어난 인물은 지난 일에 연연하지 않는다. 정숙한 부인은 재혼하지 않는다.

好马不吃回头草
hǎo mǎ bù chī huítóucǎo

652 좋은 일일수록 아주 어렵게 이루어진다.

从来好事多磨
cónglái hǎoshì duō mó

653 주색은 사람을 문란하게 만든다.

酒乱性, 色迷人
jiǔ luàn xìng, sè mí rén

654 죽기를 결심하고 덤비면 아무도 당할 사람이 없다.

一人拼命, 万夫难当
yī rén pīn mìng, wàn fū nán dāng

655 죽어도 눈을 감지 못한다.

死了也不闭眼
sǐle yě bù bì yǎn

656 죽어버린 말을 살아있는 말이라고 생각해서 치료해 준다. 불가능한 일을 최선을 다하여 해 본다.

死马当活马医
sǐmǎ dāng huómǎ yī

657 죽을 때까지 나라를 위하여 몸 바치다.

鞠躬尽瘁, 死而后已
jū gōng jìn cuì, sǐ ér hòu yǐ

658 죽음에는 남녀노소가 없다.

黄泉路上没老少
huángquánlù shang méi lǎo shào

659 중매할 때는 양가를 모두 좋게 이야기해야 한다.

无谎不成媒
wú huǎng bù chéng méi

660 중이 제 머리 못 깎는다.

医不自医 yī bù zì yī

661 거간이나 보증을 서지 않으면 한 평생 걱정거리가 없다.

不做中人不做保，一世无烦恼
bù zuò zhōngrén bù zuò bǎo, yī shì wú fánnǎo

662 쥐구멍에도 볕들 날이 있다.

砖头瓦片也有翻身之日
zhuāntou wǎpiàn yě yǒu fānshēnzhīrì

663 쥐도 새도 모르게

神不知，鬼不觉
shén bù zhī, guǐ bù jué

664 쥐 죽은 듯이 조용하다.

鸦雀无声 yā què wú shēng

665 즐기면서 일하는 사람이 최고다.

知之者不如好之者，好之者不如乐之者
zhīzhīzhě bùrú hàozhīzhě, hàozhīzhě bùrú lèzhīzhě

666 지기를 만나면 천 잔의 술도 모자라고, 싫어하는 사람을 만나면 반 마디도 귀찮다.

酒逢知己千杯少，话不投机半句多
jiǔ féng zhījǐ qiān bēi shǎo, huà bù tóujī bàn jù duō

667 지내기가 날로 어려워지다.

一年不如一年
yī nián bù rú yī nián

668 지렁이도 밟으면 꿈틀거린다.

人急造反，狗急跳墙
rén jí zào fǎn, gǒu jí tiào qiáng

669 지성이면 감천

精诚所至，金石为开
jīng chéng suǒ zhì, jīn shí wéi kāi

670 지식은 사람을 겸손하게 하고 무지는 사람을 거만하게 한다.

知识使人谦，无知使人骄
zhīshi shǐ rén qiān, wúzhī shǐ rén jiāo

671 지위도 높고 권세도 높은 사람(정승)

一人之下，万人之上
yī rén zhī xià, wàn rén zhī shàng

672 지피지기면 백전백승이다.

知己知彼，百战不殆
zhī jǐ zhī bǐ, bǎi zhàn bù dài

673 직업은 못 속인다.

说话三句不离本行
shuō huà sān jù bù lí běnháng

674 직업이 다르면 전혀 모른다.

隔行如隔山 gé háng rú gé shān

675 진인사대천명

尽人力，听天命
jìn rénlì, tīng tiānmìng

676 집 나가면 고생이다.

在家千日好，出门一时难
zài jiā qiān rì hǎo, chū mén yī shí nán

677 집안의 부끄러운 일을 밖으로 알려서는 안 된다.

家丑不可外扬
jiāchǒu bù kě wàiyáng

678 집안이 화목하면 모든 것이 잘 이루어진다.

家和万事兴
jiā hé wàn shì xīng

679 집에 있을 때 부모님을 의지하고 집을 떠나면
친구에게 의지한다. 친구가 중요하다.

在家靠父母, 出门靠朋友
zài jiā kào fùmǔ, chū mén kào péngyou

680 짚신도 짝이 있다.

萝卜青菜, 各有所爱
luóbo qīngcài, gè yǒu suǒ ài

烂锅自有烂锅盖, 丑人自有丑人爱
lànguō zìyǒu lànguōgài, chǒurén zìyǒu chǒurén ài

681 찔러도 피 한 방울 안 나겠다.

铁公鸡, 一毛不拔
tiě gōngjī, yī máo bù bá

三锥子扎不出一滴血来
sān zhuīzi zhā bù chū yī dī xuè lái

682 착한 일을 하면 좋은 보답을 빋고 악한 일을
하면 벌을 받는다. 인과응보

善有善报, 恶有恶报
shàn yǒu shàn bào, è yǒu è bào

683 참새는 작긴 작지만 오장육부를 다 갖추고 있
다. 규모가 작지만 있을 것은 다 있다.

麻雀虽小, 五脏俱全
máquè suī xiǎo, wǔ zàng jùquán

684 창업을 하기도 어렵지만 그것을 지키기는 더
어렵다.

创业难, 守业更难
chuàngyè nán, shǒuyè gèng nán

685 책은 쓸 때가 되어서야 비로소 적은 것을 후회
한다. 사회에 진출하기 전에 충분히 공부해야
한다.

书到用时方恨少
shū dào yòng shí fāng hèn shǎo

686 처음에 할 때는 서툴러도 두 번째 할 때는 익
숙해진다. 북은 칠수록 맛이 난다. 처음에는
낯설지만 곧 익숙해진다.

一回生, 二回熟 yī huí shēng, èr huí shú

687 처음에는 소인, 나중에는 군자. 후에 말썽의
씨앗이 될만한 일은, 모가 날 것 같더라도 처
음에 분명히 이야기를 해 두어야 한다. 쌍방이
상의할 때에 먼저 양보 없이 엄격하게 요구하
고 일단 결정된 후에는 충실히 약속을 지키다.

先小人, 后君子 xiān xiǎorén, hòu jūnzǐ

688 천고마비

秋高气爽 qiū gāo qì shuǎng

689 천 리 길도 한 걸음부터

千里之行始于足下
qiānlǐzhīxíng shǐ yú zúxià

万丈高楼从地起
wàn zhàng gāolóu cóng dì qǐ

690 천 리까지 배웅해도 결국은 헤어져야 한나. 곱
시 아쉬운 이별

送君千里, 终归一别
sòng jūn qiān lǐ, zhōng guī yī bié

691 천 리 먼 곳을 구경하려고, 하면 한 층 위를 더
올라가야 한다.

欲穷千里目, 更上一层楼
yù qióng qiān lǐ mù, gèng shàng yī céng lóu

692 천 리에 달하는 큰 제방도 개미구멍 하나로 인
해 무너진다.

千里之堤, 溃于蚁穴
qiānlǐzhīdī, kuì yú yǐxué

693 천 번 만 번 보신을 하여도 식보보다 못하다.
잘 먹는 것이 바로 약이다.

千补万补不如食补
qiān bǔ wàn bǔ bùrú shí bǔ

694 천 일 동안 병사를 길러 하루아침에 써먹다.
앞으로를 위해 평소에 준비를 해두다.

养兵千日, 用兵一时
yǎng bīng qiān rì, yòng bīng yī shí

695 천하의 대세란 것이 오래 흩어졌으면 필히 합
칠 것이고, 오래 합쳐 있으면 필히 흩어질 것이
다. 나라와 나라 사이의 관계는 불변하는 것
이 아니다.

天下大势分久必合, 合久必分
tiānxià dàshì fēn jiǔ bì hé, hé jiǔ bì fēn

696 천하의 대악을 범하다. 천하의 막대한 잘못을
저질렀다

冒天下之大不韪 mào tiānxià zhī dàbùwěi

697 첫술에 배부르랴.

一口吃不成胖子 / 一斧子砍不倒大树
yī kǒu chī bu chéng pàngzi / yī fǔzi kǎn bù dǎo
dàshù

698 청산이 있는 한 땔나무 걱정은 없다. 근본이
착실하게 갖추어지면, 걱정할 필요가 없다

留得青山在, 不怕没柴烧
liú dé qīngshān zài, bù pà méi chái shāo

699 청천벽력

晴天霹雳 qíngtiān pīlì

700 청출어람청어람

青出于蓝胜于蓝
qīng chūyú lán shèngyú lán

701 촉 나라에는 좋은 장군이 없어서 요화가 선봉
장으로 나섰다. 장님나라에서는 애꾸가 왕이다.

蜀中无大将, 廖化为先锋
Shǔ zhōng wú dàjiàng, Liào Huà wéi xiānfēng

702 충신은 두 임금을 섬기지 않고, 열녀는 두 아
비를 섬기지 않는다.

忠臣不事二主, 烈女不嫁二夫
zhōngchén bù shì èr zhǔ, liènǚ bù jià èr fū

703 충신은 죽음을 두려워하지 않고, 죽음을 두려
워하는 자는 충신이 아니다.

忠臣不怕死, 怕死不忠臣
zhōngchén bù pà sǐ, pà sǐ bù zhōngchén

704 친구는 옛 친구가 좋고, 옷은 새 옷이 좋다.

人是旧的好, 衣裳是新的好
rén shì jiùde hǎo, yīshang shì xīnde hǎo

705 친한 사람 간에는 서로 사양하지 않는다.

亲则不谢, 谢则不亲
qīn zé bù xiè, xiè zé bù qīn

706 친형제 간에도 계산은 분명해야 한다. 친형제
라도 장부를 분명히 한다.

亲是亲, 财是财 / 亲兄弟明算账
qīn shì qīn, cái shì cái / qīn xiōngdì míng suàn
zhàng

707 침몰한 배 옆으로 수많은 배들이 지나가고, 병
든 고목 앞에는 온갖 나무들이 봄을 맞는다.
낡은 것은 사라지고 새롭고 진보적인 것이 뒤
이어 왕성하게 나타나다.

沉舟侧畔千帆过, 病树前头万木春
chénzhōu cèpàn qiān fān guò, bìngshù qiántou
wàn mù chūn

708 침묵은 금이고 웅변은 은이다.

沉默是金, 说话是银
chénmò shì jīn, shuō huà shì yín

709 콩 심은 데 콩 나고 팥 심은 데 팥 난다.

种瓜得瓜, 种豆得豆
zhòng guā dé guā, zhòng dòu dé dòu

710 콩으로 메주를 쑨대도 곧이듣지 않는다.

实在不可信 / 说什么也不信了
shízài bù kě xìn / shuō shénme yě bù xìn le

711 크게 비난할 수 없다.

无可厚非 wú kě hòu fēi

712 크게 연루되어 헤어나지 못하다.

跳进黄河洗不清
tiàojìn Huáng Hé xǐ bù qīng

713 큰물이 용왕의 사당을 씻어내려가다(한 집안 사람도 몰라본다).

大水冲倒龙王庙
dà shuǐ chōngdǎo lóngwángmiào

714 타고난 복은 남 못 준다.

天生的福分送不了人
tiānshēng de fúfen sòng bù liǎo rén

715 타산지석

他山之石, 可以攻玉
tā shān zhī shí, kěyǐ gōng yù

716 탕아가 개심하면 그보다 좋은 일은 있다.

浪子回头金不换
làngzǐ huítóu jīn bù huàn

717 털어서 먼지 안 나는 사람 없다.

欲加之罪, 何患无辞
yù jiā zhī zuì, hé huàn wú cí

718 툭 털어 놓고 이야기하다.

打开天窗说亮话
dǎ kāi tiānchuāng shuō liànghuà

719 트집을 잡다

鸡蛋里寻骨头 jīdànlǐ xún gǔtou

720 티끌 모아 태산

积沙成塔, 集腋成裘
jī shā chéng tǎ, jí yè chéng qiú

721 팔은 안으로 굽는다.

胳膊肘往里拐 gēbozhǒu wǎng lǐ guǎi

722 패장은 지난날의 용감성을 이야기하지 않는다. 패전한 장수는 용맹을 말하지 않는다.

败将莫提当年勇
bàijiàng mò tí dāngnián yǒng

723 펜은 칼보다 강하다.

斗力不如斗智 dòu lì bùrú dòu zhì

724 평소에 마음에 거리끼는 일을 하지 않으면 한 밤중에 문을 두드려도 놀라지 않는다.

平生不做亏心事, 半夜叫门也不惊
píngshēng bù zuò kuīxīnshì, bànyè jiào mén yě bù jīng

725 표리부동

口是心非 kǒu shì xīn fēi

726 풀을 베더라도 뿌리를 뽑지 않으면, 봄에 다시 싹이 움튼다. 화근은 철저히 제거해야 한다.

斩草不除根, 逢春芽又生
zhǎn cǎo bù chú gēn, féng chūn yá yòu shēng

727 핑계 없는 무덤 없다.

公说公有理, 婆说婆有理
gōng shuō gōng yǒu lǐ, pó shuō pó yǒu lǐ

728 하고 싶은 말을 다하지 않고 참다.

话到舌头留半句
huà dào shétou liú bàn jù

729 하나는 알고 둘은 모른다.

只知其一, 不知其二
zhǐ zhī qí yī, bù zhī qí èr

730 하느님은 눈이 없는 참새일지라도 굶겨 죽이지 않는다. 하늘은 무정하지 않다.

老天爷饿不死瞎雀儿
lǎotiānyé è bù sǐ xiā quèr

731 하늘도 땅도 무섭지 않다. 천하에 두려울 것이 아무것도 없다.

天不怕地不怕 tiān bù pà dì bù pà

732 하늘은 스스로 돕는 자를 돕는다.

老天不负苦心人 lǎotiān bù fù kǔxīnrén

733 하늘의 구멍은 눈이 굉장히 넓어서 성근 것 같지만 죄인은 반드시 벌을 면치 못한다.

天网恢恢, 疏而不漏
tiānwǎng huīhuī, shū ér bù lòu

734 하늘의 별 따기.

势比登天还难 shì bǐ dēng tiān hái nán

735 하늘이 나를 낳았음은 반드시 쓸모가 있기 때문이다.

天生我材必有用
tiān shēng wǒ cái bì yǒuyòng

736 하늘이 무너져도 솟아날 구멍은 있다.

天无绝人之路 tiān wú juérénzhīlù

737 하늘이 점지해 준 자식은 죽지 않고, 하늘이 내려준 재물은 없어지지 않는다.

是儿不死, 是财不散
shì ér bù sǐ, shì cái bù sàn

738 하루의 분노를 참으면 백일의 근심을 면한다.

忍一日之气, 免百日之忧
rěn yírìzhīqì, miǎn bǎirìzhīyōu

739 하룻강아지 범 무서운 줄 모른다.

初生牛犊不怕虎 chūshēng niúdú bù pà hǔ

740 하룻밤의 부부도 백 일의 은정이 있다. 하룻밤에 만리장성을 쌓는다.

一夜夫妻百日恩 yī yè fūqī bǎi rì ēn

741 한 가지를 보고 다른 것을 유추하다.

触类旁通 chù lèi páng tōng

742 한 부모 밑에서 태어난 자식이라도 성격이 각양각색이다.

龙生九子, 种种有别
lóng shēng jiǔ zǐ, zhǒngzhǒng yǒu bié

743 한 사람의 말만 듣고 모든 것을 평가할 수 없다.

听不得一面之词
tīng bu dé yīmiànzhīcí

744 한 사람이 도를 깨치면 그가 기르던 닭이나 개까지도 승천한다.

一人得道, 鸡犬升天
yī rén dé dào, jī quǎn shēng tiān

745 한 송이의 예쁜 꽃이 소똥에 꽂혀 있다(못생긴 남자가 예쁜 여자와 결혼하다).

一朵鲜花插在牛粪上
yī duǒ xiānhuā chā zài niúfènshàng

746 한 번 가면 돌아오지 않는다.

一去不复返 yī qù bù fùfǎn

747 한 번 실수는 병가지 상사

胜败乃兵家常事
shèng bài nǎi bīngjiā chángshì

748 한 번 잘못하면 영원히 후회한다.

一失足成千古恨
yī shī zú chéng qiān gǔ hèn

749 한 수 잘못 두어 바둑 전체를 망치다.

一着不慎, 满盘皆输
yī zhāo bù shèn, mǎn pán jiē shū

750 함흥차사

泥牛入海 níniú rù hǎi

751 항상 좋을 수 만은 없다.

人无千日好, 花无百日红
rén wú qiān rì hǎo, huā wú bǎi rì hóng

752 항장이 칼춤 추는 의도는 유방을 죽이는 데 있다. 기회를 타서 사람을 해치려 하다. 목적은 다른 데 있다.

项庄舞剑, 意在沛公
Xiàng Zhuāng wǔ jiàn, yì zài Pèi Gōng

753 해가 서쪽에서 뜬다. 불가능한 일이다.

太阳从西边出来
tàiyáng cóng xībiān chūlái

754 해내고야 만다.

不到黄河心不死
bù dào Huáng Hé xīn bù sǐ

不见棺材不掉泪
bù jiàn guāncái bù diào lèi

755 해를 끼치는 놈은 누구나 미워한다.

老鼠过街, 人人喊打
lǎoshǔ guò jiē, rénrén hǎn dǎ

756 행동이 민첩한 사람이 먼저 목적을 달성한다.

捷足先登 jié zú xiān dēng

757 허물없는 사이

忘年之交 wàngniánzhījiāo

758 허수아비가 불끄려 하다.

稻草人救火 dàocǎorén jiù huǒ

759 허장성세하다.

装腔作势 zhuāng qiāng zuò shì

760 허풍쟁이 의사치고 명의 없다.

夸嘴的大夫没好药
kuā zuǐ de dàifu méi hǎo yào

761 헌 것이 가지 않으면 새 것이 오지 않는다.

旧的不去, 新的不来
jiùde bù qù, xīnde bù lái

762 헌신짝 버리듯 하다.

弃之如敝屣 qì zhī rú bìxǐ

763 헐떡거리다.

气喘吁吁 / 上气不接下气
qì chuǎn xūxu / shàngqì bù jiē xiàqì

764 헤어지긴 쉬워도 다시 만나긴 어렵다.

别时容易见时难
bié shí róngyì jiàn shí nán

765 헤어질 때는 좋게 헤어져야 한다

好合不如好散 hǎohé bùrú hǎosàn

766 헤어질 때 정을 남겨두면 오랜 뒤에 좋은 만남이 있다.

人情留一线, 久后好相见
rénqíng liú yī xiàn, jiǔ hòu hǎo xiāngjiàn

767 현안이 되어 있다. 미해결로 남아 있다

悬而未决 xuánérwèijué

768 혈혈단신

茕茕孑立, 形影相吊
qióngqióng jiélì, xíng yǐng xiāng diào

769 형제가 집안에서는 싸우지만 밖으로는 함께 적을 막는다.

兄弟阋于墙, 外御其侮
xiōngdì xì yú qiáng, wài yù qí wǔ

770 호랑이 굴에 들어가지 않으면 어찌 호랑이를 잡겠는가!

不入虎穴, 焉得虎子
bù rù hǔxué, yān dé hǔzǐ

771 호랑이는 죽어서 가죽을 남기고 사람은 죽어서 이름을 남긴다.

豹死留皮, 雁过留声
bào sǐ liú pí, yàn guò liú shēng

772 호랑이도 자기 자식은 해치지 않는다.

虎毒不食子 hǔ dú bù shí zǐ

773 호랑이도 제 말하면 온다.

说曹操, 曹操就到
shuō Cáo Cāo, Cáo Cāo jiù dào

774 호랑이 없는 숲에선 여우가 왕이다.

池里没鱼虾做反
chílǐ méi yú xiā zuò fǎn

775 호미로 막을 것을 가래로 막다.

小孔无补, 大孔叫苦
xiǎokǒng wú bǔ, dàkǒng jiào kǔ

776 호박이 넝쿨째로 굴러 들어온다. 살찐 돼지가 문을 열고 들어온다.

肥猪拱门 féizhū gǒng mén

777 호형호제하다.

称兄道弟 chēng xiōng dào dì

778 혹 떼러 갔다 혹 붙여 오다.

轻下儿惹重下儿
qīngxiàr rě zhòngxiàr

779 혼자서 일을 했으면 혼자서 책임을 져야 한다. 자기 죄는 남 안 준다. 책임을 회피하지 않는다.

一人做事, 一人当
yī rén zuò shì, yī rén dāng

780 화불단행

祸不单行, 福无双至
huò bù dān xíng, fú wú shuāng zhì

781 화장실 갈 때하고 나올 때가 다르다.

念完了经打和尚
niànwán le jīng dǎ héshang

782 환골탈태

脱胎换骨 tuō tāi huàn gǔ

783 활개를 펴다.

扬眉吐气 / 趾高气扬
yáng méi tǔ qì / zhǐ gāo qì yáng

784 황금만능

有钱能使鬼推磨
yǒu qián néng shǐ guǐ tuī mò
佛见黄金把头低
fó jiàn huángjīn bǎ tóu dī

785 후생가외. 뒤졌던 사람이 앞사람을 추월한다.

后生可畏 / 后来者居上
hòushēng kě wèi / hòuláizhě jū shàng

786 흐르는 물은 썩지 않고, 여닫는 문지도리는 좀이 먹지 않는다.

流水不腐, 户枢不蠹
liúshuǐ bù fǔ, hùshū bù dù

787 희노애락은 인지상정

喜怒哀乐人之常情
xǐ nù āi lè rén zhī chángqíng

편 저 장석민

현) 시사중국어학원 통대입시반 전임강사

저 서

「중국어 한중번역 시사작문 45」

「동시통역대학원 중국어 기출문제집」

「新HSK 한 권이면 끝 6급 어법」

「고급 HSK 적중문제집」 외 다수

Master 통역대학원 중국어 필수어휘편

초판발행	2008년 3월 25일
개정 4쇄	2019년 7월 1일
편저	장석민
책임 편집	최미진, 가석빈, 高霞, 박소영, 하다능
펴낸이	엄태상
디자인	진지화
마케팅	이승욱, 오원택, 전한나, 왕성석
온라인 마케팅	김마선, 김제이, 유근혜
경영기획	마정인, 조성근, 박현숙, 김예원, 김다미, 전태준, 오희연
물류	유종선, 정종진, 최진희, 윤덕현
펴낸곳	시사중국어사(시사북스)
주소	서울시 종로구 자하문로 300 시사빌딩
주문 및 교재 문의	1588-1582
팩스	(02)3671-0500
홈페이지	http://www.sisabooks.com
이메일	book_chinese@sisadream.com
등록일자	1988년 2월 13일
등록번호	제1 - 657호

ISBN 978-89-7364-550-3 14720

　　　 978-89-7364-548-0(set)